THEOLOGISCHE BÜCHEREI
Neudrucke und Berichte aus dem 20. Jahrhundert
Begründet von Ernst Wolf. Herausgegeben von Gerhard Sauter

Band 89
Studienbücher

Lieferbare Bände (Studienbücher):

61 F. Wintzer, Seelsorge
71 Ch. Bäumler/H. Luther, Konfirmandenunterricht und Konfirmation
78 G. Sauter, Rechtfertigung
80 F. Wintzer, Predigt
83 H.G. Ulrich, Evangelische Ethik
84 K.E. Nipkow/F. Schweitzer, Religionspädagogik, Bd. 1
86 H.G. Ulrich, Freiheit im Leben mit Gott
88 K.E. Nipkow/F. Schweitzer, Religionspädagogik, Bd. 2/1
89 K.E. Nipkow/F. Schweitzer, Religionspädagogik, Bd. 2/2

Religionspädagogik

Texte
zur evangelischen Erziehungs- und
Bildungsverantwortung
seit der Reformation

Band 2/2
20. Jahrhundert

Herausgegeben und eingeführt
von
Karl Ernst Nipkow und Friedrich Schweitzer

Chr. Kaiser
Gütersloher
Verlagshaus

Die Deutsche Bibliothek – CIP-Einheitsaufnahme

Religionspädagogik : Texte zur evangelischen Erziehungs- und
Bildungsverantwortung seit der Reformation /
hrsg. und eingef. von Karl Ernst Nipkow und Friedrich Schweitzer. – Gütersloh :
Kaiser ; Gütersloh : Gütersloher Verl.-Haus.

NE: Nipkow, Karl Ernst [Hrsg.]

Bd. 2.2. 20. Jahrhundert. – 1994
(Theologische Bücherei ; Bd. 89 : Studienbücher)
ISBN 3-579-02065-X
NE: GT

ISBN 3-579-02065-X
© Chr. Kaiser/Gütersloher Verlagshaus, Gütersloh 1994

Das Werk einschließlich aller seiner Teile ist urheberrechtlich geschützt. Jede
Verwertung außerhalb der engen Grenzen des Urheberrechtsgesetzes ist ohne
Zustimmung des Verlages unzulässig und strafbar. Das gilt insbesondere für
Vervielfältigungen, Übersetzungen, Mikroverfilmungen und die Einspeicherung
und Verarbeitung in elektronischen Systemen.

Umschlaggestaltung: Ingeborg Geith, München
Satz: Weserdruckerei Rolf Oesselmann GmbH, Stolzenau
Druck und Bindung: Buch- und Offsetdruckerei Sommer GmbH, Feuchtwangen
Printed in Germany

Inhalt

BAND 2/2

Religionspädagogik im 20. Jahrhundert
Einleitung 19

TEXTE

I. Evangelische Schulpolitik und Religionspädagogik in der Weimarer Republik 57

Otto Dibelius

Die einheitlich-prägende evangelische Erziehungsschule 57

Aus: O. Dibelius, i. Verb. m. Peter Adams und Hans Richert (Hg.): Die evangelische Erziehungsschule. Ideal und Praxis. Hamburg o.J. (1919), 12f., 16, 18, 22f., 25-28 (Auszüge)

Die Richertschen Richtlinien

Religionsunterricht als Bildungsaufgabe in der Schule 61

Aus: Richtlinien für die Lehrpläne der höheren Schulen Preußens, hg. v. Ministerialrat Richert. 1. Teil: Grundsätzliches und Methodisches. Berlin 1925 (Abdruck des Abschnitts: Methodische Bemerkungen für die einzelnen Unterrichtsfächer. Evangelische Religion, 17-24)

Otto Eberhard

1. Religionsunterricht in der Arbeits- und Lebensschule 66

Aus: O. Eberhard: Der evangelische Religionsunterricht in der Arbeitsschule. Didaktische Normen und methodische Leitlinien. In: Ders. (Hg): Arbeitsschulmäßiger Religionsunterricht. Gesammelte Stundenbilder aus pädagogischer Werkstatt. Stuttgart 1924, 5-38 (Auszüge)

2. Methoden des Religionsunterrichts im Überblick 75

Aus: O. Eberhard (Hg.): Arbeitsschulmäßiger Religionsunterricht, a.a.O., Inhaltsverzeichnis (gekürzt)

Inhalt

Theodor Heckel

Die Priorität des heiligen Geistes vor aller Methodik 76

Aus: Zur Methodik des evangelischen Religionsunterrichtes, München 1928, 24, 27, 29f. (Auszüge)

Gerhard Bohne

1. Bildungskrise und ewige Krise – zwischen Offenbarung und Kultur 78

Aus: Das Wort Gottes und der Unterricht. Zur Grundlegung einer evangelischen Pädagogik. Berlin 1929, ²1932. Abdruck nach der 1. Aufl. (Auszug aus dem Vorwort)

2. Störung der Bildung von Gott her – Religionsunterricht in der Spannung zwischen menschlicher Entwicklung und dem Ruf in die Entscheidung 79

Aus: Das Wort Gottes und der Unterricht, a.a.O., 49, 58, 101-104, 107f. (Auszüge)

3. Den Menschen ernst nehmen 83

Aus: Das Wort Gottes ..., a.a.O., 121f.

4. Wahrheitsfrage und theologische Forschung im Unterricht mit Jugendlichen 84

Aus: Das Wort Gottes ..., a.a.O., 245-250 (Auszüge)

Wilhelm Koepp

1. Erziehung als Urfunktion des Daseins und die Vernichtung der pädagogischen Idee 86

Aus: Die Erziehung unter dem Evangelium. Tübingen 1932, 3, 8, 9f., 11f., 19f., 28ff., 35f., 90f. (Auszüge)

2. Erziehung unter dem Evangelium 88

Aus: Die Erziehung unter dem Evangelium, a.a.O., 126, 132f., 144f., 149ff., 164 (Auszüge)

Inhalt 7

3. Unterweisung und Lehre als Verkündigung 91

Aus: Die Erziehung ..., a.a.O., 229, 231f., 237f., 239f. (Auszüge)

Magdalene von Tiling

Erziehung und reformatorischer Glaube – das pädagogische Verhältnis als Urordnung unter dem Anspruch des Gesetzes 94

Aus: Grundlagen pädagogischen Denkens, Stuttgart 1932, 219-229 (Auszüge)

Martin Doerne

1. Erziehung und Verkündigung – Gesetz und Evangelium 99

Aus: Bildungslehre evangelischer Theologie. Sonderausgabe aus dem Handbuch der deutschen Lehrerbildung, I. B IVa. München 1932, 66ff., 59f., 68ff. (Auszüge)

2. Evangelische Unterweisung (Religionsunterricht) 102

Aus: Bildungslehre ..., a.a.O., 71f., 75-78 (Auszüge)

II. Evangelisches Erziehungsdenken in der Zeit des Nationalsozialismus zwischen 1933 und 1945 105

Helmuth Kittel

Das begrenzte Recht des Nationalsozialismus – Richtlinien für den Religionsunterricht an der neuen deutschen Schule........ 105

Aus: Schule unter dem Evangelium. Richtlinien. In: Deutsche Theologie 2 (1935), 140-153 (gekürzt)

Vierte Bekenntnissynode der Deutschen Evangelischen Kirche

Beschluß über die Schulfrage 115

Aus: W. Niemöller (Hg.): Die vierte Bekenntnissynode der Deutschen Evangelischen Kirche zu Bad Oeynhausen. Text – Dokumente – Berichte. Göttingen 1960, 115-119, Abdruck von I. Allgemeines

Martin Rang

1. Religionsunterricht: Bekenntnis – Anrede – kirchlicher Unterricht 120

Aus: Handbuch für den biblischen Unterricht. Theoretische Grundlegung und praktische Handreichung für die christliche Unterweisung der evangelischen Jugend. 2 Bde., Berlin 1939, 1. Halb-Bd., 18-22, 24f., 105f., Abdruck n. 1. Aufl. (gekürzt)

2. Der Religionsunterricht in der staatlichen Schule 123

Aus: Handbuch ..., a.a.O., 1. Halb-Bd., 108, 110-113 (Auszüge)

3. Alltag und Grenzsituation 127

Aus: Handbuch ..., a.a.O., 1. Halb-Bd., 67-82 (gekürzt)

4. Anerkennung der Geschichte Jesu Christi als Offenbarung... 130

Aus: Handbuch ..., a.a.O., 2. Halb-Bd., 25f. (Auszug)

Oskar Hammelsbeck

Kirchlicher Unterricht als missionierender Unterricht in der Vollmacht der Gemeinde 132

a) Die in der Volkskirche entwickelten Formen – Religionsunterricht und die Erziehung für die Gemeinde 132

Aus: Der kirchliche Unterricht. Aufgabe – Umfang – Einheit. München 1939, 56-66 (gekürzt)

b) Die Formen in der Erneuerung – Kinderlehre in der Gemeinde und Elternhaus 137

Aus: Der kirchliche Unterricht, a.a.O., 136-139 (gekürzt)

Bekennende Kirche 1943

Memorandum zu Kirche und Schule 140

Abdruck nach: Bildung und Erziehung. (Die Denkschriften der Evangelischen Kirche in Deutschland 4/1). Mit einer Einführung von Gerhard Bromm, Gütersloh 1987, 19-25 (Abschnitte A-D)

Inhalt 9

III. Evangelische Religionspädagogik von der Nachkriegszeit bis Anfang der 70er Jahre 144

A. Die Entwicklung in der Bundesrepublik 144

Helmuth Kittel

1. Nie wieder Religionsunterricht! 144

Aus: Vom Religionsunterricht zur Evangelischen Unterweisung. (Päd. Bücherei. Arbeitsbücher für Lehrerbildung und Lehrerfortbildung. Hg. O. Haase, Bd. 3) Wolfenbüttel – Hannover 1947, 3., durchges. Aufl. Berlin – Hannover – Darmstadt 1957, Abdruck nach der 1. Aufl., 5-8 (gekürzt)

2. Unterweisung im Hören auf die Bibel 147

Aus: Vom Religionsunterricht zur Evangelischen Unterweisung, a.a.O., 8-10

3. Evangelische Unterweisung und Volksschulfächer 149

Aus: Vom Religionsunterricht zur Evangelischen Unterweisung, a.a.O., 22-25

4. Grundsätze und Regeln der Schriftauslegung 154

Aus: Vom Religionsunterricht zur Evangelischen Unterweisung, a.a.O., Abdruck nach der 3. Aufl., 116-118

Synode der Evangelischen Kirche in Deutschland 1958

Wort zur Schulfrage 157

Aus: Kirchenamt der EKD (Hg.): Bildung und Erziehung. (Die Denkschriften der EKD 4/1), Gütersloh 1987, 37-39

Hans Stock

1. Die Herausforderung des biblischen Unterrichts durch die theologische Forschung.. 160

Aus: Studien zur Auslegung der synoptischen Evangelien im Unterricht, Gütersloh 1959, ⁵1970, 15f. (Abdruck des Abschnittes: Traditionelle Schwierigkeiten und Verlegenheiten, n.d. 1. Aufl.)

2. Didaktisches Grundgesetz 162
Aus: Studien ..., a.a.O., 42

3. Der Schüler und sein Lehrer 162
Aus: Studien ..., a.a.O., 47

4. Der Lehrer als Interpret unter den Bedingungen des Nicht-Glaubens 164
Aus: Studien ..., a.a.O., 57-60

Martin Stallmann

1. Biblischer Unterricht im Zeichen von Entmythologisierung und existentialer Interpretation 167
Aus: Die biblische Geschichte im Unterricht. In: ZThK 51 (1954), 216ff., Wiederabdruck in: M. Stallmann: Die biblische Geschichte im Unterricht – Katechetische Beiträge, Göttingen 1963, ²1969; Abdruck nach d. 1. Aufl., 55ff., 58-61, 62, 75f., 77-80, 85-88 (Auszüge)

2. Der Religionsunterricht und die religiöse Frage des Menschen – Schule und Christentum 176
Aus: Christentum und Schule, Stuttgart 1958, 191f.

Kurt Frör / Gert Otto

Religionsunterricht als Teil des kirchlichen Gesamtkatechumenats? Das Verhältnis zur Gemeinde als Problem 178
Aus: K. Frör/G.Otto: Religionsunterricht (Evangelische Unterweisung). Zur Problematik heute. In: ERB 12 (1964), 179-181. Wiederabdruck in: H. Gloy (Hg.): Evangelischer Religionsunterricht in einer säkularisierten Gesellschaft, Göttingen 1969, 122-124 (Abdruck hiernach)

Hans Bernhard Kaufmann

Muß die Bibel im Mittelpunkt des Religionsunterrichts stehen? Auf dem Weg zum Religionsunterricht im Lebenskontext und Dialog 182

Inhalt 11

Muß die Bibel im Mittelpunkt des Religionsunterrichts stehen? Thesen zur Diskussion um eine zeitgemäße Didaktik des Religionsunterrichts. Erstveröffentlichung: Loccumer Protokolle 12/1966, 37-39; erweiterte Fassung in: H.B. Kaufmann (Hg.): Streit um den problemorientierten Unterricht in Schule und Kirche, Frankfurt u.a. 1973, 23-27 (Abdruck hiernach)

Gert Otto / Hans Rauschenberger

Emanzipatorischer und bikonfessioneller Religionsunterricht in der Grundschule als Teil der integrierten Gesamtschule 189

Mainzer Thesen zum RU in der Grundschule. Erstveröffentlichung in: Ev Komm 3 (1970), 325ff. Wiederabdruck in: G. Otto: Schule und Religion. Eine Zwischenbilanz in weiterführender Absicht, Hamburg 1972, 72-81 (Abdruck hiernach)

Evangelische Kirche in Deutschland 1971

Religionsunterricht – Grundrechte – Grundsätze nach evangelischem Verständnis 197

Zu verfassungsrechtlichen Fragen des Religionsunterrichts. Stellungnahme der Kommission I der EKD vom 7./8.7.1971 (vom Rat der EKD zustimmend zur Kenntnis genommen). Abdruck nach: Kirchenamt der EKD (Hg.): Bildung und Erziehung. (Die Denkschriften der EKD 4/1), Gütersloh 1987, 56-61 (gekürzt).

B. Die Entwicklung in der DDR 202

Walter Zimmermann

Christenlehre im atheistischen Staat – von der Volkskirche zur Freiwilligkeitskirche? 202

Aus: Der Aufbau der Christenlehre in den ostdeutschen Kirchen. In: W. Zimmermann/H. Hafa: Zur Erneuerung der christlichen Unterweisung. (Luthertum H. 21), Berlin 1957, 7-45 (Auszug).

Dieter Reiher

1. Unterweisungsmodelle zwischen der Hinführung zur Gemeinde und offener Lebens- und Glaubenshilfe 206

Aus: Die Einheit der kirchlichen Unterweisung. In: ChL 23 (1971), 7-11. Wiederabdruck in: P.C. Bloth (Hg.): Christenlehre und Katechumenat in der DDR. Grundlagen, Versuche, Modelle. Gütersloh 1975, 66-72. Hiernach Abdruck in Auszügen, 67ff.

2. Kirchliche Unterweisung als Geleit – Freiheit gegenüber dem Angebot – Texte und Themen 208

Aus: Die Einheit ..., a.a.O., Abdruck nach Bloth, a.a.O., 69f.

Jürgen Henkys

1. Katechumenat und Diakonat 210

Aus: Katechumenat und Gesellschaft. In: G. Kulicke u.a. (Hg.): Bericht von der Theologie, Berlin (DDR) 1971, 282-301. Wiederabdruck in Bloth, a.a.O., 73-90, Auszug 81-84

2. Weltoffenheit des christlichen Unterrichts in der sozialistischen Gesellschaft 213

Aus: Katechumenat und Gesellschaft, a.a.O., 88-90

3. Die Katechumenatsidee als Verpflichtung der Gemeinde auf Formen zeitgenössischen Christseins in einer nachchristlichen Welt 216

Aus: Zur Katechumenatsidee vor C.A.G. von Zezschwitz. In: J. Rogge/G. Schille (Hg.): Theologische Versuche IV. Berlin (DDR) 1972, 179-193. Wiederabdruck in: P.C. Bloth, a.a.O., 43-58. Abdruck der Schlußzusammenfassung hiernach, 56f.

IV. Religionspädagogik im geteilten Deutschland von den 70er Jahren bis zum staatlichen und kirchlichen Einigungsprozeß
Ein Ausblick 218

Literaturverzeichnis 242

Inhalt 13

BAND 2/1

Religionspädagogik im 19. und 20. Jahrhundert
Einleitung 17

TEXTE

I. Neues kirchliches Bewußtsein und Liberalismus: Der Streit um Kirche, Schule und Religionsunterricht in der Zeit bis zur Mitte des 19. Jahrhunderts 44

Johann Hinrich Wichern

Christliche Rettungsanstalten für verwahrloste Kinder 44

a) Entartung und Entsittlichung des untersten Volkes – Pflanzschulen der Laster, Schanden und Verbrechen 44

b) Rettungsanstalten als Antwort auf das im Volke wirksame Übel 46

c) Der Geist des Glaubens und der Liebe als Grundlage christlicher Erziehung 52

Christian Palmer

1. Katechetik als theologisch-kirchliche Disziplin 58

a) Die kirchliche Basis 58

b) Bekenntnis und kirchliches Leben als Ziel 59

c) Die religiöse Empfänglichkeit des Kindes – Tradition, Schrift und Katechismus als Stufen individueller und kirchlicher Entwicklung 66

2. Evangelische Pädagogik in der Konvergenz des Humanen mit dem Evangelium 69

a) Der konstitutive Zusammenhang von Bildung und Christentum – Pädagogik als praktisch-theologische Disziplin 69

b) Familie, Schule und Kirche als Träger evangelischer Erziehung 73

Wilhelm von Humboldt

Allgemeine Bildung und aufgeklärte Religion – Schulreform Anfang des 19. Jahrhunderts 78

Friedrich Adolph Wilhelm Diesterweg

1. Gegen den konfessionell-dogmatischen Religionsunterricht 82

2. Universale religiöse Bildung: das Wahre, das Gute, das Schöne 88

II. Restauration und Kaiserreich: Sittlich-religiöse Bildung und kirchliches Katechumenat 98

Die Stiehlschen Regulative

1. Absage an das Ideal formeller allgemeiner Bildung und kirchlich-christliche Restauration 98

2. Religionsunterricht und die Wiederherstellung eines christlichen Volkslebens 103

Die religiöse Pädagogik des Herbartianismus

1. Tuiskon Ziller 107

a) Sittlich-religiöse Charakterbildung durch erziehenden Unterricht 107

b) Konzentrierende Gesinnungsstoffe im kulturgeschichtlich orientierten Lehrplan: christliche Gesinnung als Zentrum der Schule 110

2. Ernst Thrändorf 115

   a) Religionsunterricht und Charakterbildung: Religion erst erleben und dann erlernen 115

   b) Religionsunterricht nach der Herbart-Zillerschen Methode: die Formalstufen 118

Carl Adolf Gerhard von Zezschwitz

1. Der christlich-kirchliche Katechumenat: Kirche – Elternhaus – Schule 122

2. Die Katechese als kirchliche Unterrichtsmethode 125

   a) Definition – Lehrstoff – Lehrarten 125

   b) Die offenbarungsmäßig-positive Lehrart 129

Friedrich Wilhelm Dörpfeld

Für eine gerechte, gesunde, freie und friedliche Schulverfassung 134

   a) Die Schulgemeindeschule als oberste Stufe der Entwicklung 134

   b) Erziehung als Recht der Eltern – Die Schulgemeinde als Träger der Schule 136

   c) Religiöse Erziehung als Frage der Gewissensfreiheit 141

III. Die religionspädagogische Reformbewegung bis zum Ersten Weltkrieg 146

Ellen Key

1. Das Jahrhundert des Kindes und die Religion der Entwicklung 146

2. Der Religionsunterricht als das demoralisierendste Moment der Erziehung 147

3. Das Kind und seine Religion 151

Otto Baumgarten

1. Unterricht in der christlichen Religion unter den Bedingungen neuzeitlichen Denkens und religiösen Erlebens 156

2. Die Anklagen der Pädagogik 157

3. Die Anklagen des Wahrheitssinnes 163

4. Der Unterricht der Erwachsenen 170

Legitimationskrise des schulischen Religionsunterrichts

1. Abschaffung des Religionsunterrichts – die Bremer Denkschrift 171

2. Reform des Religionsunterrichts – die Zwickauer Thesen ... 179

3. Bewahrung des Religionsunterrichts – die Düsseldorfer Thesen 180

Friedrich Niebergall

1. Die Lehrbarkeit der Religion und die Kritik im Religionsunterricht 182

2. Die Entwicklung der Katechetik zur Religionspädagogik .. 195

Richard Kabisch

1. Das Recht des Religionsunterrichts und seine Stellung im menschlichen Erziehungsplan 197

2. Kirche, Familie und Staat als Träger des Religionsunterrichts 199

3. Was ist Religion? 208

4. Ist Religion lehrbar? 212

5. Die Religion des Kindes 213

6. Die Aufgabe des Religionsunterrichts – Ziel und Weg im Überblick 215

7. Zum Lehrverfahren im Religionsunterricht 219

   a) Der Vorrang der Textgestaltung der biblischen Geschichten 219

   b) Die Besprechung als Ergänzung 221

RELIGIONSPÄDAGOGIK IM 20. JAHRHUNDERT
EINLEITUNG

I. Evangelische Schulpolitik und Religionspädagogik in der Weimarer Republik

Das Ende des Ersten Weltkrieges hatte den Wegfall des landesherrlichen Kirchenregiments in Preußen und die *Aufhebung der Staatskirche* zur Folge (Art 137, 1 WRV) – ein historischer Einschnitt von großer pädagogischer Tragweite. Durch ihn wurde der Differenzierungsprozeß der Moderne an einer Stelle definitiv, die das ganze öffentliche Bildungssystem betraf. Die Verklammerung von staatlicher Schulverwaltung und geistlicher Schulaufsicht wurde aufgelöst. Aus der Sicht der evangelischen Kirche war mit diesem Verlust ihres Einflusses auf die Volksschule als ganze – um sie ging es vor allem – dem konfessionellen Religionsunterricht das entsprechende Erziehungsumfeld genommen.

Der Gesamteinfluß war früher durch die »Kirchenschule« gegeben gewesen; seit der Übernahme der Schulhoheit durch den Staat (»Schulen und Universitäten sind Veranstaltungen des Staates«, Preuß. Allg. Landrecht 1794, § 1) schien er durch die »Christlichkeit« der Staatsschule gesichert zu sein (vgl. die rückblickende Klage von O. Dibelius u. 57ff.). Folgerichtig mußte eine Epoche beginnen, in der die evangelische Kirche mitsamt allen anderen eigenen »Angelegenheiten« auch ihre Vorstellungen über Erziehung und Bildung »selbständig« zu ordnen hatte (Art 137, 3 WRV) – nach Dibelius (1926) grundsätzlich für die Kirche eine Chance.

Eine Geschichte der Religionspädagogik ist darum für die folgende Zeit nicht ohne Kapitel über evangelische Schulpolitik zu schreiben. Religionspädagogisches Denken konnte sich nicht auf den Religionsunterricht beschränken, noch weniger auf katechetische Überlegungen. Es stand mehr auf dem Spiel. Schulpolitisch fordert die evangelische Kirche die *Bekenntnisschule* nach dem erzieherischen Grundmuster einer *weltanschaulich geschlossenen Prägung* (1). Hinsichtlich des Religionsunterrichts kommt es zu *kulturprotestantisch orientierten neuen Richtlinien*; zugleich entwickelt sich die liberale Religionsdidaktik und -methodik zu einer Spätform weiter, die die *Ganzheit der Person* betont und neu den *Anspruch der Sache* akzentuiert (2).

Etwa seit Mitte der 20er Jahre formieren sich durchgreifende Gegenpositionen. Sie sind anschließend auf entsprechenden Ebenen zu verfolgen. Zunächst ist der neue allgemeine geistesgeschichtliche Kontext zu skizzieren, in dem die *antiliberale Grundhaltung* der evangelischen Seite eingebettet ist (3). Die Folgen für den Religionsunterricht sind nicht einheitlich; im ganzen setzt sich eine *am Wort Gottes orientierte Verkündigungskonzeption* durch (4). Von politischer Tragweite sind *nationalkonservativ grundierte evangelische Erziehungslehren* (5).

1. Im historischen Rückblick wird deutlich, wie viel der Kirche an der Schule im ganzen gelegen war. Man könnte meinen, daß die Weite der evangelischen Bildungsverantwortung der Reformation erneuert wird. Die Gesamtsituation ist jedoch völlig anders. Die Obrigkeit will bewußt nicht mehr christlich sein, bestenfalls neutral; tatsächlich aber lief das, was die preußische Revolutionsregierung in den Novembererlassen 1918 unter Konrad Haenisch und Adolph Hoffmann im Namen der Gewissensfreiheit aufs schnellste anordnete, auf die Aufhebung von Schulgebet und Verpflichtung zum Religionsunterricht hinaus, der kein Prüfungsfach sein, in dem es auch keine Schulaufgaben geben und zu dem kein Lehrer mehr gezwungen werden sollte. Kurz: Es drohte das Ende der christlichen Schule überhaupt.

Nachdem bisher das Christentum einheitsstiftend gewirkt hatte, entsteht in der Weimarer Republik zum erstenmal in der deutschen Schulgeschichte das schwerwiegende Problem, was an seiner Stelle die *innere Einheitlichkeit* der Bildungsarbeit im ganzen gewährleisten könnte. Hierzu haben jedoch die gesellschaftlichen Gruppen unterschiedliche Vorstellungen; der längst bestehende *weltanschauliche Pluralismus* erreicht jetzt massiv auch die äußere und innere Schulgestaltung. Verschiedene Motive vereinigen sich im Ruf nach einer »Einheitsschule« (Herrmann 1987, 17). Drei Optionen ringen in religiöser Hinsicht im »Schulkampf« miteinander: die religionslose »weltliche Schule« der Sozialdemokratie, die »Konfessionsschule« und die christliche »Simultanschule« (im ganzen vgl. Führ 1972, ferner Koerrenz/Collmar 1994, 154ff.).

Otto Dibelius, seit 1918 maßgeblicher Promotor der altpreußischen Landeskirche in der Schulfrage (Stupperich 1993), greift sofort ein und fordert unter Mobilisierung der Elternschaft für die evangelische Seite das Recht auf eine eigene Schule, nicht als Schule in kirchlicher Trägerschaft, sondern als *öffentliche Bekenntnisschule*, neben den Schulen des Katholizismus und, wenn es denn sein müsse, denen der Sozialdemokratie. Seine schulpolitische Lösung läuft auf eine *weltanschauliche und pädagogische* ›*Versäulung*‹ *der Gesellschaft* hinaus, wobei sich zwischen den Schulen der »Arbeiterschaft« »im Geist eines materialistischen Sozialismus« und denen des »Bürgertums« »im Geist des Christentums« eine unüberbrückbare Kluft wie zwischen »zwei Völkern« (!) auftun werde (s.u. 60). Aber dies müsse man in Kauf nehmen.

Als Hauptmotiv wird ein bestimmter Begriff von *Erziehung* in Anschlag gebracht, wonach die wahre Erziehung nur auf der »*Grundlage einer bestimmten, geschlossenen Lebensgesinnung*« möglich ist (s.u. 59, vgl. auch Eberhard 1923, 33f.). Wenn der »Staat von heute ... auf Einheitlichkeit der Weltanschauung prinzipiell verzichtet« (s.u. 59), soll wenigstens die Kirche das pädagogische Paradigma einer ideologisch geschlossenen Erziehung in Form einer gruppenbezogenen ›Teil-Einheitlichkeit‹ pädagogisch aufrechterhalten. Auf neue demokratisch-republikanische, ›universalistische‹ Kategorien kann sich die Kirche nicht einstellen; sie wird es noch lange Zeit nicht können. Statt dessen fordert sie ihre partikulare Schulwelt, mit dem Wunsch allerdings, »daß in diesem Wettkampfe der Schulen mit einheitlicher Gesinnung die christliche Schule sich siegreich behaupten« werde (s.u. 60). Es ist zu beachten, daß die angestrebte Geschlossenheit konfessionell gemeint ist; eine christliche Simultanschule kann nach Ansicht der Kirche die gewünschte Einheitlichkeit nicht entwickeln.

Bildungstheoretisch gesehen ist die evangelische Schulpolitik damals und dann bis über die Mitte dieses Jahrhunderts einem *affirmativen Bildungsbegriff* im transitiven Sinne von Bildung als *Formung* und *Prägung* verhaftet. Dies auszudrücken ist der Erziehungbegriff geeigneter, daher die Forderung einer evangelischen »Erziehungsschule«. Man ist an der vereinigten Wirkung aller pädagogischen Maßnahmen und Sozialisationsfaktoren auf den Heranwachsenden interessiert. Die Formel hierfür ist die einer »gesinnungseinigen« evangelischen Erziehung in Gestalt einer religiös gleichgesinnten Eltern-, Lehrer- und Schülerschaft (vgl. Adams in Dibelius 1919, 43, in Anlehnung an Dörpfeld, vgl. Bd. 2/1).

Das alternative bildungstheoretische Paradigma wäre ein einem *kritischen Bildungsbegriff* verpflichtetes Grundmuster mit Bildung im reflexiven Sinn als *Selbstbildung* unter betonter Befähigung zu kritischer Auseinandersetzung. Die Inhalte dürfen dann mit ihren Ansprüchen »den Educandus nicht determinieren, sondern als bildende Lehre müssen sie so verwandt werden, daß sie zugleich kritische Vernunft entbinden, die sich, potentiell jedenfalls, auch gegen die Inhalte selbst muß richten können« (Blankertz 1969, 41).

Ein solches pädagogisches Modell sah Dibelius mit dem Plan der Einrichtung von »Schülerversammlungen« und »Schülerräten« als Gefahr heraufziehen. Hinter einem entsprechenden Erlaß des Kultusministeriums standen Gedanken Gustav Wynekens, des Leiters der »Freien Schulgemeinde Wickersdorf«. Dibelius grenzte sich scharf ab, um sich statt dessen dem Schulgemeindegedanken Friedrich Wilhelm Dörpfelds anzuschließen. In seiner deutschnationalen und damals auch von antisemitischem Gedankengut bestimmten Einstellung konnten solche Formen der Schülermitverwaltung und des Diskurses für Dibelius nur »den Typus des russisch-jüdischen Studenten züchten mit seinem Debattierbedürfnis, seinem Selbstbewußtsein und seinem Mangel an Gemüt«. Den »deutschen Schüler ... verlangt es nicht in erster Linie nach Kritik. Er will vertrauen können. Er will in seinem Lehrer nicht zuerst den Kameraden, sondern einen Führer sehen, zu dem er sich emporstrecken kann« (1919, 33).

Der skizzierte Ansatz evangelischer Schulpolitik und evangelischen Schulverständnisses verdient die ausführlichere Beschreibung, weil er sich erstens auch zur Zeit des Nationalsozialismus und noch nach dem Zweiten Weltkrieg durchhalten sollte. Zweitens gerät die evangelische Position mit dem Prinzip des »gesinnungseinigen« erziehenden Unterrichts in allen Fächern, ohne sich dessen bewußt zu werden, in engste Nähe zum katholischen Schulideal, wie es kurz darauf Pius XI aus ähnlichen Beweggründen in der Enzyklika Divini illius magistri (1929) klassisch formuliert. Dies ist möglich, weil auch das evangelische Erziehungsdenken das Evangelium ausdrücklich in eine Weltanschauung verwandelt, in eine »einheitliche und geschlossene Glaubens-, Welt- und Lebensanschauung« (Erklärung des Dt. Ev. Kirchenausschusses vom 10.2.1921).

2. Hinsichtlich des evangelischen *Religionsunterrichts* tritt die religionspädagogische Reformbewegung in ihre Spätphase ein. Die vor dem Krieg entwickelten Reformmotive des liberalen, zwischen den Radikalen und den Konservativen stehenden mittleren Lagers hatten sich im ganzen durchgesetzt und schlagen sich offiziell in den *Richtlinien* für die Lehrpläne der Schulen Preußens nieder (s.u. 61ff.). Sie tragen die Handschrift des Ministerialrates Hans Richert und sind in diesem Band in der Fassung vom April 1925 abgedruckt, bevor die kirchlichen Gegenvorschläge an einigen Stellen zur Modifikation führen sollten (vgl. Bloth 1968, 270ff.).

Zu den unverändert gebliebenen, gemeinsam geteilten Aussagen gehört als kulturprotestantisches Credo die positive Würdigung der »Verflechtung der Religion (bzw. des Christentums) mit der allgemeinen Kultur« und die Grundüberzeugung, daß der »Religionsunterricht in gleichem Maße von religiösem wie von wissenschaftlichem

Ernste getragen sein müsse« (s.u. 61). Selbstverständlich gilt ferner die Berücksichtigung der Schüler entsprechend den »verschiedenen Altersstufen« als Richtlinie (s.u. ebd.). Mit Variationen im Wortlaut ist man sich sodann darin einig, daß die »ernste und ehrliche Auseinandersetzung mit der Religion eine unerläßliche Bildungsaufgabe des Menschen« sei (s.u. 63). Der Religionsunterricht wird mithin wie schon bei Kabisch 1910 von Schule und Bildung, nicht von Kirche und Katechumenat her im öffentlichen Bildungssystem legitimiert. Respektiert wird ferner das Anrecht des Religionslehrers auf persönliche Freiheit im Glauben, weil ein Unterricht sonst nicht überzeugend wirken könne (s.u. 62). Durchgesetzt hat sich sodann der ebenfalls bereits vor dem Krieg aufgekommene und während der Kriegsjahre weiterentwickelte Gedanke des Arbeitsunterrichts (Kerschensteiner 1912; Gaudig 1904, 1908, 1917, vgl. Koerrenz/Collmar 1994, 99ff.) mit dem Primat des »Lehrgesprächs« vor dem »Vortrag des Lehrers« (s.u. 63). Schließlich sehen alle Seiten den evangelischen Religionsunterricht in Zusammenarbeit mit den »anderen Kernfächern« (s.u. ebd.). Hier schließt sich der theologische Gedankenkreis auch in pädagogischer Hinsicht: Man versteht das »Christentum als geschichtliche Religion ... im Zusammenhang der Weltgeschichte«, und die deutsche Ausprägung des Christentums erscheint »nur im Rahmen des ganzen deutschen Geisteslebens verständlich« (s.u. ebd.).

Die kirchliche Seite setzte bei den Verhandlungen die Aussage durch, daß gleichwohl die christliche Religion »den letzten kritischen Maßstab für alle Kultur« biete. Richert hatte zwar selbst bereits vor dem Mißverständnis gewarnt, als solle die Tendenz befördert werden, »die Religion in eine Kulturerscheinung aufzulösen« (s.u. 61). Dennoch lag hier eines der gravierenden theologischen Probleme – mit möglichen religionspädagogischen Folgen. Von dem »ganz anderen« Gott der Bibel war (noch) nicht die Rede. Ebenfalls spürt man dieser Sicht des Religionsunterrichts nicht den Ersten Weltkrieg an; er schien folgenlos gewesen zu sein. Die liberalnationale kulturelle Elite, wie sie Richert verkörperte, setzte auf eine kulturelle Erneuerung aus den Kräften des deutschen Idealismus mit Unterstützung durch ein liberales bürgerliches Christentum zwischen den Extremen von links und rechts.

Zum *didaktisch-methodischen* Gesicht des evangelischen Religionsunterrichts haben in den 20er Jahren besonders die Jahr für Jahr erscheinenden Publikationen Otto Eberhards beigetragen. Er gilt als Verfechter des Arbeitsunterrichtsprinzips im Religionsunterricht (Lörcher). Man wird seinem Ansatz jedoch nur gerecht, wenn man die für ihn im Laufe des Jahrzehnts immer stärker werdende Bedeutung der Kategorie des *»Lebens«* beachtet, seinen Weg »Von der Arbeitsschule zur Lebensschule« (1925) mit der Entwicklung einer »Evangelischen Lebenskunde auf wertpädagogischer Grundlage« (1928) (zur »Erlebnisschule« s.u. 70; im ganzen vgl. Nipkow 1989).

Der dadurch gewonnene weitere Rahmen bedeutete, daß den Religionsunterricht nicht nur die *»freie geistige Tätigkeit«*, das Arbeitsunterrichtsprinzip in der Fassung Hugo Gaudigs, bestimmen sollte; dies war nur die eine Seite. Sein organologisch-lebensphilosophisch getönter Lebensbegriff machte Eberhard auf Lebenspolaritäten aufmerksam, auf den Lebensrhythmus von »Einatmen« und »Ausatmen« (Goethe), von »Eindruck« und »Ausdruck« (Dilthey), die auch für das Lernen bedeutsam sein sollten. Darum stellt Eberhard neben das »schaffende« das »empfangende« Lernen (s.u. 71), neben die Schule als »Kultur des Redens« Raum in der Schule für eine »Kultur des Schweigens« (1925, 37-66; 1920, 114ff.; 1928, 61ff.). Auf die gemeinte Polarität verweist aber vor allem für Eberhard das Wesen der Religion selbst. Zu ihr gehört zentral das *»religiöse Erleben«*, »die tiefe Innerlichkeit und das Stillewerden des Gemüts« (s.u. 70). Erst mit der dritten Dimension des *Handelns* im Zeichen einer »Tatpädagogik« ist jedoch die religionspädagogische Trias vollständig, ist die alte Stufe der »Anwendung« (so schon im Pietismus und in der Herbart-Schule), vermittelt über Pestalozzi (»Kopf, Herz und Hand«) und den Arbeitsschulgedanken, reformuliert. Theologisch gesehen steht für Eberhard beim Handeln das »Tatchristentum« Wichernscher Herkunft Pate, ein Denkmotiv schon seiner Frühschriften.

Mit Otto Eberhard wird ein Religionspädagoge dokumentiert, der sich zu den ›Positiv-Modernen‹ zählte. Er war einem konservativen Luthertum verhaftet, das ihn bewog, die Bedeutung der vorgegebenen Lebensordnungen und den »Lebenszusammenhang« von Kirche und Schule hochzuschätzen (1927). Diese Einstellung fügte sich zu jener bezeichnenden Wende zum »Objektiven«, die die gesamte reformpädagogische Bewegung in ihrer Spätphase nahm. Als Kenner der erziehungswissenschaftlichen Strömungen (vgl. 1923) rezipierte Eberhard die einsetzende Kritik an einer einseitigen »Pädagogik vom Kinde aus« und stellte daneben *»die Pädagogik vom Stoffe aus«* bzw. von den »Kulturgütern« (s.u. 66). Er konnte sich hierbei auch auf Georg Kerschensteiner berufen, der ähnlich wie Eduard Spranger »Bildung« dann als geglückt ansah, wenn gleichzeitig den entwicklungs- und persönlichkeitsbedingten Strukturgesetzlichkeiten auf seiten des Heranwachsenden und der »Eigengesetzlichkeit« des Stoffes, der »inneren Struktur der Wertgebiete«, entsprochen wurde (s.u. 66).

Eberhard betonte das Kind *und* das Evangelium. Er kann auf dieser Grundlage relativ früh der neuen Wort-Gottes-Theologie religionspädagogische Einsichten abgewinnen (1924a, 13, 158ff.; 1924b, 14ff.) und in einer bemerkenswerten Spätschrift (1932) Schritte zur *Verbindung* seines Ansatzes mit dem neuen gehen. Nicht nehmen läßt er sich seine Überzeugung, »daß Gott auf dem von ihm gelegten Weg der Geschichte und der Seele, nicht durch ein magisch-mystisches ›Besprechen‹, in dem Menschen den Glauben schafft« (1932, 22).

Zeigen sich pädagogische Verbindungslinien zwischen der evangelischen Schulpolitik jener Jahre und der Religionspädagogik eines Eberhard? Es ist beidemal das große Interesse an einer einheitlichen christlichen Erziehung. War oben die Schule als ganze gemeint, so jetzt die Person als ganze: Es soll »das methodische *Gesetz der seelischen Totalität*« beachtet werden (s.u. 68). Wegen der romantisch-organologischen Fassung der Kategorien der »Bildung« und des »Lebens«, die mit Friedrich Fröbel auf eine metaphysische »Lebenseinigung« abzielten (1928, 71), war wie bei Dibelius auch in diesem religionsdidaktischen Konzept für aufklärerisches Gedankengut kritischer Provenienz kein Raum. Der »Hunger nach Ganzheit« (Gay) in jenen Jahren kehrt heute als Interesse an »Ganzheitlichkeit« wieder. Es ist bestes und problematisches reformpädagogisches Erbe zugleich.

3. Bereits gegen *Mitte der 20er Jahre* melden sich Stimmen zu Wort – um zunächst wieder den zeitgeschichtlichen Kontext zu umreißen –, die dem pädagogischen Aufschwung nach 1918 Einhalt gebieten und *Grenzen der Pädagogik* aufzeigen. Eine »neue Gesellschaft« mit einem »neuen Menschen« hatte entstehen sollen; hervorgehen sollte dies alles aus einer »neuen Schule« (vgl. z.B. Jöde; dazu Herrmann 23f.). In einer verhängnisvollen Weise entwickelt sich jedoch binnen kurzem noch vor 1933 nochmals eine sendungsbewußte Programmatik. Sie wird von einer dezidiert *antiliberalen, nationalkonservativen Grundströmung* getragen, die weit in die deutsche Geschichte zurückreicht und in der europäischen Aufklärung demokratisch-westlichen Zuschnitts die Wurzel allen Übels sieht. Danach denkt aufklärerisch-rationalistisch, wer humanitätsphilosophisch von allgemeinen Natur- und Menschenrechten ausgeht und entsprechend Anthropologie, Ethik, Politik und Pädagogik mit dem Menschen als Subjekt beginnen läßt. Statt dessen soll geschichtlich-organologisch von Volk und Staat als den konkreten Gemeinschaftsordnungen ausgegangen werden, die allein den Menschen in sein ›Wesen‹ bringen und ihn ethisch, politisch und pädagogisch umfassend beanspruchen dürfen. Die Begrenzung der einen Pädagogik führt zur *Entgrenzung* eines pädagogischen Pathos mit umgekehrtem Vorzeichen.

Das Gesamtspektrum der Gegenpositionen muß folglich differenziert betrachtet werden. Was die einen in ihrer Selbstbeurteilung bereits als grundsätzliche Kritik ausgeben, wenn sie eine »Individualpädagogik« »vom Kinde aus« durch eine »Kultur-« und »Wertpädagogik« ergänzen, um wieder die »objektiven« Ansprüche zu betonen, bleibt für andere nur eine Spielart ein und derselben »humanistischen« Pädagogik, bei der immer noch der Mensch im Mittelpunkt steht. Die Vorgänge sind religionspädagogisch bedeutsam, weil es gerade bestimmte Strömungen der evangelischen Kirche und Theologie sein sollten, besonders die des Neuluthertums, die die ›konservative Revolution‹ mit tragen und für die sich die eigenen Erwartungen in der nationalsozialistischen »Wende« 1933 geradezu erfüllen (vgl. unten II).

Die Positionen unterscheiden sich außerdem darin, wie nachhaltig die Tatsache des *Ersten Weltkriegs* gesellschaftspolitisch weiterwirkt und welche Folgerungen gezogen werden. Für Pädagogen wie Herman Nohl und Wilhelm Flitner werden die Erfahrungen menschlicher Solidarität und Ebenbürtigkeit unter den Frontkameraden zum Ansporn, durch pädagogische Innovationen wie die Gründung von »Volkshochschulen« die Kluft zwischen den »höher gebildeten« und dem »Volk« zu überwinden, um so zu einer neuen kulturellen Einheit beizutragen (vgl. Flitner 1928, 1986, 249ff.; zu Nohl s. Blochmann 1969, 82ff., 89ff.). Für andere erschüttert das Erlebte das Menschenbild überhaupt, und die »Kulturkrise« wird von einer »ewigen Krise« überholt (Bohne, s.u. 78). Auf wieder einer weiteren Ebene wird für die eine Seite der Weltkrieg, der für sie die Exzesse nationalistischen Denkens enthüllt hat, zum Motiv, in internationalen sozialistischen Kategorien revolutionär zu denken und zu handeln oder in liberalen, menschheitlichen Kategorien weiterzugehen. Ein Beispiel hierfür ist in der »Neuen Richtung« der Volksbildung das Programm dialogischer »Verständigung« des Hohenrodter Bundes, der quer zu konfessionellen, religiösen und politischen Unterschieden zusammengesetzt ist (Theodor Bäuerle, Martin Buber, Robert von Erdberg, Wilhelm Flitner, Romano Guardini, Oskar Hammelsbeck, W. Michel, Eugen Rosenstock-Huessy; vgl. Henningsen 1958; 1960; Laack 1984). Andere erwarten demgegenüber nichts sehnlicher als die Tilgung der Schmach des Schandfriedens von Versailles und das Erstarken des eigenen Volkes und Volkstums, verbunden mit abgrundtiefer Ablehnung eines jeden übergreifenden humanitätsphilosophischen Denkmodells.

Wie lassen sich in den angedeuteten zeitgeschichtlichen Entwicklungsrahmen die pädagogischen, philosophischen und vor allem die theologischen und religionspädagogischen *Ansätze* einzeichnen?

Die Vorbehalte gegenüber einem unangebrachten pädagogischen Idealismus werden zum einen von *Pädagogen* selbst gemacht. Kurt Zeidler (1926) mahnt generell »die Wiederentdeckung der Grenze« an. Theodor Litt (1926) fordert pragmatische Nüchternheit; man müsse das pädagogisch Realisierbare bedenken. Die Reformpädagogische Bewegung tritt in eine neue Phase der Selbstbesinnung ein (W. Flitner 1928).

Zugleich beginnt eine *philosophische* Gegenbewegung. Bereits im Herbst 1923 hatte Eberhard Grisebach »die Grenze des Erziehers« (1924) markiert und die ›Machbarkeit« des »neuen Menschen« und der »neuen Gesellschaft« gebrandmarkt. Ihr liege die falsche anthropologische Hypothese über die Autonomie des Subjekts zugrunde, durch die die »vergesellschaftete Existenz des Menschen« verkannt werde (Herrmann 27). »Sein, Persönlichkeit und Charakter haben heißt: in der Wechselwirkung stehen gemäß dem Gesetz der Gemeinschaft« (Grisebach 26).

Besonders zwei philosophische Strömungen stellen den Subjektivitätsstandpunkt grundsätzlich in Frage. Es handelt sich einmal um das »Neue Denken« im Zeichen einer *Ich-Du-Philosophie* mit einer Anthropologie des »dialogischen Prinzips« (Buber 1923), die zu einem dialogischen Verständnis auch des pädagogischen Verhältnisses führt (Buber 1925). Erst die Anrede durch das Du Gottes bringe das Ich hervor (Rosenstock 1924); das Sprachereignis des gesprochenen Wortes schaffe die soziale Wirklichkeit (Rosenzweig 1921). Bei diesen jüdischen, im Falle Eugen Rosenstock-Huessys zum Christentum übergetretenen Denkern rückt die biblische Anthropologie des Alten Testaments an die Stelle der Subjekt-Objekt-Spaltung seit Descartes. Diese wird für die moderne Überschätzung des Subjekts und die komplementäre Veräußerlichung der Objektwelt verantwortlich gemacht.

Daneben tritt die *Existenzphilosophie* Martin Heideggers und Karl Jaspers' auf den Plan. Sie spricht vom Menschen in seinem »Geworfensein«, in »Grundbefindlichkeiten« (»Existentialien«) der »Angst« und »Sorge«. Er ist unerbittlich dem »Tode« ausgeliefert (Heidegger 1927), »Grenzsituationen« ausgesetzt (Jaspers 1932) und zur »Entscheidung« gerufen, um die »eigentliche« Möglichkeit seiner Existenz zu ergreifen (Heidegger).

In diese Situation fügt sich der kompromißlose Ruf der jungen *»Theologie der Krise«*, wonach Gott der »ganz andere« ist (K. Barth 1919, ^{2}1921; vgl. Moltmann 1977). Statt sich vertrauensvoll auf die menschlichen »Kulturgüter«, die Macht der »Ideen« und die Gültigkeit ewiger »Werte«, verlassen zu können, wird der Mensch mit dem geoffenbarten und darum für ihn unverfügbaren Wort Gottes konfrontiert, das ihn in Gericht und Gnade anredet. In der allgemeinen Stoßrichtung sind sich die führenden neuen Theologen wie Karl Barth, Eduard Thurneysen, Emil Brunner, Friedrich Gogarten und Rudolf Bultmann zunächst einig. Bald aber trennen sich die Wege, und es muß unter religionspädagogisch relevanten Gesichtspunkten besonders zwischen den Anhängern des reformierten Theologen Karl Barth, dem Lager der *»Dialektischen Theologie«*, und der *Theologie des Neuluthertums* unterschieden werden, die besonders durch Friedrich Gogarten starken religionspädagogischen Einfluß gewinnt (s. ferner auch Werner Elert, Paul Althaus, Emanuel Hirsch).

Die Veränderungen in der *Religionspädagogik* betreffen den Religionsunterricht und das evangelische Verständnis von Erziehung überhaupt. Der gemeinsame Ausgangspunkt ist bei allen Exponenten der theologischen Erneuerung das *Wort Gottes*. Die Unterschiede ergeben sich je nachdem, ob wie auf der Denklinie Barths und später der Barmer Theologischen Erklärung in christologischer Sicht vom 2. Artikel des Glaubensbekenntnisses aus gedacht wird, von Jesus Christus als dem einen Herrn für alle Bereiche des Lebens, oder ob wie in der betreffenden Ausformung lutherischer Theologie schöpfungstheologisch der 1. Artikel im Vordergrund steht: Gott als Schöpfer und Erhalter, der den sündigen Menschen vor Bindungslosigkeit, Selbstüberhebung und chaotischen sozialen Folgen kraft der gottgewollten weltlichen »Ordnungen« bewahrt, denen darum Gehorsam gebührt. Dieser Richtung erscheint ein christokratisches Denken als Schwärmerei.

Von beiden Ansätzen aus wird gemeinsam als neue Aufgabe für den Konfirmandenunterricht wie den Religionsunterricht die »*Verkündigung*« des Wortes Gottes gefolgert (Koepp, s.u. 91; Doerne s.u. 99). Der neulutherische ordnungstheologische Ansatz entbindet daneben noch einen zweiten Schwerpunkt. Allen voran wird von Magdalene von Tiling und mit ihr den Trägern der Zs. »Schule und Evangelium« (seit 1926) nachdrücklichst auch die Frage der *Erziehung* überhaupt thematisiert, mit starker Betonung der erziehenden Ordnungen in Form von Familie, Sitte, Volk und Staat. Der gegründete Fachverband bezeichnet sich darum auch als »Verband für evangelischen Religionsunterricht und Pädagogik«. Wenn beides so wichtig wird, »Verkündigung« und »Erziehung«, muß ihr Verhältnis geklärt werden. Die lutherische Religionspädagogik tut dies in Unterscheidung und Zuordnung von »*Gesetz*« und »*Evangelium*« (Doerne s.u. 99).

Der unterschiedliche Ausgangspunkt ist folgenschwer. Auf der Höhe des Kirchenkampfes werden die evangelischen Pädagogen um »Schule und Evangelium« den in der »Bekennenden Kirche« vertretenen Positionen vorwerfen, sie ließen es bei einem abstrakten Kampf gegen jene »Irrlehren« bewenden, »die aus der Vergötzung der Ordnungen, aus Fanatismus und Dämonie entstehen«, wo es doch um »ein leidenschaftliches *beteiligtes* Mitsorgen und Mitkämpfen um die Vertiefung und Reinerhaltung dieser politischen Erkenntnis des Gesetzes« gehe (gemeint ist das Schöpfungsgesetz Gottes in Gestalt von Volk und Staat) (Stock 1935, 181). Umgekehrt wird man die schöpfungstheologische Bejahung der eigengesetzlichen Bedeutung staatlich-politischer Ordnung als gefährliche Beeinträchtigung der einen, ungeteilten Herrschaft Jesu Christi beurteilen.

4. Hinsichtlich *Konfirmandenunterricht* und *Religionsunterricht* proklamiert als einer der ersten Eduard Thurneysen, daß der Konfirmandenunterricht

als »*Spezialfall der Predigtaufgabe*« zu verkündigen habe (1925, zit. n. 1982, 74). Die Predigt wird fortan das Grundmuster für jedes kirchliche Handeln; auch die Seelsorge ist Verkündigung, nämlich »an den einzelnen« (so Thurneysen 1946, 9). Wie aber konnte ein verkündigender Unterricht gleichzeitig noch Unterricht im didaktisch-methodischen Sinne bleiben, zumal in der Schule?

Konsequent folgt aus dem Ansatz die *grundsätzliche Relativierung der Methodik* durch den Primat des »heiligen Geistes« (Heckel s.u. 76) und das *schwindende Interesse an der Didaktik*. In der liberalen Epoche hatte man wegen der Auseinandersetzung mit der Zeit zusätzliche Unterrichtsinhalte und -themen erwogen und intensive Überlegungen zum Verhältnis des biblischen Unterrichts zur historisch-kritischen Exegese angestellt; jetzt tritt auch dies zurück (vgl. jedoch noch Bohne s.u. 84f.). Theologische Kategorien ersetzen pädagogische zwar nicht völlig, überlagern sie aber. Der Lehrer wird als »Zeuge« verstanden (Heckel s.u. 77). Die Kinder werden als »Getaufte« angesprochen, die zusammen mit dem Lehrer auf das Wort Gottes zu »hören« haben, wie unter der Predigt (vgl. bis Kittel s.u. 148f.). Die Unterrichtssituation nimmt Züge einer gottesdienstlichen Versammlung an, indem verstärkt Andachtsformen wie Gebet und Gesang das verkündigende Erzählen biblischer Geschichten – so eine der Hauptaufgaben – einbetten und tragen (zusammenfassend später Rang, I, 110ff.).

Die theologische Denkweise gewinnt darum die Oberhand, weil alles Augenmerk auf die unverfälschte Sache der Theologie gelegt werden soll. Diese wird darin gesehen, »daß Gott *selbst* spricht«, niemand sonst (Barth 1922, in Moltmann 1977, 215). Der Ansatz mußte sofort in eine grundsätzliche *Aporie* führen, in eine »Dialektik«, der die neue Theologie ihren Namen verdankt (212), denn beides gilt ja gleichzeitig: »daß wir von Gott reden sollen und nicht können« (216). Im Blick auf den Unterricht wird die ›Lösung‹ des Problems darin gesucht, daß (irgendwie) »Unterweisung und Lehre ... selbst auch Formen der Verkündigung sein« können (Koepp s.u. 92), obwohl grundsätzlich eigentlich »die Unmöglichkeit von Glaubenserziehung und Religionsunterricht« gilt, »die Unerziehbarkeit des Evangeliums« (Koepp 222ff.).

Begrifflich wird auf den neuen Charakter der Aufgabe dadurch aufmerksam gemacht, daß statt von Religionsunterricht von »Christentumsunterweisung« (Koepp s.u. 93) oder »evangelischer Unterweisung« (Doerne s.u. 102) die Rede ist. Dieser Sprachgebrauch setzt sich jedoch erst nach dem Ende des Zweiten Weltkrieges unter dem Einfluß von Helmuth Kittels Programmschrift »Vom Religionsunterricht zur Evangelischen Unterweisung« (1947) durch. Oskar Hammelsbeck hat die Verwechslung mit dem üblichen Unterricht dadurch vermeiden wollen, daß er den neuen Unterricht als ein »Richten-unter« das Wort sprachlich eigenwillig interpretierte (1939, s.u. 136).

Im Zeitraum vor 1933 gilt das Buch Gerhard Bohnes »Das Wort Gottes und der Unterricht« (1929, ²1932) als die wichtigste Schrift zum Religionsunterricht. Bohne argumentiert bemerkenswerterweise als Theologe und (noch) als Pädagoge. Der Religionsunterricht steht folglich in einer *»Spannung«*, die nicht einfach nach der theologischen Seite hin aufgehoben werden darf. »Die dialektische Theologie konnte dem Religionsunterricht ... nicht viel helfen. Sie deckte nur die Not auf ... Sie forderte eine Herauslösung des RUs aus der Kultur, statt ihn nur in die bewußte Spannung zu stellen« (s.u. 79). In ihr muß er bleiben, weil erstens jedes Unterrichtsfach in der Schule notwendig am Gesamtgeschehen der Erziehungs-, Unterrichts- und Bildungsprozesse einer Bildungsinstitution teilhat und damit in die *»Kultur«* hinein verflochten ist« (s.u. ebd.). Zweitens sieht Bohne, hierin durch seine Dissertation über entwicklungspsychologische Probleme im Jugendalter (1922) bei Eduard Spranger geschult, »daß sich das menschliche Leben in *Stufen der Entwicklung* vollzieht« (s.u. 80). Folglich hat der Religionsunterricht nicht in einer völligen Aufhebung, sondern in der *»Störung der Bildung von Gott her«* seine »Aufgabe« (s.u. 83). Neben dem Ruf in die »Entscheidung« (dazu Heidemann) spielt auch die pädagogisch-psychologische Kategorie der »Entwicklung« weiterhin eine konstitutive Rolle (s.u. 80f.). »Mit Menschen haben wir es zu tun«; mit ihnen haben die Lehrenden im Religionsunterricht »ein Stück ihres menschlichen Weges zu gehen« und sie pädagogisch zu fördern (s.u. 80). In den folgenden zwei Jahrzehnten ist diese grundsätzliche Verbindung von theologischen und pädagogischen Kategorien für den Religionsunterricht so nicht mehr anzutreffen.

Schon 1929 wurde Bohne innertheologisch kritisiert, weil er noch zu sehr an der zu überwindenden religionspädagogischen Epoche festhalte. Es gab aber auch kritische Vorbehalte gegenüber Bohne in umgekehrter Richtung, wegen seiner theologischen Überbetonung von »Verkündigung« und »Entscheidung« (so Barth 1932, I, 51). Die neuere Diskussion läßt es fraglich erscheinen, wieweit sich die Verfechter des neuen »verkündigenden Unterrichts« auch auf Barth selbst berufen konnten (Krotz).

5. Wie angedeutet, ist die zweite Hälfte der Weimarer Epoche nicht nur durch die Diskussion zum Religionsunterricht und Konfirmandenunter-

richt charakterisierbar; um 1930 erscheinen gewichtige Veröffentlichungen, die eine *neue Grundlegung der Pädagogik aus evangelischer Sicht* in Angriff nehmen.

Es geht um Versuche »zur Bestimmung des Verhältnisses von Christentum und Erziehung« im ganzen (Untertitel von Delekat 1927), um die »Grundlegung einer evangelischen Pädagogik« (Untertitel Bohne 1929), um eine »Bildungslehre evangelischer Theologie« (Doerne 1932, s.u. 99ff.), um »Erziehung unter dem Evangelium« (Koepp 1932, s.u. 86ff.), um nichts Geringeres als die »Grundlagen pädagogischen Denkens« überhaupt (v. Tiling 1932, s.u. 94ff.).

Die vollständige Auflösung der kulturprotestantischen Synthese von Christentum, Kultur, Schule und Bildung konnte nur gelingen, wenn neben dem Religionsunterricht (s.o. 1.) das Ganze der Erziehung neu thematisch gemacht wurde. Dies geschah durch Negation in Form einer radikalen Abrechnung mit der voraufgehenden Epoche und durch eine positive Neufassung.

Völlig vergessen sind heute die zur gleichen Zeit noch erfolgten Versuche, das überkommene Verhältnis von »Religion« und »Bildung« weiterzudenken (Schulze 1930/ 1932). Auch ein »wertphilosophisch« modifizierter »Idealismus« fand keinerlei Gehör mehr (Anz). Abgelehnt wird jede Spielart einer dem *»Idealismus«* und *»Individualismus«* verfallenen Pädagogik, wie man vereinfachend zu sagen pflegte und unaufhörlich wiederholte. Die Selbstbegrenzungsversuche in der zeitgenössischen Pädagogik und Philosophie (s.o. 25) werden durch die radikale Begrenzung des Menschen durch Gott überholt und damit ebenfalls ›vernichtet‹.

Der Hauptpunkt der *theologischen Kritik* gilt quer durch alle evangelischen Lager hindurch der aus der *Aufklärung* stammenden anthropologischen und philosophischen Idee der *»Autonomie«* des Menschen. Entsprechend wird auch die in jenen Jahren entstehende »autonome Pädagogik« (so das Selbstverständnis H. Nohls und seiner Schule) abgelehnt, denn gerade in ihr spiegele sich der »Gipfel des Menschenstolzes und der Humanität in sich selber« (Koepp, s.u. 88). Der Kampf gegen die Sünde des menschlichen Selbststolzes schließt die Vernichtung der pädagogischen Idee ein, wie Wilhelm Koepp besonders radikal formuliert (s.u. ebd.).

Der kompromißlose Kampf gegen die Aufklärung, in deren Illusionen man die gesamte Pädagogik und Religionspädagogik seit dem 18. Jahrhundert gefangen sah, war nun keineswegs nur theologisch begründet, sondern auch *gesellschaftspolitisch*. Man erlebt die Weimarer Republik als eine Zeit der weltanschaulichen und politischen Zerrissenheit und der Schwäche des Staates (s. schon oben Dibelius); und es ist kaum zu erkennen, daß die evangelischen Pädagogen diesem Staat bildungspolitisch und (religions)pädagogisch zu Hilfe kommen wollen. Vielmehr beklagt man den Weimarer Staat als Verkörperung eines westlichen demokratischen »Parlamentarismus«, der generell den »Individualismus« fördere, in religiöser Hinsicht die religiöse »Privatexistenz« zur Norm erhebe und darum insgesamt zur »Zersetzung« aller Bindungen führe.

Für die neue lutherisch-reformatorische Sicht ist mit Magdalene von Tiling eine Hauptexponentin dokumentierbar, die zusammen mit anderen (Konrad Jarausch, Karl Cramer) deutschnationales Denken (vgl. hierzu auch biographisch Herkenrath) mit einem bestimmten Verständnis der Zwei-Reiche-Lehre Luthers verbinden sollte und in enger Anlehnung an Friedrich Gogarten zunehmenden Einfluß ausüben konnte. Für sie hatte der Staat in Deutschland, rückblickend im März 1933 formuliert, »Vereinscharakter« angenommen.

Jede Gesellschaftsgruppe wollte Einfluß gewinnen. »Alles ›regierte‹ in Deutschland mit: Elternverbände, Lehrerorganisationen, Gewerkschaften, Industrieverbände usw. usw. Ein Zeichen, wie sehr Herrschaft und Hoheit des Staates aufgelöst ist« (1932/33, 295). Der Gedanke der demokratischen Mitbestimmung in einer parlamentarischen Demokratie spiegelt für von Tiling westlich-aufklärerisches Gedankengut und wird als Verrat des wahren Wesens des Staates verurteilt. Nicht die Menschen tragen in Form eines ›Vertrages‹ den Staat, sondern der Staat ist das Vorgegebene, und jeder hat sich seiner Autorität unbedingt zu beugen (vgl. Gogarten 1932).

Diese politische Position wird von einer theologischen abgestützt. Gott handelt als Schöpfer und Erhalter durch seine weltlichen Ordnungen, und der Mensch findet sich immer schon in dem jeweiligen, von Gott gesetzten »Stand« vor.

Nach Gogarten gibt es über das »Staatswesen« hinaus »auf Erden kein größeres Geschenk Gottes«, damit »der Sünde gewehrt und Gottes Schöpfung erhalten wird« (113). Sein Menschsein gewinnt der einzelne in der Welt nicht als selbständiges »Ich« aus sich selber, sondern aus dem gehorsamen »Hören« auf den autoritativen Anspruch des »Du sollst« vom »Du« her, dem Du des unmittelbaren anderen und dem Du der Ansprüche anderer in Familie, Sitte, Volk und Staat. Was folgt aus der Existenzverfassung einer so zu verstehenden »Hörigkeit« und »Verantwortung«? (33)

Evangelische Pädagogen müssen die in der *Wirklichkeit* gegebenen Bindungsverhältnisse *anerkennen*, die »Urordnung der Verbundenheit von

Eltern und Kindern«, und, daraus folgend, das Verhältnis von »Erzieher – Zögling« (von Tiling s.u. 95f.), ferner die Gesetzmäßigkeiten der Altersstufen (von Tiling 1935/1936), nicht zuletzt die biologischen und volkhaften Gesetzmäßigkeiten, über die zu wachen der Staat das Recht hat. Alle diese Verhältnisse sind heilsame *Autoritätsverhältnisse*. Evangelisches Erziehungsdenken ist in diesem Sinne wirklichkeitsbezogen und antiidealistisch. Die Theologie hat die Einsichten der weltlichen Pädagogik über die Erziehungsordnungen zu respektieren – sofern die Pädagogik in gleicher Weise wirklichkeitsbezogen einsetzt. Die Stärke dieser Sicht kann in der Absage an eine ›verchristlichende‹ »evangelische Pädagogik« gesehen werden, da aus dem Evangelium selbst keine weltlichen Normen abgeleitet werden können und dürfen (ethische, politische, pädagogische). Es sei geboten, die *Eigengesetzlichkeit* der Wirklichkeitsstrukturen anzuerkennen, weil sich in ihnen Gottes *Schöpfungsgesetzlichkeit* verkörpere.

Der Ansatz des Kreises um M. v. Tiling findet breite Zustimmung. Hierbei kommt vielen die »erziehungswissenschaftliche« Theorie der »*funktionalen Erziehung*« zu Hilfe, die Ernst Krieck schon in den 20er Jahren entwickelt hatte, um die absichtliche, intentionale Erziehung zu relativieren. Im Anschluß an Krieck, der nach 1933 zum pädagogischen Chefideologen des Nationalsozialismus wird, gilt auch für W. Koepp die »*Vorgegebenheit von Beziehungsordnungen für alle Erziehungen*« als fraglos gültiges »Existential«. »Diese Ordnungen für Beziehungen unter den Menschen sind da und wollen uns ihnen gemäß werden und sein lassen. Sie sind die Vor-Geordnetheit des Daseins. Wer erzogen wird, der wird eingeordnet« (s.u. 86).

Theologisch gesehen haben »Gesetze« und »Ordnungen« für den Menschen eine zweifache Bedeutung. In ihnen tritt einmal Gottes Wille im »politischen Gebrauch« des Gesetzes (usus politicus legis) fordernd an den einzelnen heran. Sodann wird dieser im Sinne des »theologischen Gebrauchs des Gesetzes« (theologicus oder elenchticus usus legis) seiner Sünde überführt, weil er dem »Du sollst« des Gesetzes in seinen verschiedenen Formen nicht genügen kann. Erziehung und Unterricht stehen so in jeder Hinsicht »in der Sphäre des *Gesetzes*, des ›Du sollst‹« (Tiling u.a. 97, Hervorhebung von den Hg.). Konkret hieß dies, daß allen disziplinarischen Maßnahmen und allen schulischen Leistungsforderungen die »Würde des Hinweises auf das göttliche Erziehungswerk am Menschen« zukomme. An ihnen erfahre der Schüler Gottes Wille, »daß der natürliche Mensch sterbe« (Doerne s.u. 100).

Zusammenfassend ist festzustellen, daß man keineswegs jede Pädagogik ablehnt, sondern nur eine bestimmte, um sich dafür um so vehementer einer anderen Pädagogik zu verschreiben. Die Konvergenzen zwischen Pädagogik und Theologie in der liberalen Epoche werden durch neue Konvergenzen abgelöst. Einen sprachlich bezeichnenden Ausdruck findet der Wechsel in der Ablösung des Begriffs der »Bildung« durch den Begriff der »Erziehung« (vgl. Preul 1980, 1. Studie). Jetzt wird eine Pädagogik des *Realismus* bejaht (Schreiner 1930, 15). Die realistische Geisteshaltung aber künde ihr Kommen, so heißt es, »vor allem darin (an), daß die sich uns aufdrängende, uns fordernde und in Anspruch nehmende äußere Wirklichkeit zum Maß aller Dinge gemacht wird« (ebd.).

II. Evangelisches Erziehungsdenken in der Zeit des Nationalsozialismus zwischen 1933 und 1945

Die »äußere Wirklichkeit« wird sehr bald die ›Obrigkeit‹ des nationalsozialistischen Staates; an ihr haben sich die Geister geschieden. Zwar steckt die Erforschung der evangelischen pädagogischen Positionen in dieser Epoche erst in ihren Anfängen (vgl. Bloth 1989; Rickers 1987). So viel aber ist deutlich: »Mit wenigen Ausnahmen« wird die *»Wende«* als großes Ereignis positiv begrüßt (Rickers 44), und man erblickt in ihr die Erfüllung langgehegter eigener Erwartungen. Das Neue ist für die nationalkonservative Einstellung nichts Fremdes. Endlich entsteht ein Staat, wie er politisch gewünscht wird und theologisch sein soll, so jedenfalls sieht es für viele in den ersten Jahren nach 1933 aus. Diesem Staat gebührt Gehorsam, weil in ihm Gott den Menschen anredet, gerade auch durch seine staatlichen Erziehungs- und Unterrichtsmaßnahmen. Die restlose Preisgabe eines kritischen aufklärerischen Bildungsbegriffs zugunsten wirklichkeitsgehorsamer Pädagogik zeigt ihre Kehrseite.

M. v. Tiling und K. Jarausch betonen im April 1934, »niemand habe den neuen Staat von innen heraus freudiger begrüßen können als die Kreise um ›Schule und Evangelium‹. Denn der nationalsozialistische Staat sollte das, was diese Kreise in jahrelanger theoretischer Arbeit als lebensnotwendig erkannt (haben), verwirklichen« (1934, 70). »Mit Gogarten ist sie [die Zs. Schule und Evangelium] angetreten ›wider die Ächtung der Autorität‹, also für einen autoritär geführten Staat und für autoritär geleitete Aufgliederung des zur ›Masse‹ gewordenen Volkes« (Ziemer 1933/34, 165). Das Deutungsmuster der ›*Erfüllung*‹ eigener Erwartungen gründet in der diesem theologischen Lager wie der neuen nationalpolitischen Erziehung gemeinsamen Ablehnung des Subjekts und einer entsprechenden Erziehung: »Unser Volk kann sich den Luxus einer freischwebenden autonomen Erziehung seiner Jugend zu freien (besser freiwilligen) Persönlichkeiten nicht mehr leisten« (Stock 1933/34, 4). Ist dies zur Seite der

»Knabenerziehung« (Stock) hin formuliert, so gilt Entsprechendes zur Seite der »Mädchenerziehung«. Auch hier hat die Erziehung »heute die unerhört große Aufgabe, das heranwachsende Geschlecht von vornherein in dies totale Erfaßtsein durch den Staat und in dies Hingeordnetsein jedes Einzelnen in das totale Volk zu erziehen; sie hat Knaben und Mädchen gegenüber aber auch die völlig neu zu erkennende Aufgabe, beide in ihr Geschlecht zu erziehen!« (von Tiling 1933/34, 115).

Was v. Tiling 1932 in ihrem Buch über die »Grundlagen pädagogischen Denkens« vor der Wende formuliert hat, wird von ihr zusammen mit Konrad Jarausch zwei Jahre später in den »Grundfragen pädagogischen Handelns« (1934, beachte den Wechsel vom Denken zum Handeln) nahtlos fortgeschrieben. Hierbei erweist sich besonders die Sicht *Luthers* mit seiner *Zwei-Reiche-Lehre* als anschlußfähig (Rickers 1987, 55). Man habe ja gelernt, »das wirkliche Sein des Menschen von dem durch Luther neu erschlossenen Evangelium her (zu) sehen und (zu) erkennen als ein durch verantwortliche Gebundenheit zum Dienst am anderen im Volk und Staat bestimmtes« (Cramer/Duken 1933/34, 140). Luther habe die »Unfreiheit« des Menschen vor Gott theologisch gebietend vor Augen gerückt und »mit dieser ›letzten Unfreiheit‹ des Menschen, mit diesem seinem ›Verfallensein‹ an Volk und Staat unter dem ›Willen Gottes‹ (S. 18), gilt es jetzt auch pädagogisch ernst zu machen« (Spalke 1933/34, 264, in einer Besprechung von Tiling/Jarausch, Zitat aus T./J.).

Wegen seiner späteren religionspädagogischen Bedeutung ist aus dieser Strömung der evangelische Pädagoge Helmuth Kittel dokumentiert worden. Er wird von Thomas Ellwein 1935 gerühmt, als einer der ersten einen zeitgemäßen neuen Lehrplan (in Danzig) entwickelt zu haben (dazu s.u. 105ff.). Auch bei Kittel schlägt die Abwehr der liberalen (Religions)Pädagogik mit ihrem Kriterium der »pädagogischen Autonomie« des Lehrers um in das Bekenntnis zum Lehrer als dem »Diener der Ordnungen Gottes, die er zur wirklichen Autorität seiner Kinder werden zu lassen hat. Heute bedeutet dies in weltlicher Hinsicht vor allem anderen, daß der Lehrer seine Schule den werdenden nationalsozialistischen Ordnungen des deutschen Volkes öffnet und diese unter das Licht des Evangeliums stellt, so daß sie für die Kinder unausweichliche Bedeutung erhalten« (s.u. 112; zu Kittel vgl. die Spezialuntersuchungen von Rickers 1988, 1991, zum Verhältnis Kittels zu Luther s. Windhorst).

Die Formel von der »*Schule unter dem Evangelium*« konnte von Kittel vor und nach 1945 leitmotivisch verwendet werden. Das Evangelium erlöst den inneren Menschen im geistlichen Bereich, es verpflichtet den äußeren Menschen nahezu umstandslos im gegebenen, ihn fordernden weltlichen Bereich – eine zeitlos gültige theologische Maxime, so scheint es, wenn man die zwei Regimente Gottes und die Unterscheidung von Gesetz und Evangelium ernst nehmen will. Für Kittel, von Tiling und andere gibt es nur zwei Fälle, wo vom Evangelium her kritischer Einspruch erhoben werden muß: erstens wenn der Staat ganz offensichtlich einer pseudoreligiösen Selbstvergötzung erliegt und zweitens wenn die Kirche mit dem Evangelium in die Selbstgesetzlichkeit des Staates hineinregieren will. Damit wird das Modell der Zwei-Reiche-Lehre sehr stark als Trennungsmodell ausgelegt – eine Position, von der aus sich gut die weitere Entwicklung verstehen läßt, einschließlich der Kontroversen innerhalb der evangelischen Kirche und Pädagogik. Der einzige Konflikt von wirklichem Belang kann so nur im religiösen, nämlich soteriologischen, das Heil betreffenden Bereich entstehen, nicht im ethischen und politischen.

Die innerchristlichen und innerkirchlichen Positionen werden weitgehend über *theologische* Kategorien definiert, nicht über *politische*, wo man sich bis auf bestimmte Außenseiterpositionen (Bonhoeffer) im ganzen einig ist. Selbstverständlich mußte erstens die Religionspädagogik auf der Basis des deutschen Glaubens abgelehnt werden. Für die *»Deutsche Glaubensbewegung«* galt das Christentum als »historisch überholte Größe«; daher wurden Anhänger dieser Richtung selbst von den Deutschen Christen als »Neuheiden« scharf bekämpft (Rickers 1987, 50).

Statt des Christentums sollte »den deutschen Kindern das Bild germanisch-heldischer Sittlichkeit religiös verbindlich« gemacht werden (Schroth 160). Es ist aufschlußreich, daß zur Einordnung dieser Richtung das Deutungs- und Beurteilungsmuster dient, das seit Jahren im Kampf gegen die liberalen (!) Religionspädagogen verwendet worden ist: mit der Entwicklung der verschiedenen Spielarten »völkischer Religiosität im Religionsunterricht« in überkonfessioneller Prägung und weithin außerhalb der Kirche hätten »alle alten liberalen theologischen Strömungen Eingang gefunden« (Schroth 157, vgl. auch Reimold 1934/35).

Die religionspädagogischen Vorstellungen der radikalen und gemäßigten *Deutschen Christen* liefen auf eine *Synthese* von Nationalsozialismus und Christentum hinaus (Freitag 1934; Rönck 1941). Bei Anhängern eines »deutsch geprägten Christentums« wie Hermann Tögel (1933, vgl. auch Kabisch/Tögel 1931, 285ff.) verbinden sich völkische und liberale Ansichten (zu beiden Richtungen Rickers 1987, 46-53). Vom neulutherischen reformatorischen Standpunkt müssen auch diese Bestrebungen abgelehnt werden, wieder aber primär aus Gründen der Unvereinbarkeit mit der eigenen antiliberalen theologischen Position, nämlich wegen der Annahme, daß es jetzt vermeintlich eine »religiöse Unmittelbarkeit aus der völkischen Substanz« heraus gebe so wie früher aus der Unmittelbarkeit des religiösen »Erlebnisses« des einzelnen in der liberalen Epoche (Reimold 137).

Das Ja zur völkischen Erneuerung und zum nationalsozialistischen Staat gehört strikt in das »Reich zur Linken«; gebrandmarkt wird damit lediglich die Verwechslung der Reiche, als könne das Völkische an die Stelle des Evangeliums von Jesus Christus treten. Bejaht wird, wie bei den Deutschen Christen, daß der *Religionsunterricht* auf ›reformatorischer‹ Grundlage die »Grundwahrheiten unseres Lebens an Beispielen aus der heutigen Gesetzgebung und der sich neu gestaltenden Sitte« verdeutlicht; als sie gelten »die Gestaltung der Jugenderziehung in Familie, Schule, Jugendbund, Bestimmungen für den BdM, das Erbhofgesetz, der Zusammenschluß von Arbeitgeber und Arbeitnehmer durch den Staat, das Schriftleitergesetz, das Gesetz zur Verhütung erbkranken Nachwuchses, die Arbeit am Familienrecht usf.« (Tiling 1934/35, 252):

»Es scheint mir, daß den Kindern von der Unterstufe an allmählich deutlich gemacht werden muß, was es heißt: in einem Stand, in einer Ordnung stehen, was es heißt, daß da ein anderer ist, der mich aufruft, was im Dienst stehen und Verantwortung heißt, was das ›gute Werk‹ bei Luther bedeutet, was Recht und Unrecht ›vor den Leuten‹ und Sünde vor Gott« (ebd.).

Zu einem religionspädagogisch bedeutsamen Prüfstein wird die Behandlung des *Alten Testaments*. Unzählige Artikel werden dem Thema gewidmet. Der Strom lutherisch-reformatorischen pädagogischen Denkens kann die Ablehnung des Alten Testament oder auch nur die Reduzierung alttestamentlicher Stoffe nicht mitmachen (so gegen Freitag, dazu Jarausch 1934/35, 93), weil der Zusammenhang von »Gesetz« und »Evangelium« *theologisch* unverzichtbar ist und darum in den Unterricht gehört. Das heißt allerdings zweierlei: »1. Das Alte Testament geht uns als Christen nichts an. 2. Wenn die Kirche das Alte Testament aufgeben wollte, würde sie Christus verlieren und das Evangelium nicht mehr verkündigen können« (Cramer 1935/36, 235). Es geht den Christen nichts mehr an, weil die jüdische »Gesetzlichkeit« überwunden ist; es geht an, weil jeder, auch der Christ, unter dem Gesetz Gottes steht und sich seiner Sünde überführen lassen muß (233). Die theologische Sicht definiert sich gleichzeitig neutestamentlich und *antijudaistisch*:

»Das Alte Testament muß behandelt werden als Dokument dafür, daß jener Versuch, die Gemeinschaft zwischen Mensch und Gott durch Opfer und gute Werke zu erkaufen, die gröbsten und feinsten Mittel sein eigen nennt und dadurch eine Zeiten und Völker überdauernde und gefährdende Macht ist. Vom Neuen Testament her erkennen wir diese Macht als Judaismus, d.h. als alle Völker bedrohende Gegenmacht des Evangeliums. In tausendfach getarnter Form bedroht sie auch das deutsche Volk, reißt es vom Gott des Evangeliums und damit vom Wurzelgrund seines Wesens und Handelns los« (Kittel s.u. 109).

Zu einem schweren Konflikt führt schließlich der Kampf um die *evangelische Bekenntnisschule*. Der Weimarer Schulkompromiß hatte die Gemeinschaftsschule zur Regelschule erklärt, praktisch aber die bestehenden Verhältnisse mit getrennten Bekenntnisschulen unangetastet gelassen. Die Illusionen über die bei Regierungsantritt von Adolf Hitler versicherte kirchenfreundliche Haltung weichen einer wachsenden Ernüchterung, als die Bekenntnisschule durch eine »Gemeinschaftsschule« nach dem Zuschnitt der herrschenden Ideologie als nationalsozialistische »Einheitsschule« ersetzt werden soll. Um jene zu erhalten, beteuern die Gremien, die die schulpolitische Linie der Deutschen Evangelischen Kirche bestimmen (unter maßgeblichem Einfluß der neulutherischen Linie, wie die Thesen von M. v. Tiling zeigen, die sie der beratenden Erziehungskammer vorgelegt hat, 1936/37, 225ff.), daß die evangelische Bekenntnisschule ein besonders sicherer Garant für die Verwirklichung der nationalen Ziele sei. So heißt es im Memorandum »Kirche und öffentliche Schule« des Reichskirchenausschusses (Vorsitz: Th. Ellwein) vom 20.11.1936, nach voraufgehender Billigung durch die genannte Kammer:

»Mit allem Ernst verwahrt sich die Deutsche Evangelische Kirche gegen den Vorwurf, die konfessionelle Schule störe die Einheit des deutschen Volkes«. Das Gegenteil ist der Fall, da »gerade diese Schule zu einem starken Bollwerk gegen die Zersetzung der tragenden Bindungen und Ordnungen des völkischen Lebens« werde (1936/37, 222). Zwei Hauptargumente sollen die Vereinbarkeit von Christentum und Nationalsozialismus begründen. Erstens werden die zwei Bereiche des *»Weltlichen«* und *»Geistlichen«* voneinander getrennt (220). »Abgelehnt wird also der klerikale Gedanke einer christlichen Reglementierung des gesamten völkischen Erziehungswesens« (ebd.). Der Staat hat das Recht, »unser Volk durch eine einheitliche weltanschaulich-politische Erziehung zu einer neuen Geschlossenheit« zu führen (223). Es sei daran erinnert, daß seit Dibelius (1919/20) die weltanschaulich geschlossene Erziehung just das Ideal der evangelischen Kirche selbst war. Darum wird jetzt das Gemeinsame beteuert (223). Das Recht des Staates ist hierbei total: Er handelt »in totaler Verantwortung« (220). Etwas anderes würde »dem Ganzheitsgedanken der nationalsozialistischen Pädagogik und ihrem organischen Erziehungswillen« widersprechen (223, mit Berufung auf Krieck 1933). Das gleiche Adjektiv »total« wird sodann verwendet, um die wahre Totalität zu rechtfertigen, die nur durch die Einbeziehung von Religion und Glauben gewährleistet ist: »Eine totale Erziehung kann sich darum nicht begnügen, dem werdenden Menschen durch Lehre und Zucht zu einer sinnvollen Gestaltung des Endlichen zu helfen, sondern muß ihm einen Weg weisen, wie er dem Weltgeheimnis selbst in ehrfürchtigem Vertrauen standhalten kann. Diese letzte Gründung des Daseins ist Aufgabe der religiösen Erziehung. ›Ohne Gott keine Erziehung‹ (Lagarde)« (221).

Das evangelische Grundmuster ganzheitlicher Erziehung stellt sich in den Dienst eines völkisch aufgefüllten Ganzheitsgedankens, der sich längst angeschickt hatte, ein Musterbeispiel totalitärer Pädagogik zu werden. Der »Beschluß der Vierten Bekenntnissynode der DEK über die Schulfrage« vom 22.2.1936 in Bad Oeynhausen zeigt, daß sich der Protest hauptsächlich gegen die *»neue Religion eines widerchristlichen Deutschglaubens«* richtet (s.u. 115). »Um die deutsche Schule ringen zwei einander ausschließende Glaubenshaltungen«, wie es in der Überschrift heißt. Die »Entkonfessionalisierung« führt zur Auslieferung der Schule »an einen Irrglauben« (s.u. 116). Darunter muß auch »die gesamte Autorität des Staates schweren Schaden leiden« (ebd.). Deshalb appelliert die Kirche an den Staat, dafür zu sorgen, »daß die geheime widerchristliche Propaganda ihr Ende findet« (ebd.). Man geht nicht den Staat selbst direkt an; das ist charakteristisch für die Dominanz einer innerreligiösen-theologischen Argumentation; auf der gesellschaftspolitischen Ebene finden sich nur unterstützende Aussagen, keine kritischen.

In dem Dokument der Synode klingt sodann bereits an, daß die *Gemeinden* neu in Pflicht zu nehmen sind (s.u. 118). Die evangelische Kirche zieht sich aus der öffentlichen Schule in den innerkirchlichen Raum zurück und baut neue Formen christlicher Erziehung in Form einer pfarrgemeindlichen »Kinderlehre« bzw. *»Christenlehre«* auf (Hammelsbeck s.u. 137; ferner Albertz/Forck 1938, vgl. hierzu Hunsche; der Begriff der »Christenlehre« bereits bei Asmussen 1934). Bei dieser Wendung geben fortan Theologen und Katecheten der *»Bekennenden Kirche«* den Ton an. Während der dokumentierte »Beschluß« noch gemeinsam verabschiedet worden war, gehen im weiteren Verlauf der Synode in Bad Oeynhausen die kirchlichen Lager auseinander; die Bekennende Kirche spaltet sich. Als Mitglied der Schulkammer der Vorläufigen Kirchenleitung II (nach Oeynhausen) spielt nun Oskar Hammelsbeck eine führende Rolle, neben ihm M. Albertz, B.H. Forck, Klara Hunsche, Hans Lokies und Kurt Frör.

Hammelsbeck ist von dem Lutheraner Hans Asmussen, mehr aber noch von der reformierten Theologie Karl Barths und später von Dietrich Bonhoeffer beeinflußt (Hammelsbeck 1947; Horn 1979). Vor und nach 1945 hat Hammelsbeck auch sein pädagogisches Denken konsequent an der 2. Barmer These ausgerichtet. Ihr gemäß befreit Jesus Christus »aus den gottlosen Bindungen dieser Welt« und ruft zugleich »zu freiem, dankbarem Dienst an seinen Geschöpfen« auf. Hammelsbecks Votum für »echte Weltlichkeit« (1938; 1939, 285) ist darum noch anders begründet als im Neuluthertum. Es wurzelt jetzt stärker *christozentrisch* in der Befreiung durch Christus als schöpfungstheologisch in den natürlichen und geschichtlich gewordenen Ordnungen. Das evangelische Erziehungsdenken entwickelt sich grundsätzlich dort anders, wo die Lehre von der »Königsherrschaft Christi« bestimmend wird. Für diesen Ansatz gilt die lutherische Unterscheidung zwischen dem »geistlichen« und »weltlichen« Regiment nur bedingt, weil letztlich der *ungeteilte* Gehorsam unter dem *einen* Herrn in *allen* Lebensbereichen ausschlaggebend sein soll.

Von den genannten Voraussetzungen aus tritt Hammelsbeck dafür ein, nach dem Krieg auf die flächendeckende Wiedereinführung einer evangelischen Konfessionsschule zu verzichten. Er wirkt maßgeblich an dem nur in zwei Exemplaren überkommenen Geheimdokument der Bekennenden Kirche mit, in welchem für den Wiederaufbau des deutschen Schulwesens zweierlei vorgeschlagen wird: als Pflichtschule eine christliche Gemeinschaftsschule, die als *»Allgemeine christliche Staatsschule«* bezeichnet wird und deren Christlichkeit sich in den Fächern neben dem evangelischen und katholischen Religionsunterricht auf den historisch bedeutsamen »christlichen Einschlag in unserer Kultur« zu beschränken hat (s.u. 141). Damit soll die gesellschaftliche Säkularisierung berücksichtigt und jeder kirchliche Machtanspruch vermieden werden. Wo die Verhältnisse es erlauben, möge daneben eine *»Schule mit der Bibel«* eingerichtet werden (s.u. 141). Die Bezeichnung scheint sich an einen niederländischen Sprachgebrauch angelehnt zu haben (vgl. Müller-Rolli). Sie soll von vornherein verhindern, daß eine solche evangelische Schule mit dem katholischen Konfessionsschulideal verwechselt wird (s. demgegenüber o. 22).

Wie in schulpolitischer Hinsicht denkt Hammelsbeck auch in den allgemeinen Fragen von Erziehung und Bildung anders. Er kann die Abhalfterung von Begriff und Gehalt der »Bildung«, der Leitkategorie der bildungsphilosophisch-pädagogischen Tradition der Goethezeit, nicht ohne weiteres mitvollziehen. Gegenüber dem sonst auf evangelischer Seite bevorzugten Begriff der »Erziehung«, allerdings auch in Abgrenzung zum unverbindlichen »Bildungschristentum«, soll an der produktiven Spannung zwischen »*Glaube und Bildung*« (1940) sowie von »*Theologie und Pädagogik*« festgehalten werden.

Hammelsbeck war kein ausgebildeter Theologe. Seine philosophischen Studien, die lebenslange Verbundenheit mit Karl Jaspers und seine Volksbildungsarbeit in Zugehörigkeit zum Kreis der »freien Geister« des Hohenrodter Bundes (s.o.) einerseits und auf diesem Hintergrund die um 1930 erfolgte Begegnung mit der neuen Theologie sowie die Ereignisse des Jahres 1934 mit Barmen als Höhepunkt andererseits führen ihn auf einen eigenen Weg (vgl. Hammelsbeck 1959, in Horn 1979). Für Hammelsbeck gilt seitdem einerseits der »heilige Ruf« zum Glauben (vgl. 1947, 13ff.), andererseits Weltoffenheit im Namen eines Verständnisses von Bildung, die »nur in Akten der Selbständigkeit« in Freiheit erreicht werden kann (1958, 168). Nach dem Krieg hat Hammelsbeck in diesem Sinne ausdrücklich die »begrenzte pädagogische Autonomie« anerkannt (mit W. Flitner in 1950, 8, ausführlich in der zweiten Auflage der »Evangelischen Lehre von der Erziehung« 1958, 51ff., 73ff., vgl. zum Verhältnis zu E. Weniger Crimmann).

Martin Rang (1936; 1939) und Oskar Hammelsbeck (1938; 1939) prägen schließlich jene Vorstellungen, die für den *schulischen Religionsunterricht und Konfirmandenunterricht* bestimmend werden sollten. Für Rang gründen beide Institutionen in der Taufe (s.u. 123); Religionsunterricht ist »Kirche in der Schule« (s.u. 126). Im Mittelpunkt steht inhaltlich der Unterricht über die Bibel in heilsgeschichtlicher Perspektive. Rangs zweibändiges Werk sollte noch Jahre nach Kriegsende der Ausbildung der Religionslehrerschaft zugrunde gelegt werden. Anders als das Lager um M. v. Tiling geht Rang auf die Themen der Zeit (Staat, Volk oder gar Rasse) kaum noch ein. Wo es wegen der Legitimation eines schulischen Religionsunterrichts, der seinem inneren Sinn nach nachgeholter Taufunterricht sein soll, gegenüber dem *Staat* unumgänglich ist, wird in gewisser Analogie zur kulturprotestantischen Ära mit dem kulturellen Ansehen der Kirche und dem Beitrag des Christentums zu Sinn- und Wertfragen, um der Vermeidung eines Sinnvakuums willen, argumentiert (s.u. 124f., vgl. Nipkow 1982). Hinsichtlich der Kirche schwankt Rang; er bringt einerseits noch die volkskirchliche Beheimatung der Kinder in Anschlag und wünscht andererseits den Übergang zu einer Freiwilligkeitskirche, die in bekennenden Gemeinden begründet ist.

III. Evangelische Religionspädagogik von der Nachkriegszeit bis Anfang der 70er Jahre

Nach Kriegsende wird Deutschland in verschiedene Besatzungszonen aufgeteilt, wobei die Besatzungsmächte versuchen, auf den Wiederaufbau des Schulwesens Einfluß auszuüben. Er reicht von der demokratisch orientierten Re-Education der Amerikaner (wobei die Idee scheitert, die High-School als Gesamtschule auch in Deutschland durchzusetzen) bis zum Einfluß im Sinne des Marxismus-Leninismus in der Sowjetischen Besatzungszone. 1949 stehen sich auf der Grundlage eigener Verfassungen die Bundesrepublik Deutschland und die Deutsche Demokratische Republik einander gegenüber. Für die Kirchen, die in Westdeutschland als vertrauenswürdig gelten, stellen sich hauptsächlich nur die alten Fragen, nämlich die nach ihrem Einfluß auf die Schule angesichts der alten Konfessionsschultradition und die nach Bestand und Charakter des Religionsunterrichts. In der DDR werden Staat und Kirche und zunehmend auch Schule und Kirche strikt voneinander getrennt. Zwar gab es auch in Westdeutschland bereits seit Weimar keine »Staatskirche« mehr (Art 137,1 WRV), charakteristisch wird jedoch für die Bundesrepublik eine enge Kooperation zwischen Staat und Kirche. In der DDR kann sie sich nicht entwickeln. Hier werden die Kirchen ganz und gar pädagogisch in den innerkirchlichen Raum abgedrängt mit der Folge, daß für die weiteren 40 Jahre von einer einheitlichen religionspädagogischen Entwicklung nicht mehr geredet werden kann. Dieser Umstand legt für eine Darstellung, die nicht einseitig ideengeschichtlich, sondern den bestimmten gesellschaftlich-politischen Kontext ernst nehmen will, eine jeweils eigenständige Einführung nahe.

Angesichts der westlichen Herkunft der Autoren dieser Einleitung sowie des einschlägigen Forschungsstandes steht die Beschreibung für den Osten freilich unter besonderem Vorbehalt. Der dadurch erforderten Zurückhaltung entspricht der in diesem Abschnitt (III,B) bewußt offene Charakter der Darstellung, immer auch mit hypothetischen Formulierungen.

A. Die Entwicklung in der Bundesrepublik

Wie bisher ist die Entwicklung auf drei Ebenen zu verfolgen. Sie betrifft den *Religionsunterricht* (1. und 4.), die *Schulfrage* (2.) und das allgemeine *Erziehungsverständnis* aus evangelischer Sicht (3.). Es würde darum den Blick verengen, wenn man die Gesamtentwicklung seit etwa 1925, dem Zeitpunkt der ersten theologischen Umorientierung (s.o. 27ff.), als Epoche der »Evangelischen Unterweisung« bezeichnen wollte.

1. Der Religionsunterricht bildet nur einen Schwerpunkt. Er wird erst jetzt programmatisch in »Evangelische Unterweisung« umbenannt (Kittel 1947, s.u. 144ff.). Das »Nie wieder Religionsunterricht!« bedeutete auch die Verabschiedung der »Religionspädagogik« nach Begriff und Sache. Sie gilt ebenfalls als überwunden. Der Begriff wird einfach nicht mehr gebraucht, oder er erscheint in historischer Distanzierung in Anführungsstrichen (Uhsadel 1961a, 1001). Inhaltlich wird der Gedanke eines Religionsunterrichtes als »Kirche in der Schule« fortgeschrieben (Kittel s.u. 147ff.), und zwar in nahezu rein theologischen Kategorien. Die Vertreter der Evangelischen Unterweisung machen keinerlei Anstalten, ihre Vorschläge von einer Analyse der gesellschaftlichen und kirchlichen Gesamtsituation her zu begründen, für die nach wie vor die neuzeitlichen Bedingungen der Moderne gelten. Während Ende der 20er Jahre die sog. liberale Theologie und Religionspädagogik immerhin noch eine Auseinandersetzung wert waren, reduziert sich jetzt die Abgrenzung auf kurze kritische Erinnerungen an das »Abstraktum ›Religion‹« jener Epoche (s.u. 144), auf die »Fehler des Historisierens, des Theoretisierens und des Moralisierens« (s.u. 147): alles drei darf nicht mehr sein.

Dies und alles andere, was schon oben (I und II) dargestellt worden ist, kann einerseits als Ausdruck einer abrupten *Diskontinuität* angesehen werden. Man kann die Entwicklungsstadien seit Ende der 20er Jahre aber auch anders lesen, nämlich unter der Perspektive der *Kontinuität*. Viele religionspädagogische Probleme halten sich trotz des neuen Übergewichts theologischer Kategorien beharrlich durch (zur Einschätzung des Kindes und seiner religiösen Entwicklung ausführlich Schweitzer 1992a, 8. Kap.). Sie veranlassen bereits die Vertreter der Verkündigungskonzeption zu Zugeständnissen, bis sie sich dann sehr bald so stark wieder zu Wort melden, daß sie das Ende jener Konzeption herbeiführen.

Die grundsätzliche Relativierung der *Methodik* konnte nicht den Umstand aus der Welt schaffen, daß auch in den Religionsunterrichtsstunden in der Evangelischen Unterweisung methodisch-unterrichtlich vorgegangen werden mußte. Insgesamt vertraute man keineswegs nur auf den Heiligen Geist. Es wurde konsequent gelehrt und viel (auswendig) gelernt. Hierbei hatte man einerseits die Herbartsche Formalstufenmethodik wiederentdeckt und abgewandelt (Schieder 1934); man vertraut sich aus theologischen Gründen wegen der Autorität des Wortes Gottes eher einem stärker gelenkten Unterricht an als psychologisierenden Methoden. Gleichwohl war der Gedanke der Berücksichtigung des Kindes doch so sehr ins allgemeine pädagogische Bewußtsein eingedrungen, daß man vorsichtig auch reformpädagogische Methoden wieder bespricht (Kittel 1947).

Auch *didaktische* Überlegungen über Unterrichtsinhalte, die das Kind und seine Lebenswelt berücksichtigen, werden nicht ganz beiseite geschoben. Über die späteren Auflagen von Rangs zweibändigem Unterrichtswerk zum biblischen Unterricht (1947, 1948) dringen sie in die Religionslehrerausbildung nach dem Kriegsende ein. Rang hatte auf seine Weise versucht, »Bibel« und »Leben« miteinander zu verbinden und bis heute anregende Ausführungen zur »Situation« gemacht, zur »Alltagssituation«, »Grenzsituation« und zur »Situation vor Gott« (s.u. 127ff.).

Zusammengefaßt ist somit von einer aporetischen Gesamtlage zu sprechen. Die Evangelische Unterweisung wird theologisch-*theoretisch* als Glaubensunterricht im Sinne einer an sich ›unmöglichen Möglichkeit‹ angesehen, die zu uneingestandenen Selbstwidersprüchen führt, weil in der *Praxis* nachdrücklich unterrichtet wurde und werden mußte. Am schärfsten hat nach einem Vertreter dieser Richtung selbst, Fritjof Gräßmann (1961), die Praxis der Evangelischen Unterweisung der eigenen Theorie dadurch widersprochen, daß die Unterrichtswirklichkeit das Gegenteil des erwarteten Hörens auf das Wort erreicht hat, nämlich umgekehrt die »Immunisierung« der Schüler gegenüber dem Evangelium auf Grund der wieder zur Herrschaft gelangten starren Herbartschen Formalstufenmethodik (185).

2. In der evangelischen *Schulpolitik* sind die Positionen nicht einheitlich. Die Linie des Dokuments der Schulkammer der Bekennenden Kirche von 1943 fand zwar bei der Tagung der Brüderräte 1945 in Frankfurt/M. noch Gehör (Niemeier/Uhsadel, 66-68 = EKD 1987, 26f.), wurde aber schon bald darauf bei der Konferenz der evangelischen Kirchenführer im selben Jahr in Treysa abgeschwächt (EKD 1987, 28). Weil den »jeweiligen Verhältnissen« in den Landeskirchen Rechnung getragen werden sollte, setzte auch auf evangelischer Seite in katholischer Manier eine Rekonfessionalisierung des Volksschulwesens ein mit entsprechend konfessionell orientierter Leh-

rerbildung. Für die Lehrerinnen und Lehrer bedeutete dies, daß sie unabhängig von ihrer inneren religiösen und kirchlichen Einstellung mehr oder weniger gehalten waren, auch den Religionsunterricht zu übernehmen.

Hammelsbeck und Kittel haben sich demgegenüber bemüht – Hammelsbeck als Professor für Pädagogik, nicht Religionspädagogik, eine Berufswahl als Ausdruck evangelischer Weltverantwortung –, das Vertrauen der Lehrerschaft in die Kirche wiederzugewinnen (s. Hammelsbeck 1950 b und die Rengsdorfer Thesen vom 23./24.9.1950; s.a. Albers). Beide bemühen sich ferner um ein offenes, wechselseitig respektvolles Verhältnis von Theologie und Pädagogik (zum Verhältnis von Hammelsbeck zu Erich Weniger s. Crimmann; zu Kittel vgl. den sehr ausführlichen Raum, den dieser in seiner Gesamtdarstellung der »Evangelischen Religionspädagogik« der Erziehungswissenschaft widmet, 1970a). Unter Hammelsbecks unmittelbarer Wirkung spricht schließlich das Schulwort der Synode der EKD von 1958 in Berlin-Weißensee die Bereitschaft der Kirche »zu einem freien Dienst an einer freien Schule« aus (s.u. 158). Damit wird das seit 1918 herrschende Restaurationsmodell evangelischer Schulpolitik mit der Absicht einer ganzheitlich prägenden evangelischen Gesamterziehung indirekt verabschiedet.

3. Bezeichnend für das Interesse an einer neuen Bestimmung von *Erziehung* überhaupt sind Gesamtdarstellungen, die ähnlich wie um 1930 weit über das Fach Religionsunterricht hinausgehen, jetzt allerdings ohne das frühere »deutsche« oder gar nationalpolitische Pathos, das dem Nationalsozialismus sekundiert hatte (vgl. Hammelsbeck 1950; Bohne 1951/53; Kittel 1951). Die Publikationen sind in politischer Hinsicht unauffällig, weil sie eben überhaupt als Dokumente theologischen, nicht politischen Denkens gelesen werden sollen (vgl. Kittels Plädoyer für eine »vor-politische Existenz« der »Kirche des Evangeliums«, [1947] ³1957, 48). Auch nach 1945 gehören für die allgemeinen evangelischen Erziehungslehren wie für die Ausführungen zum Religionsunterricht gesellschaftliche Bedingungsanalysen und gesellschaftskritische Auseinandersetzungen nicht zur Katechetik bzw. Religionspädagogik. Die Schule soll »unter dem Evangelium« stehen (Kittel 1949), d.h., unter dem Einfluß der Verkündigung des reinen Evangeliums, nicht kirchenpolitisch verfälscht, eine Entwicklung, die Kittel nachträglich beklagt, als diese Konzeption längst abgelöst worden ist: Ihre Kritiker hätten der Evangelischen Unterweisung jene falsche »Kirchlichkeit« unterstellt, »wie einflußreiche Kirchenfunktionäre sie verstanden und verstehen« (Kittel 1970b, 34). Wegen ihrer eigenen poli-

tischen Abstinenz hatten die Vertreter der Evangelischen Unterweisung es selbst versäumt, sie gegenüber Mißverständnissen zu schützen (zu diesem Versäumnis generell auch Rickers 1987, 68).

In der Folgezeit ist in den 60er und 70er Jahren in der Bundesrepublik die Konzentration auf den Religionsunterricht charakteristisch. Zur evangelischen Sicht von Erziehung und Bildung insgesamt wird kein neuer theoretischer Gesamtentwurf vorgelegt. Eine erste breitere Reaktion auf die allgemeinen Erziehungs- und Bildungsprobleme der Zeit bringt allerdings die Bildungssynode der EKD 1971 in Frankfurt, die zu den »Antagonismen der Bildungsplanung« kritisch-konstruktiv Stellung nimmt und Entschließungen zur *allgemeinen bildungspolitischen Verantwortung der Kirche* sowie zu einzelnen Praxisbereichen verabschiedet (EKD 1972). Sie tragen einen emanzipatorisch-freiheitlichen Zug: »Humanisierung« und »Demokratisierung« des Bildungswesens werden unterstützt (94ff.). Die Linie des Schulworts von 1958 wird fortgesetzt.

In der sog. *Schulfrage* sind in jenen Jahren lediglich abschließende Bereinigungen in der Klarstellung der evangelischen Position gegenüber dem zäh sich haltenden katholischen Interesse an der Bekenntnisschule und verwandten Aktivitäten notwendig gewesen (Röbbelen 1966; Nipkow 1969a). Die evangelische Seite hatte sich geschichtlich mit der *christlichen Gemeinschaftsschule* entweder abgefunden oder sie aus guten Gründen bejaht. Nun galt es, die »Christlichkeit« dieser Schulform genauer zu bestimmen und »das *Normproblem in der Schule für alle*« zu erörtern (Kaufmann 1970). Die durch die Frankfurter Synode erreichte Öffnung hat im übrigen seit dieser Zeit die Evangelische Kirche in Deutschland bildungspolitisch zu einer kontinuierlichen und breiter als früher angelegten Mitverantwortung für das öffentliche Bildungssystem veranlaßt (s. die Ablösung der alten Schulkammer nach 1971 durch den Bildungspolitischen Ausschuß mit zahlreichen Unterausschüssen und nach der zweiten Bildungssynode 1978 in Bethel die Gründung einer Kammer der EKD für Bildung und Erziehung, vgl. a. EKD 1976).

4. Die *Konzentration auf den Religionsunterricht* hängt mit den Stärken und Schwächen der voraufgegangenen Epoche zusammen. Den wegweisenden Signalen in der Schulfrage und Lehrerbildung (s. Hammelsbeck und die Synode von 1958) und den gesprächsoffenen Kooperationsformen zur Pädagogik hin (Gründung des Comenius-Instituts 1954, das religionspädagogische und erziehungswissenschaftliche Arbeitskreise einrichtete, vgl. die Publikationsreihe »Pädagogische Forschungen«; s. ferner

Delekat 1948, 1956; Bohne 1955; Weniger 1954), entsprach nicht eine ähnliche Öffnung der Evangelischen Unterweisung. An ihrem Verkündigungscharakter sollte nicht gerüttelt werden, trotz einer langsam stärkeren Berücksichtigung hermeneutischer Fragen (Frör 1961). Das »Nie wieder Religionsunterricht!« Kittels wirkte autoritativ, allerdings nicht lange.

Schon um 1950 diskutieren einige wenige Theologen (Hans Stock) und Pädagogen (Rudolf Lennert, Erich Weniger) in der Zs. »Die Sammlung« einen »deiktischen« (Weniger), d.h. »zeigenden«, hinweisenden Religionsunterricht, der auf die religiöse Frage und die Bedeutung der Bibel aufmerksam machen, damit der *»Auslegung«* bzw. *»Interpretation«* dienen und folglich breiter zugänglich sein soll. Das vernachlässigte *Problem des Verstehens* meldet sich unüberhörbar wieder zu Wort. Der Einfluß der »Kirchlichen Dogmatik« Karl Barths wird durch die provozierenden und zugleich erhellenden Fortschritte der Exegese unter der maßgeblichen Wortführerschaft Rudolf Bultmanns (zur Entmythologisierung 1941) und seiner erstarkenden »Schule« (G. Bornkamm, E. Käsemann, W. Marxsen u.a.) zurückgedrängt.

Religionspädagogische Untersuchungen zum Umgang mit der Bibel in der Evangelischen Unterweisung decken in der Folgezeit die wissenschaftliche Unhaltbarkeit üblich gewordener ›Auslegungen‹ auf (z.B. Dignath 1965 zur Behandlung der Weihnachtsgeschichte), die sich dadurch einstellen konnte, daß man bewußt einfache, vorwissenschaftliche Regeln befolgen wollte, die einer »elementaren Erforschung des natürlichen Sinnes der Schrift« (Kittel, s.u. 154). O. Baumgartens »Anklagen des Wahrheitssinns« im Zeichen »intellektueller Redlichkeit« kehren zum Teil wörtlich wieder. Hatte er 1903 gefordert, daß die Gestalten der Bibel nicht auf dem »Goldgrund überweltlicher Erhabenheit« gemalt werden sollten, sondern wie es der »Wirklichkeit« entspreche (25), erhofft Stock 1959 vom Bibelunterricht, daß die Schüler »Jesus sehen, wie er wahrer Mensch ist, Mensch aus Gottes Schöpfung und Sendung, ohne den Goldgrund der Legende« (1959, 43). Der Vorwurf an die Adresse der Verkündigungskatechetik der Evangelischen Unterweisung ist unmißverständlich: »Man überspringt bewußt die historisch-kritische Fragestellung und ergibt sich einer auf direkte Verkündigung bedachten Erbaulichkeit; man ordnet die Texte dem schon mitgebrachten Deutungsschema unter und treibt dann nicht eigentlich mehr Exegese und Interpretation, sondern man braucht die Evangelientexte als Material und Beleg für eine lehrhaft-kerygmatische Unterweisung« (Stock s.u. 160).

Dieser Umgang kann nicht nur »sachlich ... nicht ausreichen«. »Die konventionellen Erklärungen in der vorgeprägten christlichen Sprache kommen bei den Schülern, wenn diese geistig geweckt sind, nicht mehr an« (ebd.). Hier lag der zweite Grund für die Wende zu einem später so genannten *hermeneutischen* Religionsunterricht (vgl. Otto 1964), der in der gerade genannten Hinsicht bereits zwar schülerbezogen gedacht, aber noch nicht entsprechend didaktisch-methodisch konsequent ausgestaltet war. Immerhin nimmt das paradigmatische Buch Hans Stocks zur »Auslegung der synoptischen Evangelien im Unterricht« (1959) einen seiner Ausgangspunkte auch bei der »großen Zahl der ›ungläubigen‹ älteren Schüler« (s.u. 161). Die Situation des modernen Menschen wird wieder ernstgenommen. Für Stock ist der Religionslehrer »Interpret unter den Bedingungen des Nicht-Glaubens« (s.u. 164; zur exegetischen Umorientierung des biblischen Unterrichts vgl. die Veröffentlichungen der »Handbücherei für den Religionsunterricht« von Becker, Dignath, Grewel, Grosch, Wibbing, Wegenast seit 1965).

Der Neuansatz verändert noch nicht die Mittelpunktstellung der Bibel, und in der Praxis behauptet sich die »Evangelische Unterweisung« immer noch neben den Neuerungen. Dadurch entstehen heftige Spannungen mit polemischer Kritik, die besonders Martin Stallmanns These von 1958 trifft, im Grunde könne das Fach durchaus wieder *»Religionsunterricht«* genannt werden: »Das Christentum nämlich, mit dem es die Schule zu tun hat, ist mit dem Namen ›Religion‹ richtig benannt« (s.u. 176).

Diese Äußerung ist nur verständlich, wenn neben dem Einfluß der jüngeren Exegese der des späten Gogarten (1953) berücksichtigt wird, der zwischen *»Säkularisierung«* und *»Säkularismus«* unterschieden und erstere als legitime geschichtliche Auswirkung des Evangeliums interpretiert hatte: Evangelium und Glaube nehmen in der Geschichte die Gestalt des *»Christentums«* an; und diese ist »im Unterschied zum christlichen Glauben eine historische Größe« (Stallmann s.u. 175). Barth hatte den Begriff der »Religion« theologisch verurteilt, sofern sich in der Religiosität von Menschen die sublime Selbsterhöhung verkörpert als Versuch, aus eigener Suche und Kraft das Gottesverhältnis zu bestimmen. Durch diesen berechtigten soteriologischen Einwand ließen sich jedoch die Tatsache des Christentums als einer geschichtlichen Religion und folglich auch der Religionsbegriff nicht aus der Welt schaffen. Indem man mit Gogarten die »Säkularisierung als theologisches Problem« begreift, trägt die neuere Religionspädagogik auch von dieser Seite aus den neuzeitlichen Bedingungen wieder Rechnung.

Es war folgerichtig, daß in dieser Perspektive der Religionsunterricht erneut auch *schul- und bildungstheoretisch begründet* worden ist. Er ist nicht nur als auslegender Unterricht mit anderen Fächern wie dem Deutschunterricht vergleichbar (Stallmann s.u. 175), sondern er dient der Schule auch grundsätzlich bei ihrer Aufgabe der *Erschließung der geschichtlichen Überlieferung*, wie es ebenfalls Stallmann eindrücklich und breit in »Christentum und Schule« ausgearbeitet hat (nach ihm Otto 1961). Die kulturprotestantische Religionspädagogik hatte ebenfalls historisch argumentiert, aber in einer kulturphilosophischen Perspektive, die die Bedeutung des Christentums für den kulturellen Fortschritt und den Zusammenklang einer weltoffenen evangelischen Theologie mit dem modernen Zeit- und Wahrheitsbewußtsein betonte (s. die Richertschen Richtlinien u. 61ff.). Stallmann ist demgegenüber wie sein Lehrer Bultmann existenztheologisch ›gestimmt‹ und durch Gogarten von einer Theologie des anredend-fordernden Wortes Gottes geprägt (vgl. Janzen). Außerdem führt er die Linie fort, die Erziehung und Bildung unter dem »Gesetz« zu sehen pflegte (s.o. 176f.). So wird verständlich, daß für ihn der Religionsunterricht zwar nicht dezidiert in die »Entscheidung« (Bohne), aber doch in Frage stellen soll. Er soll dem Jugendlichen *»die religiöse Frage«* in ihrem ganzen Ernst nahebringen, weil in ihr der »Ursprung des eigentlich Menschlichen« auf dem Spiel steht, angesichts seiner »Gefährdung« (s.u. 177). Rang hatte von den »Grenzsituationen« gesprochen, Kabisch von der Schulderfahrung im Gewissen; Stallmann spricht die »Fragwürdigkeit« der menschlichen Existenz am radikalsten an (1958, 84ff., 103ff., 123ff.).

Somit ist auch seine vermeintlich rein schulische Begründung des Religionsunterrichts in Wirklichkeit *theologisch* motiviert. Der (Religions)*Unterricht* steht unter dem *»Gesetz«* (Stallmann 1963, 250), um den Jugendlichen entweder auf das in der *Predigt* zu hörende *»Evangelium«* vorzubereiten oder das dort gehörte Evangelium verstehend nachzubereiten (240ff.). Von seinen Kritikern aus dem Lager der Evangelischen Unterweisung ist nicht erkannt worden, wie sehr Stallmann als radikaler Vertreter der Wort-Gottes-Theologie mit der genannten, anfechtbaren Unterscheidung von »Verkündigung« in der Predigt und »Auslegung« im Unterricht den Zusammenhang mit dem Verkündigungsauftrag der Kirche zu wahren sucht, viel strenger, als es seines Erachtens der verkündigende Unterricht leiste, weil dieser bei Rang das Glaubenszeugnis historisch objektiviere (zur Auseinandersetzung 1954/1963). Verkündigt werden kann nur in der 1. und 2. Person, als direkte Anrede und Zusage (244). Unterricht kann demgegenüber als »Fachunterricht« mit »Lehrgangsplanung«, »intellektueller Arbeit« und »schulmäßiger Übung« in der Regel nur in der 3. Person über die Texte reden. Daß der Lehrer dem Schüler »zum Verkündiger« wird, ist zwar möglich, kann aber als ein »›personales Geschehen‹ ... nicht im Unterricht veranstaltet werden« (239). Die Reinerhaltung des »personhaften Wortes«, Stallmanns Hauptanliegen, sieht er auch bei Gert Otto nicht gewahrt (244; zur Diskussion vgl. Nipkow 1967, 1. und 4. Studie).

Stallmann irritierte außerdem durch die entschlossen *entmythologisierende existentiale Interpretation* (s.u. 170ff.). »Entmythologisierung« bedeutete, die Glaubensentscheidung nicht mehr an dem Fürwahrhalten übernatürlicher religiöser Vorstellungsformen festzumachen, sondern an dem zur Umkehr auffordernden kerygmatischen Anspruch an das eigene »Selbstverständnis« (Bultmann), der sich in diesen Formen ausdrückt. »Existential« heißt, daß die Texte auf die verstehbaren menschlichen Grundsituationen hin ausgelegt werden; am Beispiel der Perikope von der Auferweckung der Tochter des Jairus: Nicht die Totenerweckung als solche zählt theologisch, sondern die Aufhebung der Todesfurcht durch den Zuspruch: »Fürchte dich nicht, glaube nur!« (Mk 5,36) (s.u. 173). In der Folgezeit hat sich die »radikal-kerygmatische« Position Stallmanns nicht durchgesetzt. Unter dem Einfluß Käsemanns ist die scharfe »Kontrastierung von Jesushistorie und Osterkerygma« rückgängig gemacht worden (Stock 1959, 34). Es wurde wieder stärker auf den »historischen Jesus« zugegangen, um an ihm das Kerygma, auch auf die Gefahr historischer Objektivierungen hin, anschaulich zu machen (vgl. auch Bochinger).

Die letzte Konsequenz des Neuansatzes war die erneute *Unterscheidung zwischen dem schulischen Religionsunterricht und dem gemeindlichen Konfirmandenunterricht*. Sie war schon Anfang des Jahrhunderts getroffen worden (vgl. Bornemann, Kabisch, Niebergall, Bd. 2/1), aber dann durch Rang und andere rückgängig gemacht worden. Während die Vertreter der evangelischen Unterweisung wie Kurt Frör (s.u. 178f.) weiterhin für ihre Einbettung in das kirchliche »Gesamtkatechumenat« plädieren, erheben Gert Otto u.a. Widerspruch, weil so die Säkularisierung nicht berücksichtigt werde (s.u. 179f.). Die Frage nach einer Schule und Gemeinde übergreifenden Theorie evangelischer Bildungsverantwortung ist berechtigt, darf aber weder die Unterschiedlichkeit der Lernorte übersehen (dazu Otto ebd.) noch den Umstand, daß die Bedingungen der Moderne auch vor den Gemeinden und ihren innergemeindlichen pädagogischen Aufgaben nicht Halt machen. Dies hat sich schon bald in den 60er Jahren daran gezeigt, daß die ›modernisierenden‹ Konzeptionen zum Religionsunterricht analog zu »modernen Reformen« des Konfirmandenunterrichts führten (bilanzierend Dienst 1973).

Die konzeptionelle *Entwicklung der Religionsdidaktik,* die, vereinfacht, das *Vermittlungsproblem* betrifft, ist aus mehreren Gründen nicht bei der frühen Fassung der hermeneutischen Wende im biblischen Unterricht stehen geblieben. Erstens wird schon vor der gesellschaftspolitischen Problematisierung des Religionsunterrichts Ende der 60er Jahre (mit einer entsprechenden Abmeldungswelle) deutlich, daß der hermeneutische Ansatz im Grunde theologisch mehr erforderte. Gleichzeitig wächst zweitens die Einsicht, daß die Schüler nach wie vor zu wenig berücksichtigt werden. Aus theologischen und pädagogischen Gründen ist darum die »Mittelpunktstellung« der Bibel problematisiert (Kaufmann 1966/68, s.u. 182ff.) und ein »thematisch-problemorientierter« Religionsunterricht entwickelt worden, der sich als »zweiter didaktischer Grundtypus« mit dem biblischen Grundtypus verschränken sollte und nicht als Alternative gedacht war (Nipkow 1968).

Mit dem neuen Ansatz wird versucht, die hermeneutische Aufgabe zu erweitern. Während die existentiale Interpretation das »Selbstverständnis« in allgemeinen anthropologischen Kategorien ansprach, sollte jetzt die Situation möglichst lebensnah erschlossen werden. Denn: »Was in keinem aufweisbaren und verstehbaren Zusammenhang steht mit der mir zumutbaren und verstehbaren Wirklichkeitserfahrung, kann von mir überhaupt nicht verantwortlich angeeignet werden« (Ebeling 1962, 356; Nipkow 1971, 270). Die ausgewählten »Themen« betreffen religiöse, kirchliche, anthropologische, ethische und politische Fragen, die mehrperspektivisch und auf jeden Fall auch theologisch zu behandeln sind. Religionsunterricht soll beides in einem sein: »Gespräch über die Wirklichkeit im Licht evangelischen Glaubens und Gespräch über den Glauben im Lichte der Wirklichkeit« (Martin 1969). Charakteristisch wird die engagierte Beteiligung vieler Praktiker an der neuen Unterrichtsmodellentwicklung, durch die die bestehenden Lehrpläne überholt werden (zur südwestdeutschen Entwicklung Dessecker/Martin/Meyer zu Uptrup 1970, zur norddeutschen Berg/Doedens 1974). Gewisse theoretische Klärungen erfolgen erst später (Kaufmann 1973 unter Aufnahme der Kritik).

Ab Ende der 60er Jahre beeinflußt die emanzipatorisch-kritische Pädagogik die evangelischen Religionspädagogen. Den Hintergrund bildet die »Kritische Theorie« der Frankfurter Schule (Theodor W. Adorno, Max Horkheimer, Jürgen Habermas). Gleichzeitig hatte sich eine »Politische Theologie« ausgebildet (Moltmann 1964 u.a.); auf katholischer Seite sprach man von einer »Theologie der Welt« (Metz 1968). Entsprechend nimmt auch der evangelische Religionsunterricht verstärkt politisch relevante Themen auf, und zwar zum Teil in entschieden ideologiekritischer Absicht. In ihrem Sinn wird die ambivalente gesellschaftliche »Verwendung« von Christentum und Religionsunterricht in der deutschen Schulgeschichte historisch überprüft (Nipkow 1972). Andere gehen weiter und konzipieren die Religionspädagogik grundsätzlich religions- und gesellschaftskritisch, mit dem Thema Religion und Gesellschaft als ihrer Mitte (Otto/Dörger/Lott 1972) und einen ebenfalls vorwiegend *ideologiekritischen* Religionsunterricht (Vierzig 1975).

Eine weitere Variante in den sich schnell und zum Teil parallel ausbildenden sog. religionspädagogischen »Konzeptionen« ist der *sozialisationsbegleitende* Religionsunterricht. Er ist ebenfalls kirchen- und religionskritisch gestimmt, weil er die »Schäden aufarbeiten« will, die auf Grund problematischer religiöser Sozialisationserfahrungen außerhalb der Schule bzw. bereits vor Schulantritt gemacht worden sind (Stoodt 1970; 1971; 1975). Die Verwirklichung dieses Ansatzes eines »Religionsunterrichts als Interaktion«, bei der tendenziell die menschlichen Beziehungen wichtiger werden als die Inhalte, hat sich in seiner »*therapeutischen*« Zuspitzung in der Schule als schwierig erwiesen. Die Absicht, die Schüler in ihren biographischen Situationen ernst zu nehmen, blieb gültig.

In jenen bewegten Jahren ist die Religionspädagogik auch durch die »*empirische Wendung*« herausgefordert worden, die sich in der Pädagogik vollzog und der sie ihr heutiges Selbstverständnis als Erziehungswissenschaft mit verdankt (vgl. Wegenast 1968). Entsprechend ergänzte sich die geisteswissenschaftliche Didaktik (W. Klafki) durch empirisch orientierte, lerntheoretische (W. Schulz u.a.) und ideologiekritische Perspektiven (zum Reflex aller drei Aspekte in der Religionspädagogik vgl. Nipkow 1974). Man muß freilich bis heute zwischen einer bloßen Rezeption empirischer sozialwissenschaftlicher Befunde und Theorien und einer eigenständigen religionspädagogischen empirischen Forschung unterscheiden, die erst gegenwärtig langsam vorankommt (vgl. hierzu Hilger/Reilly 1993).

Empirische Forschung will *Bedingungen* des Lehrens und Lernens aufklären, damit man hinsichtlich der formulierten *Ziele* nicht Täuschungen erliegt. Die im Zusammenhang der Überprüfung der Lehrpläne in der sog. *Curriculumreform* jener Jahre (initiiert vor allem durch Robinsohn 1967) entwickelte *Lernzielorientierung* will bis heute dazu beitragen, daß Lehrende sich darüber klar werden, was sie erreichen wollen und können. Die evangelische Religionspädagogik hat Stärken und Gefahren der Curriculumforschung und Lernzielorientierung früh erörtert (G.R. Schmidt 1970; Nipkow 1969b, 1971, 212ff.; 1973; Vierzig 1970). Wer zielbewußt unterrichtet, hat als Lehrender eine Handhabe, nicht nur die Lernfortschritte der Schüler, sondern auch die Qualität des eigenen Unterrichts selbstkritisch besser zu beurteilen. Wer vom Geist des Planens besessen ist, verfügt über die Inhalte, verhindert einen deutungsoffenen Umgang mit ihnen und erschwert ein entdeckendes Lernen auf seiten der Schüler. Bis heute sollten darum »offene Curricula« vor »geschlossenen« bevorzugt werden.

Die Kritik am thematisch-problemorientierten Ansatz als dem neuen Hauptansatz drückte sich schon bald in der Befürchtung aus, Bibel- und Problemorientierung sollten gegeneinander ausgespielt werden (kritisch-klärend hierzu Preul 1974; vgl. auch Horn 1974; zur Dokumentation Albers

1985). Dies war theoretisch nicht beabsichtigt, mußte sich aber überall dort in der Praxis bemerkbar machen, wo es Religionslehrern auf Grund einer mangelhaften Ausbildung oder persönlicher theologischer Schwierigkeiten schwerfiel, die Themen und Probleme von der Bibel her persönlich überzeugend zu beleuchten. Wo dies nicht gelang, konnte ein Religionsunterricht nach dem »Kontextmodell« einseitig zur Lebenskunde werden und die biblischen »Texte« aus den Augen verlieren. Besonders haben die Mainzer Thesen zum Religionsunterricht in der Grundschule Anlaß gegeben, eine Funktionalisierung der Bibel zu befürchten, da der »*Funktionswert des Stoffes*« über seinen »*Eigenwert*« gestellt werden sollte (s.u. 194).

Alles bisher Gesagte betrifft die religionsdidaktischen Vermittlungsfragen. Ihre lebhafte und variantenreiche Erörterung hatte in jener Epoche noch einen anderen gewichtigen Grund. Neben der Reaktion auf innertheologische und innerpädagogische Veränderungen mußte die Religionspädagogik auf eine grundsätzliche Problematisierung antworten: Ende der 60er Jahre wird ähnlich wie schon zu Anfang des Jahrhunderts das Existenzrecht des Religionsunterrichts in der Schule in Frage gestellt. Nach Jahrzehnten der Latenz wird damit das *Legitimations- bzw. Begründungsproblem* erneut aktuell, ein untrügliches Zeichen für den Plausibilitätsverlust von Religion in diesem Jahrhundert. Die Autoritäts- und Institutionenkritik der »68er Generation« trifft auch die Institution des konfessionellen Religionsunterrichts, der als Privileg der Kirchen angesehen und darum als geschichtlich überholt verurteilt wird. Die religionsdidaktischen Neuerungen sind mithin auch als Versuche zu verstehen, den Religionsunterricht durch Neugestaltung vor der Abschaffung zu bewahren (vgl. zum ähnlichen reformistischen Reformmotiv in der liberalen Religionspädagogik die Einführung zu Bd. 2/1).

Die neue Lage alarmiert die Kirchenleitungen. Die schnell einberufenen Kommissionen I und II der EKD ordnen den Religionsunterricht dem gesellschaftswissenschaftlichen Aufgabenbereich der Sekundarstufe II zu (EKD 1987, 47ff.). Von dem Gedanken, »die Sinn- und Wertproblematik in einem eigenen Pflichtbereich zu thematisieren«, wird Abstand genommen, weil man eine Isolierung fürchtet (zu Vorschlägen in dieser Richtung vgl. Comenius-Institut 1969). Gleichzeitig wird in einem wegweisenden verfassungsrechtlichen Gutachten bündig begründet, daß der Religionsunterricht nicht als Privileg der Kirche mißverstanden werden dürfe, sondern der »Sicherung der Grundrechtsausübung durch den einzelnen« zu dienen habe (s.u. 198). Der Art 7 GG wird im Lichte des Art 4 GG über die Religionsfreiheit interpretiert (s.u. ebd.). Dieser *freiheitli-*

chen Orientierung des Religionsunterrichts am Subjekt des Schülers entsprach die inhaltliche Öffnung und Freigabe: Die Bindung an Bibel und Bekenntnis wird mit der Verantwortung gegenüber der theologischen Wissenschaft und der Freiheit des Gewissens des Religionslehrers verknüpft. Die Behandlung der eigenen Konfessionsgestalt des Christentums soll sich mit der fairen Erörterung anderer christlicher Kirchen und Denominationen sowie nichtchristlichen Religionen und Weltanschauungen verbinden (s.u. 201). »Interpretation« und »Dialog« sind die entsprechenden didaktischen Äquivalente (ebd.). Die vom Rat der EKD zustimmend angenommene Erklärung hat zum Verständnis und zur Konsolidierung des Faches beigetragen. Sie hat nicht verhindert, daß im Zusammenhang des staatlichen und kirchlichen Einigungsprozesses heute die gleiche Diskussion neu entbrannt ist (vgl. unten Ausblick).

B. Die Entwicklung in der DDR

Der Aufbau der Christenlehre in der DDR scheint sich – auch der Bezeichnung nach – an Vorstellungen angeschlossen zu haben, die schon im Kirchenkampf zu einer Konzentration der Unterweisung in der Gemeinde geführt hatten (s.o. 39f.). Es handelt sich (mit Bloth 1975, 20) wohl nicht um eine Verwirklichung des von Kittel stets an der Schule orientierten Konzepts der Evangelischen Unterweisung. Die breite sachliche Übereinstimmung zwischen der ostdeutschen Christenlehre und der westdeutschen Evangelischen Unterweisung ist jedoch augenfällig. In der DDR sah sich die Kirche aufs neue in einer Situation der Auseinandersetzung mit dem Staat. Der zunächst noch in den Räumen der staatlichen Schule erlaubte Unterricht mußte immer mehr in die Gemeinden verlegt werden. Im Unterschied zur Weimarer Reichsverfassung erfolgte in diesem Teil Deutschlands die Trennung von Staat und Kirche in der Schule kompromißlos (vgl. die erste Verfassung der DDR von 1949, Art 40) und im Geiste einer atheistischen Religionskritik und antikirchlichen Propaganda (s.u. 202f.).

Die theoretische theologische Verarbeitung der neuen Lage ist nicht einheitlich erfolgt, wie man aus westdeutscher Perspektive meinen könnte. Gegen Ende der ersten zwei Jahrzehnte zeichnen sich um 1970 verschiedene Modelle ab (Reiher, s.u. 206f.). Insgesamt gesehen sind jedoch zu diesem Zeitpunkt alle wichtigen Positionsmerkmale erreicht oder zumindest angesprochen, die dann auch in die Folgezeit hinüberreichen.

Auf der Ebene der *wissenschaftlichen Disziplin* und ihres gesellschaftspolitischen Bezuges sieht man sich nicht imstande, dem Selbstverständnis der westdeutschen *»Religionspädagogik«* zu folgen. Die schultheoretische Integration des Religionsunterrichtes durch G. Otto, M. Stallmann und H. Halbfas wird ausdrücklich zurückgewiesen. Dieser Versuch, so Jürgen Henkys, »kann mit unserer Zustimmung schon darum nicht rechnen, weil er einem ausgesprochen regionalen Status quo verpflichtet ist ... Die Art der Neueingliederung des Religionsunterrichts in das staatliche Schulwesen Westdeutschlands nach 1945 war, gemessen an den schulgeschichtlichen Entwicklungstendenzen im deutschen und europäischen Raum, ein Anachronismus« (1971, 85). Um sich des eigenen Disziplinverständnisses zu vergewissern, besinnt man sich statt dessen verständlicherweise auf die ältere *»Katechetik«* (Baltin 1968; Heßler 1968; Henkys 1972).

Dem genannten historisch vergleichenden Urteil entspricht die *kirchentheoretische* Überzeugung, daß der aufgezwungene Weg nicht als kirchengeschichtliches Unglück, sondern als Chance anzusehen sei, als Impuls zur Veränderung der »Volkskirche« in eine »Freiwilligkeitskirche«, so schon Walter Zimmermann 1957 (s.u. 204). In einem gegenwärtig viel zitierten Dictum warnt Zimmermann voausschauend davor, für den Fall einer Wiederzulassung eines schulischen Religionsunterrichts »die katechetische Arbeit wieder aufzugeben« (s.u. 205). Es ist jedoch aufschlußreich, daß auch die Katechetik der DDR fast zeitgleich an der Frage nach ihrem *Welt- und Gesellschaftsbezug* nicht vorbeikam. Die »in der ökumenischen Diskussion kritisierte ekklesiozentrische Verengung des katechetischen Blickwinkels« wird als »besondere Gefahr« in der eigenen Situation erkannt (Henkys 1971, 76f.); folglich müsse auch eine Lehre vom Katechumenat katechumenatskritisch sein (s.u. 215). Positiv führt dies zu einem *mehrdimensionalen Konzept.*

Neben die primäre Begründung des pädagogischen Handelns der Kirche im *Katechumenatsauftrag* mit der Taufe als Achse tritt als Ausdruck einer »Bildungsdiakonie« (Henkys 1971, 85) an den Menschen in der Gesellschaft, unabhängig von ihrer Taufe, zweitens der Gedanke des *Diakonats* der Kirche (s.u. 211ff.). Entsprechend werden eine »originäre« und eine »subsidiäre pädagogische Verantwortung der Kirche« einander zugeordnet (s.u. 212f.) im Wissen um die verwandte Entwicklung in der westdeutschen Religionspädagogik (ebd.). Ekklesiologisch sollte seit der Bundessynode von 1971 besonders Dietrich Bonhoeffers Formel einer »Kirche für andere« gewichtig werden (s.u. 217, vgl. zum theologischen Hintergrund Zeddies, bes. 302ff.). Zum gleichen Zeitpunkt bezieht Helmut Fritzsche (1971) als erster die »Weltoffenheit« des katechetischen Handelns konsequent und bejahend auf die *sozialistische Gesellschaft* der DDR (vgl. später die Formel von der »Kirche im Sozialismus«).

Die dritte Dimension gründet in der *Mission*; sie meint die »missionarische Sammlung« (Reiher 1971, 94). Es entspricht nicht dem Auftrag der Kirche, nur von den schon zu ihr gehörenden Mitgliedern und ihrer Zurüstung her zu denken. »Nicht mehr bloß um das Hinzutreten zur mündigen Gemeinde geht es, sondern elementarer um die Begegnung mit dem Glauben überhaupt« (s.u. 207) und um die »Verpflichtung der Gemeinde auf Formen zeitgenössischen Christseins« in einer »nachchristliche(n) Welt« (Henkys s.u. 217, 216).

Unter diesen Perspektiven waren auch die *religionsdidaktischen Veränderungen* in der Katechetik der DDR folgerichtig. In der Lehrplanentwicklung wird hinsichtlich der *Unterrichtsinhalte* vorsichtig an den westdeutschen *thematisch-problemorientierten* Religionsunterricht angeknüpft. Dies zeigt die Entwicklung eines »Katechetischen Perikopen- *und* Themenplans« (Modell 1969, dazu unten 215; s. bes. auch Schmutzler 1975).

Eine besondere interne Herausforderung stellte die sofort umstrittene (Hafa 1969; Frühauf u.a. 1970) »katechetische Neuorientierung« dar, die von der Katechetischen Arbeitsgemeinschaft in der Gossner-Mission 1968 vorgelegt worden war (in Bloth 1975, 252ff.; zum Verhältnis zu anderen Modellen auch Reiher s.u. 206). Die Autoren verlangen, sich schonungslos der »inneren Krise des kirchlichen Unterrichts« auszusetzen und zu prüfen, ob nicht die zu beklagende Wirkungslosigkeit unseres kirchlichen Unterrichts im Tiefsten mit dem Unvermögen zusammenhänge, den christlichen Glauben auf dem Boden der Wirklichkeit, in der die Kinder und die jungen Menschen leben, und der Weltwirklichkeit, in deren Horizonte sie allmählich hineinwachsen, auszulegen« (252). Es ist bemerkenswert, daß in diesem Zusammenhang mit der »Kernthese von der Korrelation von Wirklichkeit Gottes und Weltwirklichkeit« (253) ein Begriff eingeführt wird, der in Westdeutschland auf katholischer Seite zur »Korrelationsdidaktik« ausgebaut werden sollte, während auf evangelischer Seite zur selben Zeit der Begriff des »Kontexttypus« bzw. »Kontextmodells« eingeführt wurde (vgl. Baudler 1984,13) – auch hier mithin Parallelen.

Ebenso wird in jenen Jahren die Frage nach den *Unterrichtszielen* offener angegangen, indem auf eine Definition der »Einheit kirchlicher Unterweisung« durch »Zielvorstellungen« geradezu verzichtet wird. Mancherlei könne und dürfe sich nach Dieter Reiher im Unterricht einstellen: »Warten«, »Indifferenz«, »Ablehnung«, »positive Antwort«, oder auch das »volle Engagement«; wichtig sei vor allem »die Freiheit zur Selbstfindung unter dem Evangelium« (s.u. 208). Der in geschichtlichen Wellen im 20. Jahrhundert seit der Zeit der »modernen Theologie« und »liberalen Religionspädagogik« eingenommene Standpunkt beim Subjekt wird unmißverständlich in die Kirchlichkeit als dem Spezifikum der Christenlehre in der DDR eingetragen.

I. EVANGELISCHE SCHULPOLITIK UND RELIGIONSPÄDAGOGIK IN DER WEIMARER REPUBLIK

Otto Dibelius

Die einheitlich-prägende evangelische Erziehungsschule

Zwei große Schulideale hat Deutschland bisher verwirklicht gesehen.
Das erste war das Ideal der *Kirchenschule*. Die Kirche, zunächst die katholische Kirche des Mittelalters, ist es gewesen, die die Errichtung von Schulen in deutschen Landen in die Hand genommen hat. Die Kirche war die Trägerin der gesamten Kultur jener Zeit ...
Dann kam die Reformation. Martin Luther schrieb sein berühmtes Sendschreiben »An die Ratsherren aller Städte deutschen Landes, daß sie christliche Schulen aufrichten und halten sollen«. Er nahm damit der Kirche das Schulwesen aus den Händen und übergab es der weltlichen Obrigkeit ...
Und doch konnten Luthers Gedanken zunächst über das Ideal der Kirchenschule nicht hinausführen. Dazu war er selbst viel zu sehr ein Mann der Kirche, ein Reformator und Prophet. Seine übermächtige Gestalt ist es gewesen, die alles Leben in deutschen Landen noch auf länger als ein Jahrhundert in den Bann des religiösen Gedankens zwang. Volkstümliche Kultur war in Deutschland noch lange nach dem Dreißigjährigen Kriege kirchliche Kultur. So mußte auch die Schule Kirchenschule bleiben. Anders hat es Luther im Grunde seines Herzens nie gemeint. Daß Gottes Wort lauter und rein gelehrt werde, das war sein großes Anliegen für das Leben seines Volkes. Das war ihm das wichtigste auch im Unterricht der Schule. »*Christliche* Schulen« will er aufgerichtet wissen ...
Fremdartig, unzulänglich, bemitleidenswert scheint uns heute diese Art von Schulwesen. Und doch war diese Schule eben der selbstverständliche Ausdruck der Zeit. Und in ihrer Armut war sie nicht ohne Größe. Es war eine einheitliche Bildung, die sie gab. In ihr war alles aus einem Guß. Sie brachte in das Leben der Kinder eine schlichte Einheitlichkeit. Und indem sie für die Kirche erzog, erzog sie doch zugleich für das Leben, in Sittlichkeit und Zucht. Denn die kirchliche Sitte bedeutete nicht äußerliche Gewöhnung allein, sie stellte Anforderungen an die sittliche Lebens-

führung. Gehorsam und Ehrfurcht, Wahrhaftigkeit und Pflichttreue lernten die Kinder – gewiß zunächst immer um der Kirche willen; aber sie *lernten* sie eben! ...

Und als nun im 19. Jahrhundert die Schule, insbesondere die Volksschule, ihren gewaltigen Aufschwung nimmt, da ist sie nicht Kirchenschule mehr, sondern *Staatsschule*. Der Staat schreibt vor, was in den Schulen gelehrt und getrieben werden soll. Nicht kirchliche, sondern staatliche Zwecke leiten ihn dabei. Der Staat will Bürger heranziehen, wie er sie braucht; sittlich gefestigte Menschen, die sich dem Staatsganzen als brauchbare Mitglieder einordnen; tüchtige, vorwärtsstrebende Arbeiter, die den Wohlstand des Staates mehren; denkende Männer, die am Leben des Staates und an den Geschäften der eigenen Gemeinden tätigen Anteil nehmen können; Frauen, die ihre Kinder erziehen und ihr Hauswesen in Ordnung halten können. Allmählich, fast unmerklich, schiebt der Staat alle anderen Mächte, die sich zur Mitwirkung bei der Erziehung der Kinder berufen fühlen, in den Hintergrund. Der Einfluß der Kirche wird Schritt für Schritt beschränkt. Die Rechte der Familie auf ihre Kinder werden zum großen Teil auf die Schule übertragen ...

Da kam der 9. November 1918. Königskronen rollten in den Staub. Alte Ideale gingen in Trümmer. Auch das Ideal der Staatsschule brach zusammen. *Denn der neue Staat, in dem wir nun leben, hat seine Legitimation zur Erziehung der Jugend verloren.*

Er hat sie zunächst schon deshalb verloren, weil er als parlamentarischer Staat die Autorität nicht mehr besitzt, die dazu nötig ist, wenn ein Staat diktatorisch über die heranwachsende Jugend verfügen will. Der alte Staat hatte diese Autorität. Er konnte die Sonderwünsche von Eltern und Kindern, von Parteien, Kirchen, Vereinen, zum Schweigen bringen mit einem gebietenden »Ich will!« Gegen das Regiment eines Staates, der von Parteiministern regiert wird, regt sich sofort der Widerspruch derer, die anderer politischer Ueberzeugung sind ...

Wichtiger aber noch ist ein Zweites. Der alte Staat konnte Erzieher der Jugend sein, weil er auf eine bestimmte, einheitliche Weltanschauung begründet war: auf die Anschauung des Christentums. Seine Schulen waren christliche Schulen, – auch die sogenannten Simultanschulen. Juden und Dissidenten wurden geduldet; den Geist der Schule zu bestimmen hatten sie nicht das Recht. Ob Gymnasium oder Realanstalt, ob Volksschule oder höhere Schule, ob Mädchenschule oder Knabenschule – das Erziehungsziel, das überall stillschweigend vorausgesetzt wurde, war das der sittlichen Persönlichkeit im Sinne des Christentums. Der christliche Staat bestrebt sich, seine Jugend in christlichen Schulen zu christlichen Charakteren heranzubilden. – Mag dahingestellt bleiben, wie lange sich der Gedanke des christlichen Staates noch hätte aufrechterhalten lassen angesichts der immer weiter fortschreitenden Zersetzung des christlichen Volkscharakters. Der Staat *fühlte* sich bis zur Revolution als christlicher Staat. Und dieser sein Charakter befähigte ihn dazu, Erzieher der Jugend zu sein. *Denn Erziehung ist nur möglich auf der Grundlage einer bestimmten, geschlossenen Lebensgesinnung ...*

Der Staat von heute, der auf Einheitlichkeit der Weltanschauung prinzipiell verzichtet, kann diesen Geist nicht geben. Kann es eine andere Macht, deren der Staat sich dann bedienen könnte, um Erzieher der gesamten Jugend des Volkes zu bleiben?

Ein Schulideal gibt es, das diese Frage in freudigem Optimismus bejaht: das ist das *Schulideal der Sozialdemokratie.* Hier tritt an die Stelle des Staates die »Gesellschaft« – von der der Sozialist hofft, daß sie in absehbarer Zeit eine einheitliche und bewußt *sozialistische* Gesellschaft sein wird. Der Sozialismus soll Welt- und Lebensanschauung des Volkes werden. Er soll ihm die Religion ersetzen. Er soll ihm eine neue Sittlichkeit geben ... Der Staat belegt das gesamte Leben der Jugend mit Beschlag. Er sorgt für sie körperlich und geistig. Unter der ständigen Kontrolle der »Gesellschaft« erziehen seine Beauftragten das neue Geschlecht zu einem Geschlecht der Arbeit und des zielbewußten Vorwärtsstrebens ...

Wir lehnen diesen Schultraum ab, weil er der gesamten Erziehung der Jugend ihre gesunde Grundlage nimmt. Wehe dem Volk, das seine Jugend der Familie beraubt, dieser Brunnenstube aller inneren und äußeren Volksgesundheit! Wehe dem Volk, das, statt der Familie neue Existenzmöglichkeiten zu schaffen, damit sie ihre Erziehungsaufgabe an den Kindern erfüllen kann, die Familie totschlägt und an ihre Stelle die »Gesellschaft« setzt! Ja, die Gesellschaft! Sagen wir kurz und bündig, was diese Gesellschaft ist: es ist die Masse! ...

Nein: niemals wird sich das deutsche Volk die materialistische Staatsschule aufzwingen lassen unter dem Decknamen einer sozialistischen Gesellschaftsschule. Damit aber ist die letzte Möglichkeit geschwunden, die Erziehung des heranwachsenden Geschlechts einer einzigen, alles beherrschenden Instanz in die Hand zu geben. Der Staat hat seine erzieherischen Kräfte eingebüßt. Auf Erziehung, auf Charakterbildung aber kommt alles an. So bleibt kein anderer Weg, als daß die wahrhaft erziehenden Mächte des Volkslebens ihr Recht auf die Erziehung der Jugend von neuem anmelden und das Erbe antreten, das der Staat hinterlassen hat. Diese erziehenden Mächte sind im wesentlichen die Familie und die Religionsgemeinschaften. Ihnen gebührt es, das Erziehungswerk der Schule fortan zu tragen und es mit ihrem Geist zu erfüllen. *Eine Schule – mit dem Elternhaus verbunden in einheitlichem Geist, gemeinsam mit dem Elternhause arbeitend an einer Erziehung der Kinder zu wahrem Menschentum, entsprechend der Weltanschauung der Familie; in dieser Erziehungsarbeit verständnisvoll unterstützt von den Kräften der Kirche – das ist das Schulideal der Zukunft ...*

Freilich bedeutet dies Schulideal einen Verzicht, – den Verzicht auf die geistige Einheitlichkeit nationaler Jugenderziehung. Denn die Familien sind verschiedenen Geistes. Und der Religionsgemeinschaften sind mancherlei. Ja, was den Relgionsgemeinschaften recht ist, wird den Gemeinschaften derer, die alle Religion verwerfen, billig sein. Es muß prinzipiell den Eltern jeder Weltanschauung, sobald sie sich in genügender Anzahl zusammenschließen, das Recht zugestanden werden, ihre Kinder in diesem Geist erziehen zu lassen. So will es die neue Reichsverfassung. Und auch wir wollen es so. Die Gefahr ist gewiß groß, daß die innere Zerrüttung des deutschen Volkes noch hoffnungsloser werden wird, als sie es heute schon ist; daß Menschen, die von Jugend auf in verschiedenem Geist erzogen werden, einander im Leben ohne Verständnis, ohne Gemeinschaft, ohne Liebe gegenüberstehen. Und wenn es das Schicksal Deutschlands sein sollte, daß Sozialismus und Christentum einander verfeindet bleiben, daß dann die Arbeiterschaft Schulen fordern würde im Geist eines materialistischen Sozialismus, und das Bürgertum Schulen im Geist des Christentums, dann wäre die Kluft zwischen den zwei Völkern unüberbrückbarer als je. Ein furchtbarer Gedanke!

Die Gefahr ist groß – und doch bleibt uns keine Wahl! Besser, daß getrennt nach Weltanschauungen erzogen wird, als daß in einer charakterlosen Staatsschule auf wirkliche Erziehung überhaupt verzichtet wird! Mag dann jede Weltanschauung zeigen, was sie an erziehenden Kräften besitzt! Wir sind der Zuversicht, daß in diesem Wettkampfe der Schulen mit einheitlicher Gesinnung die christliche Schule sich siegreich behaupten wird; daß sie in einem Volk, das für die heiligen Aufgaben der Erziehung neues Verständnis gewonnen hat, sich aus eigener Kraft als die herrschende Schule durchsetzen wird.

Die Richertschen Richtlinien

Religionsunterricht als Bildungsaufgabe in der Schule

Der evangelische Religionsunterricht sucht den Schülern die Wahrheiten des evangelischen Glaubens in ihrer biblischen Begründung, reformatorischen Auffassung und geschichtlichen Entwicklung zu erschließen und sie dadurch für das Leben in der kirchlichen Gemeinschaft vorzubereiten. Sein höchstes Ziel wird stets sein, das religiöse Leben der Schüler zu wecken und zu fördern; er wird sich aber auch der Grenzen bewußt bleiben, die dem Unterricht, besonders dem Klassenunterricht gezogen sind. Sein wichtigstes Mittel ist eine lebendige Erfassung der großen Persönlichkeiten, in denen die christliche Religion, besonders der evangelische Glaube, Gestalt gewonnen hat; und eine eingehende Würdigung der geschichtlichen Gebilde, in denen der Geist dieser Persönlichkeiten fortlebt. Getreu den Überlieferungen des deutschen Protestantismus muß der Religionsunterricht in gleichem Maße von religiösem wie von wissenschaftlichem Ernste getragen sein. Wenn er der Verflechtung der Religion mit der allgemeinen Kultur sorgfältig nachgeht, so ist er weit davon entfernt, die Religion in eine Kulturerscheinung aufzulösen. Er sucht nur das Ewige da zu fassen, wo es in Zeit und Raum sich geoffenbart hat, und wird stets, besonders bei Betrachtung der Höhepunkte des religiösen Lebens, den Blick der Schüler auf den überzeitlichen Hintergrund alles irdischen Geschehens richten. Er wird ihnen auch zeigen, wie die christliche Religion innerhalb der europäischen Kultur idealbildend und »um«bildend gewirkt hat, wie sie auch in der Gegenwart der allgemeinen Kulturaufgabe wie der Berufsarbeit des Einzelnen Richtung geben kann. Der Unterricht wird aber auch den Schülern Achtung einzuflößen suchen vor allem echt religiösen Leben, auch wo es in fremdartigem Gewande oder unter der Hülle leidenschaftlicher Verneinung auftritt.

Mehr als bei anderen Unterrichtsfächern ist beim Religionsunterricht das Ziel auf den verschiedenen Altersstufen verschieden, weil diese selbst dem Religionsunterricht gegenüber eine ganz verschiedene Stellung einnehmen. Auf der Unterstufe bringen die meisten Schüler noch den ungebrochenen Kinderglauben und die feste kirchliche Gewöhnung von Hause mit, und wo dies, wie oft in der Großstadt, nicht mehr der Fall ist, wenigstens Empfänglichkeit für die schlichte und eindrucksvolle Form der biblischen Geschichten, in denen ihnen die Grundwahrheiten der christlichen Religion übermittelt werden. Zweck des Unterrichts ist hier, sie mit Freude an den Gestalten und Geschehnissen des Alten Testamentes und mit Liebe zu der Person Jesu zu erfüllen, zugleich ihnen ein erstes Verständnis des sie umgebenden kirchlichen Lebens zu vermitteln und durch Einprägen des wichtigsten Merkstoffes ihnen die Möglichkeit zu geben, sich ihr Leben lang mit Sicherheit innerhalb der kirchlichen Formen zu bewegen.

Auf der Mittelstufe ist der Schüler, ohne noch von eigentlichen Zweifeln angefochten zu sein, gegen unmittelbare religiöse Einwirkung außerordentlich spröde. Der Schulunterricht muß sich daher hier, auch mit Rücksicht auf den gleichzeitigen kirchlichen Konfirmandenunterricht, sehr zurückhalten. Neben den biblischen Stoffen treten in diesen Jahren in den Vordergrund Lebensbilder aus der Kirchengeschichte, die so auszuwählen sind, daß sie der Begeisterungsfähigkeit dieser Altersstufe, ihrem Sinn für das Heroische und ihrer Freude an stark ausgeprägten Formen entgegenkommen. Für Mädchen sind besonders auch weibliche Heilige und Heldinnen zu wählen. In U II werden für die abgehenden Schüler die wichtigsten Lebensfragen von neutestamentlichen Grundsätzen aus beleuchtet; außerdem werden die bisherigen Belehrungen über die biblischen Schriften und die kirchlichen Formen abschließend zusammengefaßt, so daß die abgehenden Schüler in der Lage sind, sich mit der Zeit an dem Gemeindeleben zu beteiligen. Die abgehenden jungen Mädchen werden besonders auf die wichtigen Aufgaben der Frau in der evangelischen Gemeinde hingewiesen.

Auf der Oberstufe handelt es sich um die gedankliche Durchdringung der christlichen Wahrheit und ihre Auseinandersetzung mit den anderen geistigen Mächten, welche die heutige deutsche Kultur mit geformt haben, eine Auseinandersetzung, die um so dringender ist, als die allgemeine Krise der Entwicklungsjahre bei fast allen Schülern und auch bei sehr vielen Schülerinnen auf religiösem Gebiete sich als Zweifel an der überlieferten Wahrheit und dem Wert der überlieferten Gemeinschaftsform äußert. Der Religionsunterricht begegnet auf dieser Stufe von neuem großem Interesse, aber auch scharfem Mißtrauen, das nur durch unbedingte Ehrlichkeit überwunden werden kann. Welche der innerhalb der evangelischen Kirche vorhandenen theologischen Richtungen der Religionslehrer vertritt, muß seinem Gewissen überlassen bleiben; sein Unterricht kann jedenfalls nur dann überzeugend wirken, wenn die Schüler fühlen, daß hinter den Worten des Lehrers eine Überzeugung steht, eine Überzeugung, die auf tieferen als auf verstandesmäßig beweisbaren Gründen ruht.

Da abgesehen von einigen entschieden Gläubigen und Ungläubigen die Mehrzahl der Schüler in der Regel aus Suchenden und Zweifelnden bestehen wird und der Abschluß dieser Krise jenseits der Schuljahre liegt, so muß der Religionsunterricht als Klassenunterricht sich damit begnügen, für die spätere religiöse Selbstentscheidung der Schüler günstige Voraussetzungen zu schaffen. Er wird dies am ehesten erreichen können, wenn er den Schülern zum Bewußtsein bringt, daß eine ernste und ehrliche Auseinandersetzung mit der Religion eine unerläßliche Bildungsaufgabe des Menschen ist. Ob diese Auseinandersetzung mehr von Weltanschauungsfragen ausgeht, oder, in Mädchenschulen etwa, mehr von Lebensfragen, hängt von der geistigen Haltung der Klasse ab. Wenn es dem Lehrer vergönnt ist, Schüler nicht nur in die Vorhalle, sondern tiefer in das Heiligtum hineinzuführen, so wird er dies als den schönsten Lohn seiner Arbeit betrachten. Immer aber müssen die Schüler die Gewißheit haben, daß der Religionslehrer für sie in allen ihren Nöten ein warmes Herz hat. Eine Ehrenpflicht des Relgionslehrers ist es, den Schulandachten den religiösen Charakter zu erhalten und sie so zu gestalten, daß auch Lehrer und reife Schüler gerne und mit innerem Gewinn daran teilnehmen.

Der Religionsunterricht ist wie jeder andere Unterricht Arbeitsunterricht. Er knüpft an an das unbewußt Erfahrene, lehrt Quellen benützen, macht freiwillige häusliche Leistungen der Schüler durch Besprechung in der Klasse für alle wertvoll; seine Form ist überwiegend das Lehrgespräch, an wichtigen Stellen gibt er auch dem Vortrag des Lehrers Raum. Der Schüler soll durch die biblischen und kirchengeschichtlichen Quellen sich hindurcharbeiten zu den Heroen der Religion und aus der Berührung mit ihnen das empfangen, was nicht erarbeitet werden kann; der Lehrer, so wichtig seine Persönlichkeit ist, ist hierzu nur Mittler. Freie Arbeitsgemeinschaften zur Vertiefung in wichtige historische Probleme oder brennende Lebensfragen werden auf der Oberstufe vielen Schülern erwünscht sein. Wenn sie lebensfähig sein sollen, müssen die Schüler von dem Vertrauen getragen sein, daß sie sich unbedingt frei äußern dürfen. Wünschenswert ist es, daß der gemeinsamen Arbeit eine bestimmte Quelle zugrunde gelegt wird, damit sich der Meinungsaustausch nicht ins Uferlose verliert.

Der Religionsunterricht arbeitet eng zusammen mit den anderen Kernfächern. Das Christentum als geschichtliche Religion läßt sich nur im Zusammenhang der Weltgeschichte, die eigenartig deutsche Ausprägung des Christentums nur im Rahmen des ganzen deutschen Geisteslebens verständlich machen. Auch mit dem Kunst- und Musikunterricht bleibt der Religionsunterricht in beständiger enger Fühlung. Nicht selten wird es, besonders auf der Unter- und Mittelstufe, möglich sein, eine Religionsstunde in den Gesang eines Liedes oder in die stimmungsvolle Betrachtung eines Bildes ausklingen zu lassen. Auf der Oberstufe wird der Religionsunterricht auf die zahlreichen Anregungen hinweisen, welche die christliche Religion der Tonkunst und der bildenden Kunst gegeben hat; er wird dabei versuchen, in den Schülern ein Gefühl dafür zu erwecken, daß die Kunst ebenso wie die Religion aus den letzten Tiefen der menschlichen Seele entspringt und daß unter Umständen das innerste religiöse Empfinden einer Zeit in der Kunst am reinsten sich ausspricht (die gotische Baukunst, die Bachsche Musik). Vor allem aber wird der Religionsunterricht den Schülern das Verständnis zu erschließen suchen für die gewaltige geistige Arbeit, welche die christliche Religion in der Auseinandersetzung mit dem denkenden Bewußtsein der Menschheit geleistet hat. Er wird zeigen, wie die christliche Kirche in den Zeiten des lebendigen Glaubens stets die Kraft besessen hat, mit den bedeutenden geistigen Strömungen der Zeit sich mit gleichen Waffen auseinanderzusetzen. Er wird besonders betonen, wie in der deutschen Reformation Religion und Wissenschaft einen Bund geschlossen haben, der von jeder folgenden Epoche in ihrer Weise neu geknüpft werden muß. Er wird endlich den Schülern zum Bewußtsein bringen, wie im Sinne dieses Bundes die evangelische Kirche die staatlichen und gesellschaftlichen Ordnungen als »gute Gaben Gottes«, die Arbeit im irdischen Beruf als das wichtigste Mittel zur Erfüllung des überirdischen Berufes betrachtet; und wie sie von diesem Grunde aus – in den Formen verschieden auf lutherischem und calvinischem Boden – als Volkskirche das ganze Volksleben mit den veredelnden Einflüssen der Religion durchdrungen hat und noch heute durchdringt. So wird der Religionsunterricht dem Schüler ein Verständnis dafür eröffnen, daß diese innere Durchdringung von Religion und Kultur dem Protestantismus eine Weltbedeutung gibt, die weit über die Wirkung seiner organisierten Kirchen in das allgemeine Geistesleben hinübergreift. Er wird aber darüber auch die stille karitative Tätigkeit der Kirche und deren Bedeutung für den Ausgleich der sozialen Gegensätze nicht vernachlässigen.

Innerhalb der einzelnen Schulformen wird der Religionsunterricht Anschluß suchen an die charakteristische Fächergruppe. So wird im Gymnasium die Bedeutung der antiken Philosophie für die Ausbildung der christlichen Glaubens- und Sittenlehre, die Wirkung der neuplatonischen Mystik auf die christliche, die Bedeutung des Aristoteles für die Ausgestaltung des mittelalterlichen Weltbildes, der Zusammenhang des Humanismus mit der Reformation eingehend besprochen werden. Das neusprachliche Gymnasium wird besonders die europäischen Zusammenhänge der wichtigsten kirchlichen und religiösen Bewegungen z.B. des Mönchtums, der Scholastik und Mystik, der Reformation, der Aufklärung und der Erneuerung des religiösen Lebens um die Wende des 18. und 19. Jahrhunderts, betonen. Die Oberrealschule wird besonders auf die Auseinandersetzung der christlichen Religion mit der naturwissenschaftlichen Forschung der verschiedenen Zeiten, in erster Linie natürlich der Gegenwart, eingehen. Ganz besonders aber muß der Religionsunterricht die Verschiedenheit der Geschlechter berücksichtigen. Er muß bedenken, daß in der christlichen Kirche von Anfang an die weibliche Frömmigkeit, deren Grundform die alles tragende Liebe ist, ebenbürtig neben der männlichen stand, deren Grundform der alles wagende Glaube ist, und er muß dieser inneren Verschiedenheit zweier gleichwertiger, sich ergänzender Formen bei der Auswahl und Behandlung des Stoffes Rechnung tragen. Er wird stets beide zur Geltung kommen lassen, doch wird er in den Knabenschulen das Christentum überwiegend aufweisen als aufrüttelnde, kämpferische, in die Weltgeschichte eingreifende und Weltanschauungsprobleme aufwerfende Macht, in den Mädchenschulen mehr als beruhigende, ausgleichende, Wunden heilende und Lebensfragen lösende Kraft. Hervorragende christliche Frauencharaktere und bedeutende Organisationen weiblicher Liebestätigkeit müssen auf den Mädchenschulen eingehend gewürdigt werden.

Der wichtigste Memorierstoff, der nur Lebenswichtiges und künstlerisch Geformtes enthalten soll, muß bis zum Abschluß der Tertien eingeprägt sein und dann dauernd wiederholt werden. Von Untersekunda an tritt dazu überwiegend freiwilliges Lernen einzelner Abschnitte aus der Bibel und anderen Schriften, in denen religiöses Empfinden in künstlerischer Form sich ausspricht. Die einzelnen Stücke des Katechismus und die einzelnen Bibelsprüche sind möglichst an biblische Geschichten anzulehnen. Die Kirchenlieder, bei denen stets gleichzeitig Text und Melodie gelernt werden sollen, sind nach denselben Grundsätzen zu behandeln, nach denen auch sonst sprachliche Kunstwerke im Unterricht behandelt werden. Es ist nicht möglich, aber auch nicht nötig, jede Einzelheit den Kindern zu erklären. Die Schule kann für religiöse Wahrheiten nur ein beginnendes, ahnendes Verständnis vermitteln. Dadurch, daß sie schon dem Kinde die ursprünglichste und eindrucksvollste Form, in der sich diese religiösen Wahrheiten verkörpert haben, zu festem innerem Besitz macht, schafft sie die unerläßliche Grundlage für die spätere Vertiefung dieses Verständnisses durch innere und äußere Lebenserfahrungen.

Otto Eberhard

1. Religionsunterricht in der Arbeits- und Lebensschule

Wir brauchen heute über »die Pädagogik vom Kinde aus« kein Wort zu verlieren, ihre Bedeutung für die pädagogischen Maßnahmen der Stoffauswahl und Stoffbehandlung ist gesichert. Aber wir stellen daneben *»die Pädagogik vom Stoffe aus«* oder von den »Kulturgütern« aus, denn deren *Normgebung* innerhalb der Erziehungswissenschaft ist heute nicht in gleichem Maße anerkannt. Und doch werden die Grundlagen und Leitlinien unseres pädagogischen Wollens und Handelns, also die Dinge, an denen es heute einer molluskenhaften Pädagogik vielfach gebricht: Zielsicherheit, Klarheit, Grundsatzfestigkeit, Entwicklungstreue, Übersicht und Einsicht viel weniger durch die Psychologie vermittelt, als durch Sicherung und Ausbau jenes Teils der Erziehungswissenschaften, der von den zu erstrebenden Gütern und Werten handelt und gemäß der *Eigengesetzlichkeit* seines Stoffes mit dem Rechte auf *Selbstentfaltung* auftritt. Über dieses Recht auf Selbstentfaltung der normgebenden Stoffe und zielsetzenden Werte kann der nicht im Zweifel sein, der die innere Struktur der Wertgebiete kennt und den ihnen innewohnenden Gesetzen seine pädagogischen Maßnahmen zwecks Bewältigung der Wirklichkeit durch das Kind anzupassen strebt. Ist das Normgebende innerhalb der Pädagogik letzlich der Stoff, nicht die Psyche, so muß die Methode aus dem Geist des jeweiligen Unterrichtsstoffes organisch hervorwachsen, und die Didaktik des Religionsunterrichts muß sich ganz der innersten Wesenheit der religiösen Erziehung angleichen. Es bedarf – das bestätigen auch die Ergebnisse der jungen Religionspsychologie (vgl. G. Traue, Religionspädagogik auf religionspsychologischer Grundlage, Heft 1: Die neuen Methoden der Religionspsychologie, Gütersloh 1922) – einer Parallelität zwischen den seelischen Momenten des Stoffes und denen im Leben des Kindes. Das ist die Innenachse aller religionsmethodischen Reform.

Was bedeutet dieses Grundverhältnis auf unserem Felde? Es bedeutet *Selbstdarstellung der Religion, Entbindung ihrer gestaltenden Kräfte*, der Trostkraft und der Tatkraft. Denn Religion ist, psychologisch gesprochen, Motiv und Quietiv zugleich, stärkste Kraftquelle als Äußerung seelischer Aktivität und innerlichste Trostquelle als Zuständlichkeit seelischer Gelassenheit. Die Ausschöpfung der beiden Quellen aber muß mit denjenigen

Mitteln pädagogischer Kunst sichergestellt werden, die auf ein Erleben und ein Tun hinauslaufen.

Was sich aber so, rein religionspsychologisch, aus den beiden Wurzeln des Metaphysischen und des Ethischen ergibt, das findet in der Welt der Wirklichkeit seine Bestätigung an dem *Evangelium*. Denn das Evangelium von Jesus, dem Christ Gottes, ist die höchste Wirklichkeit innerhalb der Welt der Religion, und die *Herrschaft dieses Evangeliums* in der Schule und in der religiösen Erziehung entspricht, stoffpsychologisch gesehen, dem vorhin gezeichneten Grundverhältnis; seine Normgebung hat ein Unterrichtsverfahren im Gefolge, das aus den Kräften und der Eigenart des biblischen Evangeliums abgeleitet ist.

Evangelium aber ist *Kraft* und *Leben*, und Lebenskräfte sind das Gestaltende und Erhaltende im Wesen des Christentums. Gewiß, Evangelium ist auch Lehre, und die Christentumslehre ist darum ein unveräußerlicher Bestandteil des Jugendunterrichts. Aber diese Lehre zielt nicht auf das Wissen, sondern auf den Glauben ab, und sie erstrebt die Herstellung einer wirklichen Gemeinschaft mit Gott. Neben und vor der Wortoffenbarung aber steht die Tatoffenbarung des lebendigen Gottes, die sich als ein innerhalb der Geschichte sich vollziehendes Handeln kundgibt und in der Person Jesu Christi zum Ziel und Höhepunkt gelangt. *Jesus* aber verkündigt seinerseits wieder das Reich Gottes nicht in Worten blutleerer Weisheit, sondern in der Beweisung des Geistes und der Kraft. Und neben Jesu wahrheitshaltige Lehre tritt seine *Taterziehung*, durch die er Religion und Sittlichkeit, Handeln und Gesinnung, Individuum und Gemeinschaft, Seele und Reich Gottes innigst miteinander verknüpft. Jesu Pädagogik ist auf Darstellung und Willensbewegung gerichtet, wie er selbst ein Mann des Willens und der Tat ist, und das »Wollen« und das »Tun« im Sinne von Joh. 7,17, nicht das Wissen und das Jasagen, geben den Prüfstein für die letzten und höchsten Entscheidungen ab.

Diesen erhabenen Realismus muß auch der evangelische Unterricht atmen, auf diese Willensbildung und Tatbeweisung muß er abzielen, diese Lebensbewegung muß er zu wecken, zu richten, zu sichern verstehen. Oder er verfährt doktrinär, er versündigt sich an der Seele des Stoffes wie des Kindes und wird schuld an der »Verschulung« der Religion. Denn auch das Wesen des Kindes ist auf Leben und Betätigung bedacht. Welche Schulreform, oder besser gesagt: welche Schullebensgestaltung bietet sich nun dar, um die Kräfte des quellenden Glaubens und der tätigen Liebe zu fassen und auf die Gefilde des Jugendlebens weiter zu leiten? Ich antworte: die *Arbeitsschule*, und greife mit dem Behelfswort bewußt hinaus über den Rahmen eines methodischen Prinzips. Zwar wollen und können wir auch auf das Arbeitsverfahren im Sinne der Unterrichtstechnik schlechterdings nicht verzichten, denn es hilft uns als Ausgleich gegen ein vorwiegend rein autoritäres Verhalten und Aufnehmen den Geist der Selbsttätigkeit und frohen, kraftvollen Schaffens entbinden. Aber der Ausspruch eines Schülers aus dem so gestalteten Arbeitsunterricht: »Man will uns immer nur zu Geistesathleten ausbilden; wer gefühlsmäßig veranlagt ist, kommt weder bei der alten Form des Unterrichts noch bei der Arbeitsschulmethode auf seine Kosten« (Stuhlfath, Monatsblätter für den evangel. Religionsunterricht 1922 S. 39) beweist, wie hier aufs neue die Gefahr einer Einseitigkeit droht. Es muß aber mit dem, was die pädagogische Theorie längst überwunden hat, was indes der Praxis des Religionsunterrichts nahezu wie ein character indelebilis anhängt, auch in der unterrichtlichen Gestaltung endlich durchgreifend Ernst gemacht werden: Es gilt, nicht den Intellektualismus zu züchten, nicht nur eine Wesensseite der werdenden Persönlichkeit zu pflegen, sondern den ganzen Menschen in der Einheit seines Seins zu erfassen und im Zusammenhang mit der Ganzheit des Lebens zu bilden. Das methodische *Gesetz der seelischen Totalität* fordert seine Durchsetzung auch als Bildungsgrundsatz. Darum sagen wir: »Freie geistige Tätigkeit« im Dienste der Persönlichkeitserziehung, wie sie z.B. Gaudigs pädagogisches Programm musterhaft entfaltet. Aber dieses kraftvolle intellektuelle Streben nicht ohne das gefühlsbewegte innere Erleben, nicht ohne die auf Ehrfurcht und Empfänglichkeit gestimmte Haltung der Seele. Und diese Öffnung des Seelenkelches wiederum nicht ohne die Tatfrohheit und Willensbereitschaft der Selbsterziehung auf den Lebensfeldern der Gemeinschaft.

Drei Leitbilder stehen also vor uns, wenn wir die Synthese: Arbeitsschule und Religionsunterricht vertreten:
die am Stoffe selbsttätig werdende Arbeitsgemeinschaft,
die zu den verborgenen Quellen des Lebens herniedersteigende Seelengemeinschaft,
die zu sozialethischem Handeln eins gewordene Tatgemeinschaft ...

Ob wir dann diese verinnerlichte und versittlichte Schullebensgestaltung Arbeitsschule oder Tatschule, Gemeinschaftsschule oder Lebenserziehungsschule nennen, daran liegt nicht soviel. Wichtiger ist, daß wir das Wesen der neuen Schule grundsätzlich erkennen und nicht mehr bloß von der Seite des Unterrichts, der Erarbeitung her begreifen. Gerade weil das Lernen und Lehren der Praxis des Religionsunterrichts wie ein Bleigewicht anhängt, tut es doppelt not, daß wir die Arbeitspädagogik auch von der Seite der Erziehung, der Schullebensgemeinschaft her erfassen und begründen ...

Und nun von der Grundlegung in das Einzelne, von dem Didaktischen zum Methodischen.

I. Die freie geistige Tätigkeit

Die Didaktik der freien geistigen Tätigkeit hat zum Grundgedanken, daß der Schüler die handelnde Person ist. Seine freie Bewegung, Entfaltung, Betätigung ist der Sinn der pädagogischen Maßnahmen, und mit dem vornehmen Leitmotiv »Erregung der Eigentätigkeit des Schülers« sucht die neue Arbeitsweise den formstrengen Dogmatismus der Herbartianer und die von dort drohende Intellektualisierung zu überwinden.

Dieses Arbeitsverfahren gestaltet natürlich die unterrichtliche Praktik nach gewissen Grundzügen, und so mannigfaltig sich auch das Bild der arbeitenden Klasse im Religionsunterricht darstellen kann, so gehen doch drei große Schritte einheitlich durch den Arbeitsverlauf hindurch:

1. Es wird ein Ziel aufgestellt, das durch die Arbeit erreicht werden soll, und dieses Ziel wird in den Arbeitswillen aufgenommen.

2. Es werden die Wege vorgestellt, die zum Ziele führen, und es wird unter Erwägung der Widerstände auf dem Wege und der Mittel zur Überwindung dieser Widerstände der günstigste Arbeitsweg gewählt und, wenn es not tut, in Arbeitsstufen zerlegt.

3. Es werden die einzelnen Arbeitsschritte und -stufen durchgeführt; aus der »Arbeit« springt das Arbeitsergebnis heraus; es wird besehen, beurteilt, bewertet (von Arbeitsfreude umspielt)...

Aber nun die für unsere Untersuchung entscheidende Frage: Bietet diese geistige Haltung und Verfassung *die* Lösung der Religionsmethodik, *die* große Reform des Unterrichts, die aus dem Geiste des Evangeliums geboren ist und den Kräften der religiösen Erziehung zum Durchbruch verhilft? Die Frage wird kein Vertreter dieser didaktischen Kunstform restlos zu bejahen vermögen.[1] Denn es fehlt dieser Verfassung eine wesentliche Seite der

---

1. Die Begrenzung dieser Methode wird – und soll – auch an den hernach in der ersten Gruppe vereinigten Unterrichtsskizzen wahrnehmbar werden. Sie geben Anstoß und Richtung für die eigene Arbeit, sie lenken das besinnliche Urteil auf Gefahrenmöglichkeiten, Mängel oder Ergänzungsbedürftigkeiten, und sie liefern in beidem einen durchaus schätzenswerten Beitrag zur Begründung der Forderung: Das Arbeitsprinzip darf die Methode nicht versteifen und die Arbeitstech-

Gesinnungspflege, die dem Religionsunterricht an erster Stelle obliegt. Gewiß, die äußere Bewegtheit und Gestaltungskraft ist da, sie ist sogar in hohem Grade entwickelt, aber ob der äußeren Regsamkeit auch eine innerliche Seelenregung und -bewegung entspricht, die ihren Anstoß von der Seele des Stoffes empfangen hat und aus der inneren Nötigung, weil aus den Lebensinteressen des Kindes, entspringt? Das ist die Frage, die sich durch den Hinweis auf die hier obwaltende Kunst der Arbeitstechnik doch nicht beantworten läßt. Und wenn wir auf den freitätigen Ablauf des Arbeitsvorganges uns zurückziehen wollten, so fehlt zwar nicht die Sphäre der Intellektualität, die reine Geistigkeit, aber es fehlt die Sphäre der Emotionalität, es fehlen jene Kräfte, die für religiöses Erleben so unentbehrlich sind: die tiefe Innerlichkeit und das Stillewerden des Gemüts ...

Darum nun ein anderes Bild einer Klasse, die in Eigentätigkeit wach geworden ist an der *Seele*.

II. Die Erlebnisschule

Es ist gerade Andacht. Es ist Montag früh. Der Kreisschulrat tritt in die Klasse. Der Lehrer sitzt am Harmonium, die Kinder singen. Sie singen mit der Seele, niemand bemerkt den Eintritt des Gastes. Dann spricht der Lehrer ein freies Gebet, Wort für Wort ein Schulgebet, aber aus dem Erleben *dieser* Kinder als Dank und Bitte emporgehoben, und durchzittert von der Ergriffenheit des Lehrers angesichts der Schwere und Verantwortung seiner Aufgabe. Der Ausdruck der Kinder ist »einwärts gekehrt«, er wird zum Erschrecken, ja bei einigen zur Scham, als sie nach dem Amen ihre Plätze einnehmen und plötzlich den fremden Beobachter gewahr werden. Was aber sagt der dazu? »Solche Augenblicke stärkster Sammlung wird die neue Schule nicht ohne Schaden entbehren« (vgl. Pädagogische Blätter 1921, S. 431). Und er hat sicher recht, wenn wir nach den Wertzuwachsmitteln inneren Reichtums uns umschauen.

Wohin geht Jesus, wenn er einnehmen will, um wieder auszugeben? Er geht in die Stille, denn er weiß: dort liegen die Wurzeln meiner Kraft. Und wir wissen auch, wo das Geheimnis unseres Christseins gründet und

---

nik nicht schematisieren – sonst könnte die Gefahr des Formalstufen-Dogmatismus leicht von einer neuen Seite her erstehen. Das Prinzip macht vielmehr, wenn es sich wesensgemäß entfaltet (vgl. z.B. die zweite Skizze), den Arbeitsvorgang elastisch und verhilft zu innerer Freiheit. Damit hängt zusammen, daß es in der Arbeitsschule Musterlektionen alten Stils nicht gibt.

von wo uns ewige Kraft und Jugend – trotz aller Runzeln und Flecken – zufließt: es sind die stillen Stunden, voll höchster Empfänglichkeit und stärkster Spannkraft, es sind die Stunden, da unsere Seele wie eine Harfe unter den Fingern des Gottesgeistes klingt. Aber solche Stunden voll Kraft und Weihe sollen auch unsere Kinder nicht entbehren, und die recht verstandene Arbeitsschule soll uns helfen, daß hier neue Quellen springen und Urstimmen ewiger Berufung an das Ohr der Seele dringen. Vergessen wir doch nicht – wenn heute Betriebsamkeit und Produktionserzeugung weithin als die Erkennungsmarken der Arbeitsschule gelten –, daß *Selbsttätigkeit* ihr Grundgesetz ist, und Selbsttätigkeit hat ihrem Wesen nach nichts mit Betrieb und Geschäftigkeit gemein. Die Selbsttätigkeit wächst aus inneren Gründen und schafft in freiem Wollen zu zielstrebigem Aufbau. Was Spranger einmal im Blick auf das Wesen der Gelehrtenarbeit sagt: »Der Unterschied zwischen wissenschaftlichem Aufnehmen und wissenschaftlicher Produktion ist mehr ein Unterschied des Grades als der Art, denn jedes echte Aufnehmen ist auf diesem Gebiet nach deutscher Ansicht ein inneres Schaffen und Erzeugen«, das gilt auch von der stillen Bauarbeit des Kindes: nicht bloß das »schaffende« Lernen, sondern auch das »empfangende« will als eine Äußerung der Selbständigkeit begriffen sein. Denn so grobmechanisch läßt sich doch das Verhältnis zwischen Äußerem und Innerem nicht denken, daß dem Stillesein des Mundes notwendig das Untätigsein der Seele entspräche. Erleben und geistiges Tun schließen einander nicht aus, sondern ein, die *Erlebnis-* und die *Arbeitsschule* gehören zusammen, oder die Arbeitsschule taugt nicht zur Lebensschule.

Die Lebensschule handelt einfach nach dem Grundgesetz der Wechselwirkung von Eindruck und Ausdruck, von Kapazität und Intensität, von Rezeptivität und Spontaneität, d.h. sie fügt dem Tätigsein das Ruhen, den Arbeitsstunden die Feierstunden, dem produktiven Schaffen und Gestalten die rezeptiven Kräfte der Ahnung und der Ehrfurcht hinzu ...

Aber wie geschieht das? Welche Mittel haben wir zur Sammlung eines Kräftelagers für solchen seelenbildenden, herzwarmen typisierenden Unterricht? Wir haben jene Andacht in der stillen Landschule belauscht, die alle Spuren religiöser Ergriffenheit an sich trug, trotzdem sie sich in den einfachsten Formen bewegte. Worin liegt das Geheimnis ihrer Wirkung? In der Persönlichkeit des Lehrers, durch die der Mensch alles, was er vermag, auf den anderen wirkt. In der Freiheit und Freiwilligkeit seiner Hingabe an das, was in seinem Herzen lebt. In der Gabe der Darstellungsfähigkeit dieses ihm eigenen Herzensbesitzes im Leben und vor den Kindern. In der viva vox, die Wärme ausstrahlt, und in deren Ausstrahlungen ein Element innerer Anschauung und beseelten Umgangs gegeben ist, weil sie durchströmt ist von den Kräften der Seele und durchzittert von der Stimmung der Stunde. Innere Anschauung aber und beseelter Umgang sind die Schlüssel zur Erlebniswelt des Kindes ...

Es ist das alte Mittel der *Erzählkunst und Beseelkunst*, das der Erzieherpersönlichkeit immer neue Aufgaben stellt und an die Goetheweisheit gemahnt: Bilde Künstler, rede nicht! Diese »bildende« Ausdruckskultur führt durch die Kunst des Gestaltens viel sicherer und würdiger als alle Rezeptenpädagogik an das Unmittelbar-Lebendige heran, und die Baukraft und Reichweite solches Erlebnisunterrichts schafft ungeahnte Möglichkeiten ...

Greifbarer tritt das Element der Selbsttätigkeit in der Form des »schaffenden« Lernens in die Erscheinung, wenn die Kinder selbst unter Aufgebot der ihnen eigentümlichen Gestaltungskraft (Phantasie), von inneren Anschauungen befruchtet, daran gehen, die biblische Begebenheit in epischer Breite aufzubauen. Wie kommen da alle Kräfte der Sinne, des Gemüts und des Geistes in Bewegung, wie wird da das Erfahrungswissen ausgewertet und aus dem eigenen Erlebnisbereich und dem Schatz der heimatlichen Vorstellungen Baustein um Baustein zugerichtet. So wird dann die Geschichte aus dem eigenen Innern *nachschaffend dargestellt*, nach ihrer Außenseite und – viel wichtiger noch – nach dem inneren Triebwerk der Gedanken und Gefühle. Das tritt der Würde des Bibelwortes keineswegs zu nahe, denn wir wissen, wie oft der biblische Bericht in erhabener Objektivität oder keuscher Zurückhaltung die psychologischen Zusammenhänge nur andeutet; dafür hilft aber dies schaffende (genauer nachschaffende) Arbeiten und einfühlende Verstehen den Kindern über das bloß äußerliche Anschauen ihrer Helden hinweg. Es hilft ihnen vordringen zu dem Seelenleben ihrer Glaubenshelden und den großen Gottesmännern den Puls fühlen, ins Herz schauen. So lebten sie, so fühlten sie, aus diesen Quellen speisten sie ihre Seele, durch diese Motive reinigten sie ihren Willen, nach diesen Normen regelten sie ihr Leben – ob das Kind nicht auf solchen Wegen bis an das Geheimnis der Gottesnähe dieser Männer und zu ihrer Geistesbeseelung aufzusteigen vermag?

Weiter führt dieses genetisch-einfühlende Verfahren, indem an einem typischen Stoff die enge Beziehung zwischen »Lehre« und Leben zur Einsicht gebracht wird und die jungen Menschen auf dem Wege nachschaffenden Verstehens begreifen lernen, was es um ein *Dogma* ist, wie es zu dem Niederschlag des Dogmas kommt, und worin, geschichtlich, seelenkundlich und soziologisch betrachtet, das Recht des Dogmas und die Nötigung zur Lehrentwicklung besteht. Die Frage: ob Versteinerung oder geformtes Leben? wird durch dieses induktive Verfahren fruchtbringender auch für die anderen lehrhaften Stoffe (Spruch, Lied, Katechismus) und überzeugungskräftiger für die anschauungshungrige Schülerseele beantwortet, als wenn man etwa den Bekenntnisinhalt unpersönlich, lebensfremd und zeitlos, scheinbar ein Erzeugnis der Abstraktion und wohl gar mit lehrgesetzlichem Anspruch behaftet, in unpsychologischer Aufdringlichkeit an die Schüler heranbringen wollte ...

III. Die Pädagogik der Tat

Wichtiger ist, daß wir damit schon an der Schwelle der Tatschule stehen. Und zwar ist die Tatschule innere Notwendigkeit. Denn jeder echte Erlebnisunterricht drängt mit Ursprünglichkeit auf ein Gestalten, und bei der Artbeschaffenheit unserer Schulsysteme muß es ernstestes Anliegen des Lehrers sein, daß die im Unterricht erregte Spannung nicht vorzeitig abbreche, sondern in irgend eine Leistung ausmünde. Jede Spannung, die im Sande verläuft, bedeutet einen Raub an Kraft. Umgekehrt weist jede Tatkraft des Wollens oder Handelns auf eine Tiefe zurück, die Stille ist und in innerer Gelassenheit anschaut, was sie als Wahrheit und Licht aus der Ewigkeit erlebt hat ...

Die Zillersche Pädagogik hat ja in ernstem Ringen um die abschlußmäßige Durchführung und lebenskundliche Gestaltung des Erkenntnisvorganges auf der Stufe der »Anwendung« das »Handeln« eingesetzt, aber es ist »phantasierendes« Handeln; eine wirkliche Umsetzung des Willensanstoßes in eine ethische Leistung kommt nicht zustande, ja der Willensvorsatz bleibt in der Regel im Umkreis des Gedanklichen stecken und wird nur zu leicht das Schlummerkissen für den praktischen, an Tataufgaben erst noch zu bewährenden Willen. Die Praxis des phantasierenden Handelns hemmt unter Umständen die Erziehung zur Tat mehr als daß sie sie fördert.

Vielleicht kommen wir über die hier vorliegende Dissonanz hinweg, wenn wir zwischen der sittlichen Forderung der Stunde und dem unmittelbaren Alltagshandeln der Kinder enge, praktische Assoziationen herzustellen versuchen. Als Willensantrieb springt z.B. aus dem Unterricht der Vorsatz heraus: Wir wollen unsere Eltern lieb und wert halten. Aber nun folgt sofort die Erwägung: Auf welchen Schauplätzen findest du heute, gleich nach der Schule, Gelegenheit zur Übung dieses Tuns und zur Bewährung des Vorsatzes? Die Antwort wird je nach der Individuallage lauten: In der Küche, auf dem Felde, beim Tischdecken oder Mittagmachen usw. Und weiter folgt die Überlegung: Wie willst du es auf diesen Arbeitsfeldern den Eltern zeigen, daß du sie lieb und wert hältst? Und wieder kommen die Antworten aus den Besonderheiten der Pestalozzischen »Lage«: Indem ich mich nicht erst lange für einen Besorgungsgang vom Spiel auf der Straße abrufen lasse. Indem ich dem heimkehrenden Vater den Hausrock bereit halte. Indem ich mich mit der Schwester wieder vertrage usw. Und dann am nächsten Tage folgen die Tat- und Rechenschaftsberichte der Kinder, die das Glück des Guthandelns atmen, aber auch von der herben Notwendigkeit der Selbstüberwindung etwas spüren lassen. So tritt neben den Religions*unterricht* die Religions*übung* als ein Tätigwerden am Stoff, das nun aber ganz anderer Art ist als jene geistige Verarbeitung des Stoffes im Umkreis der didaktischen Tätigkeit; es handelt sich hier vor allem um einen *Motiv*wandel im Sinne der experimentellen Willenspädagogik (vgl. Lindworsky, Der Wille³, Leipzig 1923). –

An *Übungsfeldern* für die lebenskundliche Auswertung fehlt es nicht, sie brauchen nicht erst geschaffen zu werden. Das nächstgelegene ist die *Klasse* im Sinne eines Lebensverbandes. Die Schulklasse ist, recht verstanden, eine unendlich reiche Gemeinschaft, sie ist Arbeits-, Lebens- und Gesinnungsgemeinschaft, feiernde und Verkehrsgemeinschaft, Spiel- und Schicksalsgemeinschaft. Die Klasse ist ein soziales Mittel stärkster Art und vermag, wenn erst ihr Wesen erkannt und ihr Eigenleben in seiner Fülle entfaltet ist, durch die tägliche Lebensunmittelbarkeit wie nichts anderes den Kindern die Grundsätze sittlichen Handelns und praktischen Christentums in Fleisch und Blut zu überführen. Die Klasse bildet zu sozialer Lebensgesinnung in Selbstbehauptung und Hingabe an die Gemeinschaft, wenn es dem Unterricht gelungen ist, das Bewußtsein zu wecken und zu verankern: In diesem Verbande sind Menschenseelen lebendig, deren jede einen unendlichen Wert darstellt, und diese Menschenseelen streben neben- und miteinander und arbeiten aneinander, die Lehrerseele an den Schülerseelen und auch die Schülerseelen an der Lehrerseele. Und alle diese Seelen sind Glieder an einem großen Organismus, zu gemeinsamem Dienst verbunden. Welch ein Wertbesitz sozialethischer Art ist in dieser Erkenntnis gegeben! ...

2. Methoden des Religionsunterrichts im Überblick

I. Freie geistige Tätigkeit
   a) Selbständige Problemstellung
   b) Selbsttätige Veranschaulichung und Vertiefung
   c) Geistige Durchdringung
   d) Freie Aussprache der Schüler

II. Erlebnismöglichkeiten
   a) Die Kunst der Darbietung und Gestaltung durch den Lehrer
   b) Das Nacherzählen und Nachgestalten der Kleinen
   c) Das Nach- und Mitschaffen auf den höheren Stufen
   d) Das einfühlende Verstehen
   e) Erlebnissteigerungen
      1. Durch gewissensmäßige Vertiefung im Unterricht
      2. Durch die Tätigkeit der inneren (gefühlsbetonten) Phantasie
      3. Durch Auswertung des Heimat- oder Gelegenheitserlebnisses
      4. Durch die Kunst
      5. Durch die Andacht
      6. Durch die Feier

III. Tatpädagogik
   a) Die Darstellung auf graphischem, plastischem, dramatischem Wege
   b) Lebenskundliche Auswertung
   c) Das religiöse und sozialethische Tun in der Schul- und Lebensgemeinschaft
   d) Gemeinschaftspflege
   e) Gebetserziehung

Theodor Heckel

Die Priorität des heiligen Geistes vor aller Methodik

Die Methodik des evangelischen Religionsunterrichts teilt mit der Methodik anderer Unterrichtsfächer formal die Doppelbeziehung von Sache und Personkreis. Diese Gleichheit ist aber eine durchaus leere, wenn nicht die konkrete Sachlichkeit sofort einbezogen wird. Dies geschieht meist nicht; sondern es werden die voraus ermittelten Formgesetze schlechthin übertragen ...

Bei einem solchen Verfahren unterlaufen zwei Irrtümer. *Einmal* verwandelt sich unvermutet die Religion in einen Sonderfall des allgemeinen Geisteslebens. Eine vorausgegebene Logik, Aesthetik, Psychologie weist den Ort der Religion und damit auch die Formgesetze der Methodik ein.

Und ein *zweiter* Fehler folgt daraus. Es gelingt nicht mehr, dem Inhalt des Religionsunterrichtes gerecht zu werden ...

Für die Methodik des evangelischen Religionsunterrichts ziehen wir aus dem bisherigen negativen Beweisgang die positive Folgerung: *die Methodik des evangelischen Religionsunterrichts ist streng nach dem Anspruch der Sache zu bilden, nicht die Sache nach anderen Ansprüchen umzubilden* ...

Die Problematik einer Methodik des evangelischen Religionsunterrichts haben wir bisher stark hervorgehoben – des *evangelischen* Religionsunterrichts. Denn die Methodik des evangelischen Religionsunterrichts ist bei der Durchführung ihrer Grundsätze wesentlich gehemmter als die Methodik des *katholischen* Religionsunterrichts ... Die reformatorische Lehre stößt jeden Synergismus auch in der feinsten Gestalt psychologischer Zubereitung aus. So muß die Methodik des evangelischen Religionsunterrichts von der Sache ihre eigene Prägung erhalten.

Nachdem wir bisher gezeigt haben, welchen Weg eine Methodik des evangelischen Religionsunterrichts nicht beschreiten darf, stecken wir jetzt die Richtziele aus, nach denen ihre Bahn orientiert werden muß.

1. Die Beziehungseinheit des evangelischen Religionsunterrichts ist Gottes Offenbarung und Glaube. Diese beiden sind einander zugeordnet. Gottes Offenbarung kommt nur da zur Wirklichkeit, wo Gott sich selbst offenbart und Glaube entsteht nur da, wo Gott ihn selber schafft. Also kann keine noch so differenzierte Methodik Gottes Allein- und Selbstwirken ersetzen. *Die Bitte um den heiligen Geist, der durch das Wort zum Glauben ruft, ist schlechthin wichtiger als alle Methodik.*

2. Der evangelische Lehrer ist *Zeuge*. Das will nicht so verstanden werden, als ob Erbaulichkeit die Wahrheitsfrage und den Wirklichkeitsernst verschleiern sollte; auch nicht so, als ob Seelenrettung zu treiben wäre. Zeuge ist der Lehrer im Vollsinn der Bibel: Der durch das Wort Gottes beauftragte Mensch, der nicht über dies und das reden, sondern von der Offenbarung Gottes Zeugnis ablegen soll. Der Zeuge hat nicht über das, was er sagt, nach Belieben zu verfügen, sondern ist der Wahrheit zu Gehorsam schlechthin gestellt. Dabei ist der Zeuge nicht nur bildlich, sondern selbst mit vor die Schranken des Gerichts gestellt. Das gibt dem Zeugendienst vollends den Charakter. Der Zeuge selbst ist immer zugleich der Angeklagte unter den Angeklagten, dessen Mund gestopft ist und der nur Zeuge auf Christi Entlastung und Freispruch hin sein kann.

Diese Haltung des Glaubens schließt die Anschauung aus, als ob der evangelische Religionslehrer einen sogenannten »objektiven« Unterricht erteilen könnte. Der Religionslehrer berichtet nicht *über* oder *erinnert* an eine Reihe von »religiösen« Erscheinungen, die zur Wahl gestellt sind, denen gegenüber man auch wohlwollende Neutralität bewahren kann. Dies ist ein typisches Mißverständnis, das aus dem objektiven Idealismus sich herleitet, wonach die religiösen Ideen wie geharnischte Spukgestalten in abstrakter Selbstmächtigkeit jenseits der Wirklichkeit ihr Wesen treiben, der Religionsunterricht demzufolge *eine mögliche, denkende Erinnerung* an sie darstelle. Der Lehrer wäre der göttliche Mantiker, der diesen religiösen Spukgestalten Gebein und Geäder einverleibt. Eine solche Auffassung setzt Ideen an Gottes Stelle, Abstraktionen an Stelle der Wirklichkeit, Gedankengebilde an Stelle der Gemeinschaft, Eigendünkel an Stelle der Demut. Der Zeuge dagegen stellt sich nicht neben Gott, sondern unter Gott; nicht neben die Kinder, sondern unter sie; löst sich nicht hochstufig von der fordernden Wirklichkeit ab, sondern vernimmt in ihr Gottes Ruf. Sein Unterricht ist der »objektivste«, weil er Gott allein als den Herrn über die Wirklichkeit anerkennt und er ist der »subjektivste« zugleich, weil er sein ganzes Ich diesem Herrn unentrinnbar gefangen weiß.

3. Das *dritte*, was mit dem ersten und zweiten zusammengesetzt ist, ist die Beziehung des evangelischen Religionsunterrichts auf die christliche Kirche. Gottes Wort kann nicht ohne Gottes Volk sein, Gottes Volk aber auch nicht ohne Gottes Wort. Das Wort Gottes wirkt nun aber nicht wie eine magische Kraft oder ein Naturgesetz, sondern Gott beruft und erweckt Zeugen seines Wortes. Wort Gottes, Zeuge, Kirche gehören zusammen ...

Gerhard Bohne

1. Bildungskrise und ewige Krise – zwischen Offenbarung und Kultur

Wir befinden uns gegenwärtig in einer Bildungskrisis von allerstärkstem Ausmaße. Unsere Bildung war vor dem Kriege einheitlich und ruhte auf der Überzeugung, daß im Neuhumanismus der Schule eine wirkliche Einheit von Christentum und Kultur erreicht sei. Da die Religion dabei als die Grundlage und der ewig sprudelnde Lebensquell der Kultur galt, war der Religionsunterricht Grundlage und Angelpunkt der Erziehung.

Heute ist er das nicht mehr. Vielmehr wird ein erbitterter schulpolitischer Kampf um die Frage geführt, welche Stellung der RU in dem kulturellen Organismus der Erziehung einzunehmen habe ...

Dieser schulpolitische Kampf ist aber nur das zeitliche Symptom einer ewigen Krisis des RUs, die durch die Spannung zwischen Kultur und Religion, zwischen der menschlichen und göttlichen Wirklichkeit entsteht, die sich im RU begegnet. Daß der RU zugleich das offenbarte Wort des ewigen Gottes verkünden und an der Kulturarbeit einer humanistischen Erziehung teilnehmen soll, das ist die eigentliche Quelle seiner Not ...

Es ist der Krieg gewesen, der uns in eine ganz neue Erkenntnis der Wirklichkeit des Lebens hineingestoßen hat. Er hat uns die Idee des harmonischen Menschen zerbrochen und den Glauben, man könne die Wirklichkeit des Lebens auf eine rationale Formel bringen. Und wir trauern jenem Glauben nicht nach, wie man auch dem *schönen* Verlorenen nicht nachtrauert, wenn an Stelle des Schönen das Wahre trat.

Das Felderlebnis stellte die, die es traf, vor letzte Wirklichkeit und zerstörte die Illusionen der Kultur mit einer solchen Gründlichkeit, daß sie von keiner Philosophie wieder zu stützen waren ...

Die Wahrheit Gottes begeistert nicht, aber sie läßt auch nicht gleichgültig. Sie schafft Wärme oder Kälte, Entscheidung. Unser RU heute aber ist so oft lau und – belanglos. Er spielt die Rolle des wahlfrei gewordenen Kulturfachs. Er wird weder geliebt noch gehaßt. Man kann ihn mit einem Achselzucken übergehen; denn er trifft das Lebenszentrum nicht mehr. Er kommt nicht mehr aus der Ewigkeit, erfaßt den jungen Menschen in seinem Hier und Jetzt und stellt ihn dadurch in die Spannung. Sein kulturphilosophisches System, das das Christentum sinn- und wertvoll in den Kulturorganismus einzubauen suchte, ist selbst den Gesetzen der Kultur verfallen. Es ist Geschichte geworden und gehört der Vergangenheit an. Das heißt aber – es verfängt nicht mehr!

Zu dieser praktischen Not, die sich unmittelbar im Unterricht auswirkt, kommt dann noch der grundsätzliche Angriff der Theologie der Krisis. Barths scharfe Betonung des göttlichen Anspruchs und der Unmöglichkeit eines menschlichen Weges zu ihm, Gogartens Angriffe gegen die humanistisch-religiöse Bildung, Brunners »Abrechnung« mit dem Psychologismus, Thurneysens Aufsätze über Wort Gottes und Offenbarung, Bultmanns klare Herausarbeitung der religiösen Entscheidung, treffen den Religionsunterricht an seiner wundesten Stelle, eben in seiner Verflechtung in die Kultur, und stellen ihn damit in seinen letzten Voraussetzungen auch grundsätzlich in Frage ...

Die dialektische Theologie konnte dem RU dabei freilich nicht viel helfen. Sie deckte nur die Not auf und formulierte, was wir auf Grund des Kriegserlebnisses und der neuen Gotteserfahrung selbst mit mehr oder weniger Klarheit erkannt hatten, aber einen Weg zeigte sie nicht; denn sie verstand nicht, daß der RU seinem ganzen Wesen nach *notwendig* in die Kultur hinein verflochten ist, da er seinen von Gott gegebenen Auftrag nur *innerhalb* der Kultur durch Teilnahme an der Erziehung erfüllen kann. Sie forderte eine Herauslösung des RUs aus der Kultur, statt ihn nur in die bewußte Spannung zu stellen ...

2. Störung der Bildung von Gott her – Religionsunterricht in der Spannung zwischen menschlicher Entwicklung und dem Ruf in die Entscheidung

Wenn die Religion wirklich die ewige Krisis der Kultur ist und in ihr »Gott« dem »Menschen« entgegentritt, so wird damit der Religionsunterricht, der jene Religion zum Inhalt hat oder doch ernsthaft haben will, mit einer ungeheuren Spannung belastet. Einmal gerät er in eine unlösbare Spannung zum gesamten Bildungsvorgang, dann aber wird er auch selbst in Ziel und Weg in Frage gestellt.

Der RU ist selbst ein unveräußerliches Stück unserer Bildung, ja ihr wertvollstes Stück und ihre Grundlage, und muß doch seinerseits, wenn er mit Gott wirklich Ernst macht, die gesamte Bildung bis in ihre letzten Grundvoraussetzungen in Frage stellen ...

Er ist die große Störung der Entwicklung, das Ärgernis in der Einheit. Und doch liegt darin nur die *eine Hälfte* seiner Not. Ebenso groß, ja vielleicht noch größer, ist die *innere Spannung*, in die der RU durch eine Besinnung auf das Wesen des Evangeliums, das er verkünden soll, hineingestürzt wird. Ist es der Bildung gegenüber seine Not, daß er Träger des Evangeliums ist, welches als solches auf Gottes Autorität ruht, so ist es dem Evangelium gegenüber seine Not, daß er doch ein Glied innerhalb des Bildungsprozesses ist. Denn – er mag noch so scharf gegen den gesamten Bildungsvorgang protestieren und ihn in Frage stellen, so ist und bleibt er doch selbst ein Teil jener Bildung. Wollte er versuchen, die oben entwickelte Aufgabe wirklich zu erfüllen, so könnte er das auch nicht anders, als daß er hineintritt in den Kulturvorgang der Bildung und in psychologischer Anknüpfung, in systematischer Folge, in allmählicher Anleitung zu Urteil und Wertung den jungen Menschen vor die entscheidenden Tatsachen stellt; mit einem Worte, daß er mit werdenden Menschen einen menschlichen Weg geht. So gerät der RU gerade bei Anerkennung der oben entwickelten Spannung in die neue peinvolle Frage, ob es überhaupt möglich ist, die ihm gestellte Aufgabe zu lösen, ohne die Religion in den Bannkreis der Kultur hineinzuziehen und sie damit ihres Wesens zu berauben ...

Wir bejahen zunächst ganz schlicht *die menschliche Seite* des RUs. Mit Menschen haben wir es zu tun. Mit ihnen ein Stück ihres menschlichen Weges zu gehen, sie zu fördern mit menschlicher Hilfe, ihr Herz zu finden, ihre Sprache zu sprechen, ihnen verständlich zu werden, ist unsere Aufgabe. *Auch im RU!*

Indem wir so den Menschen und allen menschlichen Zusammenhang bejahen, bejahen wir auch die Tatsache, daß sich das menschliche Leben in *Stufen der Entwicklung* vollzieht, die in sich ihre besondere Struktur und ihren besonderen Sinn haben. Wir bejahen die Entwicklung und Entfaltung der im Menschen angelegten Eigenheiten zu einem Ideal menschlicher Vollkommenheit und die Hilfe zur Sinndeutung des Lebens und der einzelnen Lebensstufen als wesentliche Aufgabe der Erziehung. Damit erkennen wir aber auch die Berechtigung eines humanistischen Bildungsideals und humanistischer Erziehung *in ihrer Sphäre* an. Und weiter! Indem wir den menschlichen Zusammenhang bejahen, erkennen wir an, daß auch das religiöse Leben uns im Menschen als seelische Tatsache begegnet und eine Entwicklung durchmacht, und wir rechnen mit ihr. Wir bejahen, daß die religiöse Entwicklung ein organischer Bestandteil der Gesamtentwicklung ist, durch tausend Lebensbeziehungen mit ihr verbunden und nicht von ihr zu trennen. Wir bejahen nicht nur, daß die Religiosität zu den *Merkmalen* der Gesamtpersönlichkeit gehört, sondern wir wissen, daß sie in gewissem Sinne sogar das strukturbildende Prinzip, der höhere Zusammenhang ist, der der Persönlichkeit erst ihre Einheit und ihre Gemeinschaftsverbundenheit gibt, und geben damit zu, daß humanistische Bildung nur auf religiöser Grundlage möglich ist.

Wenn wir das alles bejahen, dann heißt das auch, daß wir in irgendwelcher Weise bereit sind, an einer *Erziehung teilzunehmen*, die von diesen Gegebenheiten ausgeht. Wir wissen, daß wir unsere eigentliche Aufgabe nur erfüllen können, wenn wir in lebendiger Verflochtenheit mit den menschlichen Zusammenhängen auf Schritt und Tritt den Gegebenheiten der Entwicklung Rechnung tragen, von ihnen ausgehen, uns ihnen anpassen und damit *in gewissem Sinne* selbst zu einem Glied jener Bildung werden, freilich ohne uns von ihr gefangennehmen zu lassen oder ihre Autorität als unbedingt anzuerkennen. Sagen wir's konkret: Wir wollen mithelfen, den jungen Menschen in seiner religiösen Entwicklung, die mit seiner Gesamtentwicklung in engster Beziehung steht, zu fördern. Dazu müssen und wollen wir den kindlichen Vorstellungen Rechnung tragen, mit der Entwicklung der religiösen Vorstellungen und Erfahrungen fortschreiten, wollen Vorstellungen vertiefen, Willensentschlüsse anregen, religiöse Erfahrungen machen helfen, das Gewissen wecken und bilden. Wir wollen versuchen, von der Religion aus die Gesamtpersönlichkeit zu durchdringen und von da aus die Entfaltung des sittlichen Charakters zu fördern. Wir wollen helfen zur Sinngebung des Lebens, indem wir dem werdenden Menschen seine inneren Zustände und seine Beziehungen zur umgebenden Welt zu deuten suchen. Wir sind deshalb auch bereit, an der Urteilsbildung teilzunehmen und auch die Bildung sittlich-religiöser Werturteile zu fördern, wollen dem Schüler die religiösen Kulturgüter mitteilen, wie sie sich in den Werken der Kirche und der Völker finden, ihn damit in den lebendigen Zusammenhang einer großen Geschichte stellen und ihn mit der umgebenden Volks- und Kirchengemeinschaft verbinden. Und wir tun das alles nicht verlegen und notgedrungen, sondern in dem Bewußtsein, damit Wesentliches zu tun, das in den Rahmen unserer Aufgabe hineingehört, in der Überzeugung, daß wir unsern Auftrag nur erfüllen können, wenn wir in voller Lebendigkeit in den menschlichen Zusammenhang eingehen und in ihm uns auswirken. So wie Gottes Wort und Wille sich an den Menschen richtet und immer den Menschen im vollen Sinne meint, so bejaht auch der RU den Menschen im vollen Sinne und mit ihm die menschliche Erziehung. Er wagt es, auch durch seine Arbeit zur vollen Menschwerdung mitzuhelfen.

Aber wir bejahen mit dem gleichen Ernst auch die andere Seite des RUs – Gott. Wir maßen uns nicht an, daß wir etwas könnten. Wir wissen, daß der evangelische RU ganz allein davon lebt, das Gott zuerst handelte; wir wissen, daß nicht wir das Ziel oder den Weg bestimmen, sondern allein Gott. Gott ist aus seiner ewigen Verborgenheit herausgetreten und hat sich uns geoffenbart, er ist uns begegnet mit seinem Wort und ist damit der Anfänger des neuen Lebens geworden, um das es uns im Grunde einzig und allein geht. Indem er uns mit seinem Wort begegnet, hat er uns in die Wahrheit gestellt, hat uns unser Menschsein und Sündersein gezeigt und die trennende Kluft, hat uns in unserer Menschlichkeit und unserem ichhaften Sonderdasein vernichtigt, aber uns auch aus seiner Gnade heraus zu einer neuen Lebendigkeit umgeschaffen, indem er uns in ein Leben ewiger Entscheidung, ein Leben des Gehorsams stellte, und uns die Gewißheit der Gnade gab.

Weil das aber so ist, so ist es auch *unsere einzige Aufgabe*, ihm gehorsam zu sein, das Wort, das uns traf und das er uns gab, weiterzutragen, damit es auch andere Menschen trifft, in die Entscheidung stellt und zu neuem Leben weckt. Und weil dieses Wort *Gottes* Wort ist, das nicht wir gesprochen und erfunden haben, deshalb dürfen und wollen wir auch nichts daran ändern, wollen es weitergeben, wie wir's empfingen; denn wir wissen, daß alles, was wir dazutun, ihm sein echtes göttliches Wesen nimmt. Und weil Gottes Tat der Anfang unseres Lebens war, deshalb wollen wir nichts anderes, als daß *Gott* auch in anderen Menschen dieses Leben schafft, das Menschen nicht schaffen können, daß auch andere Menschen herausgenommen werden aus ihrem Sonderdasein und hingestellt werden vor den ewigen Gott.

So sagen wir auch mit vollem Bewußtsein ja dazu, daß *Gott alles in allem* ist!

Aus dieser Bejahung der beiden Seiten ergibt sich die Spannung. Spannung, das ist nicht contradictio in adjecto, nicht unüberbrückbarer Gegensatz, sondern *Spannung ist Einheit im Gegensatz*, ist eine Wirklichkeit, wie der elektrische Strom, der zwischen beiden Polen fließt. Die Bejahung der einen Seite schließt die Bejahung der anderen Seite nicht aus sondern ein. Sie ist immer eine spannungsvolle Bejahung, die die Spannung immanent in sich trägt. Sie ist nie ohne Vorbehalt, sondern in dem Ja zur einen Seite lebt auch immer das Ja zur andern Seite mit.

Wir bejahen den Menschen, aber wir bejahen ihn als die, die Gott bejahen ... Der Weg der Bildung ist von Gott aus gesehen wie die Kreislinie, die sich in gleichem Abstand um den Mittelpunkt – Gott – herum bewegt. Die Linie kann in sich selbst zurücklaufen und sich schließen in voller, abgerundeter, »klassischer« Menschlichkeit. Sie ist ihrem Mittelpunkt damit um keinen Millimeter nähergekommen. Auch der humanistische und der religiöse Mensch ist nicht der Mensch, wie Gott ihn haben will. Auch er fällt unter das Gericht, daß er Sünder, Gesonderter ist ...

So ist die *Aufgabe* des evangelischen RUs, der in der Spannung steht, im Grunde nicht die Bildung, sondern die *Störung der Bildung von Gott her.* Aber wohlverstanden: von Gott her! Das ist keine Störung des menschlichen Vorgangs in sich; sondern der menschliche Vorgang tritt in ein ewiges Licht. Wir hindern nicht die Kreislinie, die sich runden will, und suchen sie aus ihrer Bahn zu drängen, sondern wir ziehen den Durchmesser, um die Kreislinie mit dem Mittelpunkt zu verbinden ...

Aus dieser spannungsvollen Bejahung der beiden Seiten erwächst nun auch dem RU seine Zielsetzung und seine Aufgabe. *Das Ziel eines evangelischen RUs, der mit Bewußtsein in der lebendigen Spannung zwischen der menschlichen und der göttlichen Wirklichkeit stehen will, kann es nur sein, daß er das ihm aufgetragene Wort Gottes dem jungen, werdenden Menschen in menschlicher Lebendigkeit und steter psychologischer Anknüpfung an seine Entwicklung sagt und ihn dadurch in die Entscheidung vor Gott stellt oder doch ruft ...*

3. Den Menschen ernst nehmen

Es ist notwendig, diese Gedanken gerade heute, wo unser RU in Gefahr ist, in Psychologismus und Relativität zu ersticken, mit ganzem Nachdruck an den Anfang zu stellen. Es ist notwendig, daß der RU sich wieder mit heiligem Ernste auf Gott und seine Offenbarung besinnt. Aber ebenso nachdrücklich muß betont werden, daß der RU Ernst zu machen hat mit dem *Menschen*, an den sich seine Botschaft richtet.

Es liegt in der Betonung des lebendigen Gottes und seines offenbarenden Wortes ganz zweifellos die Gefahr, daß man den Menschen vergißt. Gott ist der allein Handelnde, also ist der Mensch reines Passivum. Es ist immerhin bezeichnend, daß K. Barth sich in seiner Dogmatik nachdrücklich wehren muß gegen den Vorwurf, er abstrahiere den Menschen zu einer Idee und vergesse, daß die Predigt, die Verkündigung des »Wortes

Gottes«, sich doch an *bestimmte* Menschen, Deutsche, Franzosen, Männer und Frauen, Alte und Junge richte. Und wenn es auch richtig ist, was er sagt, daß das Wort Gottes, wenn es den Menschen trifft, eben immer in diesem und jenem Menschen den *Menschen* treffe und daß die Frage um diesen Menschen gehe, so hat er doch damit die Not und die Gefahr nicht beseitigt, daß man als Prediger sich einfach auf das »Wort Gottes« zurückzieht, dieses Wort, als sei es objektiv darstellbar, verkündigt und es den Menschen, die lediglich als Hörer in Frage kommen, überläßt, sich mit diesem Wort und der in ihm enthaltenen göttlichen Wahrheit abzufinden. Damit ist aber die eigentlich pädagogische Arbeit fast völlig ausgeschaltet. Barth kennt als unsere menschliche Aufgabe lediglich die »christliche Rede«, die es gilt, nach ihrem Inhalt auf ihre Berechtigung und ihre Stellung zur Schrift zu prüfen – die typische Stellung des Nur-Dogmatikers.

4. Wahrheitsfrage und theologische Forschung im Unterricht mit Jugendlichen

Das zweite Merkmal der inneren Haltung des Jugendlichen ist die *Entdeckung der Wirklichkeit*. Indem das Ich zum bewußten Selbstbesitz erwacht, entdeckt es auch das Nicht-Ich, die umgebende »objektive« Welt. Jetzt lernt der junge Mensch scheiden zwischen den Bildern seiner Phantasie und der objektiven Wirklichkeit der Sache selbst. Auf diese geht jetzt seine Frage. Das hat für die Gestaltung des RUs die allergrößte Bedeutung, vor allem in seiner Stellung zur Geschichte. Das Kind projizierte einfach die durch Geschichten ihm vermittelten Erlebnisse auf die umgebende Welt, indem es annahm, daß alle Menschen mit ihm das Gleiche erlebten. Damit wurden ihm die Geschichten selbst zur unmittelbaren Erfahrung. Sobald es aber bemerkt, daß die Erfahrungswelt dieser Geschichte mit der Erfahrungswelt der Umgebung und der Gegenwart in einem unlösbaren Widerspruch steht, hören die Geschichten auf, Ersatz für Erfahrung zu sein. Jetzt taucht die Frage nach ihrer *Wahrheit* auf ...

Der RU hat dieser Lage Rechnung zu tragen, nicht etwa deshalb, weil er bereit ist, dem jungen Menschen in all seinen Wünschen nachzugeben, sondern deshalb, weil er die Notwendigkeit dieser Fragestellung für den jungen Menschen sowohl wie für die Sache erkennt. Es geht uns ja doch um die *Wahrheit* Gottes! ...

In diesem menschlichen Ringen um göttliche Wahrheit will der RU helfen. Dazu muß er die *Frage* in vollem Umfange freigeben ...

Die Frage nach der *historischen Überlieferung* der Schrift und der Kirche ist heimlich getragen von der Frage danach, ob sich Gott überhaupt durch historische Fakta bezeugen könne. Da aber diese Frage immer wieder durch die Behauptung der Geschichtskonstruktion, ja Geschichtsfälschung in Bibel und Kirche durchkreuzt und also mit der ersten Frage verquickt wird, muß die Bibel grundsätzlich der historischen Kritik auch im RU offenstehen. Welchen Raum sie einnimmt, ist damit nicht gesagt. Möglichst einen geringen. Aber es mag Umstände geben, wo es um der Not der Schüler willen notwendig ist, den Fragen näher nachzugehen. Jedenfalls sollte *grundsätzlich* kein Ergebnis der theologischen Forschung dem Schüler verheimlicht werden. Dabei wird es für den RU besonders darauf ankommen, daß er jener heimlichen Frage nachgeht, *ob Gott sich durch historische Tatsachen offenbaren könne* oder ob alle solche sog. Offenbarungen eben doch nur Konstruktionen des Menschen seien ... Im Eingehen auf diese Frage sollte der RU jetzt die Schrift in der ganzen Lebendigkeit ihres göttlich-menschlichen Zusammenhangs, im Wesen ihrer Offenbarung dem Schüler nahezubringen suchen. Indem er den menschlichen Zusammenhang darstellt, wird er auch die historischen Probleme streifen. Aber es kommt doch alles darauf an, daß der Schüler etwas davon ahnt, daß das offenbarende Handeln Gottes *in menschlichen Zusammenhängen* sich vollzieht, die Gesetze der Natur und der menschlichen Seele durchwaltet und gebraucht, aber nicht durchbricht und zerstört; daß sein Handeln lebendig, d.h. irgendwie organisches Geschehen ist. Es muß deutlich werden, daß Offenbarung, weil sie als Handeln Gottes in und hinter dem Geschehen sich vollzieht, nicht mit dem Intellekt überhaupt erkannt werden kann, sondern daß sie immer nur mit dem inneren Auge geschaut, dem inneren Ohr gehört und mit einem Aufmerken der Seele vernommen wird; daß sie sich also nicht an den Intellekt, sondern an das *Gewissen* wendet und von ihm bejaht sein will. Der RU muß also bis in die oberen Klassen, ja gerade dort, den Schüler anleiten, daß er die Schrift mit dem inneren Ohr und wachem Gewissen liest als den Brief Gottes an ihn selbst; daß er zwar durch wissenschaftliche Sachlichkeit bewahrt wird vor der Engigkeit sektiererischer Bibellektüre, aber doch von der richtenden Schärfe des lebendigen Gotteswortes nichts abbricht; daß er nicht nur lernt, die Bibel zu beurteilen, sondern bereit wird, sich von ihr beurteilen zu *lassen* ...

Wilhelm Koepp

1. Erziehung als Urfunktion des Daseins und die Vernichtung der pädagogischen Idee

»*Erziehung ist ein Existenzial des Daseins ... Das Beziehungsganze des Daseins ist allen Erziehungen immer schon vorgegeben.* Es ist dies von nicht zu unterschätzender Wichtigkeit. Das Entstehen des Menschen und des neuen Kreises von Beziehungen, der alsbald mit ihm erscheint, ist nicht die Neuschöpfung einer Welt. Wir werden herausgeboren aus einem Dasein und hineingeboren in ein Dasein, das vor uns ist. Und in den Erziehungen, in die wir treten, nehmen uns erst recht die Menschheit, die ganze Welt, in der wir sind, nur auf und führen uns in sich ein. Das Volk läßt uns in seiner Mitte wachsen und erzieht uns vor aller bewußten Erziehung im allerhöchsten Maße durch Sprache und Landschaft, durch Erbmasse und Gewohnheit. Staat und Stadt, Stamm und Familie geben jedes seinen Anteil auf dieselbe Weise dazu bei ...

Die Vorgegebenheit des Beziehungsganzen wird nun konkret in der *Vorgegebenheit von Beziehungsordnungen für alle Erziehungen.* Diese Ordnungen für Beziehungen unter den Menschen sind da und wollen uns ihnen gemäß werden und sein lassen. Sie sind die Vor-Geordnetheit des Daseins. Wer erzogen wird, der wird eingeordnet ... Diese Ordnungen formen uns erziehend mit einer neuen ›Formung‹ zu Lebensformen, die wir vorher nicht besaßen. Sie bilden aus, sie bilden um, sie bilden uns weiter durch und geben uns ›Bildung‹. Ob und wieweit sie selber sich auch noch wandeln mögen, wir erhalten in jedem Fall von ihnen her ›Charakter‹, neue Bestimmungen, neue Qualitäten unserer Existenz. Erziehung ist stets Ordnung, Bildung, Prägung, Formung, neue Bestimmung in neuen Beziehungen ... *Die eigentlichen Erzieher* aber sind doch der Geist der Kultur, des Staates, des Volkes, vielleicht auch noch des einzelnen Geschlechtes, der Landschaft, sicherlich auch andererseits der Menschheit überhaupt ... Es wird erzogen *der werdende neue Gesamtgeist* der sich immer wieder erneuernden großen Gemeinschaften, das Beziehungsganze, sofern es immer im Werden ist, und erst innerhalb dessen auch der einzelne. Der einzelne ist auch in seinem Erzogenwerden primär Glied des Ganzen, in das er existenziell hineingeboren und berufen ist, des Kreises, des Verbandes, in den er hineinwächst, und mit dem er wächst ...

Was wir bisher getrieben haben, war nicht ›Pädagogik‹. Man wird es nicht so nennen mögen; es *begeisterte vor allem zu wenig für die Erziehung.* Es war eher etwa, um mit Krieck zu reden, rein beschreibende Erziehungswissenschaft. Es war existenzphilosophisch gesprochen reine ›Phänomenologie der Erziehung‹, eine erste Grundanalyse der allgemeinen Struktur von so etwas wie Erziehung überhaupt. Pädagogischer Geist im genaueren Sinne ist hier direkt noch gar nicht aufgetreten ... Der Geist, der zuletzt die spezifische pädagogische Idee aus sich herausgebiert, ist der Geist der abendländischen absoluten Menschbegeisterung. Aus der gleichwohl vorhandenen Not der Tage setzt er diese Idee aus sich heraus. Hier ist das eigentliche und letzte Geheimnis der Geburtsstunde der Pädagogik ... *Pädagogik ist die Erziehung des neuen Geschlechtes aus Menschbegeisterung ... Das neue Geschlecht des autonomen Menschen in der Freiheit ist der letzte Wille der pädagogischen Idee* ... Noch höher weiß endlich von der Erziehungsvollmacht mit einer neuen Welle ungehemmter Begeisterung zu reden die neue Schule der neuen *Reformpädagogik.* Das Lieblingswort des pädagogischen Enthusiasmus ist weit über ›Menschenbildung und Menschenformung‹ hinaus das Wort ›schöpferisch‹ ... Hier in den Ideen der Menschenformung, Menschenbildung, menschheitlichen Höherbildung, des schöpferischen Lebensdienstes und der Erziehung als Zeugung tritt das spezifische Wesen der pädagogischen Idee im Unterschied zur allgemeinen Erziehungswissenschaft am schattenlosesten in das Licht ...

Die pädagogische Idee ist vielleicht der Gipfel des Menschenstolzes und der Humanität. Es ist die Idee der Vollendung des Menschengeschlechtes zu dessen Rettung durch die Erziehung. Es ist die Idee dieser Erziehung als der Erziehung des Menschen aus sich selbst in Menschenbegeisterung zum vollkommenen Menschen, zum homo humanus. Welchen andern Sinn sollte Erziehung von Menschen sonst haben?! Aber der Flug dieser Idee zeigt in Wirklichkeit immer aufs neue Ikarusflügel. Es geschieht ihr immerwährend die Entdeckung ihrer Grenze. Als das Begrenzende offenbart sich zuletzt die Satanie des Todes. Auch die Erziehung, und sie – nämlich der Gipfel des Menschenstolzes und der Humanität! – vor allem, muß im dämonischen Kreise zwischen Sinn und Sinnleere ruhelos schweifen. Doch dies Unfaßbare, Negative, Begrenzende für alles Dasein, und zumal auch für sein Erziehungsexistenzial, ist unter dem Evangelium in immerwährender Verwandlung begriffen in den begehrten Ausgang der Agape als des reinen Sichschenkens bis zum Ende. Der Tod bleibt, was er ist, und verwandelt sich zugleich in den positiven Vollender der Schöpfung als Erschöpfung. Er verwandelt sich so in dem starken Glanz jener Liebe, die im

Evangelium als immerwährende objektive Gottestat zu uns kommt und damit auch unseren Tod immerwährend umschafft. Diese Liebe, dieses Evangelium sind nun damit selber für den, der unter sie gerissen ist, das eigentliche positive Begrenzende. Die negative Grenze kreist nur den Kreis des Menschlichen, Allzumenschlichen ein, kommt aber selbst nicht in Griff, weil sie selbst nicht eingreift. Die positive Grenze dringt in diesen Kreis ein, sie reißt uns im eschatologischen Kommen unter sich und vernichtet den Kreis des Menschen überall, wo er aus sich selber sich selber leben will. Ein solches Leben in sich selbst und aus sich selber ist für den, der unter das Evangelium und unter die Agape gerissen ist, dasjenige, was schlechthin nicht sein soll, was nicht mehr möglich ist. *Ist die pädagogische Idee der Gipfel des Menschenstolzes und der Humanität in sich selber, so fällt sie ganz besonders unter dieses Schicksal.* Für die pädagogische Idee wird in ganz besonderem Maße *das Evangelium das positive Begrenzende, das sie vernichtet.* Der dämonische Teufelskreis kann nur von seinem Jenseits her gesprengt werden, und er wird hier gesprengt. Das Evangelium ist die positive Grenze der Pädagogik, die nicht nur unsichtbar, ungreifbar zurückweichend alle Kraft der pädagogischen Idee umlauert und verzehrt, sondern sie überall, wo sie erscheint, zerschellen läßt! *Wo Evangelium ist, wird überall Pädagogik im strengen Sinne der pädagogischen Idee unmöglich* ...

2. Erziehung unter dem Evangelium

Dasjenige also, *worunter sich diese ganze Totalität des Evangeliums zusammenfaßt*, ist zentral demnach weder das sola fide auf des Menschen Seite, noch auch allein die Vergebung der Sünden, sondern ist *die im geschehenden Evangelium immerfort kommende vielgestalte reine Agape Gottes.* Der klare sachliche Vollausdruck für die ›Erziehung unter dem Evangelium‹ ist ganz eindeutig die ›*Erziehung unter der Agape*‹. Es ist die Erziehung, die unter der schenkenden, vergebenden und gebenden Liebe Gottes am Kreuze steht; und es ist zugleich die Erziehung, die sich unter diese Agape gerissen weiß, so daß diese Agape hier auch der Sinn ihres Daseins und all ihres Tuns wird – während zugleich sie diese Agape nie zur Verfügung hat, sondern sie nur immer im Evangelium über sich kommen weiß, ohne eigenes Zutun, ohne jede Möglichkeit, sie zu berechnen, sola fide ...

Das Evangelium als Krisis aller Daseinsgüter des Menschen wird heute genug beredet. Fast allzu einseitig klingt uns diese Melodie schon in die Ohren. Wir dürfen ihre Wahrheit freilich nie vergessen. Aber wir müssen jetzt auch eine andere Betrachtung einschlagen. Wir wollen und müssen noch zu der entscheidensten Frage weiter: Was ist es um *das Evangelium als Aufrichtung von Daseinsgütern menschlichen Lebens?* –

Zunächst gewinnen unter dem Evangelium die von uns sogenannten *Existenzialien* des Daseins den anderen Charakter von *Schöpfungsgrundrichtungen.* Vom Evangelium wird ja ... das ganze Dasein des Menschen offenbar als geschaffene Schöpfung, bestimmt sich zu erschöpfen, aus diesem Sinn gefallen im Selbst-sein-wollen und Selbst-ewig-sein-wollen, zu diesem Sinn zurückgeliebt in der Offenbarung. So werden auch die Grunddaseinsformen dieses Lebens damit offenbar als Grundeinrichtung dieser geschaffenen, gefallenen, zur Erschöpfung bestimmten Schöpfung ... Sie sind keine ewigen und immer feststehenden Schöpfungsordnungen, keine Schöpfungsurordnungen. Sie haben nur Bestand für diese Schöpfung; und da das Wesen dieser Schöpfung im Vergehen ist, so sind auch sie *immer im Vergehen;* sind sie aber im Vergehen, so sind sie auch immer in der Verwandlung; sie sind für das Evangelium keineswegs immer gleichselbig bis an den jüngsten Tag. Unwandelbar ist nur der letzte Geheimsinn dieser Schöpfung, der aus ihrem Jenseits stammt: das reine Schenken als Weltengeheimnis. Aber *alle Ordnungen, alle Grundrichtungen dieser Welt haben nur in wechselndem Gewande diesem letzten Sinn zu dienen* ...

Das Evangelium bejaht einmal *das Volkstum* als geschaffene und sich erschöpfende Schöpfung. In der Wendezeit der Gegenwart wird es die Kraft des deutschen Volkstums noch nicht am Ende sehen. Denn noch lebt Deutschland, und noch ist ihm eine Zukunft möglich. Ist sie möglich, so ist der Wille zu ihr zu bejahen. Er ist also auch zu bejahen und zu seinen tiefsten Quellen zu führen gerade in der Erziehung. Die deutsche Erziehung als Lehre bejaht unter dem gegenwärtigen Evangelium den gegenwärtigen Willen zum deutschen Volkstum, ohne ihn darum irgendwie zu vergötzen. Sie wird nicht die Augen davor verschließen, daß auch Deutschland einmal in der Welt wird sterben müssen; sie wird nicht verkennen, daß auch Deutschland Gottes sich erschöpfende Schöpfung ist; aber sie bejaht gleichwohl mit dem absoluten Ethos der Agape in der deutschen Gegenwart den Willen zum Volkstum auf allen seinen Gebieten. Es wird ihr immer ihre große Aufgabe sein und bleiben, in Ehe und Familie, in Haus und Kameradschaft und zumal in der Schule einzuführen in das deutsche Erbe, einzuführen in die deutsche Geschichte, einzuführen vor allem auch in die deutsche Gegenwart! *Nichts wird hier von ihr angebetet werden; aber alles wird von ihr geliebt werden.* Denn daß es sei und seinen Dienst in der Welt tue, das ist der Wille der Agape Gottes an unser deutsches Volk. Indem aber das Volkstum nicht vergötzt wird, bleibt zugleich der Erziehungswille offen für *das größere Faktum der Menschheit*, das ganz ebenso Gottes Schöpferwille ist ... Der Blick der evangelischen Erziehung wird zugleich sich ausweiten auch zu andern Völkerwelten, ihrem Wesen und ihrem Glauben. Er wird das tun nicht in einem flach internationalen Sinne, der leicht der Gegner des Nationalen werden kann, sondern in einem anderen, in einem *gegenwartsökumenischen* Zuge.

In der weithin noch immer üblichen Form sprachen wir bisher von der Schulerziehung insbesondere als Lehre im Sinne der ›Unterrichtung‹, der Teilgabe an den Kulturgütern als Erziehungsgütern. Aber es ist heute die Frage geworden, ob hier nicht eine ungeheure *Intellektualisierung* wie unseres ganzen Lebens, so auch unseres gesamten Unterrichtswesens vorliege. Die Frage ist, ob nicht in der Erziehung als Lehre viel wichtiger als die Unterrichtung in vielem Wissen die ›praktische Lehre‹, die ›Zucht‹, die geistige und unterhalb dieser noch die körperliche Zucht der Menschen sei. Erziehung und Zucht gehören ja schon dem Wortstamm nach besonders nahe zueinander; und wir sagten schon früher: Gemäß dem voluntaristischen Grundzuge alles Lebens sei wohl die Zucht das Tiefste, was Erziehung als Lehre überhaupt zu geben vermöge. Die Erziehung unter dem Evangelium wird gerade heute diese Wahrheiten mit besonderer Wucht vertreten. Für sie ist ja der Sinn des Lebens die Erfüllung eines Willens: des Willens der Agape Gottes: also im höchsten Maße voluntaristisch ... Die Erziehung unter dem Evangelium hat von hier aus etwa zum *Sport* als Willensschulung in fast allen seinen Zweigen, unter Abschneidung der offenbaren Auswüchse, ein sehr positives Verhältnis... In jedem Fall will die Erziehung unter dem Evangelium Willensbildung, Fertigkeitsschulung, Charakterprägung eher als anderes. Sie hat gar keinen Grund, intellektualistisch zu sein. Sie stellt *die Zucht*, weil es die Sache selber fordert, *durchaus über die Unterrichtung*.

Sie wird daher auch weithin die eigentliche Erziehung gar nicht nur in die Schule legen. Sie wird den Anteil des *Elternhauses* und der engeren Erziehungsgemeinschaften für das erste Jahrzehnt stärker betonen, als dies lange geschah. Sie wird vor allem auch die Erziehung in der *Altersgenossenschaft* im zweiten Jahrzehnt des Menschen außerordentlich in den Vordergrund rücken. In der Gemeinschaft der Altersgenossenschaft, unter dem frei erwählten Führer (der selbst von Christus geführt ist), wird ja der reifende Mensch in der Tat oft mehr erzogen als in Schule und Elternhaus; ... *In den freien Jugendbünden unter dem Evangelium geschieht das beste Teil der Erziehung unter dem Evangelium* ...

Freilich wird die Erziehung unter dem Evangelium in den letzteren Punkten auch wieder nicht zu kurz sehen. Jene vorschnelle Art, mit der die neuentdeckte Erziehungsprovinz der Altersgenossenschaft heute von jeder politischen Partei oder sonst an der Jugend interessierten Seite ausgenutzt und dadurch verflacht und vereinseitigt wird, kann nur verurteilt werden ... Das Evangelium und die Erziehung unter dem Evangelium verabsolutieren weder die Humanität noch den völkischen Lebensgrund in Rasse und Blut, noch Wirtschaft und Polis. Sie richten die Zucht in der Erziehung wohl aus, aber nur unter einem höheren Befehl, unter dem Befehl der Gnade und Güte des Evangeliums, die auch für alle menschliche Zucht nicht nur Aufrichtung, sondern auch wieder Gericht und Vernichtung ist ... Von hier aus wird der Glaubende unter dem Evangelium unüberwindbare Bedenken gegen jede Überbetonung des Führergedankens in der Erziehung haben. *Der Glaubende will nicht Führer sein* ... Er weiß wohl, daß in der Erziehung auch geführt werden muß; aber er will auch dabei *nicht so führen, daß er selber Führer ist*. Wir sagten früher einmal, es gibt eigentlich nicht ›den Erzieher‹, es gibt nur ›die Erziehung‹. Der Christ zum mindesten wandelt diesen Satz noch schärfer ab: es gibt für ihn in der Erziehung überhaupt nur Führung, aber nicht (von irgendeinem Menschen geredet) ›den Führer‹.

3. Unterweisung und Lehre als Verkündigung

Die Souveränität der Offenbarung und des Evangeliums zerschlägt jeden Versuch, sie zum Thema in der Erziehung zu machen. Sie hat ihre eigene Weise, zu den Menschen zu kommen. Es gilt, grundsätzlich mit allen Versuchen zu brechen, die dies übersehen. Es gilt vielmehr vor allem, diese ihre eigene Weise erst einmal noch näher zu fassen. Wir sahen schon, diese ihre Weise bricht an den Grenzen der Erziehung sowieso immer in die Erziehung herein. Es ist *die Weise der Verkündigung*. Diese Verkündigung war schon immer, wenn sie an der Grenze der Erziehung auftritt, eine Durchbrechung der Erziehung ...

Der erste und radikale Satz kann hier nur lauten: *auch die neue Generation wird wirklich und echt unter das Evangelium getan nicht durch Erziehung, sondern durch Verkündigung* ... Dann ist der erste Ort, wo dies zu geschehen hat, auch nicht die Erziehungsstätte des Volkes unter staatlicher Oberhoheit. Sondern *die erste Stätte, wo dies zu geschehen hat, ist durchaus die Kirche und ihre Einzelgemeinde* ... Diese Sache ist freilich nicht so ohne weiteres durchsichtig. Hier, wo wir jetzt primär von der kirchlichen Verkündigung ausgehen, wird nämlich die Frage umgekehrt wie bisher zu stellen sein: ob nicht die kirchliche Verkündigung an die Jugend auch Unterweisung und Lehre selbst ihrerseits als ihre Unterformen mit unter sich ziehen könne und müsse. In der Tat, das Verhältnis kann sich auch anders herumgestalten: *Unterweisung und Lehre können selbst auch Formen der Verkündigung sein!* Sie sind es in der Schrift. Sie sind es immer wieder mehr oder weniger in der Kirche. Sie kommen aber dabei – und dies zu erkennen ist nun überaus wichtig – *durchaus in einem andern Sinn als in der Erziehung* zu stehen! In der Lehre als Erziehung wollen Menschen andere Menschen in Wissen oder Fähigkeiten der Menschen hineinbeziehen. In der Verkündigung sind Unterweisung und Lehre Gestalten der Verkündigung; sie wollen gar nicht schon selber andere Menschen zu Christen machen und ziehen; gerade in voller Agape zu den anderen Menschen sind sie sich ihrer Schwäche bewußt, daß sie selbst nur dazu dienen können, daß Gott es tut ... *Unterrichtliche Verkündigung ist vom ersten bis zum letzten Worte anders eingestellt als erziehender Unterricht.* Es darf im Konfirmandenunterricht, in der Christenlehre, im Gruppenunterricht einer Sonntagsschule gar nicht ankommen darauf, daß ein Wissen mitgeteilt, ein Können erworben wird. Das geschieht auch. Aber es kommt dabei von vornherein und ganz und gar nur darauf an, daß hier eine Verkündigung von Gottes Evangelium im Sinne eines letzten Wahrheitszeugnisses geschieht. Mehr als solche Zeugnisverkündigung ist hier weder menschenmöglich noch Gottes Wille ...

Von hier aus, von den reinen Formen der jugendgemäßen Verkündigung des Evangeliums innerhalb der Gemeinde und der Gemeinschaft der Kirche, fällt der Blick zurück auf jene eigentümliche Größe im Leben der Schulerziehung, die wir heute noch den ›Religionsunterricht‹ zu nennen pflegen ... *Wie ist es in diesem eigentümlichen Bezirke des Jugendlebens mit der Verkündigung?* ... Die Verkündigungsunterweisung und Christentumsübung, die es hier gibt, sind ganz etwas anderes als Erziehung und Arbeitsschulmethode! Weil Bohne dies nicht deutlich genug sieht, darum kommt immer wieder trotz aller Vorsicht bei ihm dies herdurch, daß der Religionsunterricht als das Tun des Erziehers in die Entscheidung stellen soll. Für uns ist ein Religionsunterricht überhaupt, so wie er heute ist, in *jeder* Form unmöglich. Die Aufgabe der Kirche an die Jugend ist die Verkündigung an sie als Wahrheitszeugnis, aber nicht ihre Erziehung zum Christentum. Und dies wird uns die entscheidende Frage: Ist es sinnvoll, daß die Kirche einen Teil dieser ihrer ganz anderen Aufgabe an der Jugend abgibt an die Erziehungsaufgabe, die die Erziehungsgemeinschaften an der Jugend haben ...

Dies ist für eine Erziehung unter dem Evangelium – *aber auch nur für sie* – nicht zu verneinen, sondern *durchaus zu bejahen,* wenn sonst die geschichtlich gewachsenen Verhältnisse dafür die Möglichkeit geben! ... eine Erziehung unter dem Evangelium wird das, was ihr die Schulverfassung des Staates gibt, durchaus nehmen ... Sie wird es darum durchaus begrüßen, wenn dieses Jenseits für alle Erziehung auch an einer festen Stelle in einer gewissen geordneten Weise in die Erziehung hineinragt. Sie wird nur dafür sorgen, daß dieses Jenseits nun auch wirklich in seinem Charakter voll erhalten bleibt, daß es nun auch wirklich das ist, was es allein sein kann. Sie wird den sogenannten Religionsunterricht *notwendig aussondern aus der ganzen übrigen Erziehung, und sie wird ihn verwandeln in eine Angelegenheit, in der gar nicht die Erziehung herrscht, sondern die Verkündigung!*

Wir müssen in dieser Hinsicht den Strömungen, die in Theodor *Heckel* besonders scharf zum Ausdruck kamen, unsern Dank sagen. ›Die Bitte um den Heiligen Geist, der durch das Wort zum Glauben ruft, ist schlechthin wichtiger als alle Methode.‹ Das Geheimnis der Bibel ›öffnet keine Methode, sondern allein Gottes Geist‹. Wir müssen davon ausgehen, daß ›der evangelische Religionsunterricht sich auf die Taufe gründet und von der Gemeinde getragen wird‹ (Heckel, Zur Methodik des evangelischen Religionsunterrichts, 1930, S. 29, 84, 46). Aber doch scheint uns auch hier die letzte Konsequenz noch zu fehlen. Heckel sagt: ›Freilich zerfällt, wenn ich so sagen darf, der methodische Gang auf allen Stufen der Schule, aber besonders auf den unteren, in einen sokratischen Teil und in einen zweiten des unterrichtlichen Zeugnisses von der Botschaft des Evangeliums‹ (S. 46). Diese Zweiteilung schien uns schon früher bei der Verkündigung der Kirche an die Jugend unmöglich. Sie dürfte auch in der Schule im sogenannten Religionsunterricht, in der schulischen Christentumsverkündigung, nicht möglicher geworden sein. Man wird auch hier diese beiden Dinge nicht wie zwei Stücke Holz hintereinanderlegen können. Es wird auch hier alle Unterrichtung, Lehre und Unterweisung *von vornherein* unter der Verkündigung und dem Zeugnis stehen müssen und von daher durchaus einen anderen Charakter gewinnen als Unterrichtung und Lehre in der Erziehung. Es wird diese *schulische Christentumsunterrichtung im Unterschied zur Erziehung ganz und gar Verkündigung sein müssen!* ... *An die Stelle des Religionsunterrichtes muß in der Schule mit evangelischem Charakter die Christentumsunterweisung treten, die sich klar als einen Teil der Verkündigung des Evangeliums an die Jugend erkennt.*

Magdalene von Tiling

Erziehung und reformatorischer Glaube – das pädagogische Verhältnis als Urordnung unter dem Anspruch des Gesetzes

Wenn man nach der Bedeutung des reformatorischen Glaubens für die Erziehung fragt, so muß man sich klarmachen, daß es sich hierbei immer um zwei Fragen handelt. Weil diese beiden Fragen in der heutigen Diskussion über diese Dinge nicht klar geschieden werden, darum ist eine Verständigung über die Pädagogik innerhalb der evangelischen Kirche heute fast unmöglich.

Die erste Frage ist die nach der Bedeutung des reformatorischen Glaubens für das *Verständnis* des Verhältnisses zwischen Erzieher und Zögling wie des *Werkes* der Erziehung, das in diesem Verhältnis geschieht. Die Wirklichkeit auch dieses Verhältnisses ist immer der Gefahr der Verdunkelung ausgesetzt. Aufgabe des reformatorischen Glaubens ist es deshalb, auch in bezug auf dies Verhältnis die Wirklichkeit aufzudecken und gegen die Verdunkelung derselben bei Christen und Nichtchristen zu protestieren. Der reformatorische Glaube aber kann dies, wie wir oben sahen, nur, sofern er sich selbst vor der Verdeckung der Wirklichkeit immer wieder in der Vergebung bewahren läßt. Er kann nur unter dem Kreuz jenen Protest aussprechen.

Weil aber das pädagogische Denken von heute die einfachsten, allen Menschen zugänglichen Tatbestände des Seins wie dessen, was in der Erziehung geschieht, übersieht, so geht es für den reformatorischen Glauben auch hier nicht nur darum, die Aufgabe der Verkündigung zu erfüllen, d.h. den Schöpfer dieser Wirklichkeit und Sinn und Ziel derselben aufzuzeigen, sondern es müssen eben diese einfachen, allen Menschen zugänglichen Tatbestände dieses Verhältnisses: Erzieher – Zögling und das Werk, das zwischen ihnen geschieht, aufgezeigt werden. Dabei darf das erschreckende Vorbeisehen an der Wirklichkeit: Eltern – Kind, Erzieher – Zögling, Lehrer – Schüler, wie es heute vorliegt, uns nicht daran irremachen, daß diese Wirklichkeit weitgehend der menschlichen Anerkennung ebenso zugänglich ist, wie die ganze übrige Schöpfungswirklichkeit. Gerade von seinem Glauben her muß der Christ zugeben, daß die Tatbestände dieser Wirklichkeit der Erziehung und der Bezogenheit von Erzieher und Zögling aufeinander keine Geheimwissenschaft der Christen sind. Selbstverständlich gilt dies mit der nachdrücklichen Einschränkung, daß allein die Verkündigung auf den weisen kann, der das Verhältnis: Erzieher – Zögling schafft und diesem Verhältnis seinen Sinn gibt. Freilich ist die Anerkennung auch dieser Wirklichkeit menschlicher Seinsverbundenheit, wie wir sahen, niemals eine bloße Verstandeserkenntnis (soweit sie dies allein ist, ist eine solche »Erkenntnis« völlig wertlos), sondern es handelt sich immer darum, den wirklichen Anspruch des uns gegenübergestellten Menschen, hier des Kindes an den Erzieher, vom Gewissen her zu bejahen und damit zugleich anzuerkennen, daß man des gegenübergestellten Menschen, hier des Kindes, nicht mächtig ist. Dies gerade aber muß zugegeben werden, daß das Gewissen des Erziehers, wenn er sich nicht durch seine Ideologien den klaren Blick verbaut und dadurch sein Gewissen die Richtung auf das Kind verliert, die Erfüllung oder Nichterfüllung des Anspruchs des Kindes zum Maßstab der Selbstbeurteilung und Selbstverurteilung machen kann. Gewiß wird erst am Gesetz Gottes, wie es in der Verkündigung vor den Menschen tritt, der eigentliche Sinn der Hingabe und damit die Nichterfüllung der Hingabe als Verfehlung der von Gott geschaffenen Existenz, als Verfallensein an die Sünde offenbar; aber die Tatsache, daß der Erzieher seine Verantwortlichkeit dem Kinde gegenüber nie ganz erfüllt, und daß er dieses Verhältnisses nicht mächtig ist, kann ihm im Gewissen auch ohne den Glauben deutlich werden. Nur wenn wir dies alles zugeben, können wir über die Erziehungsfragen überhaupt miteinander ins Gespräch kommen.

Dazu gehört freilich umgekehrt auch, daß der christliche Pädagoge nicht ein Wissen, das jeder vernünftige Mensch haben kann, als spezifisch »evangelisch« ausgibt. Wenn Luther z.B. sagt: der Erzieher müsse Kind mit Kindern sein, so sagt er damit etwas, was auch Nichtglaubende ebensogut wissen können und gewußt haben. Gerade Luther hat in bezug auf die richtige Erziehung der Kinder von Türken und Heiden die Beispiele genommen. Niemals darf der Christ vorgeben, irgend etwas durch den Glauben oder durch das Evangelium bekommen zu haben, was der andere Mensch ohne den Glauben genau so gut wissen kann. Wo man das tut, da verleugnet man einerseits den Glauben, andererseits bricht man damit jede Möglichkeit der Verständigung über die in der Erziehung vorliegenden Tatbestände ab. Erst wenn der Christ dies alles zugibt, wird deutlich werden, wie weit *über* die dem Menschen gewissensmäßig zugängliche Anerkennung *hinaus* das Evangelium ein Licht auf die Wirklichkeit des pädagogischen Verhältnisses wirft.

Ein solches uns allen gemeinsames Verständnis der pädagogischen Wirklichkeit können wir nur gewinnen, wenn wir auf die Urordnung der Verbundenheit von Eltern und Kindern zurückgehen. Denn die Wirklichkeit dieses Verhältnisses bricht ja gegenüber aller Verdunkelung bei den Menschen immer wieder von da her durch, wo das Verhältnis: Erzieher – Zögling seinen Ursprung hat – im Verhältnis: Mutter – Kind, Eltern – Kinder. Luther wird nicht müde, auf diese »natürliche«, ins Herz der Eltern gepflanzte Liebe als Ausgangspunkt alles pädagogischen Denkens zu verweisen. Solange die Pädagogik das Verhältnis der Eltern, besonders der Mutter zum Kinde, beachtet, wird deshalb die Wirklichkeit nie ganz verdunkelt werden können. Wo dagegen die Pädagogik von einer Idee her gedacht und aufgebaut wird, wird die Wirklichkeit des Verhältnisses von Erzieher und Zögling um so leichter verdunkelt werden.

Sobald wir zugeben, daß die Anerkennung des pädagogischen Verhältnisses durch die immer wieder unter uns vorhandene Tatsache der Verbundenheit von Mutter und Kind in besonderer Weise vor der Verdunkelung geschützt ist, begreifen wir auch, warum durch das Übersehen der Wirklichkeit gerade in der Urordnung Eltern und Kind wie in den von ihr abgeleiteten Ordnungen: Lehrer und Schüler, Erzieher und Zögling viel mehr Not und Einsamkeit in der Welt entstehen als in irgend einem andern Verhältnis. Denn der Erzieher, der das Kind nicht in seiner Wirklichkeit sieht, macht sich ja immer von seiner Anschauung vom Menschen her ein Bild vom Kinde zurecht und nimmt das Kind, das ihm anvertraut ist, für seine Ideologien in Besitz, ohne daß das Kind sich dagegen wehren kann ...

Aber der Glaubende weiß zugleich, daß die Wirklichkeit des Verhältnisses Erzieher – Zögling durch die Verkündigung von Gesetz und Evangelium oder durch den Glauben an diese Verkündigung in gar keiner Weise aufgehoben, sondern nur in ein helles Licht gestellt wird. Dies Licht, das die Verkündigung von Gesetz und Evangelium auf die Wirklichkeit des pädagogischen Verhältnisses wirft, zwingt den Menschen zur Sachlichkeit und Nüchternheit in der Betrachtung der Wirklichkeit und wehrt jeder Selbstverherrlichung der Menschen durch ihre Ideologien ...

Auch die Aufdeckung der pädagogischen Wirklichkeit aber hat zugleich, wie wir sahen, eine Bedeutung für das Reich Gottes »zur Rechten«. Nur da, wo die Wirklichkeit des pädagogischen Verhältnisses anerkannt wird, geht die Predigt von Gesetz und Evangelium Eltern und Lehrer und Erzieher wirklich etwas an ...

Damit aber stehen wir vor der anderen Frage, welche Bedeutung der reformatorische Glaube für den im Glauben stehenden Erzieher hat, also für den Menschen, von dessen Glauben her das Licht auf diese Schöpfungswirklichkeit fällt. Wenn wir von dem Erzieher als von einem glaubenden Menschen sprechen, so meinen wir, daß er durch die Verkündigung von Gesetz und Evangelium sich die Augen hat öffnen lassen für den, der ihn in die Bezogenheit auf das Kind hineinstellte, der diese Verbundenheit schuf und ihr Sinn und Inhalt gab. Wir reden dann von dem Erzieher als von einem Menschen, der in der Verkündigung den Anspruch Gottes an ihn als sein Geschöpf gehört hat und um das Nichterfüllen des Anspruchs des andern Menschen als Verfehlung der ihm vom Schöpfer gegebenen Existenz, also als Sünde gegen Gott weiß. Wir reden von dem Erzieher, der, indem er das Wort von der Vergebung annimmt, sich von seinem Schöpfer immer wieder in die Wirklichkeit seines Geschöpfseins hineinstellen läßt.

Was bedeutet dieser Glaube für die Erziehertätigkeit? Was bedeutet es, wenn Eltern, Lehrer und Erzieher unter das Licht der Klarheit Gottes gestellt sind? Zunächst dies, daß die Eltern anerkennen, daß Gottes Wille sie in eine Verbundenheit zum Kinde stellt, in der sie in einem Amt »an Gottes Statt«, d.h. als Gottes Stellvertreter stehen. Da wo die Eltern wirklich im Glauben stehen, werden sie als Erzieher sich in aller Wirklichkeit in ihrem Amt als Stellvertreter Gottes wissen. Ein Kind haben, bedeutet, in dies Amt eingesetzt werden. In diesem Glauben wissen die Eltern »vor Gott und allen heiligen Engeln« um die Wahrheit zwischen sich und dem Kinde. Freilich nie so, daß für sie das nun aufgehoben würde, was wir oben als Wirklichkeit von Eltern und Kind beschrieben haben. Im Gegenteil, all das, was der Anspruch des Kindes von den Eltern fordert, bleibt bestehen, der Anspruch bindet die Eltern nur noch viel unausweichlicher verantwortlich an das Kind. Auch der glaubende Mensch steht in bezug auf die tatsächliche pädagogische Forderung immer in der Sphäre des Gesetzes, des »Du-sollst«; die Wirklichkeit wird keine andere, und er selbst wird kein anderer. Die Eltern werden durch den Glauben in keiner Weise der ihnen in dieser Welt gesetzten Wirklichkeit, die in ihrer existenziellen Verbundenheit mit dem Kinde besteht, entnommen, sie bleibt für sie dieselbe wie für die, die nicht glauben. Auch der Christ kann nichts anderes tun, als sein Kind zum Erwachsenen zu erziehen. Auch er ist in der Erziehung an die Entwicklungsstufen und Anlagen des Kindes gebunden. Er weiß nur, daß in solcher Erziehung es um ein Amt an Gottes Statt geht, und das macht seine Verantwortung und Schuld in der Nichterfüllung seiner Existenz als Erzieher nur um so größer.

Und doch ist zwischen dem Erzieher, der sein Werk unter der Vergebung tut, und dem, der es nicht im Glauben tut, ein tiefgreifender Unterschied vorhanden: Wenn die Eltern ihre existenzielle Bindung an das Kind als ein ihnen gewordenes Amt anerkennen, so wissen sie, daß die Kinder ihnen nur »anvertraut« sind. Es sind ihre Kinder, denen sie, die Eltern, gehören, und die ihnen gehören, und die doch nicht ihre Kinder, sondern Gottes Kinder sind. Von da her werden sie den Anspruch des Kindes an sie erst in seinem eigentlichen Sinn verstehen, nämlich daß sie das Kind in sein von jenem Herrn gesetztes und gewolltes Sein erziehen, daß sie das Kind als *ihm* eigen und nicht *ihnen* eigen erziehen, daß die letzte Entscheidung in der Erziehung im einzelnen Fall unter diesem Gesichtspunkt gefällt wird. Im Glauben sieht der Erzieher das Kind als Geschöpf Gottes ... Das bedeutet ganz praktisch gesprochen, daß der Erzieher im Glauben immer wieder vor die Forderung gestellt wird, seine eigene natürliche Liebe dem Anspruch des Kindes, das Gott gehört, zu opfern. Von Natur lieben Eltern ihre Kinder, weil sie *ihre* Kinder, ihr »eigen Fleisch und Blut« sind. Im Glauben kommen sie immer wieder an die Grenze, wo dieser Liebe ein Halt geboten ist. Nur da, wo der Erzieher im Glauben das Opfer der natürlichen Liebe gegen das *eigene* Kind bringt, gibt er wirklich *sich* hin an das Kind, gibt er *sich* selbst auf in der Hingabe. Dieser Liebe, die nicht das ihre sucht, unterstellt der Glaube alle Pläne, Hoffnungen und Wünsche, die die Eltern für ihr Kind haben. Aus diesem Glauben erwächst ihnen aber auch Wille und Recht zum vollen Ernst der Strafe. Sie wissen, daß Erziehen, wie Luther sagt, heißt: »aus dem Bösen herausziehen« ...

Es sollte deutlich sein, daß dieser Glaube des Erziehers niemals für die »Schaffung« einer Lehre von einer »evangelischen Pädagogik« »verwendet« werden kann. Dieser Glaube ist nicht ein Besitz oder ein Kapital, mit dem die weltliche Pädagogik umgeprägt und als »evangelische Pädagogik« angeboten, gelernt und geübt werden könnte. Im Glauben handelt es sich nicht um eine dem Verstand oder dem Gewissen zugängliche Erkenntnis, sondern um eine durch Gottes Geist gewirkte Erkenntnis, die gegen alle Gewissenserkenntnis streitet. Der Glaube kann deshalb nicht in die Wissenschaft vom Stehen und vom Handeln in einer Ordnung des Lebens eingebaut werden; er darf nicht zum Gesetz gemacht werden. Die Entscheidung fällt für den Glauben in der Begegnung mit dem Kinde selbst.

Martin Doerne

1. Erziehung und Verkündigung – Gesetz und Evangelium

Erziehung und Verkündigung bleiben unterschiedene Werke. Sie stehen aber nicht ohne Beziehung nebeneinander. Die Geschichte der evangelischen Erziehung, die von den Anfängen bis zur Gegenwart Wort Gottes, Erziehung und Unterricht in ein enges Wechselverhältnis zueinander gesetzt hat, ist nicht nur eine Fehlentwicklung des reformatorischen Ansatzes. Luther selbst hat der Erziehung einen positiven Wert für die Erhaltung der Kirche beigemessen (»Gott erhält die Kirche durch Schulen«), und er hat in der evangelischen Unterweisung das eigentliche Lebenszentrum des Erziehungswerkes gesehen. In der Tat besteht zwischen Erziehung und Verkündigung ein Doppelbezug. 1. Die Verkündigung des Evangeliums hat ihrerseits ein pädagogisches Vorfeld. 2. Die Erziehung, die evangelisches Zeugniswerk sein will, verlangt nach dem Wort der Verkündigung. Dieser Wechselbezug ist jetzt in Kürze darzulegen.

1. Das Wort des Evangeliums ergeht innerhalb der Geschichte an jeweils bestimmte Menschen in jeweils individueller Lage ...

Alle Formen dieser Individualisierung lassen sich auf zwei Grundsätze zurückführen: a) Das Wort Gottes teilt sich in Gesetz und Evangelium, und b) es begleitet den Menschen in seiner Lebensgeschichte als Seelsorge.

a) Die Wortverkündigung ist primär Verkündigung des Evangeliums, Botschaft von der Tat Gottes, die den Menschen aus der Schuld- und Todverhaftung befreit und ihm die Verheißung ewigen Lebens gibt. Diese Botschaft aber ist dem Menschen von Haus aus fremd und unbegreiflich. Er muß, bildlich geredet, eines besonderen Weges geführt werden, um zum Hören des Evangeliums zu kommen, deutlicher gesagt: er muß sterben, um das Leben zu gewinnen. Dieser Weg, den Gott selbst den Menschen führt, heißt *Gesetz*. Es gibt mannigfache Formen des Gesetzes. Alle Gestalten des Gesetzes aber sind beschlossen in der Gottesforderung des radikalen Gehorsams. Nach Paulus und Luther wird diese Forderung nicht dazu an den Menschen gestellt, damit er durch ihre Erfüllung sich selbst den Weg zu Gott bahne. Sondern das ist der Sinn des Gesetzes, daß er an seiner Unerfüllbarkeit zerbreche und sich selber erkennen lerne als den Sünder, der ganz auf die Gnade Gottes angewiesen ist. In diesem Sinne versteht Paulus die ganze Geschichte Israels, die ja durch das Gesetz bestimmt ist, als eine »Erziehung« aufs Evangelium, auf Christus hin. Das Gesetz ist »Pädagog«, Zuchtmeister, der Israel auf seine Lebensbestimmung, auf die Mündigkeit und Freiheit in Christus vorbereiten soll. Diese seltsame Vorbereitung vollzieht sich freilich so, daß Israel am Gesetz sterben muß. Irgendwie wiederholt sich diese

Gesetzespädagogie im Leben eines jeden Glaubenden. So gewiß Gott Menschen zur Kindschaft berufen hat, so gewiß tut er an ihnen auch durchs Gesetz sein vorbereitendes Werk, und auch die für das Individuum immer schmerzhafte Eingliederung in die »natürlichen« Lebensordnungen ist ein Stück Gesetzeserziehung. Die Verkündigung, die mit dem Evangelium zu den Menschen kommt, rechnet darauf, daß dieses göttliche Erziehungswerk an ihnen im Gange ist, und sie greift ihrerseits in alle die konkreten Lebenszusammenhänge, in denen die Gesetzespädagogie Gottes ihre Arbeit tut, mit dem biblischen Gesetzesworte deutend, zurechtweisend, überführend hinein; sie wird in ihrem Vorfelde ihrerseits ein Stück Erziehung, – Erziehung zum Sterben.

b) Unter anderem Gesichtspunkt betrachtet, stellt sich dieser Vorgang als Entfaltung und Transformation des Wortes zur Seelsorge dar. *Seelsorge* ist nicht zu verwechseln mit Seelenführung. Sie würde sich dann als ein zweites, selbständiges Handeln neben die Wortverkündigung setzen. Wohl aber muß die Wortverkündigung, um der Selbstvergegenwärtigung Gottes willen, zur Seelsorge werden. Sie muß als differenzierte Predigt in die besonderen Bedingungen und Lagen des Einzellebens eingehen, sie muß als beständiges »Zusprechen«, »Mahnen«, »Trösten«, »Aufsehen« diesem Einzelnen gleichsam immer auf den Fersen bleiben ...

In den Rahmen dieses dem Prediger bzw. der verkündigenden Gemeinde immer aufgegebenen Seelsorgeamtes fällt nun auch, neben vielen anderen Diensten, der Dienst der *Erziehung*. Sie ist diejenige Funktion der Seelsorge, die speziell der ihr zugewiesenen *Jugend* gilt. Für den Glaubenden gibt es keinen Erziehungsauftrag, der nicht verknüpft wäre mit dem Auftrag der Seelsorge. – Es gibt Seelsorge durch das Evangelium; es gibt aber auch Seelsorge durch das Gesetz. Gerade als Seelsorge nimmt die evangelische Erziehung dann zunächst die Funktionen der Zucht und der Lehre in sich auf. Sie sind ihr nicht nur Mittel der Hilfe zum Erwachsenwerden, sondern zugleich Mittel und Formen des Gesetzes, durch das der Mensch sterben gelehrt werden soll ...

Alle Anforderung, die der Erzieher an den Zögling stellt, aller Zwang, durch den sein natürlicher Wille im Lauf gehemmt wird, alle Mühsal, die ihm mit der (durchaus nicht immer spontan erfolgenden) Aneignung der Bildungsgüter zugemutet wird, kurz: alle Disziplin, die dem jugendlichen Leben Schranken setzt, hat, im Glauben gesehen, die Würde des Hinweises auf das göttliche Erziehungswerk am Menschen, das in seinem Verlauf eben Werk des Gesetzes ist, mit dem strengen »Erziehungsziel«, daß der natürliche Mensch sterbe. Niemals kann es dem glaubenden Erzieher in den Sinn kommen, sein Handeln am Zögling mit diesem Werk Gottes – auch nur mit einem zeitlichen Abschnitt dieses Werkes – gleichzusetzen. Doch Hilfsdienst für Gottes Werk darf und soll menschliche Erziehung in der Tat leisten, freilich einen Hilfsdienst, dessen Wirkung und Tragweite Gott sich selbst vorbehält ...

Auch der schulische Unterricht, insofern er ja nicht bloße Stoffübermittlung ist, sondern an den Schüler persönliche Anforderungen stellt, ihn hineintaucht in die strenge Ordnungs- und Gesetzwelt der »Sachen«, wird sich dieser Sinndeutung der Erziehung als Gesetzes-Propädeutik eingliedern. Freilich empfängt diese »Seelsorge durch Gesetz« ihren verborgenen Seelsorgecharakter nur im Zusammenhang mit der Verkündigung des Evangeliums. Diese Tatsache führt hinüber zu der anderen Linie des Wechselbezuges von Verkündigung und Erziehung.

2. Erziehung, die evangelisch heißen will, verlangt nach dem Wort der Verkündigung. Sie ist nicht selbst Verkündigung, aber sie gewinnt ihren evangelischen Sinn nur dadurch, daß sie konkret *umfaßt* ist vom Wort des Evangeliums. Das verkündigte Evangelium ist es, das der Übung des Gesetzes in der Erziehung die konkret-sichtbare Grenze setzt und gleichzeitig dem evangelischen Erziehungswerk seinen tragenden Grund gibt.

Wie soll das Zeugniswerk, wie soll der Seelsorgedienst der Gesetzespropädeutik in der Erziehung als solcher wirksam werden, wenn nicht dem Zögling selbst auch der *Geber* des Gesetzes vernehmbar wird? wenn er nicht durch alle die mittelbaren Zuchtformen des Gesetzes (Leibeszucht, Triebdisziplin, sittliche Erziehung, staatsbürgerliche Erziehung, Geisteszucht) die Stimme des unbedingten »du sollst«, die Stimme des *Herrn* vernimmt? ... Und das Gleiche gilt vom Zeugniswerk der Liebe. Keine Hilfsbereitschaft, kein Vergeben, keine noch so ernsthafte Zuwendung des Erziehers zum Zögling wird vernehmbarer Hinweis auf die Liebe Christi, wenn Christus nicht ausdrücklich als der Heiland und Versöhner bezeugt wird. Sollte die evangelische Haltung Geheimvorbehalt des Erziehers bleiben, so wäre sie kein Zeugniswerk. Ihre Zuchtübung kann als persönliche Leistung des einzelnen Erziehers, vielleicht auch als Konservierung der alten »Zwangsschule« gedeutet werden, ihre Vergebungswilligkeit stellt sich vielleicht als persönliche Schwäche und Weichmütigkeit des Lehrers dar, wenn nicht ein Ort gegeben ist, an dem ihr tragender Grund in Erscheinung tritt. – Es geht dem glaubenden Erzieher um Hilfsdienst am Handeln Gottes mit dem Zögling. Gott will aber mit dem Menschen »durchs Wort«, und nicht anders als durchs Wort handeln, wie uns Luther eingeschärft hat. Evangelische Erziehung fordert also, daß dem Zögling das Evangelium verkündet wird.

Diese Verkündigung muß nicht notwendig im Organismus des bestimmten erziehenden Handelns stehen, das nach ihr verlangt. Der Sache nach *kann* sie ja nicht einmal »innerhalb« dieses pädagogischen Organismus stehen. Nur eines ist gefordert: das evangelische Erziehungswerk muß sich vor dem Zögling auf sie *berufen* können. Als sittliche Zucht muß es jederzeit die Möglichkeit offen haben, hinzuweisen auf den »Gott der Ordnung«, der die Zucht begründet und begrenzt. Als hemmendes und »strafendes« Eingreifen in das Leben des Zöglings muß es über sich und jenseits seiner den Gott spüren lassen, der von den Hemmungen erlöst, der die Sünde vergibt, der alle Ungleichheit zwischen Erzieher und Zögling in die übergreifende Einheit seiner Gemeinde aufhebt. Die Selbstbegrenzung der erzieherischen Autorität geschieht wirksam nur so, daß der Erzieher sich vor dem Zögling bekennt zu dem Worte des Gottes, der in Christus der alleinige Herr und Führer der Menschen ist.

2. Evangelische Unterweisung (Religionsunterricht)

1. Die Verkündigung, die dem Zögling dargeboten wird, kann nicht nur als gelegentlicher Anhang zu Zucht und Lehre in Erscheinung treten. Sie muß ihren eigenen, selbständigen Ort haben. Wir nennen diesen Ort »evangelische Unterweisung« (Lehre). Er liegt nicht im Bereich der Erziehung, sondern muß gesucht und bestimmt werden innerhalb des Raumes der evangelischen Verkündigung. Man kann sich wohl eine Unterweisung denken, die junge Menschen ganz allgemein in die Welt der Religion einführt und sie durch diese Einführung je nach dem Maße ihrer inneren Möglichkeiten auch zu »eigenem religiösen Erleben« anregen will. Tatsächlich wird der »Religionsunterricht« in der Staatsschule heute großenteils in diesem »religionskundlichen« Sinne erteilt. Aber evangelische Unterweisung ist dieser Religionsunterricht nur dann, wenn er sich selbst als eine Form der christlichen Verkündigung versteht ...

Innerhalb der *Verkündigung* also hat die christliche Unterweisung ihren Ort. Sie hat aber innerhalb dieses Gesamtraumes ihren – relativ selbständigen – *Sonderort*. »Unterweisung« im Evangelium ist nicht eine illegitime Ersatzform der Predigt, sondern eine begründete und notwendige Sondergestalt der Verkündigung. Sie wird auch nicht erst durch die besonderen Bedürfnisse der *Jugend* erzeugt. Schon im Neuen Testament begegnet uns Lehre (bzw. Unterweisung) als ein spezieller Zweig des Verkündigungswerkes der Gemeinde. Diese Lehre, die von Anfang an als Teil des eigensten Werkes der Gemeinde geübt wird, ist nicht Propädeutik der Predigt, sondern sie ist selbst »Predigt«, nämlich Darbietung der Kunde

von dem Handeln Gottes, von Gottes Geschichte mit den Menschen, wie sie in der Bibel durch Apostel und Propheten bezeugt ist ...
  Eine unter den vielen Formen der evangelischen Lehre ist die *Jugendlehre* ...
  2. Es muß Ernst damit gemacht werden, daß in dieser Lehre das Evangelium der *Jugend* zu sagen ist ...
  Die evangelische Jugendlehre ist dem evangelischen Erziehungswerk darin verwandt, daß sie – innerhalb der Schranken, die das Evangelium zieht – besondere Nötigung hat, das Gesetz zu »treiben«. Freilich, jede *grundsätzliche* Beschränkung des RU auf Gesetzeslehre ist als Versuch einer methodistischen »Seelenführung« abzuweisen. Der RU ist und bleibt in seinem Kern Zeugnis von Jesus Christus. Dieses Zeugnis wird verfehlt, wenn Christus nur als Vorbild, als »Führer«, als Helfer zu Reinheit und Reife gezeigt wird. Dann wäre Christus zuletzt, nicht anders als in der Kirche, auf die Luther stieß, auch nur Prediger des Gesetzes. – Aber wenn evangelische Erziehung den Auftrag hat, der göttlichen Gesetzespädagogie einen begrenzten Hilfsdienst zu tun, dann ist der RU normalerweise der Ort, wo das Maß von Beugung unter das Gesetz, das dem Jugendlichen innerhalb *dieses* Lebensstadiums widerfährt, ausdrücklich als das Gesetz *Gottes* hörbar gemacht wird, wo hinter dem »man tut das« das eigentliche »du sollst« in seiner vernichtenden Heiligkeit vernehmlich werden muß. Es hat seinen guten Sinn, daß Luthers Katechismus mit dem Lehrstück vom Gesetz Gottes beginnt. Die Erlösung aus der Not, die an diesem Gesetz Gottes entsteht, die Erlösung, die Gott in Christus gibt, darf vom RU nicht durch eine vorschnelle »Auflösung« des Konflikts in das bequem einsehbare dialektisch-dogmatische Schema Sünde – Gnade vorweggenommen werden; sonst wird die Situation des werdenden Menschen gerade an ihrer entscheidenden Stelle nicht betroffen ...
  3. Der RU ist in Deutschland größtenteils Sache der *Schule*. Wie verhält sich sein Werk zur erzieherischen und unterrichtlichen Gesamtaufgabe der Schule? – Jeder Versuch, die Aufgabe des RU in die schulische Gesamtaufgabe einzugliedern, muß an dem nicht-weltlichen Charakter des Evangeliums scheitern. Alle solche Versuche müssen entweder zu einer schwärmerischen Übersteigerung der Schul- und Erziehungsaufgabe oder aber, was häufiger ist, zu einer untragbaren Verkümmerung des RU führen. Mit dem »Erwachsensein« oder mit der »reifen Gliedschaft in der Polis« hat das Hören des Wortes Gottes ebenso wenig etwas zu tun wie mit irgendeiner Form von »Bildung« ...
  Denn er ist nicht *wesensmäßig* in der Schule angesiedelt. Sein eigentlicher Ort ist nicht die Schule, sondern die evangelische Gemeinde. Es wird sogleich noch zu zeigen sein, daß dieser Satz nicht nur theoretischer Vorbehalt ist. Neben dem RU steht überall selbständig der kirchliche Katechumenat. In seinem Aufbau kommt heute die innere Logik der evan-

gelischen Unterweisung – wenigstens der Absicht nach – klarer und direkter zum Ausdruck als in dem, von innerkulturellen, psychologischen, bildungstheoretischen Gesichtspunkten weithin völlig überfremdeten RU der Schule. Es mag mit der »Kindertümlichkeit«, mit den pädagogischen Qualitäten dieser im engeren Sinne kirchlichen Jugendlehre heute z.T. noch sehr mangelhaft bestellt sein. Aber wer wissen will, was die eigentliche Aufgabe evangelischer Unterweisung ist, der wird gut tun, sich bei der kirchlichen Jugendlehre Auskunft zu holen. Alle die unnützen Fragen, ob »Religion lehrbar« sei und gegebenenfalls, wie sie lehrbar sei, ob bloße Information oder »Seelenführung«, ob Religion oder Evangelium, werden hier aufgelöst und überboten durch die schlichte Erkenntnis, daß Jugendlehre im Kerne »Katechismus« ist, d.h. Unterweisung in der durch Christus geschehenen und heute geschehenden Geschichte der Offenbarung Gottes, Unterweisung in dem übergeschichtlich-gegenwärtigen »Wort« dieser Geschichte, Unterweisung in dem Stande eines Gliedes der evangelischen Gemeinde. Nichts mehr, nichts weniger, nichts anderes als kirchlicher Katechumenat ist jeder evangelische RU, der seinen Namen nicht zu Unrecht erschleichen will.

II. EVANGELISCHES ERZIEHUNGSDENKEN IN DER ZEIT DES NATIONALSOZIALISMUS ZWISCHEN 1933 UND 1945

Helmuth Kittel

Das begrenzte Recht des Nationalsozialismus – Richtlinien für den Religionsunterricht an der neuen deutschen Schule

Vorbemerkungen[1]

1. Der nationalsozialistische Staat hat sein Wesen darin, daß er Autorität und Macht in den Dienst der in und am deutschen Volkstum waltenden schöpferischen Lebenskräfte stellt. Auf religiösem Gebiet gehört zu diesen in erster Linie der christliche Glaube. Deshalb verwirklicht der Staat in seinen Schulen eine christliche Erziehung, deren Grundsätze sinngemäß von den christlichen Kirchen als den geschichtlichen Repräsentanten des christlichen Glaubens bestimmt werden. Der verschiedenen Struktur der beiden christlichen Kirchen entsprechend sind notwendig die Mittel und Wege verschieden, auf denen diese Kirchen ihre Pflicht, die Grundsätze christlicher Erziehung in der Schule zu bestimmen, ausüben.
2. Evangelische Erziehung ist Erziehung unter dem Evangelium. Das Evangelium ist die Offenbarung Gottes in Jesus Christus. Erziehung unter dem Evangelium ist also eine Erziehung, die die Erkenntnisse über Gott, Mensch, Welt, wie sie sich in Jesus Christus erschließen, in ihrer Arbeit entschlossen zur Geltung bringt. Evangelische Erziehung der Schule bedeutet also ein Doppeltes: Verkündigung dieses Evangeliums und Gestaltung des Schullebens aus der Verantwortung vor dem Evangelium.

---

1. Die nationalsozialistische Regierung der freien Stadt Danzig hat die völkische Erneuerung ihres Bildungswesens auf breiter Front in Angriff genommen. Bei den Volksschulen hat man begonnen. *Obige »Richtlinien« stellen die Grundsätze für die Umstellung der religiösen Erziehung an den evangelischen Volksschulen dar, wie sie die Abteilung für Volksbildung, Wissenschaft, Kunst- und Kirchenwesen des Senats der Freien Stadt Danzig, das evang. Konsistorium Danzig, die Hochschule für die Lehrerbildung Danzig und der Nationalsoz. Lehrerbund Gau Danzig befürworten.*

I. Verkündigung des Evangeliums

Das Evangelium bezeugt, daß Gott nicht zu erträumen, nicht zu erlernen und nicht zu erarbeiten ist. Was die Evangelien und die Apostel Glaubenserkenntnis nennen, ist vielmehr Andacht vor Gott, Bewegung des Denkens durch ihn und Gehorsam gegen seinen Willen in einem. Verkündigung des Evangeliums geschieht also nur dort richtig, wo diese drei Sachen in einer Lebenseinheit da sind, d.h. Grundelemente evangelischer Verkündigung sind: Feier, Lehre, Tat.

1. Feier

Ort. Der neue Rhythmus der Schulwoche, der an Stelle der schematischen Stundeneinteilung eine lebendige Gliederung setzt, bietet am Wochenende und Wochenanfang, bei Tagesbeginn und bei Beginn neuer Arbeitsabschnitte, bei der Teilnahme an wichtigen Ereignissen des völkischen Lebens, in das die neue Schule innig gebettet ist, die selbstverständlichen Gelegenheiten evangelischer Feier.

Grundbestandteile der evangelischen Feier sind: Gebet, Lutherbibelwort, Choral, Lutherbibelauslegung durch das Wort des Lehrers, durch Berichte aus evangelischer Lebenserfahrung, durch evangelische Dichtung.

Die Stoffauswahl schließt sich auf das engste an die Wirklichkeit des Schullebens in seiner Einbettung in das völkische Leben an. Gesichtspunkte: Jahr der Kirche, Jahr des Volkes, Jahr des Staates, Schicksal der Gemeinde, d.h. der Eltern und Kinder in Haus und Beruf, Schule, Arbeit in der Schule ...

2. Lehre

Der Religionsunterricht ist seit langem ein Stoffgebiet neben anderen gewesen und zunehmend unter allgemein-pädagogische Gesichtspunkte gebeugt, also der sogenannten Autonomie der Pädagogik ausgeliefert worden. Das hat schwere Störungen des religiösen Lebens zur Folge gehabt, unter denen das deutsche Volk heute noch mehr leidet, als unter der konfessionellen Spaltung. Die schlimmsten dieser Schäden sind: der religiöse Relativismus und die Unsicherheit des christlichen Gewissens durch die zweideutige Rolle, in die das Alte Testament geraten ist. Aus dieser Lage ist der Religionsunterricht herauszureißen und an seiner Stelle eine Christenlehre für die Schule zu entwickeln, die nach den Gesetzen der

Sache gestaltet ist. Diese Sache ist das Evangelium, die Offenbarung Gottes in Jesus Christus. Es handelt sich also um eine Offenbarung nicht in moralischen Gesetzen, nicht in rein geistiger Spekulation, sondern in einer lebendigen Gestalt und ihrer die Geschichte durchwirkenden Kraft. Nicht als Gesetzbuch also, nicht als Lehrbuch, sondern als Zeugnisse der Kraft Gottes im Leben und Wirken des Christus stehen

a) die Offenbarungstexte
in der Schule. Zunächst

das Neue Testament
In ihm bezeugt die Urchristenheit Leben und Wirken des Christus in der Mannigfaltigkeit des Lebens der ersten Gemeinden. Menschen verschiedenen Standes und verschiedenen Wesens haben ein verschiedenes Schicksal durch den Einbruch des Christus erlitten, verschieden nach Gestalt und Tiefe. Menschen verschiedenen Standes und verschiedenen Wesens haben auch verschiedene Formen des Zeugnisses von dem Schicksal der Gemeinden unter der Herrschaft des Christus gefunden. Nur wer diese Unterschiede sieht, begreift den Christus als lebendige geschichtliche Gestalt und als lebendige Geschichte schaffende Macht. Diese Unterschiede sind aber nur zu erkennen aus ihrer lebendigen Erfahrung im Leben der gegenwärtigen Gemeinde. Das Schicksal, das der lebendige Christus deutschen Menschen bereitet, indem er sie zu seiner Gemeinde zusammenschließt, öffnet den Blick für das neutestamentliche Geschehen. Das Erfassen des neutestamentlichen Christus gestaltet dann umgekehrt das Leben der gegenwärtigen Gemeinde. Also bestehen echtes Verständnis des Evangeliums im Neuen Testament und echte evangelische Gemeinde nur in steter wechselseitiger Abhängigkeit.

Die Stoffauswahl für die Schule bestimmt deshalb zwangsläufig weder der Lehrer als Individuum noch die Kirche als Behörde noch der Staat als Aufsichtsinstanz, sondern die leibhaftige Gemeinde. Nur was in ihrem Leben lebt, schließt neutestamentliches Wort auf und bringt es zum Verständnis, nur was dieses Leben an neutestamentlichem Wort braucht, gewinnt Bedeutung und Frucht in ihm ...

Das Alte Testament
ist zu einem schweren Anstoß unseres Volkes am Christentum geworden. Die Christenheit darf vor solchem Anstoßnehmen an ihrer Botschaft nie Furcht haben, wenn es ein Ärgernisnehmen am Kreuz ist. Das ist hier aber

nicht der Fall. Vielmehr wurzelt der Anstoß, der gegenwärtig am Alten Testament genommen wird, in einem Abfall vom reinen Evangelium, den sich die christliche Verkündigung selbst hat zuschulden kommen lassen.

Scholastische Orthodoxie hat in ihrer Verkündigung das Alte Testament als Gesetzbuch der Christenheit behandelt. Sie hat damit das geistgefüllte und darum lebendig machende Wort des Evangeliums zum tötenden Buchstaben verfälscht.

Theologischer Liberalismus hat das Alte Testament als Sammlung moralischer Vorbilder, sowie als Buch unserer historischen und ästhetischen Bildung mißbraucht. Er hat damit, ohne es zu wollen, geholfen, unser Volk dem Evangelium zu entfremden und seinen ihm vom Schöpfer gegebenen Charakter zu zersetzen.

An diesen Irrlehren tragen wissenschaftliche Theologie, Predigt und Religionsunterricht der letzten Jahrzehnte in gleicher Weise Schuld. Das wiegt um so schwerer, als Luthers klare, in Gestalt seiner Bibelübersetzung stets offenbare Lehre über das Alte Testament jenen Irrlehren scharf widerspricht.

Luthers Bibelübersetzung beweist, daß er das Alte Testament radikal von der Offenbarung Gottes in Jesus Christus her deutete. Diese Deutung vom Neuen Testament her muß deshalb auch oberster Gesichtspunkt jeder Behandlung alttestamentlicher Stoffe in der Christenlehre der Schule sein. Es ist also als Irrlehre verboten, alttestamentliche Stoffe in der Christenlehre zu behandeln, bei der der Lehrer nicht weiß, was sagt das Neue Testament dazu, und bei der er, was das Neue Testament dazu sagt, nicht auch selbst zum Ausdruck bringt. Wer gegen dieses Verbot verstößt, macht aus der evangelischen Schule eine Synagoge.

Folgendes sind die wichtigsten Regeln, die sich für eine Behandlung alttestamentlicher Stoffe vom Neuen Testament her ergeben.

Das Alte Testament ist zu behandeln als Dokument des umfassendsten Versuches, den die Völkergeschichte kennt, die Gemeinschaft zwischen Mensch und Gott durch Opfer und gute Werke zu erkaufen. Diesen Versuch enthüllt das Neue Testament als schlimmste Sünde des Menschen.

Das Alte Testament ist zu behandeln als Dokument dafür, daß Gott selbst stets gegen jenen Versuch stand. Denn vom Neuen Testament her können die Propheten nur als Werkzeuge Gottes verstanden werden, die Israel-Juda durch scharfe Kritik seiner Frömmigkeit in jene Entscheidung trieben, die schließlich bei der Kreuzigung Christi endgültig gegen Gott ausfiel. Im völkisch-politischen, ethischen und religiösen Schicksal Israel-Juda's wird vom Neuen Testament her Gottes Zorn wirkend erkannt, der die konsequente Ablehnung seines Willens mit konsequenter Ablehnung und Verwerfung Israel-Juda's beantwortet.

Das Alte Testament ist zu behandeln als Dokument dafür, daß Gottes Gnade, also sein positiver Schöpfungswillen durch seinen von Israel-Juda herausgeforderten Zorn ungebrochen blieb. Denn vom Neuen Testament her können, zweitens, die Propheten nur als Träger der Verheißung verstanden werden, die in Christus zwar gegen die Juden, aber zum Heil der Völker erfüllt wurde.

Das Alte Testament ist zu behandeln als Dokument dafür, daß nach Gottes Willen Gesetz und Evangelium unlöslich zusammengehört. Denn das Neue Testament beschreibt Christus als des Gesetzes Erfüllung. Hieraus darf freilich nicht die Folgerung gezogen werden, daß das alttestamentliche Gesetz unser, der Deutschen Gesetz wäre. Das Verhältnis von Altem Testament und Neuem Testament repräsentiert für uns die Bezogenheit von Gesetz und Evangelium mit dem Inhalt, mit dem es beim Eintritt des Evangeliums in die Welt akut war. Wir lernen daran, das Evangelium in seinem eigentümlichen Verhältnis zum Gesetz verstehen, nämlich, daß es ohne Gesetz kein Evangelium ist, und wir lernen daran, daß wir auf den Inhalt zu achten haben, mit dem für *uns* Gesetz und Evangelium akut sind. Wir gehören zu den Heiden, denen Gott das Gesetz ins Herz geschrieben hat. Wir werden also durch das Alte Testament vom Alten Testament weg an unsere Herzen verwiesen, um Gottes Gesetz, das uns gilt, zu vernehmen. So, vom Neuen Testament her verstanden, löst uns also das Alte Testament nicht von dem Schicksal, das Gott uns in unserem Volk in unserer Zeit bereitet hat, sondern bindet uns umgekehrt fest in dasselbe hinein.

Das Alte Testament muß behandelt werden als Dokument dafür, daß jener Versuch, die Gemeinschaft zwischen Mensch und Gott durch Opfer und gute Werke zu erkaufen, die gröbsten und feinsten Mittel sein eigen nennt und dadurch eine Zeiten und Völker überdauernde und gefährdende Macht ist. Vom Neuen Testament her erkennen wir diese Macht als Judaismus, d.h. als alle Völker bedrohende Gegenmacht des Evangeliums. In tausendfach getarnter Form bedroht sie auch das deutsche Volk, reißt es vom Gott des Evangeliums und damit vom Wurzelgrund seines Wesens und Handelns los. Diese Gefahr an Hand des vom Neuen Testament her beurteilten Alten Testaments aufzudecken und eine Lehre gegen den Judaismus zu entwickeln, ist eine Aufgabe alttestamentlichen Unterrichts, vor der sich keine Christenlehre scheuen darf, die nicht das Evangelium verkürzen will.

Mit alledem wird also aufs schärfste die neuste Art des historischen Relativismus, die sog. religionsgeschichtliche Betrachtungsweise verworfen, die es wagt, das Alte Testament in der deutschen evangelischen Schule als Predigt des Jahwismus zu behandeln. Wer nicht die Vollmacht in sich spürt, den von ihm behandelten alttestamentlichen Stoff entschlossen vom Gott des Evangeliums her zu deuten, muß seine Finger überhaupt vom evangelischen Religionsunterricht in einer deutschen Schule lassen ...

Die Lutherbibel
Luthers Bibelübersetzung hat also das Evangelium radikal zum Maßstab aller Schriften der Bibel gemacht, weshalb verständnisvoller Gebrauch der Lutherbibel der sicherste Schutz gegen Mißbrauch des Alten Testaments ist.

Luthers Bibel lehrt darüber hinaus, daß eine Streichung des Alten Testaments uns zwangsläufig einem judaisierenden Gebrauch des Neuen Testaments ausliefern würde. Wir würden dann nämlich unfähig sein, das Evangelium als Kampfparole gegen den Kauf der Gottesgemeinschaft zu verstehen. Wir würden ferner nicht imstande sein, das lebendige Spannungsverhältnis von Gesetz und Evangelium zu begreifen, in dem allein das Evangelium richtig verstanden wird. Beides würde zur Folge haben, daß wir das Neue Testament als totes Gesetzbuch brauchten, also, wenn wir uns noch so christlich gebärdeten, nur einen neuen Judaismus züchteten.

Wir würden schließlich nicht mehr erkennen, daß Gott auch Schöpfer und Herr der *Völker* ist, würden also das Neue Testament individualistisch als Buch des privaten Seelenheils mißbrauchen.

Luthers Bibel taucht schließlich – hierin radikal antihistoristisch – das Wort der Bibel völlig in deutsche Klang-, Empfindungs- und Erlebniswelt und verhindert dadurch, daß wir durch die Sprach*form* der ersten Zeugnisse der Kraft des lebendigen Christus heimlich unter ein Wesensgesetz gebeugt werden, das nicht das uns von Gott gegebene ist.

Deshalb darf allein die Lutherbibel Grundlage des Bibelunterrichts in der Schule sein und deshalb muß dieser Unterricht zu einem verständnisvollen, selbständigen Gebrauch der Lutherbibel erziehen ...

Kirchengeschichte
Auch die Kirchengeschichte ist nur dann echter Bestandteil der Christenlehre, wenn sie als Offenbarungsgeschichte behandelt wird. Und zwar offenbart sie, daß der auferstandene Christus seines Amtes gewaltet hat bis

zur Gegenwart. In allen Jahrhunderten seit der Kreuzigung und durch die ganze Geschichte des deutschen Volkes hat er seine Gläubigen dem Judaismus (Moralismus, Gesetzestum) abgerungen und ist noch heute der Retter der Völker vor dieser gigantischen Verführung, der ihnen die Erfüllung ihrer Sendung ermöglicht. Kirchengeschichtliche Stoffe müssen also als Spiegel behandelt werden, darinnen man sieht, »daß es wahr sei: allein der Glaube macht gerecht« (Luther). Die Behandlung kirchengeschichtlicher Stoffe als Historie oder als Bildungselement gehört in den Rahmen des Gesamtunterrichts in der Geistesbildung, nicht in die Christenlehre ...

b) Katechismus

Luthers Katechismus will eine kurze Summa und Auszug der Heiligen Schrift sein, der es möglich macht, die entscheidenden Wahrheiten des Evangeliums stets gegenwärtig zu haben, und zwar in einer Form, die die Menschen, die ihn gebrauchen, wirklich trifft und sie zur Gemeinde zusammenschließt.

Daraus folgt: Unser Katechismusunterricht darf keine private Dogmatik entwickeln, sondern soll die Lehre der Bibel geben.

Unser Katechismusunterricht soll diese Lehre der Bibel, kurz das Evangelium, aus der lebendigen Aneignung unseres Zeitalters heraus geben.

Unser Katechismusunterricht muß die einmal gefundene Form festhalten.

Solange die Kirche die für unser Zeitalter rechte Form des Katechismusunterrichts nicht gefunden hat, hilft uns Luthers Katechisation, die freilich der Ergänzung überall dort bedarf, wo sie die Kinder nicht trifft. Beispiel: Luthers Katechisation über den ersten Artikel vor Großstadtkindern mit erwerbslosen Eltern. Für diese Ergänzung trägt der Lehrer die volle Verantwortung vor seiner Kirche ...

3. Tat

Verkündigung des Evangeliums in Feier und Lehre, aus der nicht schaffende Tat wächst, wird unglaubwürdig. Die Sorge für die rechte Verkündigung in der Schule muß also stets auch Sorge für diese schaffende Tat sein. Evangelische Tat wächst aus Gehorsam und Dankbarkeit gegenüber Gott, dem Vater Jesu Christi. Alles Handeln, das seinen Grund nicht hierin hat, ist kein Handeln, das Evangelium verkündet, und bringt keine evangelische Frucht. Dies klar zu erkennen, hat uns der Nationalsozialismus entscheiden geholfen, als er vor der Machtergreifung diejenigen bekämpfte, die seine Pläne verwirklichen wollten, ohne Nationalsozialisten zu sein. Man wußte genau: mag dieses Handeln dem nationalsozialistischen Handeln noch so ähnlich sein, es ist doch nicht dasselbe und dient darum weder der nationalsozialistischen Sache noch bringt es nationalsozialistische Frucht. Ebenso ist auch ein Handeln, das dem Handeln aus Gehorsam und Dankbarkeit gegen den Vater Jesu Christi täuschend ähnlich sehen kann, doch nicht dasselbe wie dieses, wenn es nicht Tat des Gehorsams und der Dankbarkeit gegen Gott ist. Ja, es lauert hier sogar eine schwere Gefahr für unser Volk: Handeln, das nicht aus jenem Gehorsam und jenem Dank kommt, beschwört Werkgerechtigkeit vor Gott herauf, bedroht unser Volk also mit Judaismus ...

II. Schule unter dem Evangelium

Schule unter dem Evangelium ist eine Schule, die den Lebenszusammenhang der Gemeinde nicht zerstört, sondern sich ihm einfügt und ihm dient. Denn das Evangelium verurteilt jede pädagogische Autonomie, in der der Lehrer tut, als wäre er selbst der Herrgott. Es macht vielmehr den Lehrer zum Diener der Ordnungen Gottes, die er zur wirklichen Autorität seiner Kinder werden zu lassen hat. Heute bedeutet dies in weltlicher Hinsicht vor allem anderen, daß der Lehrer seine Schule den werdenden nationalsozialistischen Ordnungen des deutschen Volkes öffnet und diese unter das Licht des Evangeliums stellt, so daß sie für die Kinder unausweichliche Bedeutung erhalten. Evangelium und Nationalsozialismus sind also keine konkurrierenden Größen. Wo der Nationalsozialismus zu einer konkurrierenden Religion umgefälscht wird, ist dagegen vom Evangelium her Einspruch zu erheben. Der Lehrer, der im Gehorsam gegen das Evangelium diesen Einspruch geltend macht, handelt damit im Sinne des Führers und im Sinne der Parole von Hans Schemm: Unsere Politik heißt Deutschland, unsere Religion heißt Christus.

Schule unter dem Evangelium ist eine Schule, die die Wirklichkeit Gottes nicht durch Ideologien entstellt. Das bedeutet, daß in ihr die einzelnen Sachgebiete, wie Geschichte, Deutschkunde, Naturkunde, Leibesübung, Werkarbeit, durch keinen philosophischen und religiösen Oberbau vernebelt werden dürfen. Sie müssen so zur Darstellung und zur Anschauung kommen, wie sie wirklich sind, nicht wie eine vergrübelte Vernunft, oder ein frömmelndes Gemüt sie gern sehen möchte.

Schule unter dem Evangelium ist eine Schule, in der es neben Gott keine anderen Götter gibt. Das zwingt den verantwortlichen Lehrer, wo er allein ist, zum Verzicht auf private Theologien und, wo er Kollegen hat, zum Kampf um die Gründung eines gemeinschaftlichen Erziehungswillens im Evangelium.

Schule unter dem Evangelium im Sinne dieser Beschreibung entsteht nur aus der Kraft des Worts und kann nicht durch organisatorische Garantien gesichert oder durch kirchenbürokratische Maßnahmen geschaffen werden.

Anhang: Deutsche Sprache christlicher Frömmigkeit

Als eine im engeren Sinne erzieherische Aufgabe ist es zu betrachten, unsere deutschen Kinder zu artgemäß deutschem Ausdruck ihrer christlichen Frömmigkeit zu führen. Deshalb ist diese Aufgabe im besonderen Maße Sache der Schule. Sie wird auf folgenden Wegen gelöst.

1. Die israelitisch-jüdischen Bildworte für evangelische Glaubensinhalte müssen bewußt immer mehr in den Hintergrund gedrängt werden. Ihr umfangreicher Gebrauch in der Gemeindefrömmigkeit der Gegenwart stammt aus der Wurzellosigkeit pietistischer Strömungen, die die Sprache Kanaans zu so etwas wie einer internationalen Sprache christlicher Frömmigkeit gemacht haben. Diese Entwicklung erfolgte aber gegen die ursprüngliche Richtung der deutschen Reformation. Der Einspruch gegen sie verstößt nicht gegen das Gebot der Verwurzelung evangelischer Schule in der Gemeinde, auch wenn diese zunächst an dem Herkommen festhalten will. Denn zur Gemeinde gehören auch die Jungen, die Gott auf deutsch anrufen, beten, loben und danken wollen.

2. Die allzu lange vergrabenen Schätze urdeutscher christlicher Frömmigkeitssprache, besonders im Lied, müssen systematisch gesammelt und zu neuem Leben erweckt werden.

3. Die weltliche Seite des Schullebens muß so gestaltet sein, daß sich unsere Kinder mit den besten Äußerungen der deutschen Seele vollsaugen (Märchen, Sage, Geschichte, Dichtung). Wenn sie auf diese Weise tief in die Wurzelerde gesenkt werden, die Gott ihnen gab, werden sie dahin kommen, auch selbst mit eigenem Wort zu Gott zu rufen und also die Tradition der deutschen Sprache christlicher Frömmigkeit fortzusetzen. Wenn sie aber aus dieser Wurzelerde gelöst werden, werden sie schließlich überhaupt nicht mehr zu Gott rufen können. Dies ist nicht ernst genug zu nehmen. Nur wenn wir Deutschen deutsch zu

dem Gott des Evangeliums beten, beten wir wirklich zu ihm. Ein in fremder Sprache angeredeter Gott ist meist ein Götze. Denn ich kann nicht Gott als Schöpfer verraten und ihn als Erlöser anrufen. Wo das versucht wird, führt es erfahrungsgemäß zu einer Irrlehre über den Erlöser, als erlöse er uns von der Schöpfung, statt zu ihrer Erfüllung, führte uns also fort vom Evangelium. Erst wenn man das sieht, begreift man den Ernst und die Leidenschaft, mit denen sich Luther um eine deutsche Sprache christlicher Frömmigkeit unter Deutschen mühte. Dieser Ernst und diese Leidenschaft müssen in unseren Schulen wieder lebendig werden.

III. Vom priesterlichen Amt des Lehrers

Der Liberalismus hat mit dem Amt des evangelischen Religionslehrers weidlich Schindluder getrieben. Folgende Erfindungen danken wir ihm:

den Religionslehrer, der einmal Theologe war und dann, weil er »nicht mehr« glauben konnte, Religionslehrer wurde;

den Religionslehrer, der nie einen Glauben hatte und meinte, den Religionsunterricht hypothetisch geben zu können, »als ob« er glaubte;

den Religionslehrer, der über das Evangelium erhaben war und »seine eigen Religiosität« lehrte.

Daß das deutsche Volk der letzten Jahrzehnte vor seinem Lehrerstand nicht allzu große Achtung hatte, ist zu einem beträchtlichen Teil in dem Vorhandensein von Religionslehrern solchen Stils begründet. Denn eine solche Religionslehrerschaft macht das Heilige zur Lüge. Indem wir dem evangelischen Religionslehrer die neuen Aufgaben stellen, von denen hier die Rede war, brechen wir mit dieser Lüge. Denn an dieser Aufgabenstellung scheitern jene liberalen Haltungen zwangsläufig.

Diese neue Aufgabenstellung ist begründet in einem Auftrag. Diesen Auftrag erteilt die Gemeinde, also die Väter und Mütter unserer Schulkinder. Dadurch wird das Amt eines Lehrers des Evangeliums wieder ein wirkliches Amt. Denn nur wo ein Auftrag ist, ist ein Amt ...

Eine evangelische Religionslehrerschaft, die evangelische Erziehung aus dem lebendigen Auftrag der Gemeinde und aus dem eigenen Sich-Gottstellen treibt, übt nach Luthers Lehre vollgültiges priesterliches Amt aus. Die deutsche evangelische Kirche muß dieses priesterliche Amt ihrer Religionslehrerschaft ehren, wie es sich gebührt. Das heißt nicht bloß mit frommen Phrasen, sondern in Tat und Wahrheit.

Vierte Bekenntnissynode der Deutschen Evangelischen Kirche

Beschluß über die Schulfrage

Auf Grund der Heiligen Schrift trägt die Kirche Verantwortung für die Erziehung aller getauften Kinder. Gott hat es ihr zur Pflicht gemacht, darum zu kämpfen, daß nicht nur Haus und Familie, sondern auch die Schule in allen ihren Lebensäußerungen vom Geiste Jesu Christi beherrscht sind.

Nach den geltenden Gesetzen ist der christliche Charakter des deutschen Schulwesens bis heute unverändert. Von der Universität bis zur Volksschule sind die Formen erhalten geblieben, durch die der Staat den christlichen Kirchen den ihnen zukommenden Einfluß auf die Erziehung der Jugend gewährleistet.

In Wirklichkeit ist es aber dahin gekommen, daß die christliche Grundlage des deutschen Schulwesens aufs äußerste bedroht und in einigen nicht unwesentlichen Stücken bereits beseitigt ist.

Um die deutsche Schule ringen *zwei einander ausschließende Glaubenshaltungen.*

Die eine ist vom Geiste der Selbstverherrlichung des Menschen bestimmt. Sie lehnt nicht nur den Einfluß der Kirche auf die Schule ab, sondern bekämpft die christliche Botschaft als volksschädlich. Die andere ist das Bekenntnis zu dem für uns gekreuzigten und auferstandenen Herrn Jesus Christus. Sie erkennt im Gehorsam gegen ihn die unveräußerliche Grundlage aller echten Erziehung. Ein Jahrtausend deutscher Geschichte ist durch dieses Bekenntnis geprägt worden.

Die neue Religion eines widerchristlichen Deutschglaubens wird auf dem Gebiete der Schule mehr oder weniger sichtbar begünstigt. Der Kampf gegen die christliche Schule wird zumeist nicht offen, sondern im Geheimen geführt. Das Wort vom »positiven Christentum« wird so umgedeutet, daß der Anschein entsteht, als gäbe es einen christlichen Glauben ohne das Ärgernis des Kreuzes Christi. Man bedient sich vielfach der alten Parole der Gemeinschaftsschule, läßt aber nicht erkennen, daß die Einrichtung einer solchen Gemeinschaftsschule heute auf die Preisgabe der christlichen Schule hinausläuft. Darüber sind sich einige noch nicht klar, andere dagegen erblicken schon jetzt in der von ihnen geforderten Gemeinschaftsschule den Übergang zur völlig entchristlichten Schule. Im Widerspruch zur gesamten deutschen Geschichte wird der Eindruck erweckt, als wären Christentum und Deutschtum unvereinbare Gegensätze.

Die heute eingeleitete »Entkonfessionalisierung« der Schule führt in Wirklichkeit zur Loslösung der Schule von Kirche und christlicher Verkündigung und zu ihrer Auslieferung an einen Irrglauben. Immer stärker drängt sich der Eindruck auf, als sollte die gesamte deutsche Jugend nach und nach vollständig in einem antichristlichen Geiste beeinflußt werden. Man scheint davon das allmähliche Absterben der christlichen Kirche in Deutschland zu erwarten. Der Kampf erstreckt sich auf die gesamte Erziehungsarbeit der Schule, von den Formen, in denen sich das Leben der Schule abspielt, bis hinein in alle Unterrichtsgebiete. Auch wo noch ein geordneter Religionsunterricht erteilt wird, werden vielfach, besonders im geschichts- und naturkundlichen Unterricht, Lehren verbreitet, die in der Jugend die Ehrfurcht vor Jesus Christus und die Achtung vor seiner Kirche untergraben. So kommt es zu absichtlichen Störungen des Religionsunterrichts durch irregeleitete Schüler, die törichterweise glauben, dadurch der Erneuerung der deutschen Schule zu dienen. So kommt es, daß Lehrer fürchten, von ihren Schülern politisch verdächtigt zu werden, wenn sie sich im Unterricht zu ihrem christlichen Glauben bekennen.

Die Kirche ist über diese Verhältnisse nicht um ihrer selbst willen, wohl aber um unseres Volkes willen beunruhigt. Alle antichristliche Propaganda wird nichts anderes erreichen, als daß sie die Wahrheit und Kraft der christlichen Verkündigung um so klarer macht. Längst ist offenbar geworden, daß weder die deutschgläubige Religiosität noch andere Ersatzreligionen die Grundlage für die Erziehung der Jugend abgeben können. Sie sind wohl klar in dem, was sie ablehnen; was sie aber an die Stelle der christlichen Wahrheit setzen wollen, ist ein Gemisch aus schwärmerischen, romantischen und liberalistischen Gedanken. Die Früchte einer so aufgebauten Erziehung sind deshalb auf seiten der Jugend Unsicherheit, Zweifel, Auflehnung gegen jede Autorität und Zerstörung aller Grundbegriffe der sittlichen und geschichtlichen Erkenntnis. Ihre Früchte auf seiten der Erzieher sind mangelnde Klarheit in Fragen des Gewissens und Glaubens und demgemäß schwächliches Nachgeben gegenüber ungerechtfertigten Ansprüchen nichtverantwortlicher Personen in Sachen des äußeren Schulbetriebes, der Schulordnung und der Schulzucht. Darunter muß nicht nur die Ordnung des Schullebens, sondern die gesamte Autorität des Staates schweren Schaden leiden.

Diese Wirkungen werden verstärkt durch die Angriffe auf Christus und die Verkündigung der Kirche, denen die Jugend außerhalb der Schule planmäßig ausgesetzt wird. Die versteckte Art, in der diese Angriffe vielfach erfolgen, zerstören das Vertrauen zwischen Eltern und Kindern.

Wenn die Kirche in diesen Dingen das Wort nimmt, so tut sie es deshalb, weil sie vor Gott die Verantwortung trägt für alle Kinder, die ihr durch die heilige Taufe auf Herz und Gewissen gelegt sind. Sie darf nicht schweigend zusehen, wenn die Jugend in einem widerchristlichen Geist erzogen wird. Sie trägt ebenso eine Verpflichtung gegenüber den Eltern, die ihre Kinder zur Taufe dargebracht haben, in der Erwartung, daß ihnen der Segen einer christlichen Erziehung zuteil werde. Sie ist schließlich der Lehrerschaft den Dienst der Wegweisung und Seelsorge schuldig. Sie muß dafür eintreten, daß der evangelische Lehrer die christliche Wahrheit frei und offen bekennen und als Erzieher im Glauben seiner Kirche nach seinem an Gottes Wort gebundenen Gewissen handeln kann.

Aus diesem Grunde ist die Vierte Bekenntnissynode der Deutschen Evangelischen Kirche berufen und vor Gott verpflichtet, an die Staatsregierung, an die Pfarrer und Gemeinden, an die Eltern und Lehrer folgende Bitte und Mahnung zu richten:

1. Der *Staat* muß dafür sorgen, daß die geheime widerchristliche Propaganda ihr Ende findet. Für den Religionsunterricht und für die anderen Unterrichtsfächer, soweit sie Angelegenheiten des christlichen Glaubens mit betreffen, sind klare Richtlinien erforderlich, aus denen hervorgeht, in welcher Weise die politische Erziehung der Jugend für den nationalsozialistischen Staat vereinigt werden soll mit christlicher Erziehung und Unterweisung der Jugend. Diejenigen Lehrer, die überzeugungsgemäß keine Christen sind, müssen veranlaßt werden, um der Wahrhaftigkeit willen den Unterricht in der christlichen Religion niederzulegen. Der Beseitigung der christlichen Schulandacht und des Schulgebets auf dem Wege der Umwandlung in weltanschauliche Feierstunden muß mit Nachdruck gewehrt werden.

Es widerspräche dem Wesen der Kirche, wenn sie solche Lehrer und Eltern, die innerlich mit dem christlichen Glauben zerfallen sind, zwingen würde, gegen ihre Überzeugung zu handeln. Dadurch würde jener unerträgliche Zustand verallgemeinert, der an einigen Orten dahin geführt hat, daß der Religionsunterricht an den öffentlichen Schulen geradezu in den Dienst der widerchristlichen Propaganda gestellt wird. Die Kirche legt keinem einen Gewissenszwang auf, kann aber ebensowenig ertragen, daß von anderer Seite ein Gewissenszwang im widerchristlichen Sinn ausgeübt wird. Aus diesem Grunde ist es dringend notwendig, daß von Staats wegen Klarheit darüber herbeigeführt wird, ob *das Bekenntnis zu Christus* oder *das Bekenntnis gegen Christus* die deutsche Schule beherrschen soll. Die in allen diesen Fragen bestehende Unklarheit belastet das Gewissen der christlichen Lehrer und Eltern. Sie erzieht die Jugend zu einer skeptischen Grundhaltung und treibt sie durch die Zwiespältigkeit der gesamten Erziehung immer mehr dem Nihilismus zu.

2. Die Träger des *geistlichen Amtes* werden ermahnt, den Gemeinden ihre Verantwortung für die Erziehung der Jugend und für die christliche Schule unermüdlich vor Augen zu stellen, sie zu treuem Gebet für Jugend, Schule und Haus aufzufordern, Lehrern und Eltern in ihren mannigfachen Nöten mit Rat und Tat beizustehen. Die Kirche hat die Pflicht, im öffentlichen Gebet die Sorge vor Gott zu bringen, die sie im Blick auf die Zukunft der deutschen Jugend trägt. Sie muß sich dafür einsetzen, daß das Amt eines christlichen Erziehers die Würde behält, die ihm in der Heiligen Schrift zuerkannt wird. Der Prediger des Wortes Gottes und der Lehrer der christlichen Wahrheit sind beide Herolde Jesu Christi, Diener seiner Gemeinde und Empfänger seiner Verheißung.

3. Die *Gemeinden*, besonders ihre Vorsteher und Helfer, sowie die christlichen Eltern werden ermahnt, nicht müde zu werden im Kampf um die christliche Erziehung der getauften Jugend. Sie dürfen keine Opfer scheuen, ihr das heilige Gut des unverfälschten Evangeliums zu bewahren und liebzumachen. Die christliche Gemeinde ist verpflichtet, wo es nötig ist, für das der Kirche gesetzlich gewährleistete Gut einer bekenntnisgebundenen christlichen Schule mit allem Nachdruck zu kämpfen. Sie muß darüber wachen, daß ihr dieses Gut nicht auf ungesetzlichem Wege entrissen wird. Mit den Eltern ist die ganze Gemeinde verpflichtet, darüber zu wachen, ob in ihrer Schule die auf den Namen Jesu Christi getauften Kinder zu ihrem Herrn geführt oder ihm entfremdet werden. Wo sie erkennt, daß alle Versuche fehlgeschlagen sind, den Mißbrauch des Religionsunterrichtes abzustellen, müssen die Eltern um des Gewissens willen ihre Kinder einem solchen Religionsunterricht entziehen und einer eigenen kirchlichen Unterweisung zuführen.

Neben der christlichen Schule steht das christliche Haus, das in Hausandacht und Gebet das Kind unter Gottes Wort stellt. Gerade da, wo der

Gemeinde der Segen der christlichen Schule genommen ist, muß die häusliche Erziehung und Unterweisung mit besonderem Ernst geübt werden.

4. Die christlichen *Lehrer* werden aufgerufen, sich nicht nur im Religionsunterricht, sondern in ihrem gesamten erzieherischen Handeln in der Schule und gegen jedermann ungescheut zu Jesus Christus zu bekennen. Wird die in ihm geoffenbarte Wahrheit ausgeschaltet, so verschwindet aus der Schule die klare Erkenntnis von Gut und Böse, Recht und Unrecht, Wahrheit und Lüge. Je länger das Ringen für oder gegen Christus dauert, um so klarer wird hervortreten, daß die Freiheit des Lehrens nur da gesichert ist, wo das Gewissen nicht an menschliche Ideale, sondern an Ihn gebunden ist.

Die Synode dankt Gott dafür, daß er in allen Teilen unseres Volkes, auch innerhalb der Lehrer- und Elternschaft treue Bekenner aufgerufen hat. Sie ist der festen Überzeugung, daß der, der das gute Werk in uns angefangen hat, es auch vollenden wird zum Segen für seine Kirche, zur Erhaltung und Festigung des Staates und zum Heil des deutschen Volkes.

Martin Rang

1. Religionsunterricht:
Bekenntnis – Anrede – kirchlicher Unterricht

Gottes Wort ist nicht ein Gegenstand des Betrachtens und Untersuchens, sondern Botschaft, die Gehorsam und Gehör verlangt. Es ist nicht ein Bildungsgut, das ich mir aneigne, sondern in das menschliche Leben hineinwirkende Kraft. Darum verlangt es von dem, der hier lehrt, und von dem, der hier gelehrt wird, eine Haltung, die sich grundsätzlich von der Haltung unterscheidet, die Lehrer und Schüler anderen Worten und Stoffen gegenüber einnehmen.

Der Lehrer als Zeuge. Vom Lehrer verlangt dieses Wort, daß er es in Gehorsam weitergibt, und das kann nicht weniger heißen, als daß er sich zu ihm *bekennt.* Denn ein »objektives«, »neutrales« Weitergeben wäre diesem Worte gegenüber Ungehorsam und Verleugnung. Das bedeutet nicht, daß der Glaube der Schüler an den Glauben des Lehrers gebunden wäre, sondern es geht darum, daß der Lehrer – ganz unabhängig von der Frage des »Erfolges« – erkennt, was er diesem Worte gegenüber schuldig ist. Es mag sein, daß ein »ungläubiger« Lehrer einen Unterricht gibt, bei dem das Kind zum Glauben kommt, und ein »gläubiger« Lehrer einen Unterricht, der keinen Glauben entzündet – das gehört in die oben bereits erwähnte Grenze unseres menschlichen Tuns oder in die Freiheit des Geistes Gottes. Es ist und bleibt aber ein Fluch, und zwar in erster Linie ein Fluch für den Lehrer selbst, wenn er seinen Religionsunterricht mit schlechtem Gewissen erteilen und sich deshalb in die Neutralität retten muß ...

Der Schüler als Hörer. Dieses Wort hören heißt nicht bloß, sich Mühe geben, es mit dem Verstande zu verstehen, oder sich von dem Großen und Erhabenen im Gefühle packen und bewegen lassen. Dieses Wort hören heißt, es als ein Wort hören, das voller Autorität ist und mich unmittelbar angeht.

Ein Wort der Autorität. Kann man vom Schüler verlangen, daß er innerlich bereit ist, sich dem Anspruch dieses Wortes zu beugen? Verwischen wir nicht damit die Grenze von Gottesdienst und Unterricht und bewegen uns nun doch in einem bloßen Wunschreich, das mit der nüchternen Wirklichkeit unseres Unterrichtes, des schulischen wie des Konfirmandenunterrichtes, nichts zu tun hat? Ich glaube nicht ...

Wie also der Junge und das Mädchen, die am Konfirmandenunterricht teilnehmen, um sich konfirmieren zu lassen, wenn es ordentlich zuginge – und es geht auch heute hierbei, Gott sei Dank, noch sehr oft ordentlich zu –, *verantwortlich handeln* und das Wort Gottes nicht als neutrale Betrachter, sondern als solche hören, die ein Gelübde ablegen wollen, sich danach auch in ihrem späteren Leben zu richten, so können und sollen sie auch am übrigen christlichen Unterricht (schulischen Religionsunterricht, Kindergottesdienst, Christenlehre) sich als solche beteiligen, die sich dem verkündeten Worte zu öffnen und zu beugen willens sind. Das äußere Kennzeichen ist die Freiwilligkeit, die allerdings nicht zu einem Freibrief der Bequemlichkeit werden darf und zum Beispiel durch das Abmelderecht vom schulischen Religionsunterricht genügend gewahrt ist. Auch hier stehen wir mitten in einem Reinigungsprozesse, der vielleicht noch sehr viel weitere Fortschritte machen wird. Auch hier haben wir um der Sache willen allen Grund, die Ausscheidung derer, die nicht guten Willens sind, zu begrüßen.

Man achte wohl auf die verschiedene Form und das verschiedene Maß des Gehorsams, das wir von Lehrer und Schüler verlangen. Der *Lehrer* soll sich zu dem Worte, das er zu lehren hat, *bekennen*; soweit überhaupt ein Mensch von sich behaupten darf, daß er glaube, soweit soll und muß er also sagen können: Der Glaube, den ich euch lehre, ist mein Glaube. Der *Schüler* soll sich dem Worte, das er zu lernen hat, *öffnen*; er soll den ernsthaften Willen haben, das Wort als ein Wort göttlicher Autorität anzunehmen, wobei Wille und Vollzug wohl unterschieden sein können. Der Zweifel zum Beispiel schließt, auch wenn er noch so stark ist, einen Schüler nicht aus der Gemeinschaft der Hörenden aus, während er einem Lehrer den Unterricht erschwert, ja von einem gewissen Grade ab unmöglich macht.

Ein Wort, das mich trifft. Der Schüler soll das Gotteswort als ein Wort auffassen, das ihn in seinem jetzigen wie in seinem künftigen Leben unmittelbar angeht. Der Lehrer, der es ihn lehrt, darf sich also nicht damit begnügen, es als eine sachliche Autorität hinzustellen, sondern muß versuchen, ihn in seiner kindlichen und jugendlichen Existenz unmittelbar anzureden und ihm zu Bewußtsein zu bringen, wie es jetzt und später dabei um ihn selber geht. Dies »tua res agitur« spüren zu lassen, ist wohl die ernsteste und zugleich schwerste Aufgabe des Unterrichtes ...

Wir bezeichneten es als eine Voraussetzung des christlichen Religionsunterrichtes, daß der Schüler gewillt sei, Gottes Wort als ein Wort der Autorität zu hören. Diese Voraussetzung liegt außerhalb unserer Bemühung und Verantwortung als Lehrer, weshalb der Lehrer Recht und Pflicht hat, Schüler, die offensichtlich gegen diese Voraussetzung verstoßen, auszuschließen. Die Entscheidung, die wir dem Schüler und seinen Eltern damit zuschieben, liegt nicht *in*, sondern *vor* unserem Unterricht, was natürlich nicht ausschließt, daß wir diese Entscheidung ihnen notfalls zu wiederholten Malen ins Gedächtnis zurückrufen. Wir sind um der Würde der Sache, um die es hier geht – nicht um unserer persönlichen Würde willen –, verpflichtet, auf die Erfüllung dieser Voraussetzung zu halten. »Ihr sollt das Heiligtum nicht den Hunden geben, und eure Perlen sollt ihr nicht vor die Säue werfen« (Mtth. 7,6).

Das zweite aber, daß der Schüler dieses autoritäre Wort auch als lebendiges Wort empfindet und sich persönlich getroffen fühlt, das ist mit dieser Voraussetzung keineswegs mitgegeben, sondern ist nun die eigentliche Aufgabe des Lehrers. Es ist der verhängnisvolle Irrtum des alten dogmatischen Unterrichtes gewesen, daß er dies beides nicht zu trennen verstand und also entweder mit dem ersten, der Anerkennung der Autorität, sich begnügte oder das zweite als eine einfache Folgerung dieses ersten voraussetzte oder forderte. Der Lehrer hat also hierbei nichts von den Schülern, sondern alles von sich zu fordern: *Seine* Aufgabe ist es, die Geschichten und Worte der Bibel so darzubieten, so zu besprechen oder auf die Fragen und Einwände der jungen Menschen so einzugehen, daß diese sich angesprochen fühlen ...

Lehrer und Schüler stehen im Religionsunterricht als *Glieder ihrer* Kirche. Denn die Verkündigung des Wortes Gottes geschieht nicht von Privatpersonen auf eigene Verantwortung, sondern auf Grund eines *Auftrages*: » ... lehret alle Völker.« Und wer das Wort Gottes verantwortlich *hört*, tritt eben damit in den engeren oder weiteren Kreis der Kirche, sei es als Katechumene, sei es als Getaufter.

Die Taufe ist es also nicht *allein*, die den Religionsunterricht begründet, insofern ja gerade die Unterweisung in der alten Kirche, der Katechumenenunterricht, Unterricht an Nichtgetauften war. Immerhin war auch dieser Unterricht auf die ihm nachfolgende Taufe bezogen. Ein missionierender Religionsunterricht hätte immer die Taufe zwar nicht zum Grunde, aber zum Ziel.

Normalerweise ist unser Unterricht aber Unterricht getaufter Kinder und ist allein schon durch diese Tatsache kirchlicher Unterricht. Die Bedeutung dieser Grundlage kann gerade heute nicht entschieden genug betont werden; die Kirche hat ein *Recht* auf diesen Unterricht, der nichts anderes ist als die Einlösung des in der Taufe gegebenen Versprechens ...

Die Verantwortung der Kirche für Erziehung und Unterricht des Kindes gründet sich auf die Tatsache der Taufe. Das Kind gehört durch die Taufe zur Kirche, aber so, daß in der Taufe sein Eintritt in die Glaubensgemeinschaft nur *begonnen* ist. Die Kindertaufe ist, soll sie nicht magisch mißverstanden werden, nicht zu lösen von der folgenden christlichen Erziehung und Unterweisung, die mindestens bis zur Konfirmation reicht. Die Taufe als die sakramentale Gemeinschaft mit Christus und seinem Leibe, der Kirche, ist durch die Einrichtung der Kindertaufe gleichsam in zwei Abschnitte geteilt: Taufe und Konfirmation. Erst mit der Konfirmation wird das Kind wirklich volles Glied der Kirche und darf am Abendmahl teilnehmen. Der Konfirmandenunterricht, der der Konfirmation vorausgeht, ist also ebensosehr Taufunterricht, der der Taufe folgt, wie die Taufe selbst erst durch solchen Unterricht und durch die Konfirmation ihren vollen Sinn erhält. Nur weil man vielfach diese Beziehung des Konfirmandenunterrichts zur Taufe aus den Augen verloren hatte, war es möglich, ihn derart von der ihm vorausgehenden christlichen Unterweisung und Erziehung des Kindes zu trennen, so daß weder praktisch noch in den Anschauungen vieler Pfarrer und der meisten Lehrer wie der Eltern und der Kinder selber der Konfirmandenunterricht in einer Linie steht mit dem schulischen Religionsunterricht, dem Kindergottesdienst und der vorschulischen religiösen Familienunterweisung. Die Scheidung in schulischen Religionsunterricht und kirchlichen Konfirmandenunterricht ist historisch zufällig und vom Wesen der christlichen Glaubensunterweisung aus bedeutungslos: Es gibt nur *einen* Religionsunterricht, der seine Begründung in der Taufe hat ...

2. Der Religionsunterricht in der staatlichen Schule

Die aus der Taufe folgende erzieherische Verantwortung der Kirche bestimmt auch das Verhältnis zum *Staate*, das in unserem Falle akut wird an dem Problem des *Religionsunterrichts in der staatlichen Schule*. Was bedeutet hier der Anspruch der Kirche, daß sie, und sie allein, aus ihrer bei der Taufe übernommenen Verantwortung heraus die christliche Unterweisung des Kindes zu bestimmen habe? Daß es also, wie wir sagten, nur *einen* christlichen Unterricht gibt, ganz gleichgültig, ob der Pfarrer ihn im Konfirmandenzimmer oder der Lehrer im Schulzimmer erteilt. Daß wir überhaupt zweierlei Arten von Religionsunterricht haben, den schulischen und den kirchlichen, ist nur historisch zu verstehen, wobei es sich erweist, daß diese Teilung seinerzeit nur äußerlich und grundsätzlich belanglos gemeint war; kein Gedanke, daß man damit so etwas wie eine Distanzierung des schulischen Religionsunterrichts von der Kirche und ihrer Unterweisung beabsichtigte. Es bleibt aber die Frage, ob eben *heute* diese Teilung anders, also grundsätzlich, zu verstehen wäre, so daß dem schulischen Religionsunterricht ein anderer Charakter zukäme als dem kirchlichen.

Ob dies staatlicherseits beabsichtigt ist oder nicht, steht hier nicht zur Frage (ich halte es übrigens für unwahrscheinlich). Die Kirche hat einem solchen Versuche gegenüber klar zu erklären, *daß ein Religionsunterricht, der nicht ihrem Glauben entspricht, für sie ein unchristlicher und gegenchristlicher Unterricht und als solcher untragbar wäre*. Denn es ist unmöglich, religiös neutral zu erziehen: Allein das Fehlen der wesentlichen Glaubensinhalte kommt ihrer Negation gleich. Wer etwa von dem einen Gott spricht und verschweigt, daß wir den rechten Gottesglauben nur aus der Bibel haben, wer vom Vater spricht und verschweigt, daß wir zu ihm keinen Zugang haben als durch den Sohn, wer von Gottes Schöpfung spricht und ihren Fall in Sünde und Tod übergeht, der gibt nicht etwa einen vorchristlichen, sondern einen gegenchristlichen Unterricht ...

Es ist selbstverständlich, daß diese Argumente innerkirchlicher Art sind und für den Staat ohne Belang. Wer mit dem Staat über den Religionsunterricht in der staatlichen Schule zu sprechen hat, hat keine kirchlichen – aber wahrhaftig auch keine allgemein religiösen – Gründe beizubringen, sondern *politische*. Der Staatsmann kann und soll nur nach politischer Zweckmäßigkeit handeln; der Vertreter der Kirche muß, wenn er mit ihm spricht, seine Sicht annehmen und seine Sprache sprechen.

Der *erste* Grund, und auch heute noch anscheinend der wirksamste, ist *der Wille der Eltern*. Die Eltern können (negativ) verlangen, daß sich die Erziehung nicht in Gegensatz zu ihrer religiösen Überzeugung stellt; jede nichtchristliche religiöse Erziehung aber ist, wie wir sahen, eine gegenchristliche. Die Eltern können aber auch (positiv) erwarten, daß die staatliche Schule, die neben den Bünden die Zeit ihrer Kinder voll beansprucht, Rücksicht nimmt auf ein ihnen wesentliches erzieherisches und unterrichtliches Anliegen.

Der *zweite* Grund ist *die geistige Macht der Kirchen*. Auch ihr traditionelles Ansehen ist dabei mit in Betracht zu ziehen; es muß freilich schließlich als veraltet verblassen, wenn die Kirche nicht auch im gegenwärtigen Volk noch über eine große Anhängerschaft verfügt. Allein die äußere Zugehörigkeit (Taufe und Kirchensteuer) tut's freilich nicht, obwohl auch sie vom Staatsmann als eine Willensäußerung des Volkes zu werten ist. Wichtiger ist natürlich das Imponderabile der »ernsten Christen« ...

Ein *drittes* Argument liegt in der Frage: *Was soll an die Stelle der christlichen Unterweisung treten?* Es ist wohl jedem einsichtigen Manne klar, daß unter den heutigen Umständen ein nichtchristlicher Religionsunterricht kein Religionsunterricht ist und auch von der Jugend abgelehnt wird. So bliebe also ein *Vakuum*, und dieses religiöse Vakuum muß dem Staatsmann nicht unbedenklich erscheinen, weil er, selbst wenn er für sich überzeugt ist, daß man der Religion entbehren kann, damit rechnen muß, daß sich dieses Vakuum mit allerlei unkontrollierten und unkontrollierbaren sektiererischen Bestrebungen füllt, ganz abgesehen von dem moralischen Schaden, den viele Menschen durch diese innere Leere nehmen werden.

Damit ist bereits ein *vierter*, noch tiefer liegender Grund angedeutet: Welches sind die *Folgen* der christlichen Religion und welches die der Religionslosigkeit? Denn nach ihren Folgen beurteilt der Staatsmann die Religion (vgl. I 65f.). »Wir unterrichten unsere Kinder von Jugend auf von den großen Vorteilen, die die christliche Religion gebracht hat; dagegen von ihrem Ursprung, von ihrem Verlauf geben wir zuletzt Kenntnis«, das ist Goethes Maxime in der pädagogischen Provinz. Nun dürfte dieses Verfahren recht seltsam, ja sinnlos sein – *wer die »Vorteile« will, muß auch den »Ursprung« in Kauf nehmen*. Wenn sich also der Staatsmann überzeugt, daß für die moralische Gesundheit und den Gewissensernst des Volkes die christliche Unterweisung und Erziehung nützlich ist – und mittelbar damit auch für die Nationalerziehung (vgl. I 55), dann muß er die Folgerung ziehen, diese Unterweisung und Erziehung als ganze und in ihrer vollen Kraft zuzulassen.

Mit dem bisher Ausgeführten ist die *Stellung des Lehrers als Religionslehrers* bestimmt: Er gibt seinen Unterricht nicht als Vertreter des Staates, sondern der Kirche. Natürlich bleibt er, auch als Religionslehrer, Staatsbeamter und untersteht der Autorität der staatlichen Schulbehörde; aber für den *Inhalt* seines Religionsunterrichtes ist er nicht dem Staat, sondern der Kirche verantwortlich ... Es kommt freilich alles darauf an, daß der Lehrer diese Bindung an die Kirche und ihre Autorität nicht als eine äußere, sondern als eine innere empfindet, nicht als eine »Unterwerfung« unter den Pfarrer, sondern als *eigene Verpflichtung der Kirche gegenüber*. Allzu lange schon dauert die unglückliche, Kirche wie Volk zersetzende Spannung zwischen Pfarrer- und Lehrerstand. Beide Seiten müssen endlich einmal alte bittere Erfahrungen vergessen und aufhören, da, wo sie zusammen arbeiten sollten, gegeneinander zu arbeiten. Der Lehrer muß heute erkennen, daß er nur die Wahl hat, entweder sich außerhalb der Kirche zu stellen, ja gegen sie zu kämpfen, oder seine eigene kirchliche Verantwortung zu empfinden und danach zu handeln. Denn er ist so gut Glied der Kirche wie der Pfarrer, und er, dem in erster Linie die christliche Unterweisung und Erziehung der von der Kirche getauften Kinder anvertraut ist, sollte, statt sich nach Möglichkeit von der Kirche zu distanzieren, seine Aufgabe in der Schulklasse als nicht minder wichtige und entscheidende kirchliche Arbeit ansehen wie die Aufgabe des Pfarrers auf der Kanzel. »Lehrautorität« der Kirche über den schulischen Religionsunterricht heißt also nicht: »geistliche Schulaufsicht« (= Aufsicht durch Geistliche), sondern heißt: *Der Religionsunterricht ist Kirche in der Schule*, gehört seinem inneren Wesen nach zur Kirche und untersteht in seinem Inhalt, nicht anders wie der Inhalt jeder Predigt oder jeder theologischen Vorlesung, der bekenntnismäßigen Prüfung: ob das Wort Gottes *rein* gelehret werde (si evangelium pure docetur).

Gewiß besitzt die evangelische Kirche nicht, wie die katholische, eine *Lehrinstanz* als Richterin über die rechte oder die unrechte Lehre; gibt es auch keine richtende Behörde, so gibt es doch richtende Bekenntnisschriften, vor allem die Bibel selbst als Maß und Norm des rechten Christenunterrichtes. Nicht auf die äußere Form, in der man versucht, in der Kirche die Reinheit der Evangeliumsverkündigung sicherzustellen, kommt es an, sondern darauf, daß der Grundsatz anerkannt wird: *Wer lehrt oder predigt, tut es nicht in seinem eigenen Namen, sondern im Namen Jesu Christi als des Herrn der Kirche.* So steht der Lehrer vor den Kindern niemals als autonome Erzieherpersönlichkeit, sondern als *Beauftragter:* hier der Kirche wie sonst des Staates. Niemand anders als Lagarde, dem man gewiß keine kirchliche Voreingenommenheit vorwerfen kann, hat das mit überzeugenden Worten ausgesprochen:

»Wir erziehen nie als Personen – nur geniale Männer tun das, und auch sie nur bis zu einem gewissen Grade und nicht überall –, wir erziehen, wenn wir eine keinen Einspruch duldende Macht hinter uns haben, welche unseren Worten und Maßregeln wie Inhalt, Form und Maß so auch Nachdruck verleiht ... Hinter der Kirche treten die Individuen zurück, auch hinter dem Staate tun sie das« (»Deutsche Schriften«, 1924, S. 315).

3. Alltag und Grenzsituation

Die Schätzung eines Unterrichtsgebietes bei der Jugend hängt, von gewissen formalen Reizen der Arbeitstechnik abgesehen, meist davon ab, ob die Jugend in ihr den Pulsschlag des gelebten Lebens oder nur das Räderwerk einer Fachwissenschaft spürt. Von dieser Einsicht aus hat man in der Volksschule versucht, fast den gesamten Unterricht als »Gegenwartskunde« oder »Volkskunde« aufzufassen und zu gestalten. »Aufklärung des Lebens« und »Vergeistigung des Alltags« hat man diese dem volkstümlichen, vorwissenschaftlichen Denken gemäße Forderung genannt ...

a) Vom Wesen der Grenzsituation

Dies ist die Situation, in die sich der Religionsunterricht heute hineingestellt sieht: Er steht in einer lebensnahen, dem Alltag und der sichtbaren Welt des Volkes zugewandten Schule – kann er in diesem Sinne »lebensnah« sein? Er kann es nicht, wenn anders er sich nicht aufgeben will und das nachzumachen sucht, was die anderen Fächer natürlicher und besser tun. Er wird dabei recht kläglich mit einigen Bibelsprüchen nachhinken, mit Bibelsprüchen, die er zudem erst so kastrieren muß, wie wir das oben an dem Beispiel der Niebergallschen Religionsstunde gesehen haben. Als Religionsunterricht hat er gerade in bezug auf den Grundsatz der »Lebensnähe« eine andere Aufgabe, bei der umgekehrt die anderen Fächer ihm nachstehen: Er zeigt vom Leben die Seite, die nicht im Alltag zur Anschauung kommt oder jedenfalls nur in schwachem und gebrochenem Lichte, die aber in den seltenen und außerordentlichen Zeiten und Ereignissen unseres Lebens fühlbar wird, wo hinter Gewohnheit und Alltag und rationaler Welt eine geheimnisvolle Tiefe sich auftut, ein weiterer und tieferer Lebensprospekt hinter der Vorbühne des täglichen Lebens. Ich nenne dies mit einem Ausdruck des Philosophen *Jaspers* »die Grenzsituation« und versuche, mit diesen polaren Begriffen: »Alltag« und »Grenzsituation« die Doppelheit unseres menschlichen Lebens zu umschreiben. *Denn das Leben ist beides: es ist Alltag*, ist Sorge um Gelingen der täglichen Arbeit, ist Behagen und Unbehagen des gewohnten Lebensganges, der Jahr um Jahr hingeht, angefüllt mit vielen kleinen Dingen, vielen kleinen Erlebnissen, frohen und traurigen, die sich untereinander so ähnln, daß sie in der Erinnerung zu einer farblosen Fläche zusammenschrumpfen; *aber es ist auch Grenzsituation*, in der der dumpfe Vorhang aufgerissen wird und ein unendlich Strahlendes oder unendlich Erschreckendes in unser Leben tritt: Geburt und

Tod, die Seligkeit erster großer Liebe oder die Verzweiflung des ersten großen Schmerzes oder die Bitternis von Schuld oder Verrat ...

b) Vom Verstehen der Grenzsituation

Bei dieser Forderung, auch der Grenzsituation ihren Platz in der »Aufklärung des Lebens« zu geben, erhebt sich eine Schwierigkeit: Wenn es das Bestreben des lebensnahen Unterrichts ist, vom Leben des Kindes auszugehen, so ist dies hierbei – so scheint es – unmöglich. Denn das Kind kennt die Grenzsituation nicht, sein Leben ist Alltag. Einmal fehlt ihm selbst da, wo solches Schicksal in sein Leben tritt, die Möglichkeit, es bewußt zu erleben, es lebt darüber hin wie etwa beim Tode von Vater oder Mutter. Zum andern sind solche Grenzsituationen wie überhaupt im gewöhnlichen Leben, so besonders in dem des Kindes selten. Wir stoßen hier auf ein zweites Motiv in der Forderung des lebensnahen Unterrichtes, das wir vor allem von *Pestalozzi* her kennen in seiner Forderung: Vom Bekannten zum Unbekannten, vom Nahen zum Fernen ...

Die Einsicht Pestalozzis, daß nur das Erleben solchen großen und lebendigen Geschehens den großen Worten der Bibel Sinn und Farbe gibt, bleibt darum noch bestehen. Nur daß wir nicht warten, bis solches Geschehen selber in das Leben des Kindes tritt, sondern daß wir als Lehrer ihm von solchen Erlebnissen, Erschütterungen und Grenzsituationen *erzählen*. Freilich handeln wir damit gegen den Grundsatz: Vom Bekannten zum Unbekannten; wir gehen vielmehr umgekehrt vom Fernen aus, um unter Umständen von ihm das Nahe zu verstehen. Denn der Mensch, auch der Erwachsene, erlebt die Grenzsituationen niemals zuerst an sich selber, sondern am andern, ja durch Hören-sagen. Er kann zum Verständnis der Grenzsituationen, gerade auch der eigenen, nur dadurch gelangen, daß er *vorher* auf diese letzten Dinge hingewiesen worden ist; sonst lebt er über sie hinweg, weil sie so verloren im breiten Alltag stehen, daß sie ihm, wie Jaspers sagt, »zunächst nicht als absolut notwendig erscheinen«, sondern als zufällig und damit ohne Gewicht und Bedeutung für sein Lebensurteil: »Es könnte auch anders sein.« ...

Zusammenfassend müssen wir sagen: *Die äußerste Lage des Menschen ist uns, und dem Kinde besonders, nicht in eigener Anschauung gegeben, gehört nicht zu unserer Lebenserfahrung.* Die Bedeutung dieser Erkenntnis erscheint mir sehr groß: Darin nämlich, daß man dies nicht einsieht, liegt die Quelle jener Mißverständnisse, die zur Forderung eines »lebensnahen« und »kindertümlichen« Religionsunterrichts führen. Man glaubt eben

– wie Pestalozzi –, es gäbe nur die Alternative: entweder »Maulbrauchen« oder Verstehen aus eigener Erfahrung ...

c) Der Umweg der Grenzsituation

Der Religionsunterricht ist als Verkündigung ein Wort, das in das wirkliche Leben hineingesprochen wird (vgl. I 21ff.); aber dieses Leben wird als »alltägliches« und »kindliches« meist gar nicht so erfahren, daß es vom Worte Gottes bewegt würde; es steht zunächst beziehungslos zu den letzten Dingen ...

Darum kommen wir nicht unmittelbar, sondern über den Umweg der Grenzsituation zu der Verkündigung: Das Kind muß erst einmal von der Not jener Menschen hören, denen das Trostwort des Evangeliums verkündet wird, ehe es dieses verstehen kann. Und zwar nicht nur gelegentlich, sondern grundsätzlich muß der Religionsunterricht von dem Leben sprechen, von dem »die Kinder nichts erfahren haben« und das sie trotzdem verstehen können. Der »Umweg der Grenzsituation« will also für den Religionsunterricht die Voraussetzung schaffen dafür, daß die Verkündigung nicht dogmatische Lehre bleibt, die das Kind nachschwätzen oder bestenfalls wie einen mathematischen Lehrsatz nachdenken lernt, sondern wirklich den Hörer als Hörer trifft, der darum das »mea res agitur« aus jedem Worte vernimmt. Das aber ist meist gerade nicht dadurch möglich, daß die Verkündigung das Kind *als Kind*, in seinem Alltagssein, trifft, sondern dadurch, daß sie auf das Kind *als verstehenden Menschen* gerichtet ist, der jenes, was er nicht erfahren hat, doch als menschliches Sein, und damit auch als sein eigenes Sein, versteht. Eben hier liegen auch, wie wir zeigen werden, Möglichkeiten der Anknüpfung und Übergänge, weil der Unterschied von »Alltag« und »Grenzsituation« nur ein relativer ist ...

Theologische Beurteilung des Begriffs »Grenzsituation«

Die »Grenzsituation« ist, so sagten wir, ein der philosophischen Besinnung entstammender Begriff. Er kann also nicht ohne Prüfung, ja wohl nicht ohne eine gewisse Veränderung von der Theologie übernommen werden ...

a) Der Unterschied zur »Grundsituation« des Menschen vor Gott

Die erste Frage, die wir als Theologen zu stellen haben, ist die folgende: Bezeichnet die »Grenzsituation« auch das Verhältnis des Menschen zu Gott?

Ist also der Unterschied von Alltag und Grenzsituation etwa identisch mit der von Gottferne und Gottnähe? ...

Erstens: *Objektiv*, also in der Wirklichkeit, steht der Mensch Gott oder steht Gott dem Menschen gleich nahe oder gleich fern, ob sich der Mensch im Alltag oder in der Grenzsituation befindet. Konkret gesprochen: Ob ich hier am Schreibtisch sitze und meine tägliche Arbeit verrichte oder ob ich auf dem Sterbebette liege und dem Tod ins Antlitz sehe, das ändert nichts an Gottes Gegenwart ...

Zweitens: Auch *subjektiv*, also in unserer Erkenntnis, braucht die Grenzsituation uns durchaus nicht unsere »ewige Grundsituation« vor Gott erkennen zu lassen und braucht der Alltag sie uns nicht zu verhüllen. Das Sprichwort »Not lehrt beten« lügt bekanntlich; Not verhärtet in mindestens ebensoviel Fällen das menschliche Herz gegen das Wort Gottes ...

b) Die Grenzsituation als Zeichen von Gottes Führung

Etwas anderes aber ist die Frage: ob vom christlichen Glauben aus die Grenzsituation nicht eine eigene Bedeutung und eigene Würde erhält. Und hier haben wir ebenso unbedenklich mit Ja wie auf die vorige Frage mit Nein zu antworten. Die Grenzsituation erscheint dem Glaubenden als ein *Zeichen*, ein Zeichen für jene sie völlig transzendierende »ewige Grundsituation« des Menschen ...

4. Anerkennung der Geschichte Jesu Christi als Offenbarung

Die Beschäftigung mit den einzelnen Evangelien kann die neutestamentliche Theologie nicht von ihrer Hauptaufgabe befreien: *der Rekonstruktion der wirklichen Geschichte Jesu Christi*. Wenn die Theologie sich dieser Arbeit entzieht, dann wird sie der liberalen Theologie gegenüber nicht mit Unrecht in den Verdacht geraten, sie scheue die Wahrheitsfrage überhaupt. Die Einzelexegese wird in dem Augenblick ein feiger Rückzug vor der dem Wissenschaftler gestellten Aufgabe, da er sie nicht treibt im Bewußtsein und im Hinblick, daß der ihm vorliegende Text Quelle einer geschichtlichen Wirklichkeit, Zeugnis solcher Männer ist, die behaupten, diese Geschichte mit eigenen Augen *gesehen* zu haben (vgl. Luk. 1,2; Joh. 1,14; Apgsch. 2,32; 4,20; 10,39-41 u.ö.). Das Wort von der »pneumatischen« Exegese, das einmal im Schwange war, darf wohl als ein überwundenes Mißverständnis dessen gelten, was wir mit theologischer Exegese im Unterschied von der profanhistorischen bezeichnen. Es handelt sich nicht darum, über die objektive, profanhistorische und kritische Betrachtung eine zweite, gläubige, unkritische und unhistorische zu bauen, so daß in der wissenschaftlichen Vorlesung jene und in der erbaulichen Rede diese Geltung habe, sondern es handelt sich darum, die eine objektive Wirklichkeit zu erkennen, nicht das, was damals geglaubt, sondern das, was damals *geschehen* ist. Der neutestamentliche Wissenschaftler ist *Historiker* im gleichen Grade, wenn auch in anderer Art als sein Kollege von der philosophischen Fakultät. Er ist *theologischer* Historiker, weil die Geschichte, mit der er zu tun hat, die Geschichte Gottes mit den Menschen ist. Die *Sache*, um die es in dieser Geschichte geht, verlangt eine ihr gemäße Betrachtung, die wir eben die theologische nennen, nicht anders wie vom Kunstgeschichtler verlangt wird, daß er die Sache der Kunst versteht und ernst nimmt. Allerdings diese Sache und diese sachgemäße Betrachtung unterscheidet sich von allen anderen Sachen und Betrachtungen dadurch, daß hier nicht nur ein besonderes *Verständnis* verlangt wird, sondern eine besondere *Anerkennung*, die nämlich, daß es sich hier wirklich um die Geschichte Gottes mit der Menschheit und nicht um eine, vielleicht ausgezeichnete, rein menschliche Geschichte handelt. Wer diese Anerkennung nicht vollzieht, redet an der Sache vorbei, damit aber setzt er an die Stelle der echten historischen Erkenntnis eine ungeschichtliche, unwahre Vermutung. Der theologische Historiker kann den profanhistorischen hier so wenig anerkennen wie dieser jenen; es gibt nur *eine* Wahrheit und nur *eine* Wirklichkeit.

Gerade darum nun, weil der Neutestamentler Historiker ist, hat er Recht und Pflicht, die Evangelien als Quellen der ihn interessierenden Geschichte *kritisch* zu prüfen. Während die Lehre von der Verbalinspiration die Schrift *über* die Geschichte setzte und damit den Zeugnischarakter der Schrift übersah, geht es uns um die Erkenntnis der Geschichte selbst als der eigentlichen Offenbarung. Daß der Neutestamentler diese Geschichte nur im Zeugnis der Evangelisten besitzt, diese Lage teilt er mit fast jedem Historiker; es ist ein großer Irrtum, zu meinen, dies schlösse eine kritische Prüfung aus. Die Kritik darf nur nicht von außen herangetragen werden, sie hat *immanente Kritik* zu sein, die, feststehend auf der den Quellen als Zeugnissen gemeinsamen Überzeugung, daß Jesus von Nazareth Gottes Sohn und der Menschen Erlöser ist, vergleichend und abwägend die einzelnen Zeugnisse als Quellen prüft, sichtet und unter Umständen ausscheidet.

Oskar Hammelsbeck

Kirchlicher Unterricht als missionierender Unterricht in der Vollmacht der Gemeinde

a) Die in der Volkskirche entwickelten Formen –
Religionsunterricht und die Erziehung für die Gemeinde

In unseren Tagen geht eine durch die Reformation veranlaßte Form christlicher Jugendunterweisung zu Ende, die in den letzten Jahrzehnten »Religionsunterricht« hieß, früher »Biblische Geschichte und Katechismusunterricht« in der Schule genannt wurde. Dieser Teil der Jugendunterweisung ist zuletzt kein kirchlicher Unterricht mehr gewesen, nachdem sich im 19. und 20. Jahrhundert mehr und mehr eine Lösung dieses »Faches« aus der Mitverantwortlichkeit der Kirche vollzogen hat. Neben allen anderen äußeren Ursachen liegt hier der letzte Grund, weshalb der schulische Religionsunterricht versagt hat. Was er hat leisten sollen, gehört so unentbehrlich in die Einheit des kirchlichen Unterrichts hinein, daß wir seine ursprüngliche Bestimmung und deren geschichtliche Verwirklichung nicht übergehen dürfen. Wir haben von unserer Fragestellung aus auch als Frage miteinzuschließen, wie es zu der nunmehr offenbar gewordenen negativen Entwicklung hat kommen können und was dem Ansatz der Reformatoren gemäß hätte sein müssen. Im 16. und 17. Jahrhundert bleibt es außer allem Zweifel, daß die Schulen »annexio religionis« sind, wie es der Vertrag zum Westfälischen Frieden noch ausdrücklich feststellt. Sie sollen, namentlich was die Volksschulen anbetrifft, ihren Ursprung wahren, der eindeutig durch die Reformation gegeben ist. Gehen sie im 18., vor allem aber im 19. und 20. Jahrhundert dennoch einen anderen Weg, weil das Schwergewicht der kulturellen Entwicklung und der damit gegebenen neuen Aufgaben ihn ganz natürlich erzwingt, so bleibt für die Kirche daran nur die Frage übrig, ob der Religionsunterricht die Verweltlichung als Verleugnung des reformatorischen Ursprungs hätte mitmachen dürfen. Es scheint, daß von diesem Ursprung her die Spannung zu den »weltlichen« Aufgaben der Schule dasselbe wie in der Reformation selbst, nämlich bejahend und fördernd hätte bleiben können. Es hätte diese Bejahung nur nicht umgekehrt mehr und mehr als Bejahung des Religionsunterrichts von den Kulturfächern aus und im Sinne dieser Kulturfächer gewandelt werden dürfen ...

Die letzten allgemeineren und umfassenden behördlichen Bestimmungen wurden im Jahre 1922 für die Volksschulen, 1925 für die Höheren Schulen erlassen mit den »Preußischen Richtlinien und Lehrplänen«. Wir dürfen zwar nicht sagen, daß sie den Tiefstand der Abwärtsentwicklung von der Reformationszeit her erreichen, aber sie sind deshalb besonders bedeutsam, weil sich an ihnen die Wege trennen, der eine, der folgerichtig in die weitere Anarchie und Auflösung führt, und der andere, der als Kritik und Gegenwirkung aufkommt. Jene Richtlinien waren nicht von der Sache her, sondern – wie wir schon gesagt haben – von den überlagernden Kulturfächern her bestimmt.

Sie wollten die Isolierung des Religionsunterrichtes, die sich in der Entwicklung des Schulwesens nicht mehr übersehen ließ, dadurch überwinden, daß sie *»die Verflechtung der Religion in die allgemeine Kultur«* der unterrichtlichen Aufmerksamkeit empfahlen; sie setzten psychologistisch »die Weckung des religiösen Lebens im Schüler« dem Lehrverfahren zum Ziel. Gegenüber solchen Fehlsetzungen ergab sich der Aufbruch auf den Rückweg, dessen erste Etappe das Buch von *Gerhard Bohne, Das Wort Gottes und der Unterricht* (Furche-Verlag, Berlin 1929, 2. Auflage 1932) darstellt ...

Bohnes Fragestellung ist noch fast ausschließlich auf die schulischen Unterrichtserfordernisse *unter betontem Vorrang der Wortverkündigung* ausgerichtet. Es ist der erste bewußt formulierte Versuch, den Religionsunterricht gegen die Unmöglichkeit der Preußischen Richtlinien abzugrenzen und ihn unter die Kritik der neueren theologischen Bestimmung zu stellen. Bohne zerstreut die Illusion, daß die Religion organisch in ein Bildungsganzes gehöre und zeigt auf, wie sie in solcher Funktion ihre kulturkritische Kraft verliert. Er fordert, daß der Religionsunterricht »auf jede Form von Deduktion verzichtet und unmittelbar von Gott Autorität und Auftrag empfängt«. Die Grenze des Buches als nur der ersten, und in dieser Begrenztheit auch notwendigen Etappe liegt darin, daß die abstrakte Isolierung des Religionsunterrichtes noch nicht aufgehoben wird. Es wird ganz richtig gesehen, daß er missionierender Unterricht ist, und zwar ausdrücklich: »Was die Jüngerschaft nach dem Auferstehungserlebnis unter die Völker treibt – nämlich der Auftrag des erhöhten Herrn: ›Gehet hin und machet zu Jüngern alle Völker‹- das allein ist auch die Grundlage für den evangelischen Religionsunterricht. Was sie treibt, das treibt auch uns, nämlich daß Gott vernehmlich zu Menschen geredet hat« (S. 121). Es wird aber nur der Missionsbefehl aus dem Abschiedsbefehl zitiert, also ohne Sakrament und ohne den zweiten, gemeindlichen Lehrbefehl, und deshalb ist es wohl nicht zufällig, daß als treibendes Motiv das »Auferstehungserlebnis« isoliert gesetzt wird, ohne die Wartezeit von Himmelfahrt bis Pfingsten in Rechnung zu stellen, d.h. ohne die entscheidende Verbindung von heiligem Geist und Gemeinde. Folglich verwendet er von 288 Seiten seines Buches nur knapp 4, um den Fragenkreis Elternhaus und Gemeinde – und das nur in Konditionalsätzen und ohne gesamtkirchliche Beachtung – zu streifen. Ja, er kann die gelegentlich noch auftretende Forderung, »daß man den Religionsunterricht auf die Familie und Gemeinde aufbauen und dadurch wieder im Religionsunterricht zur Gemeinde erziehen solle«, »als starke Illusion« bezeichnen (S. 218). In den Richtlinien von 1922 war das noch ausdrücklich bejaht worden.

War auf dieser ersten Etappe die Sicht dafür noch nicht frei, so mußte die zweite folgen, die sie frei macht, wenn auch noch nicht voll ergreift. Martin Rang kam 1936 bei gleicher Problematik an der kirchlichen Fragestellung nicht mehr vorbei. Er räumt eines der wichtigsten von den sieben Kapiteln seines Buches der Frage »Religionsunterricht als kirchliche Erziehung« ein (S. 97-138). Er steigert eine ganze Reihe wertvoller Erkenntnisse bis hin zu der wenige Jahre vorher so noch nicht sagbaren Behauptung: *»der Religionsunterricht ist Kirche in der Schule«*. Der richtig gesehene Tatbestand wird allerdings noch zaghaft abschwächend bezeichnet: der Religionslehrer ist der »Vertreter« der Kirche auch als Staatsbeamter, er ist für den Inhalt seines Religionsunterrichtes nicht dem Staat, sondern der Kirche verantwortlich. Er steht »vor den Kindern niemals als autonome Erzieherpersönlichkeit, sondern als Beauftragter«. So ist es für ihn auch schon wieder selbstverständlich, daß das Sakrament der Taufe bestimmend wird für alle Unterweisung, also eine prinzipielle Scheidung zwischen Religionsunterricht und Konfirmandenunterricht abgelehnt wird: »es gibt nur *einen* Religionsunterricht, der seine Begründung in der Taufe hat«.

Allerdings müssen diese wertvollen Schritte hin zum echten Verstehen des christlichen Lehrauftrags von unserer weiteren Sicht noch als steckengeblieben angesehen werden, soweit sie eben auch noch nicht über den missionierenden Teil und das Sakrament hinausgehen und trotz des treffenden Terminus »Kirche in der Schule« die umfassende Bedeutung von der Gemeinde aus nicht erreichen. Die Spanne dieses kirchlichen Unterrichts wird noch – wenn auch »mindestens« – nur zwischen Taufe und Konfirmation bemessen. Aber das Wesentliche ist doch schon gewonnen, indem Kirche in den Mittelpunkt rückt, wenn auch darauf verzichtet wird, den Kirchenbegriff selbständig zu entwickeln; Albert Schweitzer wird dafür in Anspruch genommen. (Die neue 2. Aufl. 1939 konnte hier nicht mehr berücksichtigt werden.)

Es ist deshalb die dritte Etappe sichtbar zu machen, die im reformatorischen Sinne mit der »Kirchlichkeit« des Unterrichts Ernst macht. Das tun wir, indem wir den Abschiedsbefehl über Mission und Sakrament mit dem zweiten Lehrauftrag »Lehret sie halten« vervollständigen. Nicht so, daß der missionierende Unterricht im Vorkonfirmandenalter zu ersetzen oder auszuweiten wäre; im Gegenteil, wir nehmen nur noch genauer, daß er Mission ist, aber von dem »Beständigbleiben in der Apostel Lehre«, von der Heiligung her. Allein von der Gemeinde her kann ein christlicher Religionsunterricht mit Vollmacht erteilt werden, auch wenn er nicht im Rahmen der Kirche, sondern im Rahmen der weltlichen Einrichtung Schule erteilt wird. Die Kirche hat nie bestritten, daß der Dienst des Lehrers in der Welt und für die Welt geleistet wird. Es ist sein für Volk und Staat unersetzlicher Dienst, die Kinder zu den Sachgütern der Welt in Natur und Geschichte zu führen, daß sie dazu gerüstet und mündig werden, mit ihnen zu Nutzen von Volk und Staat umzugehen und dessen Führung zu verstehen. Aber dieser Lehrerdienst ist grundsätzlich anders, wenn er »unter dem Schirm des Höchsten und unter dem Schatten des Allmächtigen« geschieht und die so in der Welt Dienenden sprechen:

»Meine Zuversicht und meine Burg, mein Gott, auf den ich hoffe.«

Dafür ist die Kirche Helfer und Sprecher in die Welt hinein ...

Auf diesem Hintergrund müssen wir die Entwicklung ansehen, die für Volks- und Höhere Schule in gleicher Weise gilt. Auf der höheren ist nur der Weg ein etwas anderer. Hier vollzieht die Wissenschaftlichkeit die Loslösung an ihrem eigenen Ort. Ihr war die Amtshilfe der Schulaufsicht ja nur deshalb nicht verordnet, weil von altersher die Theologen selbst die Wissenschaft lehrten. Dann hat der Dämon Wissenschaft ihre Inhalte der Theologie und damit auch den Religionsunterricht der Kirche, d.h. der Verkündigung des Sieges Christi entzogen. Die Verweltlichung hat diesen Auftrag der Kirche zerfressen; so stehen wir heute auf dem Trümmerfeld des Liberalismus mit dem Ergebnis: Religionsunterricht ohne Kirche ...

Da ist die Errungenschaft Methodik! In anderen Fächern sind die »Formalstufen« alter Prägung längst überwunden oder in einer höheren Einheit aufgegangen. Im Religionsunterricht feiert die 5. Stufe der »Anwendungen« immer noch ungeahnte Triumphe, um ihn in eine banale Ethik zu verfälschen. Es herrscht eine platte Moral der Gebote, eine platte Verherrlichung des »lieben Gottes« in völliger Analogie zur Moralpredigt, die sich »an den guten und mit Gottes Hilfe immer besser werdenden Menschen wendet«.

Da ist die Errungenschaft Psychologie! Sie nimmt das Evangelium zum Raube, um seine »Kindesgemäßheit« darzutun, so daß nichts anderes übrig bleibt als ein in der Kindesgemäßheit ertränktes Evangelium. Der über die Kindheit hinausgelangte Jugendliche oder Erwachsene läßt es dann unbekümmert zurück als schönes Märchen der Kinderzeit, über das seine hochgelobte Vernunft hat siegen dürfen. So hilft der Teufel in der falsch angewandten Psychologie die Wahrheit des Evangeliums verfälschen, die den reifen, am Leben scheiternden Menschen treffen will.

Da ist die Errungenschaft Historie! Obwohl wir durch Troeltsch und Meinecke vom Historismus wissen sollten, läßt sich der Religionsunterricht viel bequemer als Geschichtsunterricht geben, der über »Vergangenes« Auskunft gibt und sich in der Konstruktion eines Lebens Jesu verfängt. Auf diesem Vergangenen ist unsere Kultur aufgebaut, die sich dann als »Christentum«, positives oder negatives, bestimmen läßt. So gerät die Biblische Geschichte unversehens in dieselbe Behandlungsart wie die übrige Geschichte des Altertums, zugleich in die Nähe der Mythologien. In der Koppelung mit dem Alten Testament ist dann diese Historie mit Recht dem Widerspruch der Schüler ausgesetzt, die nicht verstehen, warum die Geschichte des rassefremden jüdischen Volkes sie soviel belästigen soll. Es muß ihnen der Raum für die volkseigene germanische Geschichte ungebührlich beschnitten erscheinen. Luthers ständige Mahnung: »So ist's ein Geschicht, davon ich weder warm noch satt werde!« ist nicht bis in diesen Religionsunterricht gedrungen, der als »Geschichts«unterricht genau so die gegenwärtige Wahrheit des Evangeliums unterschlägt wie die Psychologie.

Da ist die Errungenschaft Arbeitsschulprinzip! Sie zeigt uns die aesthetisch-essayistische Auflösung mit dem allgemein geltenden Ziel der innerweltlichen Anpassung. Sie hat aus dem Religionsunterricht die »Lebenskunde« gemacht, für die Gesetz und Evangelium ein beliebig verarbeitbarer »Stoff« wird. Ihre Methode erschöpft sich darin, die subjektive Fragestellung zu kultivieren: Was kann ich für eine edle Lebensführung aus dem dargebotenen Stoff lernen? Die literar-aesthetische Behandlung der Klassiker wird auf die biblischen Auskünfte übertragen. Nicht der Anspruch und Zuspruch Gottes, weder in seiner Gnade noch in seiner Unerbittlichkeit steht in der Mitte des Unterrichts.

Da sind Aufklärung und vermeintliche Wissenschaftlichkeit, die in völliger Verkennung der biblischen Wahrheit die kirchlichen Dogmen ebenso mißverstehen wie die Berichte des Alten Testamentes. In der verkündigten Freiheit eines Christenmenschen würden diese Errungenschaften alle eine weitaus höhere Sachlichkeit erhalten, als wenn sie umgekehrt ihren falschen usurpatorischen Anspruch gegen die Verkündigung und gegen den Religionsunterricht erhöhen. Wir sagen ja nicht, daß diese methodischen und psychologischen Errungenschaften Unsinn wären; jeder von uns, der in Bibelarbeit und Kinderlehre unterrichtend tätig ist, nimmt sich dankbar ihrer guten Gaben an. Ihre Hilfe wird aber allein fruchtbar, wo die Zügel einer klaren biblischen Führung und das Bewußtsein: Unterricht ist Richten-unter die Oberhand behalten.

Da ist endlich noch die Errungenschaft Resignation, wenn wir einmal die weitverbreitete Gewissensschrumpfung so milde ausdrücken dürfen, die Religionsstunde zum Aufarbeiten technischer Erledigungen zu mißbrauchen.

Alles in Allem: die innerweltliche Anpassung ist die beherrschende Parole für den Religionsunterricht geworden, neben der die pathetische Parole »Immer mit Jesu!« unglaubwürdig und dumm bleiben muß ...

Nun scheint mir als dritte Etappe in unserer Erkenntnis, was Religionsunterricht und was Religionsunterricht als Kirche in der Schule sei, die Folgerung notwendig, daß er nicht irgendwo in der Welt und für die Welt gegeben werden kann, ohne zugleich für die Gemeinde Christi zu erziehen. Mögen wir das die eschatologische Ausrichtung nennen! Diese Gemeinde Christi wird ja nicht nur für die Welt, sondern in der Welt für seine Wiederkehr gerüstet. Die von uns aufgenommene Behauptung Rangs: »Der Religionsunterricht ist Kirche in der Schule« bedeutet: dieses Kirchesein ist Kirche zwischen Himmelfahrt und dem kommenden Tag des Herrn ...

b) Die Formen in der Erneuerung –
Kinderlehre in der Gemeinde und Elternhaus

Deshalb muß die Wachsamkeit der echten Gemeinde Vorsorge treffen, daß den getauften Kindern die Lehre nicht geraubt werden kann. Sie muß dem christlichen Elternhaus damit dienen, daß es zum Partner seiner eigenständigen Aufgaben die entsprechende geordnete Unterweisung der Kinder behält. Ist sie in der öffentlichen Schule nicht mehr gewährleistet, so muß die Gemeinde Einrichtungen treffen und gelernte Helfer finden, die diesen Dienst versehen. In großen Gemeinden kann der Pfarrer diese Kinderlehre nicht selber halten. Einen Teil wird der Vikar übernehmen, wie es überhaupt nach Luthers ständiger Forderung gut ist, den, der Pfarrer werden will, eine zeitlang »Schulmeister« sein zu lassen:

»Man soll junge Gesellen zum Predigtamt nicht verordnen, sie haben sich denn in der Schule wohl versucht und geübt.«

Im übrigen muß die Gemeinde aus der Verantwortung, die sie hieran mitträgt, die nötigen Kräfte stellen.

Wo heute die Kinderlehre im Aufbau begriffen ist, stehen zur ersten Hilfe die Mitarbeiter des Kindergottesdienstes zur Verfügung, soweit ihnen die Freizeit innerhalb der Woche dazu ermöglicht werden kann. Diakon und Diakonisse, auch Pfarrfrau und Pfarrgehilfin springen ein. Aber darüber hinaus gibt es immer geeignete Männer und Frauen in der Gemeinde, die dazu angelernt werden können (Kurse für kirchlichen Unterricht) und unter der Planung des Pfarrers das Amt des kirchlichen Lehrers übernehmen ...

Die Not und Notwendigkeit dieses besonderen Unterrichts öffnet unserer kirchlichen Verantwortung ein ganz neues Feld. Um so mehr muß diese Verantwortung auch wirklich in klaren Unterscheidungen wahrgenommen werden. Wir sind vom Elternhaus ausgegangen, um die Notwendigkeit der methodischen Unterweisung als Ergänzung aufzuzeigen, weil das missionierende Tun des Hauses von anderer Art ist. Das heißt aber nicht, daß diese Ergänzung eine Eigenständigkeit als methodisches Tun habe. Auf die Gefährlichkeit, in diesem Sinne von Ergänzung zu sprechen, weist auch Chr. Bourbeck mit Nachdruck hin. Die pfarramtlich eingerichtete Kinderlehre darf von vornherein nicht als »Ersatz« ausgefallenen schulischen Religionsunterrichts angesehen werden. Wir müssen von dieser Veranlassung, die von außen kam, weg zu ihrer wirklichen Aufgabe, wie sie nur von der Einheit des kirchlichen Unterrichts aus begriffen werden kann.

Immer, wenn ein Anlaß gegeben ist, der Maßnahmen unvermeidlich macht, ist nach der Ursache zu fragen; sonst würden wir ja nur wiederholen, was aus tieferer Ursache zu dem Anlaß geführt hat, der die Neuordnung nötig machte. In der Erteilung des Lehrstoffes kann die kirchliche Kinderlehre von den guten Schulmethodikern nur lernen; die Methode kann sie bestenfalls kraft besserer theologischer Einsicht reinigen. Aber damit ist noch nicht das Wesentliche getan. Jene Ursachen, die zum Zerfall des Religionsunterrichts geführt haben, müssen sogleich durch das kirchliche Maß der Kinderlehre überwunden werden. Der Zerfall ist bewirkt worden durch die fortschreitende Lösung aus der Gemeinde, was nicht nur den Lehrer betrifft, sondern auch den Tenor des Unterrichts selbst in seiner Überfremdung durch die veränderte Zwecksetzung der Schule überhaupt. Die Fragestellung, die uns angeht, wird also nicht getroffen, wenn wir bloß den Unterricht statt wie bisher in der Schule nun in der Kirche geben und so in der Auswahl und Betreuung der rechten Lehrer für diesen Unterricht unsere Pflicht getan zu haben meinen. Dieses Innerhalb der Schule und dieses Innerhalb der Kirche muß in seiner ganzen Tiefe unterschieden werden.

Der »geometrische« Ort der kirchlichen Kinderlehre ist daher nicht in der Sicht des Versagens oder Aufhörens des christlichen Religionsunterrichts in der Schule zu suchen; er kann nur aus der Einheit des kirchlichen Unterrichts seine Bestimmung finden. So gewiß in ihr gelernt werden soll, so gewiß für die Methode gerade das oft vermißte Ziel einer gediegenen Bibelkunde und Katechismuskunde klar aufgerichtet ist, so wird der missionierende Unterricht an getauften Kindern innerhalb der Kirche von dem ständigen Bewußtsein getragen, sie als Glieder der Gemeinde zu lehren. Das Bewußtsein der Zugehörigkeit und Gliedschaft, weil es die Lehrenden in ihrem Auftrag bestimmt, muß zum Bewußtsein ihrer Gliedschaft erziehen. Das geht aber nicht mit der bloßen Abhaltung des Unterrichts allein.

Um dieser Bestimmung nachzugehen, muß die Einrichtung der Kinderlehre von Anfang an in der Mitinteressierung der Eltern gehalten bleiben. Das Besondere dieses Unterrichts im Dienst für Elternhaus und Gemeinde muß im Bewußtsein aller Beteiligten gepflegt werden. Hier wird etwas *gemeinsam* unternommen ...

Das verantwortliche Pfarramt mit allen seinen Helfern muß dafür sorgen, daß die Eltern wissen, was in diesem Unterricht vor sich geht. Sie müssen darin unterstützt werden, daß sie diese eine Wochenstunde zu Hause verankern, im Gespräch beim Abendgebet oder in der Hausandacht. Die Kinderlehre soll, wie das der Konfirmandenunterricht auch sein kann, eine Schlüsselstellung sein, von der aus die Gemeinde vielfältige Beziehungen in den volkskirchlichen Restbestand hinein gewinnt. Für die beteiligten Lehrer und Helfer ist der Besuchsdienst in den Häusern genau so wichtig wie der Unterricht selbst.

Vor allem müssen Kinderlehre und Kindergottesdienst in eine lebendige Wechselbeziehung zueinander treten. Wenn es auch nicht zum Zwang werden sollte, daß die Kinder am Kindergottesdienst teilnehmen müssen, so wird in einem rechten Aufbau dieser beiden Gemeindedienste das Ineinander zur Selbstverständlichkeit werden. Die Abgrenzungen von Lehre und Lobpreis, um die heute in der Erörterung der Kindergottesdienstfrage soviel gestritten wird, würden sich dann von selbst ergeben ...

Bekennende Kirche 1943

Memorandum zu Kirche und Schule

A. Grundlegung*

1. Die christliche Kirche fordert die christliche Schule.
2. Diese Forderung findet ihre Begründung nicht in machtpolitischen, kulturpolitischen oder moralischen Erwägungen, sondern allein in dem Gebot des Herrn der Kirche.
3. Die Kirche ist daher in ihren Forderungen an den Auftrag ihres Herrn (Mt 28) gebunden.
4. Zur Durchsetzung ihrer Forderungen ist ihr nur ein Mittel gegeben, das Wort. Auf die Verwendung äußeren Zwanges muß sie verzichten; sie kann es auch um so leichter, weil dadurch doch nicht ihre wirklichen Ziele, sondern nur Widerwille, Heuchelei oder Phrase erzielt würden.
5. Die Kirche ist verpflichtet zu jener nüchternen, illusionslosen Schau der Wirklichkeit, zu der die Bibel erzieht. Sie darf daher weder mit der Illusion eines falschen Volkskirchenbegriffs arbeiten, noch mit dem Aberglauben an die Allmacht der Erziehung.
6. Ergebnis: Für alle Kinder, deren Eltern dem Auftrag des Herrn gehorchen wollen, muß eine Schule bereitstehen, die im vollen Sinne des Wortes christlich sein will, die »Schule mit der Bibel«. – Die Schule für alle anderen getauften Kinder muß so weit christlich sein, als es ohne Gewissenszwang durchgesetzt werden darf, und als es durch Gesetze und Verordnungen durchgesetzt werden *kann*. (»Allgemeine christliche Staatsschule«.)

---

* Dieses Dokument wurde 1943 nur in zwei Exemplaren angefertigt und zum Schutz der Teilnehmer an seiner geheimen Beratung streng vertraulich aufbewahrt. Die erste Veröffentlichung erfolgte im Oktober-Heft 1945 des Schweizerischen Evangelischen Schulblattes.

B. Die »Allgemeine christliche Staatsschule«

1. Diese Schule muß dem Umstand Rechnung tragen, daß in der Regel die Mehrzahl der Eltern und der Lehrer nicht christlich im strengen Sinne des Wortes sind. Sie vermeidet daher Gewissenszwang.
2. Die Christenlehre ist ordentliches Lehrfach der Schule und ist Pflicht für alle, die nicht ausdrücklich abgemeldet sind. Sie wird konfessionell getrennt und den Bekenntnissen gemäß erteilt. Weder Lehrer noch Schüler werden dazu gezwungen. Im übrigen siehe Abschnitt D 1.
3. Das Schulleben wird getragen durch eine christliche Schulsitte, wie tägliches Gebet, sowie Andachten und Feiern im Rahmen des Kirchenjahres.
4. Die übrigen Fächer, besonders die Gesinnungsfächer und der Musik- und Kunstunterricht, schenken dem christlichen Einschlag in unserer Kultur die Bedeutung, die ihm nach seinem tatsächlichen jetzigen und historischen Einfluß gebührt.
5. Die christliche Staatsschule wird, je nach den örtlichen Verhältnissen, konfessionell einheitlich oder konfessionell gemischt sein.
6. Die weltliche Schule und die religiös-neutrale, also nicht christliche Gemeinschaftsschule, sind abzulehnen.

C. Die »Schule mit der Bibel«

1. *Wesen:* Die »Schule mit der Bibel« ist die christliche Schule, die danach strebt, daß wirklich Christus herrscht in ihrem ganzen Geist und Leben.
2. Lehrer und Eltern sollen zu denen gehören, »die mit Ernst Christen sein wollen«. Sie kann nicht die Pflichtschule sein für alle.
3. Die *Christenlehre* ist Kernfach und beseelender Mittelpunkt des gesamten Unterrichts. Genaueres siehe unter D.
4. In den *übrigen Unterrichtsfächern* muß der Stoff, mehr noch als in der christlichen Staatsschule, christlich gesehen und ausgewählt, darf aber nie christlich gefälscht sein.
5. Die »Schule mit der Bibel« soll eine wirkliche christliche Gemeinschaft darstellen. Sie ist am besten als Heimschule durchzuführen, darf aber trotzdem die elterliche Erziehung nicht verdrängen wollen.
6. Schulträger im äußeren und inneren Sinne sind Kirchen und Kirchengemeinden, kirchliche Verbände, Elternvereinigungen und Private.
7. Diese Schulen haben gleiche Unterrichtsziele und geben die gleichen Berechtigungen wie die entsprechenden Staatsschulen, haben aber dabei noch möglichste Bewegungsfreiheit im Interesse ihrer Sonderart.

D. Der Religionsunterricht (besser »Christenlehre«)

1. Die »Christenlehre« ist ordentliches Lehrfach der Schule, das bedeutet:
    a) Es nehmen alle Schüler daran teil, sofern sie nicht durch eine schriftliche Willenserklärung beider Eltern am Anfang des Schuljahres ausdrücklich abgemeldet sind. Bei der »Schule mit der Bibel« ist eine solche Abmeldung ausgeschlossen, weil sie dem Grundcharakter dieser Schulart völlig widerspricht.
    b) Sie erfolgt im Rahmen der sonstigen Klassenverbände.
    c) Sie findet in den Schulräumen statt.
    d) Die Schüler unterstehen auch hier der allgemeinen Schulzucht.
    e) Für diesen Unterricht wird keine besondere Bezahlung erhoben.
    f) Die Kosten des Unterrichts trägt der Schulunterhaltsträger.
2. Christenlehre erfolgt im Auftrag und unter der Leitung der Kirche. Das bedeutet:
    a) Christenlehre darf nur jemand erteilen, der durch die Kirche dazu beauftragt ist. Das kann der Klassenlehrer oder ein anderer Lehrer der Schule sein, soweit er eine Ausbildung zur Erteilung von Religionsunterricht hat; es können aber auch besondere, dazu ausgebildete »Kirchenlehrer« oder auch Pfarrer sein. Kein Schullehrer soll gegen seinen Willen zur Erteilung von Christenlehre verpflichtet sein oder durch seine Ablehnung Nachteile zu fürchten haben. Dadurch wird die volle Gewissensfreiheit des Lehrers gewahrt und die Christenlehre vor ungeeigneten Lehrern bewahrt.
    b) Lehrpläne, Lehrstoff, Lehrziele und Lehrbücher werden von der Kirche bestimmt.
    c) Die Aufsicht über diesen Unterricht erfolgt durch Beauftragte der Kirche, die hauptamtlich oder nebenamtlich tätig sind. Es werden dazu pädagogisch und katechetisch besonders bewährte Fachleute bestimmt. Die Aufsicht erstreckt sich auf das Methodische wie auf die innere Ausrichtung.
    d) Im übrigen besteht keine Schulaufsicht durch die Kirche, auch nicht in der Form, daß Geistliche im Nebenamt dazu beauftragt werden. Die geistliche Schulaufsicht ist also ausgeschlossen. Soweit grobe Verstöße gegen die christliche Haltung in den anderen Unterrichtsfächern oder im sonstigen Schulleben vorkommen, steht der Kirche ein Beschwerderecht zu, in derselben Weise wie den Eltern.
3. Soweit der Auftrag nicht vorläufig ist, was in der Übergangszeit vielfach nötig sein wird, wird er erteilt in einer gottesdienstlichen Hand-

lung und schließt die Verpflichtung auf die Bekenntnisse ein, entsprechend der Lehrverpflichtung der Pfarrer. Diese Beauftragung durch die Kirche ist, wie die Ordination der Geistlichen, einmalig. Sie bleibt daher auch in Geltung, wenn der Beauftragte den Ort seiner Lehrtätigkeit wechselt. Nur steht der neuen Gemeinde ein Einspruchsrecht wegen Lehre, Wandel und Gaben zu. Die Entziehung des Auftrages wegen gröblicher Verletzungen des Gelübdes kann nur geschehen durch ein geordnetes Kirchenzuchtverfahren.

III. EVANGELISCHE RELIGIONSPÄDAGOGIK VON DER NACHKRIEGSZEIT BIS ANFANG DER 70ER JAHRE

A. *Die Entwicklung in der Bundesrepublik*

Helmuth Kittel

1. Nie wieder Religionsunterricht!

Der ev. RU ist seit langer Zeit besonders unfruchtbar. Dem Sachverständigen kam deshalb seine Katastrophe in den letzten Jahren nicht überraschend. Fragt man nach den Gründen, so ist es nicht töricht, zu sagen: das ganze Elend wurzelt im Namen »Religionsunterricht«. Namen sind nämlich kein Schall und Rauch, sondern pflegen geistige Mächte zu kräftiger Wirksamkeit auf die Menschen, ihr Denken, Fühlen und Handeln zu bringen.

Sinnvoll war dieser Name RU, solange man ihn selbstverständlich, d.h. ohne ein Problem dabei zu empfinden, auf die christliche Religion bezog. Also solange man darunter verstehen mußte: Unterricht in *der* Religion, die die Religion schlechthin ist. Das war zunächst bis zur Reformationszeit so. Denn von da ab wurde ja der Begriff des Christlichen problematisch, insofern gefragt werden konnte, ob das römische oder evangelische Verständnis des Christlichen gemeint war. Aber die konfessionelle Geschlossenheit der deutschen Länder erlaubte den unreflektierten Gebrauch des Begriffs Religion praktisch noch sehr lange. Es war jeweils ohne Diskussion nicht nur klar, daß die christliche Religion gemeint war, sondern auch ob man die katholische oder evangelische Weise, Christ zu sein, im Auge hatte.

Grundsätzlich anders wurde diese Lage aber durch die Einwirkung der Aufklärung.

Jetzt wurde die selbstverständliche Gleichung zwischen Religion und Christentum aufgehoben. Der neue historische Überblick, den man gewann, ließ das Christentum nur noch als Religion unter Religionen erscheinen. Die Folge davon war, daß der Begriff Religion zu einem Abstraktum wurde. Der Gebrauch eines solchen Abstraktums »Religion« war und ist durchaus sinnvoll, solange die Abstraktion als solche streng gewahrt wird.

Tatsächlich geschah aber Folgendes. Das Abstraktum »Religion« wurde unter der Hand zu einem Ersatz-Konkretum. Einmal durch die Religionsphilosophie, sodann durch die Religionspsychologie, beide gestützt auf das Material der Religionsgeschichte. An die Stelle Gottes als Inhalt eines konkreten Glaubens trat entweder ein religionsphilosophischer Begriff, wie z.B. »das Absolute« oder ein religionspsychologisches Phänomen, wie z.B. »das Gefühl der Unendlichkeit«. Dieser neue Begriff der Religion und des Religiösen wäre in der deutschen Bildungswelt nicht so rasch und gründlich heimisch geworden, wenn er nicht in der deutschen Dichtung eine ungemein liebevolle Pflege gefunden hätte. Nicht eigentlich Religionsphilosophie, Religionspsychologie und Religionsgeschichte selber, sondern die sog. religiöse Dichtung hat ihn unter die Leute gebracht. Noch heute gilt es unter der Mehrheit unserer literarisch Gebildeten als Zeichen einer unentwickelten Persönlichkeitskultur, wenn jemand sich zu einem konkreten Glauben bekennt. Höchstens aus erzieherischen Gründen, im Interesse seiner Kinder nämlich oder jener Volksteile, die noch »auf einer mehr oder weniger kindlichen Kulturstufe stehen«, will man es noch mit so handfesten und eindeutigen Erscheinungen wie Bibel, christlichem Gottesdienst und christlichen Dogmen zu tun haben.

Für den RU bedeutete diese Entwicklung, daß die konkreten ev. Unterrichtsgegenstände zwar zunächst noch erhalten blieben, aber nicht mehr gesetzgebend waren. Der neue abstrakte Begriff der Religion wurde herrschend und die christlichen Stoffe übernahmen die Rolle eines Mittels zu fremdem Zweck. Durch sie sollte über sie hinausgeführt werden zu jener »Religion im Allgemeinen«, die nun unendlich viel Spielarten gewann. Es lag in der inneren Logik dieser Entwicklung, daß neben die christlichen Stoffe bald auch halbchristliche traten, die dem übergeordneten Zweck ebenso, vielleicht sogar besser dienten. Und in dem Maße, in dem die neue allgemeine Religiosität sich ihre eignen Dokumente schuf, fanden diese natürlich ebenfalls den Weg in den RU und verstärkten seine Entchristlichung auf ihre Weise. So war es schließlich durchaus nichts seinem Wesen nach Neues, wenn dann auch alt- und neugermanische Texte in den RU gerieten. Es ging ja schon lange nicht mehr um den christlichen Glauben und um den Gott, der der Vater Jesu Christi ist, sondern eben um die Pflege eines allgemeinen religiösen Bewußtseins und religiösen Gefühls. Warum sollten nicht auch einmal diese Mittel genutzt werden, die »religiösen Anlagen des Kindes zu wecken und zu pflegen« und durch sie »zum Aufbau seiner gesamten religiös-sittlichen Persönlichkeit beizutragen«, wie es immerhin in den amtlichen Richtlinien für den ev. RU von 1922 tatsächlich hieß. Es kann deshalb auch nicht im geringsten Wunder nehmen, daß gewisse, in jenem allgemeinen Religionsbegriff wurzelnde Ersatzformen für den christlichen Gottesdienst, die im letzten Jahrzehnt aufkamen, heute in aller Unbefangenheit wieder für Gegenwart und Zukunft empfohlen werden: »Feierstunden« mit religiös betonter Lyrik, umrahmt von guter Musik, wenn möglich in Kirchenräumen – das ist nur konsequent.

In diese Entwicklung, die also einerseits sehr alt ist, andererseits durchaus gegenwartsmächtig und zukunftsträchtig, ist nun die evangelische Theologie eingebrochen.

Nach dem ersten Weltkrieg kamen in Deutschland theologische Ansätze zu voller Entfaltung, die wir einer Erneuerung der Gedankenwelt des dänischen Denkers Sören Kierkegaard und des deutschen Reformators Martin Luther in unserer Generation verdanken. Karl Barth und Friedrich Gogarten sind die Namen, die diese neue evangelische Theologie in erster Linie charakterisieren. Sie hat sämtliche theologischen Disziplinen nicht nur, sondern auch ihr Verhältnis zur Philosophie, die Verkündigung unserer ev. Pfarrer und das geistliche Leben unserer ev. Gemeinden reich befruchtet.

Auch Theorie und Praxis des RU erfuhren heilsame Einflüsse von dort her. Mit dem 1929 erschienenen Buch Gerhard Bohnes »Das Wort Gottes und der Unterricht« wurde eine grundsätzliche Störung alles unter dem überlieferten Religionsbegriff stehenden Unterrichts eingeleitet ... Und nicht nur die Theorie, auch die Praxis ist bereits mancherorts wirklich erneuert, wie vor allem an der Arbeit von Martin Rang über »Biblischen Unterricht« deutlich wird. Aber man darf sich dadurch nicht darüber täuschen lassen, daß der Energie und Tiefe dieser Bemühungen keineswegs auch ihre Wirkung in die Breite entspricht. Die Suggestion jenes Abstraktums Religion wirkt so stark, daß wir folgende ungewöhnliche Erscheinung beobachten können. Die Volksschullehrerschaft, die eine ungemein achtenswerte Tradition der Fortbildung besitzt, die dafür bekannt war, immer die neusten Anregungen auf dem Gebiet der Erziehung und des Unterrichts aufzugreifen, hat weithin nicht einmal von den Namen der wichtigsten Männer und Frauen Kenntnis genommen, die sich nun seit 20 Jahren um die Erneuerung unseres steril gewordenen RU bemühen, geschweige denn, daß man die hier gestellten Probleme sähe oder gar mit ihnen ränge ...

In der Zeit, in der die akademische Lehrerbildung versandete und der ev. RU sich in aller Form selbst aufhob – das Aufgehoben-werden war erst eine Folge davon! – haben die evangelischen Gemeinden sich der Kinderlehre mit großer Energie angenommen. Dabei ist es bezeichnend, daß man hier nicht, wie es an sich nahe lag, einfach die alte katechetische Tradition aufnahm, die sich ja nicht nur im Konfirmandenunterricht, sondern auch in der Schule durchaus behauptet hatte, sondern daß man entschlossen in die Problematik eintrat, die die Theologie der Krise heraufbeschworen hatte. Theoretisch und praktisch sind hier Fortschritte erzielt worden, die von uns unter keinen Umständen übersehen werden dürfen. Bücher wie das von Albertz-Fork »Evangelische Christenlehre« und Oskar Hammelsbeck »Der kirchliche Unterricht« gehören zu den grundlegenden Werken der EU auch in der künftigen Volksschule. Evangelische Unterweisung, so heißt die neue uns gestellte Aufgabe – nie wieder RU! Wir wissen jetzt, daß jeder überkonfessionelle Unterricht in Wahrheit weniger als konfessionell wird, jeder überchristliche in Wahrheit weniger als christlich. Die »Religion im Allgemeinen« ist als inhaltlos – trotz ihres Gefühls- und Wortreichtums – durchschaut. Wir wenden uns entschlossen den Aufgaben zu, die uns gestellt sind, seitdem das Evangelium Jesu Christi wieder zum Wort Gottes an uns ward.

2. Unterweisung im Hören auf die Bibel

EU ist Unterweisung im rechten Umgang mit dem Evangelium. Wir brauchen diese Unterweisung, ob wir jung sind oder erwachsen, weil wir den Umgang mit dem Evangelium aus unserer Natur heraus immer wieder falsch verstehen. Es handelt sich vor allem um die Fehler des Historisierens, des Theoretisierens und des Moralisierens. Sie haben auch die EU in der Schule beeinflußt, tun das heute noch und werden es immer wieder tun.

Der historisierende Unterricht meint seine Aufgabe gelöst zu haben, wenn er über die Entstehung, den Inhalt und die Verbreitung des Evangeliums belehrt. Es ist klar, daß man auf diese Weise über das Evangelium aufklären und sich aufklären lassen kann ohne Christ zu sein oder zu werden. Man wird nur in seiner geschichtlichen Bildung bereichert.

Der theoretisierende Unterricht sieht im Evangelium wesentlich eine Sammlung bestimmter Lehrsätze über Gott, Mensch und Welt, die er zu vermitteln hat. Er lehrt also in einer bestimmten Weise denken; man könnte sagen, er lehrt eine bestimmte Weltanschauung. Das wird in den meisten Fällen für den Menschen mehr bedeuten als historische Aufklärung. Aber was er gewinnt, ist doch nichts anderes, als was man auf anderen Wegen auch gewinnen kann. Auch und besser. Wenn es schon um eine Weltanschauung geht, dann ist doch richtiger, sich gleich eine moderne anzueignen. Denn alle »christliche Weltanschauung« lebt ja doch nur von einem meist quälenden Kompromiß mit dem modernen Weltbild.

Am verbreitetsten in der Schule ist das Moralisieren beim Umgang mit dem Evangelium. Das liegt nicht nur am moralistischen Mißverständnis des Lehrerdaseins, sondern vor allem an der Tatsache, daß die Kinder selber ausgesprochene Moralisten zu sein pflegen und oft den Unterricht mit einer unheimlichen Gewalt in diese Bahn zu zerren vermögen. Jede gewissenhafte Beobachtung des wirklichen Evangeliums muß demgegenüber zweierlei feststellen: einmal, daß die EU als Moralunterricht offenbar zentrale Gehalte des Evangeliums ausklammern muß; sodann daß es Stoffe gibt, die sich für eine moralische Bildung wesentlich besser eignen als die evangelischen. Biblische Lesebücher, die von moralisierenden Tendenzen beherrscht werden, pflegen deshalb in kleinerem oder größerem Maße Textfälschungen zu sein.

Was demgegenüber rechter Umgang mit dem Evangelium genannt zu werden verdient, kann man nur aus dem Evangelium selbst lernen. Evangelium ist nach dem NT Gottes Wort, Fleisch geworden in Jesus Christus (Joh. 1). Recht mit dem Evangelium umgehen heißt also: Gottes Wort in Jesu Christi Wort und Werk hören.

Von diesem Jesus Christus zeugen Propheten, Evangelisten und Apostel. Ihr Zeugnis muß ich vernehmen. Aber nun eben nicht so, daß ich mich von ihm nur historisch aufklären, theoretisch oder moralisch belehren lassen will, sondern so, daß ich Gottes Wort in ihrem Zeugnis vernehmen will. Und zwar des ewigen, also auch gegenwärtigen Gottes Wort, der auch mein Gott ist. Denn nur wenn ich diesen Gott meine, meine ich ja ernsthaft Gott und nicht bloß eine Gottesidee der Spätantike. Wir sind also den Propheten, Evangelisten und Aposteln gegenüber alle in der Situation des römischen Hauptmanns Kornelius in Caesarea, der den Apostel Petrus zu sich gebeten hatte und mit den Worten begrüßte: »Jetzt nun haben wir alle [Kornelius und seine Hausgenossen] uns hier vor Gottes Angesicht eingefunden, um alles zu vernehmen, was Dir vom Herrn aufgetragen ist« (Apg. 10,33). »Vor dem Angesicht Gottes« hört er die nun folgende Rede des Petrus über die Sendung Jesu Christi. »Vor dem Angesicht Gottes« stehend müssen auch wir das Zeugnis der Propheten, Evangelisten und Apostel hören, dann hören wir es recht, d.h. dann hören wir Gottes in Christus an uns ergehendes Wort.

Aber wie macht man das: »vor Gottes Angesicht« hören?
Der Bericht über den Hauptmann Kornelius gibt darauf eine sehr eindeutige Antwort. Kornelius »betete ohne Unterlaß zu Gott« (Apg. 10,2) und hatte zu Petrus geschickt auf Grund einer an ihn ergangenen Offenbarung Gottes (Apg. 10,3ff.). Um von Gott angeredet *zu werden*, muß man von ihm angeredet *sein*. Das Gebet um die Gabe des heiligen Geistes Gottes ist der Anfang alles rechten Umgangs mit dem Evangelium. Mit alledem gewinnt die Bibel für die EU zentrale Bedeutung. Denn das Zeugnis der Propheten, Evangelisten und Apostel besitzen wir ja in der Bibel. Wir dürfen sagen: EU ist Unterweisung im rechten Umgang mit der Bibel. Wenn unsere EU in der Schule das nicht leistet, daß sie die Kinder sachgemäß mit der Bibel umgehen lehrt, ist sie verfehlt und mag sie noch so »interessant« und »lebendig« sein. Und umgekehrt: wenn ihr das geschenkt wird, daß sie Kinder zu sinnvollem Leben mit der Bibel führt, ist sie recht und mag sie methodisch noch so unbeholfen sein.

Die Bibel den Kindern nicht zum bloßen historischen Dokument, nicht zur Sammlung religiöser Theorien, nicht zum moralischen Gesetzbuch, sondern zur heiligen Schrift, nämlich zur Offenbarung des Heiligen (persönlich, nicht sächlich!) an uns werden zu lassen, dazu sind wir in der EU berufen. Dazu eigentlich allein. Denn letzten Endes dient alles, was wir in ihr tun, diesem Sinn.

Das hat eine wichtige Konsequenz für uns, die Berufenen. Die Bibel als heilige Schrift verstehen lehren, setzt voraus, sie selbst als solche zu verstehen. Es gibt also nur einen Weg zur rechten EU, den eigenen Umgang mit der Bibel, das eigene ständige Hören-wollen, was Gott *uns* – nicht den Kindern – durch seinen Christus sagt. Zum Lehrer der heiligen Schrift wird man nur durch das Gebet um Gottes Geist, der vor Gottes Angesicht stellt, und unser Herz zum Hören aufschließt. Wir wenden mit dieser Feststellung nur oben als allgemeingültig Gefundenes auf unseren Stand an.

3. Evangelische Unterweisung und Volksschulfächer

Nicht nur der herkömmliche Methodismus wird fragwürdig, wenn die EU sich wieder auf ihren eigentlichen Gegenstand besinnt. Auch das Bildungsideal, das die Arbeit der Volksschule heute noch praktisch beherrscht, kann von einer wieder sachgemäßen EU nicht ohne weiteres anerkannt werden. Das bürgerlich-idealistische Menschenbild, dem die Volksschule in allen ihren »Fächern« nicht nur, sondern in ihren gesamten Erziehungsbemühungen dienen soll, steht zu dem Realismus biblischer Aussagen über den Menschen in so hartem Widerspruch, daß die überlieferte künstliche Einheit der Bildungsgehalte in der Volksschule notwendig in Frage gestellt wird, wenn sich das reine Evangelium wieder in der Volksschule zu Gehör bringt.

Es kann hier nicht unsere Aufgabe sein, auch nur anzudeuten, was denn angesichts dieser Lage aus dem Bildungsideal der Volksschule werden soll. Das ist Aufgabe der theoretischen Pädagogik, die ja ihrerseits eine positive Kritik des idealistischen Menschenbildes seit geraumer Zeit aufgenommen hat. Aber sagen müssen wir, wie sich denn eine echte EU zu den andern Volksschulfächern verhält, wenn sie das traditionelle Bildungsideal nicht ohne weiteres anzuerkennen vermag.

Die einfachste Lösung, die auch von manchen ernsten Christen vertreten wird, scheint die zu sein, daß das alte, jetzt der Kritik verfallene Verhältnis einfach umgedreht wird. Nicht mehr der idealistische Pädagoge steckt das Ziel des harmonischen Menschen, dem alle Fächer dienen und zu dem auch die EU ihren Beitrag zu liefern hat, indem sie sich um die religiös-sittlichen Anlagen dieses Menschen kümmert; umgekehrt: der christliche Erzieher steckt das Ziel des christlichen Menschen, das zu erreichen nun nicht bloß die EU, sondern eben auch die anderen Fächer helfen. Auch der Biologieunterricht liefert seinen Beitrag, indem er einen natürlichen Gottesbeweis führt, auch der Deutschunterricht, indem er die christlichen Stoffe der deutschen Literatur betont, auch der Geschichtsunterricht, indem er das Beweismaterial für eine christliche Geschichtsdeutung liefert, auch der Gesangsunterricht, indem er sich vorwiegend in den Dienst der Gottesdienstvorbereitung stellt und so fort. Die Volksschulfächer erhalten gleichsam eine christliche Tendenz, eine christliche Ausrichtung, einen christlichen Oberbau und werden dadurch mit der EU gleichgeschaltet.

Es ist wohl nicht zufällig, daß einem, wenn man diesen Lösungsversuch des Problems beschreibt, wie von selbst idealistische Kategorien in die Feder kommen. Und zwar Kategorien, die den pädagogischen Idealismus bereits in der Form des Verfalls zur Ideologie repräsentieren. Tatsächlich würden wir auf diesem Wege nur zu einem christlich gefärbten Idealismus, einer christlichen Weltanschauung, in der Breite zu einer christlichen Ideologie kommen, die vor dem reinen Evangelium genau so fragwürdig wäre, wie der alte Idealismus, seine Weltanschauung und Ideologien. Am deutlichsten wird das wohl an der Rolle, in die der Lehrer als christlicher Idealist gerät. Mit aller idealistischen Pädagogik ist das prometheische Bewußtsein, »Menschen bilden« zu wollen und zu können, wesentlich verbunden. Im christlichen Idealismus ist das nicht anders. Im Gegenteil. Je mehr religiöse Leidenschaft in ihm steckt, umso entschlossener pflegt auch dieser Wille zu sein, Menschen nach seinem Bilde zu formen, Christen zu machen. Wir wissen aus der Erziehungsgeschichte aller christlichen Konfessionen, welche Härte dieser Wille gewinnen kann. Die Alleinwirksamkeit Gottes in der Wandlung des Menschen zum Jünger Christi kann kaum gefährlicher verletzt werden als in der pädagogischen Wirksamkeit des christlichen Idealisten.

Und was wird aus dem Kinde? Nun eben das Entsprechende. Ihm wird gerade da Gewalt angetan, wo, jedenfalls nach dem Evangelium, Gewalt Frevel ist: an Seele und Geist. Auch hier muß man sagen, daß der christliche Idealismus vielleicht noch gefährlicher ist, als jeder andere, weil er feinere, tiefer wirkende Mittel der Vergewaltigung kennt. Die christliche Beichtpraxis hat diese Mittel geliefert, längst ehe die moderne Religionspsychologie sich um ihre Entwicklung mühte. Dem Kinde durch die angedeutete Verchristlichung der Volksschulfächer eine christliche Wirklichkeit vorzaubern, heißt seine Seele und seinen Geist mit Methoden, gegen die sich das Kind nicht wehren *kann*, zu christlichen Gefühlen und christlichen Gedanken verführen und zwingen. Eine solche Unterwerfung des Kindes ist das Gegenteil jenes Verhaltens, das Jesus fordert, wenn er sagt: »Wer das Reich Gottes nicht empfängt wie ein Kind, der wird nicht hineinkommen« (Mark. 10,15).

Selbstverständlich müßte sich eine solche »christliche Pädagogik« verhängnisvoll auf das gesamte geistige und religiöse Leben unseres Volkes auswirken. Und zwar nicht nur auf dem Umwege über ihre pädagogischen Erfolge, sondern auch unmittelbar. Das »christliche Denken« und das »christliche Weltbild«, das von einer solchen Schule gefordert, für eine solche Schule geschaffen und durch eine solche Schule vertreten würde, würden zwei Dinge antasten, die nicht angetastet werden dürfen: Wahrheit und Freiheit. Die Wahrheit stirbt, wo Ideen und Gedanken Mittel zum Zweck werden. Davon machen auch christliche Ideen und christliche Gedanken keine Ausnahme. Und die Freiheit stirbt, wo nicht mehr vorbehaltlos nach der Wahrheit gefragt werden kann. Auch eine christliche Geisteswelt kann eine geistige Zwangsjacke sein.

Bleibt es dann also bei einem beziehungslosen Nebeneinander der EU und der andern Volksschulfächer? Das Nebeneinander kann in der Tat nicht aufgehoben werden. Jedes Ineinanderspielen, gleich ob man von der einen oder anderen Seite ausgeht, scheitert am Evangelium. Aber beziehungslos braucht dieses Nebeneinander keineswegs zu sein. Eine echte

EU leistet den anderen Volksschulfächern den Dienst einer ständigen Reinigung ihrer Gehalte von allen Religiosierungen.

Wir wissen, daß die »Eigengesetzlichkeit« der modernen Wissenschaften sie dazu neigen läßt, sich zu »Eigenwelten« zu steigern. In der Schule sieht das so aus, daß hier pädagogische Antriebe die einzelnen Sachgebiete immer wieder zu Spezialweltanschauungen aufzutreiben versuchen. Am meisten natürlich da, wo in vielgliedrigen Schulsystemen »Fachvertreter« erscheinen. Aber diese Fachvertreter wirken auch auf weniggegliederte Systeme zurück, und der Lehrer wird hier oft zum virtuosen Vertreter mehrerer solcher Fachweltanschauungen. So leben heute in der deutschen Volksschule die Rudimente einer ganzen Fülle von Weltanschauungen. In der Naturkunde Darwinismus und Biologismus, im Deutschunterricht die Weltanschauungen der jeweiligen Lieblingsdichter, in der Geschichte die politischen Weltanschauungen moderner Parteien – um nur wenige Beispiele zu nennen. Und es handelt sich dabei nicht nur um die sog. Gesinnungsfächer im engeren Sinne. Grundsätzlich ist kein Fach davor sicher, daß nicht ein guter deutscher Lehrer eine Weltanschauung aus ihm macht. Ich erinnere daran, daß wir nicht bloß in der jüngsten Vergangenheit, sondern schon in den 20er Jahren und jetzt auch wieder in unserer Gegenwart eine Weltanschauung des Sportes gepflegt finden, die man aus bestimmten Theorien der rhythmischen Gymnastik und dem olympischen Gedanken entwickelt.

Echte EU bringt gegenüber den anderen Volksschulfächern die Wahrheit zur Geltung: »Ich bin der Herr, dein Gott. Du sollst nicht andere Götter haben neben mir. Du sollst dir kein Bildnis noch irgendein Gleichnis machen, weder des, das oben im Himmel, noch des, das unten auf Erden, oder des, das im Wasser unter der Erde ist. Bete sie nicht an und diene ihnen nicht.« (1. Gebot.)

Diese ständige Kritik der Fachweltanschauungen durch das Evangelium hat die größte Bedeutung für die Schule. Sie verhindert Entstellung und Verschleierung der Wirklichkeit. Es ist das Eigentümliche aller »Weltanschauungen«, daß sie die Wirklichkeit der Welt verkürzen. Wo echte EU ist, da ist Schöpfungsglauben. Wo Schöpfungsglauben ist, wird der Mensch frei, der Wirklichkeit zu begegnen. Echte EU macht die weltlichen Fächer erst wirklich weltlich, während sie ohne EU nur eine »weltanschaulich geprägte« Wirklichkeit zeigen. Die einzig echte weltliche Schule ist deshalb die Schule, in der es echte EU gibt. Das, was sich heute weltliche Schule nennt, ist eine Schule, in der die wirkliche Welt durch eine handfeste, z.T. ins Religiöse gesteigerte Ideologie übersponnen und unerfahrbar gemacht wird.

Wichtig ist nur, diese Reinigung der Volksschulfächer durch die EU weder theoretisch noch pädagogisch mißzuverstehen. Sie kann nicht geleistet werden durch den Entwurf einer ideologienfreien Fachkunde, ein solcher Entwurf wäre selbst eine Ideologie. Sie geschieht vielmehr nur im konkreten Vollzug, als ständige Funktion des Evangeliums. Also nicht dessen, der die EU erteilt – das wäre das andere Mißverständnis. Nur Gott selbst kann die Entmächtigung der Götzen vollziehen, indem er sein Wort als Schöpfer, Richter und Erlöser zu Gehör bringt.

Der Grund dafür, daß es eine grundsätzliche Überwindung der Weltanschauungen nicht gibt, liegt einfach darin, daß es zur Natur des Menschen gehört, sich immer wieder als Weltschöpfer zu gebärden. Gewiß können wir eine erhebliche Ernüchterung unserer Weltanschauungsfreudigkeit erzwingen, indem wir uns unter ernsthafte Selbstkontrolle nehmen. Wir können Weltanschauungen zu Arbeitshypothesen machen und sie dadurch leisten lassen, was sie uns zu leisten vermögen, ohne ihnen zu verfallen. Aber den Trieb, uns ein Bildnis zu machen, das wir anbeten, den können wir nicht in uns ausrotten. Er wird auch die strengste Nüchternheit immer wieder überrumpeln. Gott selber muß unsere Götzenbilder immer von neuem stürzen.

Im übrigen gilt das über die *Welt*anschauungen der Fächer Gesagte genau so für die von den Fächern entwickelten *Lebens*anschauungen und Ethiken. Auch hier gibt es keinen christlichen Ersatz. Wohl aber gibt es auch hier das ständige Sichhineinmischen der Stimme Gottes in unser Tun. Seiner gebietenden Stimme, seiner verurteilenden Stimme, aber auch seines vergebenden Wortes.

Dies Verhältnis der EU zu den anderen Volksschulfächern kann man sich vielleicht am besten an dem Verhältnis deutlich machen, das die Andacht im Familienkreise zu den mannigfaltigen weltlichen Verrichtungen einer solchen Familie hat. Sie steht »neben« diesen weltlichen Verrichtungen durch ihre ganz andere Art. Aber sie wirkt, gerade wenn sie sich dieses Ganz-anders-sein bewahrt, tief in die weltlichen Verrichtungen der Familienglieder hinein. Sie enthebt niemand der Mühe, mit Nüchternheit, Fleiß und Können das zu tun, was ihm aufgetragen ist. Im Gegenteil. Sie verschärft Nüchternheit und Fleiß und macht die Besserung des Könnens zur Pflicht. Aber niemand ist mehr Knecht seiner Pflichten. Leben und Handeln aller wird vom Wort durchheiligt und alle werden frei.

Es gibt auch eine Bedeutung der anderen Volksschulfächer für die EU. Sie besteht in dem Stück Welterfahrung, die das Kind von diesen Fächern hat. EU, die nicht auf solche Welterfahrung bezogen wird, ist der Gefahr ausgeliefert, jenes »denaturierte« Christentum zu lehren, das nicht nur eine ungesunde Frömmigkeit gedeihen läßt, sondern schließlich auch das Evangelium unverständlich macht. Aber das ist so unmittelbar einsichtig, das es hier nur angedeutet werden braucht.

4. Grundsätze und Regeln der Schriftauslegung

I

1) Unterscheide den »natürlichen« und »geistlichen« Sinn des Textes[1].
2) Der natürliche Sinn des Textes ist derjenige Sinn, den die Schriften des Alten und Neuen Testamentes als historische Urkunden ihrer Zeit für Christen und Nichtchristen besitzen. Er heißt »natürlich«, weil er dem natürlichen Verstande zugänglich ist.
3) Der geistliche Sinn des Textes ist derjenige Sinn, den die Schriften des Alten und Neuen Testamentes als Bibel für alle Zeiten, d.h. als Heilige Schrift für jeden Christen besitzen. Er heißt »geistlich«, weil er durch den Heiligen Geist Gottes erschlossen wird.
4) Scriptura sacra sui ipsius interpres – die Heilige Schrift ist ihr eigener Ausleger. Das gilt für den natürlichen und geistlichen Sinn.
5) Da Gott die Gabe der natürlichen Vernunft und des Heiligen Geistes nicht an Ämter bindet, ist grundsätzlich jeder zur Schriftauslegung berufen, dem er diese Gaben verleiht.

II

6) Der »natürliche« Sinn der Schrift ist mit allen Mitteln der natürlichen Vernunft aufzuschließen. Diese Mittel sind von der historischen Wissenschaft – profaner und theologischer – zu Kunstmitteln, den historischen Interpretationsmethoden, entwickelt worden. Es gibt aber auch eine elementare Auslegungskunst, die wieder zu Ehren kommen muß.
7) Wichtigste Regeln einer solchen elementaren Erforschung des natürlichen Sinnes der Schrift sind:
   a) Zu Grunde zu legen ist immer ein Text, der sprachlich dem Urtext möglichst nahe steht.

---

1. Es handelt sich hier nicht um den von Luther ... bekämpften doppelten Schriftsinn; vgl. hierzu das unter 7 l und m, 9, 10, 11 Gesagte.

b) Stets ist der engere und weitere Zusammenhang der zu erklärenden Schriftabschnitte festzustellen.
c) Von dem weiteren Zusammenhang, z.B. einem ganzen Paulusbrief, ist ein Gedankengerüst, möglichst in Tabellenform, herzustellen. Die Übersicht muß ermöglichen, Haupt- und Nebenabschnitte zu unterscheiden, also die Gliederung des Textes zu durchschauen.
d) Der zu erklärende Textabschnitt ist sodann seinem wesentlichen Gehalt nach mit eigenen Worten niederzuschreiben.
e) Unverstandene Begriffe, Gedanken, Gegenstände, Vorgänge sind besonders zu notieren.
f) Bei dem Bemühen, Unverstandenes zu verstehen, ist in erster Linie von Parallelstellen auszugehen.
g) Dabei ist einfach so zu verfahren, daß dunkle Stellen von hellen aus erklärt werden.
h) Für einzelne Schriftsteller charakteristische Begriffe – wie z.B. Gesetz, Gnade, Sünde, Gerechtigkeit, Fleisch, Geist, Glaube bei Paulus – sind zu sammeln und als spezifische Begriffssprache des Betreffenden gesondert zu durchdenken.
i) Der historische Hintergrund des auszulegenden Textes ist mit allen Mitteln der Anschaulichkeit zu durchdringen.
k) Die Affekte des Textes müssen mit stetig vertiefter Einfühlungskraft nachempfunden werden.
l) Grundsätzlich ist davon auszugehen, daß die Schrift eindeutig ist.
m) Bilder und Gleichnisse sind im allgemeinen nur da anzunehmen, wo der betr. Schriftsteller zu erkennen gibt, oder wo aus seiner Gewohnheit abzulesen ist, daß er in Bildern und Gleichnissen redet. Keine beliebige Allegorese!

III

8) Den »geistlichen« Sinn der Schrift aufzuschließen, ist nicht von unserem Willen und unserer Kunstfertigkeit abhängig. Nur Gott selbst kann ihn aufschließen, offenbaren.
9) Der geistliche Sinn darf nicht verstanden werden als geheimnisvoller, *neben* den natürlichen tretenden Sinn, der als solcher von »Eingeweihten« an »Nichteingeweihte« weitergegeben wird.
10) Vielmehr liegen geistlicher und natürlicher Sinn eines Schrifttextes ineinander. Es ist die Erfahrung des Christen, daß Gott ihm den

geistlichen Sinn eines Textes der Heiligen Schrift nur aufschließt durch das Verständnis des natürlichen Sinnes hindurch.
11) Das geistliche Verständnis der Schrift setzt also das natürliche voraus, wird aber nicht durch dieses hervorgerufen.
12) Wenn ich nicht bloß als Historiker, sondern als Christ die Schrift nicht bloß als historische Urkunde, sondern als Bibel verstehen will, suche ich in ihr nicht bloß Bereicherung meines Wissens, sondern Erkenntnis Gottes.
13) Der geistliche Sinn der Schrift ist also Gottes Offenbarung über sich, über den Menschen, über die Welt, die sie enthält. Diesen geistlichen Sinn verstehen wollen, heißt demnach: durch die Worte der biblischen Schriftsteller hindurch Gottes offenbarendes Wort hören wollen. Deshalb heißt die Schrift für den Christen auch: das Wort Gottes.
14) Der Inbegriff aller durch die Schrift geschehenden Gottesoffenbarung ist das Evangelium Jesu Christi. Dieser heißt deshalb in der Schrift der Logos, das Wort Gottes.
15) Weil wir die Offenbarung Gottes an uns nicht erzwingen können, gibt es für das geistliche Verstehen der Schrift keine Regeln oder Methoden. Es gibt nur Sätze, mit denen die Erfahrung frommer Christen an der Schrift, beschrieben wird. Wenn diese hier kurz zusammengefaßt werden, so muß man sich vor Augen halten, daß Gott auch einmal ganz andere Wege gehen kann als diese:
   a) Grundlegend für alle geistliche Schriftauslegung ist das Gebet um den Heiligen Geist.
   b) Je reicher das christliche Leben des Auslegers, desto reicher sein geistliches Schriftverständnis.
   c) Gott redet aktuell durch die Schrift, nicht spekulativ in der Schrift.
   d) Gottes Wort in den Wörtern der biblischen Schriftsteller hört deshalb nur, wer es *jetzt* an sich gerichtet hört. Man muß sich Gott stellen, wenn er zu einem reden soll.
   e) Das geistliche Verständnis der Schrift kommt ebensowenig zum Abschluß, wie Gottes lebendiges Reden durch die Schrift aufhört. Der Christ pflegt hier, je reifer er wird, um so bescheidener zu werden, je tiefer er in die Schrift eindringt, um so mehr davon überzeugt zu werden, daß er ihren Reichtum nie ausschöpfen kann.
   f) Das geistliche Verständnis der Schrift wächst nicht stetig, sondern sein Weg geht durch reiche und dürre, ruhige und gefährliche Zeiten.

Synode der Evangelischen Kirche in Deutschland 1958

Wort zur Schulfrage

Weil der Mensch von Gott geschaffen und durch Jesus Christus erlöst und befreit ist, ist die Kirche verpflichtet, die damit begründete Würde des Menschen zu bezeugen. Das gilt besonders für das Gebiet der Erziehung, deren der heranwachsende Mensch bedarf.

Erziehung kann nur in Freiheit und Wahrhaftigkeit geschehen. Deshalb erklärt die Synode der Evangelischen Kirche in Deutschland, daß über Schule und Lehrer keinerlei kirchliche Bevormundung ausgeübt werden darf. Die sittliche und wissenschaftliche Verantwortung der Erzieher für alle Lehrgehalte und das gesamte Schulleben duldet keine weltanschauliche Bevormundung, gleich welcher Art.

Die Kirche will unvoreingenommen dazu mithelfen, daß eine solche freie Schule den jungen Menschen leiblich, geistig und seelisch in den Stand setzt, die Aufgaben des heutigen Daseins menschlich zu bewältigen.

Entscheidend ist für den Weg der Jugend, welche Gehalte die Schule durch ihren Unterricht und ihre Lehrfächer vermittelt. Sie werden nach Auswahl und Schwergewicht dadurch bestimmt, welches geistige Erbe die Gegenwart geprägt hat und welche künftigen Aufgaben vermutlich vor ihr liegen. Diese weltlichen Fragen müssen sachgerecht, ohne weltanschauliche Überhöhung, aber auch ohne konfessionelle Enge und ohne ideologischen Zwang gelöst werden. Die Kirche kann hier um des Menschen willen, dessen Werden und Sein ihre vornehmste Sorge ist, nur warnen, über der Sache nicht den Menschen, über der Leistung nicht die Erziehung, über der Masse des Stoffes nicht die Bildung zu vergessen. Sie mahnt, diese Aufgaben so wahrzunehmen, daß nicht Menschen verschiedener Gesinnung an dem Kinde zerren, sondern daß sie in Achtung voreinander und vor dem heranwachsenden Menschen sich zu gemeinsamem Dienst an ihm miteinander verbinden.

In dieser Freiheit ist Raum für die evangelische Unterweisung, für Lehrer und Schüler, die als Christen in der Gemeinschaft der Schule leben möchten. Um derselben Freiheit willen tritt die Evangelische Kirche dafür ein, daß kein Lehrer Vorteil oder Nachteil haben darf, wenn er Religionsunterricht erteilt oder nicht erteilt.

Es gehört zu den hohen Aufgaben der Staatsführung, diese Freiheit der Erziehung innerhalb und außerhalb der Schule zu gewährleisten. Erfüllt der Staat diesen Auftrag, so werden ihm dankbare Bürger heranwachsen, die ihn in Freiheit bejahen und zu verantwortlicher Mitarbeit im gesellschaftlichen und politischen Leben bereit sind. Wo immer der Staat diese Freiheit verletzt und die Schule zu einem Instrument einer Weltanschauung macht, die mit Zwang durchgesetzt werden soll, untergräbt er seine eigene Autorität. Dann wird der Lehrer zum Funktionär und Techniker, der nicht mehr glaubwürdig erziehen kann. Die Kinder aber werden verführt, nicht mehr nach der Wahrheit zu fragen, sondern immer die zweckmäßige Antwort zu suchen, die ihnen das Fortkommen sichert und die Existenz ihrer Eltern nicht gefährdet. So wird der Mensch nicht erzogen, sondern zerstört; die Eltern aber sehen sich in ihrem Erziehungsauftrag bedrängt und können nicht zu einer vertrauensvollen Zusammenarbeit mit der Schule gelangen.

Die Kirche erinnert in der Freiheit, zu der allein Christus befreit, an die hohen Aufgaben auf dem Gebiet der Erziehung. Wird sie nicht gehört, so wird sie sich nicht erbitten lassen, sondern dennoch dazu helfen, daß Menschen heranwachsen, die im Ganzen der Gesellschaft dienen, ohne ihren Glauben zu verleugnen. Gottes Wort ist nicht gebunden.

Die Kirche ist zu einem freien Dienst an einer freien Schule bereit. Im einzelnen geben wir folgendes zu bedenken:

Die Schule hat in unserer technisierten und versachlichten Welt eine unvergleichlich größere Erziehungsaufgabe als früher. Dies darf aber nicht dazu führen, daß die Schule an die Stelle des Elternhauses tritt. Die christliche Gemeinde wird dafür sorgen müssen, daß die Gemeinsamkeit dieser erzieherischen Verantwortung gestärkt wird.

Die evangelische Christenheit soll weltoffen alle Schul- und Unterrichtsversuche bejahen, die die erzieherische Kraft der Schule stärken und ihre bildende Wirkung mehren. Manches Alte kann fallen, manches Neuerprobte soll gefördert werden.

So sind weithin Kindergärten und Tagesheimschulen Maßnahmen der Barmherzigkeit für die in der modernen Industriegesellschaft besonders bedrohten Kinder.

Die Vierzehnjährigen sind heute für die moderne Arbeitswelt körperlich, seelisch und geistig nicht reif genug. Darum sollten die Bestrebungen gefördert werden, den Übergang der Jugendlichen in die Berufswelt zu erleichtern, sei es durch Schulzeitverlängerung oder andere pädagogische Maßnahmen. Sonst droht sich das Unrecht der Kinderarbeit in unserem Jahrhundert zu wiederholen.

Der gesamte Aufbau des mittleren und höheren Schulwesens sollte erneut durchdacht werden. Dabei, sowie bei der Auslese für alle weiterführenden Schulen müssen standespolitische und soziale Vorurteile als überwunden gelten. Deshalb ist die Mitarbeit der Christen dort besonders wichtig, wo es gilt, begabten Jugendlichen von der Volks- und Berufsschule ab Ausbildungswege zu erschließen, um ihnen den Zugang zu Berufsstellungen zu öffnen, in denen sie ihre Gaben entfalten können.

Die Stellung und Bedeutung der Schule als Erziehungs- und Bildungsstätte ist abhängig von den Lehrern, die in ihr wirken.

An dem katastrophalen Mangel an Lehrern und Katecheten für alle Schularten ist die christliche Gemeinde mitschuldig; denn sie sollte alle erzieherischen und pflegerischen Berufe mit besonderer Sorgfalt und Achtung fördern.

Die Lehrerbildung muß den heute an die Schule zu stellenden Anforderungen entsprechen und den jungen Lehrer geistig mündig machen. Wir halten es für notwendig, daß die Lehrerbildung statt in ängstlicher Sorge um konfessionelle Prägung bestimmter Fächer in der evangelischen Freiheit geschieht.

Die Volksschule und die Bildung ihrer Lehrer darf sich nicht länger an vergangenen Vorstellungen und Formen ausrichten. Der Volksschule und ihren Lehrern ist nur nach vorwärts zu helfen.

Der Schule und den Lehrern müssen für ihre Arbeit geistig und wirtschaftlich die bestmöglichen Grundlagen und Voraussetzungen, auch im Hinblick auf die Studienförderung, gegeben werden. Von der Errichtung der notwendigen Schulbauten und der Senkung der Klassenfrequenzen hängt es ab, ob die Schule ihre Aufgabe erfüllen kann.

Die evangelische Kirche unterhält vielfach eigene Schulen und Heime, um damit eine Erziehung aus evangelischer Glaubenshaltung heraus zu verwirklichen und zugleich Notständen abzuhelfen. Alles Gesagte hinsichtlich der Freiheit, Wissenschaftlichkeit und Weltoffenheit gilt in besonderem Maße für diese Schulen. Sie helfen, junge Glieder unserer Gemeinden für menschenführende Berufe zu gewinnen. Die Landeskirchen sind dankbar, wenn der Staat dafür aufgeschlossen ist, diese Schulen zu schützen und zu unterstützen.

Hans Stock

1. Die Herausforderung des biblischen Unterrichts durch die theologische Forschung

Die synoptischen Evangelien bilden den Kernstoff des biblischen Unterrichts. Ihre Behandlung stellt den Lehrer indes in wachsendem Maße vor fast unüberwindliche Schwierigkeiten. Diese lassen sich, soweit sie grundsätzlicher und genereller Art sind, vorläufig vom Lehrer und vom Schüler her kennzeichnen. Der Lehrer, der sich auf den Unterricht vorbereitet und dabei theologisch-wissenschaftliche Literatur zu Rate zieht (»Kommentare«), gerät heute fast unweigerlich in einen Strudel von Unsicherheiten und Widersprüchen, methodisch und sachlich. Das bedeutet: Das Bild der theologischen Forschung, wie es der um Orientierung und neue Erkenntnis bemühte Religionslehrer, der nicht Theologie aus erster Hand treibt, aus dem Studium des einschlägigen Schrifttums gewinnt, ist sehr vieldeutig. Die historisch-kritische Arbeit am Neuen Testament hat, zumal im Bereich der Evangelienforschung, die überlieferten Aspekte völlig verändert und gelangt zu einer Betrachtungsweise, deren Methodik und Ergebnisse dem wissenschaftlich nicht gründlicher eingeweihten Leser – hierzu dürften auch manche Lehrer zu rechnen sein, die ein theologisches Studium mit andersartigen Schwerpunkten hinter sich haben – kompliziert, allzu vielschichtig und problematisch vorkommen. Der auf die Lektüre von theologischen Kommentaren verwiesene Lehrer sieht sich vor Auffassungen und Erklärungen gestellt, die unter Umständen stark differieren und den Leser mißtrauisch machen. Die historisch-kritische Bearbeitung und Deutung der Evangelien erscheint ihm dann leicht als ein allzu weites Feld, das man resigniert den theologischen Fachleuten überläßt, um sich seinerseits an das Herkömmliche zu halten und sich vielleicht darauf zu beschränken, »die Texte selbst« zur Kenntnis zu bringen und sprechen zu lassen. Es kann aber auch sein, daß man aus der Undurchschaubarkeit der Lage andere Konsequenzen zieht: Man überspringt bewußt die historisch-kritische Fragestellung und ergibt sich einer auf direkte Verkündigung bedachten Erbaulichkeit; man ordnet die Texte dem schon mitgebrachten Deutungsschema unter und treibt dann nicht eigentlich mehr Exegese und Interpretation, sondern man braucht die Evangelientexte als Material und Beleg für eine lehrhaft-kerygmatische Unterweisung; dieser Unterricht kann in großem Ernst und mit persönlichem Nachdruck erfolgen – sachlich wird er nicht ausreichen.

Denn ein Verzicht auf dogmatisch unbefangene, exegetisch fundierte Textauslegung führt im Unterricht zweifellos zu manchen Scheinlösungen, zu vorgetäuschtem Verständnis, zu halbem Wissen, zu fragwürdiger Sicherheit – oder auch einfach zur Langeweile. Der Lehrer kann dabei kein gutes Gewissen haben. Er muß die eigene Auseinandersetzung mit den Evangelientexten weiterführen, auch wenn er sich im theologischen Studium nicht zurechtfindet. Die konventionellen Erklärungen in der vorgeprägten christlichen Sprache kommen bei den Schülern, wenn diese geistig geweckt sind, nicht mehr an. Hier liegt der zweite Komplex von Schwierigkeiten, die gerade in diesem Hauptbereich des Religionsunterrichts heute auftreten: Die Einstellung des Schülers, in dessen Denken, Sprechen und Verhalten sich die öffentliche Meinung zu dieser Sache spiegelt. Ohne hier auf genauere Unterscheidungen einzugehen, läßt sich sagen, daß die Schüler, wenn sie die Stufe kindlichen Erlebens und Auffassens überschritten haben, sich gliedern in solche, die aus Pietät oder kirchlicher Entschiedenheit am gewohnten Verständnis festhalten, und solche, die sich daraus lösen, meist ohne eine besser gegründete Sicht zu gewinnen. Der Religionslehrer hat es in der Regel mit der großen Zahl der »ungläubigen« älteren Schüler zu tun, die sich mit einer ihnen etwa zugemuteten Zweigleisigkeit von Denken und Glauben nicht abfinden, die dann oft genug den von außen auf sie eindringenden Vorurteilen und Sentenzen verfallen und schließlich mit der Sache, welche der Religionsunterricht vertritt, weil diese sie »nichts angeht«, »fertig« sind, ohne je erfahren zu haben, an welcher Stelle die Entscheidungen denn wirklich fallen. Es ist nicht gelungen, ihnen zugleich verständlich zu machen, daß die biblischen Texte nur aus ihrer eigenen Zeit heraus zu begreifen und wie sie dennoch lebendiges Wort an uns und unsere Zeit sind. Beiden Gesichtspunkten wird der Religionsunterricht umfassend gerecht werden müssen, wenn am Ende nicht Fehllösungen und Fehlhaltungen entstehen sollen. Der Religionsunterricht weiß sich dafür verantwortlich, daß unter den schulentlassenen Jugendlichen, obwohl sie jahrelang schulischen und kirchlichen Religionsunterricht genossen haben, weithin keine klaren und begründeten Vorstellungen vom christlichen Glauben bestehen.

Nimmt der Religionsunterricht alle diese Schwierigkeiten bewußt auf sich und sucht er ihnen unter Benutzung aller Hilfsmittel methodisch zu begegnen, so werden sich dabei ganz gewiß neuartige didaktische und methodische Aufgaben und Probleme ergeben. Es ist die eigentliche Absicht dieses Buches, die aus den heutigen exegetischen Erkenntnissen erwachsenden Fragen zu sichten und ihnen zunächst einmal standzuhalten, obwohl sich dabei zweifellos andersartige Schwierigkeiten einstellen werden.

2. Didaktisches Grundgesetz

Die Dialektik im Verhältnis des Historischen und des Eschatologischen, die den christlichen Glauben konstituiert, muß so zur Geltung kommen, daß die Geschichte Jesu und das Christuszeugnis der Evangelien in prinzipieller Unterscheidung auseinandertreten, um in der historisch bedingten Zusammenfügung in den Evangelien wie in ihrer sachlichen Zusammengehörigkeit überhaupt verstanden zu werden.»Im Kerygma der Evangelien die Geschichte, aber auch in dieser Geschichte das Kerygma zu suchen, ist darum die uns gestellte Aufgabe. Ist die Unterscheidung von beiden geboten, so doch nur darum, um die Zuordnung beider und ihre wechselseitige Durchdringung um so deutlicher zu machen.« In dieser Erkenntnisbewegung geht das Verstehen vor sich, auf das es der unterrichtlichen Interpretation der Texte zunächst ankommt.

Die Frage, wie diese Erkenntnis methodisch zu gewinnen und nach Altersstufen aufzubauen sei, wird an Hand der Beispiele im zweiten Teil des Buches aufgenommen. Der Weg geht vom naiven Verständnis der Texte als unbefragter, bildhaft erzählender Einheit hin zur Erkenntnis der spannungsreichen Synthese auf höherer Stufe. Zuletzt sollte es gelingen, den Evangelientext in seinem historisch-sachlichen Gefüge als Wort der bekennenden Gemeinde zu verstehen, in welches der geschichtliche Jesus als Grund und Inhalt des Glaubens eingegangen ist – in welchem er auch uns begegnet.

3. Der Schüler und sein Lehrer

Der Schüler soll im Religionsunterricht unter allen Umständen er selbst bleiben dürfen. Wir wollen nach Kräften vermeiden, daß er sich in ein Religionsstunden-Ich verwandelt und in eine für ihn unwirkliche geistige Welt nur einpaßt und hineinsteigert. Das schließt nicht aus, daß der Schüler die biblisch-christliche Sprache redet. Es ist unvermeidlich, daß er sie, indem er sie lesen und verstehen lernt, in gewissem Umfang auch spricht. Dieser Sprachgebrauch aber bedarf ständig der Übersetzung; daß dies nicht nur eine Frage der Terminologie ist und nicht schon gelöst ist, wenn Lehrer und Schüler einen möglichst modernen Jargon reden, weiß jeder Lehrer, der sich müht, das Evangelium sachgerecht und gegenwartsnah zu verdeutlichen. Für den theologisch gebildeten Lehrer ist der Schüler stets die lebendige Erinnerung daran, daß es auch im interpretierenden Bibelunterricht um Gegenwart geht. Wird der Lehrer seine Schüler in diesem Sinn wirklich gewahr – was gar nicht selbstverständlich ist –, so wird seine Sprache »lebensnah« und »aktuell«, ohne Vorsatz und Methode. Die Sachinterpretation wird dann von selbst auf heutiges Denken Bezug nehmen. Die geistige Welt der Evangelien ist für den Schüler ja im Grunde doch ein ganz fremdes, schwer zugängliches Gelände, so sehr er mit den »Geschichten« immer schon bekannt und vertraut sein mag. Vor der immer genaueren Interpretation werden viele Vorurteile des Schülers fragwürdig, sein nicht zuletzt aus früherem Unterricht stammendes Vorverständnis bedarf stets erneuter Revision. Der Lehrer wird seinem Schüler in dieser Hinsicht sehr zur Seite stehen. Die Hilfe besteht vor allem darin, daß der Lehrer selbst eine durch Offenheit und Ehrfurcht bestimmte Einstellung im Umgang mit der Sache wirksam werden läßt. Lernt der Jugendliche allmählich, worauf es in den Texten ankommt, so beginnt er sich selbst in einer Weise zu verstehen, die zu seinem natürlichen Selbstverständnis, wie es sich alle Tage neu aus Eindrücken und Erfahrungen des Lebens nährt, in stärkste Spannung tritt. Der Lehrer, der in dem Konflikt zwischen der Erkenntnis des Glaubens und der menschlichen Selbsttäuschung vielleicht besser standzuhalten weiß, wird den Schüler behutsam und schonend in diese Erfahrung einführen. Es werden dem reiferen Jugendlichen manche Probleme und Sorgen der Anfangsphase mit der Zeit unwichtig werden. Das gilt wohl auch für die spezifischen Nöte der Bibelkritik, die dem Schüler zunächst viel zu schaffen machen. Das pädagogische Gewissen des Lehrers und seine eigene Bindung an die Wahrheit des Evangeliums werden das Maß dessen bestimmen, was dem Schüler jeweils zuzumuten ist. Der Unterricht darf, bei aller Einstellung auf den augenblicklichen Stand einer Klasse und auf die altersmäßig bedingten seelischen und geistigen Möglichkeiten der Schüler, diesen doch stets voraus sein. Auch für den Lehrer ist und bleibt die Sache, um die es sich hier handelt, stets neue Aufgabe.

4. Der Lehrer als Interpret unter den Bedingungen des Nicht-Glaubens

Der Stil des biblischen Unterrichts wird durch eine historisch erklärende und sachlich vergegenwärtigende Auslegung der überlieferten Texte geprägt. Sie wird sich in der Regel im freien Unterrichtsgespräch als der angemessenen Form vollziehen. Der Lehrer hat daran seinen wesentlichen Anteil. Ob er den Arbeitsgang durch eigene inhaltliche Fragen und Aussagen oder durch formale, methodische Vorzeichnung lenkt, oder ob er nur seinen Beitrag gibt wie die Schüler auch, das wird sich von Stufe zu Stufe oder von Stunde zu Stunde anders entscheiden müssen. Jedenfalls aber sollte der Lehrer bei aller Selbtbeteiligung die Funktion des »Zeugen« oder »Verkündigers«, wie sie ihm vielfach zugesprochen, zugemutet oder zugetraut wird, nicht so verstehen, daß sie ihn der Klasse gegenüber in eine distanzierte Position bringt. Weiß er sich als Interpret dafür verantwortlich, daß der Text wirklich zur Sprache kommt, so wird er sein größeres Können im Umgang mit der Sache zwar einsetzen, aber er wird dabei vom Schüler ausgehen. Er wird das Nichtwissen bzw. Vorverständnis des Schülers zu eigenen Lasten übernehmen, indem er sich immer wieder in die Situation des »Nichtglaubenden« hineinversetzt. Der Nichtwissende und der Nichtglaubende sind ständig zugegen, auch im Lehrer selbst. Handelt es sich darum, die christliche Aussage der Texte in kritischer Auseinandersetzung mit dem religiösen Denken verstehbar zu machen, so sind der Nichtwissende und der Nichtglaubende das eigentliche Kriterium für das Gelingen der Interpretationsarbeit und ihre geistige Qualität.

Die Botschaft, welche die Texte enthalten, rechnet nicht mit Voraussetzungen besonderer Gläubigkeit. Sie wendet sich nicht an »religiöse Menschen«, sondern – im Unterricht – an Lehrer und Schüler heute in Zwiespältigkeit, Elend und Größe unserer Geschichte. Der Hörer, an dessen »Verstehen« appelliert wird, ist der selbstverantwortliche moderne Mensch, dem die gewaltige Aufgabe einer sinnvollen Ordnung des gemeinsamen Lebens in der Welt zugefallen ist; er unterzieht sich ihr, als müsse er mit dieser Aufgabe und mit seinem Geschick »fertig werden ohne Gott«; er unterliegt im Übernehmen seines Auftrages der äußersten Selbstgefährdung; er ist ohne »metaphysischen Halt und Trost«, dennoch aber steht auch er unter dem »Gesetz«, wie immer er es selbst auslegt. Alle religiösen Phrasen fallen in dieser Situation ab.

Der biblische Unterricht sollte deshalb die Sprache des nahe benachbarten Deutschunterrichts mithören und die geeigneten Dokumentierungen modernen Selbstverständnisses mit bedenken. Die Lektüre der Evangelien darf den biblischen Unterricht nicht zu einer abgelegenen Insel werden lassen. Die Verkündigung Jesu und die Christusbotschaft der Urkirche müssen als Wort an die Heillosen interpretiert werden; als ein Wort, das den heutigen Menschen in seiner geschichtlichen Situation entscheidend angeht und nicht über ihn religiös hinwegredet. Hier gibt es keine »gebahnte Straße« – die heutige Theologie und Predigt machen sich gerade erst auf den Weg. Der Lehrer hat durchaus teil an der »Sprachlosigkeit des Glaubens« heute; er möge trotzdem sein auslegendes Wort wagen. Er kann nicht anders als im Auslegen der Texte mitzusagen, wie er selbst denn die Wirklichkeit des geschichtlichen Daseins in der heutigen Welt erfährt und versteht.

Der Religionsunterricht wird neben die Evangelientexte wie neben die biblischen Texte überhaupt »nichtkanonische« Texte stellen, christlicher und nichtchristlicher Art; das beginnt etwa mit der ungemein lehrreichen Heranziehung apokrypher Evangelien, an denen die ewig-menschliche religiöse Verfälschung des Evangeliums im Vergleich mit synoptischen und johanneischen Texten zu beobachten ist. Nach der anderen Seite hin kann ein Prosastück aus Hemingways Schriften oder ein Vers von Gottfried Benn dazu dienen, den Menschen in der vollendeten Profanität seines Daseins und in der Melancholie seiner Klage zur Sprache kommen zu lassen. Damit ist nicht gemeint, daß der Religionsunterricht sich in weltanschauliche Diskussionen hineinbegibt, wobei das Evangelium dann häufig apologetisch verglichen und verteidigt wird, aber die eigene innere Lage der Schüler und Lehrer als Zeitgenossen muß vorbereitend geklärt werden. Der Religionsunterricht braucht dabei nicht in den Sog einer nur modischen Literatur zu geraten, die doch kein echtes Dokument eines verantwortlichen Denkens ist. Der eigentliche Partner im Gespräch über das Evangelium und mit dem Evangelium muß aber der Mensch eines »offenen Denkens« sein, das sich von weltanschaulichen und religiösen Ideologien zu befreien sucht und dem es um »die Wirklichkeit« geht. In diesem Gespräch kann das Christentum freilich keine billigen Siege erringen und keine weltanschaulichen Triumphe feiern.

Je lebhafter und sachkundiger der Lehrer seiner Aufgabe zugewandt und zugetan ist, desto weniger wird er in die Verlegenheit kommen, das »Glaubensleben« seiner Schüler zu beobachten. Er weiß aus eigener Erfahrung, daß die biblische Aussage in ihrer unerschöpflichen Fülle und jeder Erfahrung spottenden Größe dem eigenen Glauben und Verstehen sich immer wieder entzieht und vorausbleibt. Je dringlicher das Interesse an der gemeinsamen Sache ist, desto weniger Zeit bleibt im Unterricht für die höchst suspekte Frage nach der »persönlichen Aneignung«.

Dennoch mögen auch im interpretierenden Unterricht die »liturgischen Formen« einen Platz haben. Gebet und Lied begegnen dem Schüler in der Objektivität des Bekenntnisses, welches nicht Glauben voraussetzt, sondern den Glauben vorspricht. Wir sollten es uns abgewöhnen, das Bekenntnis primär als Bekennen zu verstehen, als trüge hier jemand seine religiöse Überzeugung vor. Als Glaubensbekenntnis in der Sprache der Kirche und der Christenheit transzendiert es die Gläubigkeit des einzelnen. Die fides quae creditur, die im Bekenntnis nicht nur ausgesagt, sondern darstellend gehandelt wird, bewirkt und trägt die fides qua creditur, das persönliche Zeugnis des einzelnen, sein Christsein. Die Kirche ist nicht eine Gemeinschaft von Bekennern, sondern das Bekenntnis der Kirche als gegenwartsmächtiges Wort trägt die Bekennenden. Im Übernehmen bekennender Sprache erprobt der Schüler die Tragweite der Botschaft und erfährt er, worauf dies alles zielt. So verstanden, braucht zwischen der sachlichen Bibelarbeit und einer Eingewöhnung in gottesdienstliche Formen und gottesdienstliches Verhalten kein Widerspruch zu entstehen. Wohl aber sollte alles vermieden werden, was dem Charakter des schulischen Religionsunterrichts als einer methodisch angelegten Propädeutik des Glaubens, der es um bildende Begegnung mit dem Evangelium in seiner Überlieferungsgestalt geht, Abbruch tut.

Eine sachgerechte und schulgemäße Übersetzung der Evangelien in methodischer Bibelarbeit kann sich nur in einer Atmosphäre der Freiheit entfalten. Dann besteht um so mehr Aussicht, daß die Schüler diesen Unterricht und sein »Anliegen« willig ernst nehmen. Wenn man aber von vornherein auf verbindliches Hören und Handeln hinsteuert, sucht man über den offenen Ausgang des Ganzen zu verfügen und das vorwegzunehmen, was sich unterwegs ergeben muß. Sagen wir, der biblische Unterricht solle sich doch »unter das Wort stellen«, so ist dies nichts Besonderes; denn dies geschieht auch im Deutschunterricht und überall dort, wo überlieferte Sprache zu Gehör gebracht wird. Auch die Sprache des Gedichts muß »verbindlich« genommen werden. Nicht eine formale Autorität oder eine exzeptionelle Weise des Redens ist das originäre Kennzeichen des biblischen Wortes, sondern die hier zu erwartende inhaltliche Aussage, die im Zuge der Interpretation aus den Texten erhoben und in der radikalen Andersartigkeit ihres Denkens über Gott und den Menschen nur allmählich verständlich werden kann.

Mit Rücksicht auf dieses stets offene und unabgeschlossene Geschehen muß sich der Religionsunterricht vor formalen und kollektiven Entscheidungen jederzeit hüten.

Martin Stallmann

1. Biblischer Unterricht im Zeichen
von Entmythologisierung und existentialer Interpretation

Die[1] Entmythologisierungsdebatte stellt uns vor die Frage, ob wir die Wirklichkeit, an die der christliche Glaube glaubt und auf die er sich gründet, bisher richtig und sachgemäß verstanden haben. Diese These vertritt und begründet Friedrich Gogarten in seiner kleinen Schrift »Entmythologisierung und Kirche« (1953, ³1958). Wenn man die »objektive Faktizität« des Offenbarungsgeschehens betone und von ihm als einem »objektiv-realen Geschehen« meine reden zu müssen, so sei die Eigenart seiner Wirklichkeit verkannt. Man verwende in solchem Falle Wirklichkeitskriterien, die aus dem mit der neuzeitlichen Aufklärung aufgekommenen Subjekt-Objekt-Denken stammten, während es gerade darauf ankomme, diese Wirklichkeit als die des Wortes Gottes, also ihren worthaften Charakter, zu erkennen und festzuhalten. Die Selbstverständlichkeit freilich, mit der wir gewöhnlich meinen, vom Worte Gottes reden zu können, verhindere meist diese Erkenntnis. Darum rät Gogarten abschließend dringend, die Frage nach der Eigentümlichkeit der Offenbarungswirklichkeit aufzunehmen ...

I.

Der biblische Unterricht will Kindern ein Verständnis der biblischen Geschichte vermitteln. Diese Geschichte versteht der biblische Unterricht als Bericht von vergangenen Geschehnissen, die für uns, für die Gegenwart bedeutsam sind. Der Unterricht sucht daher nach der Möglichkeit und den Mitteln für ihre Vergegenwärtigung.

Die ältere Methodik wollte dieser Aufgabe dadurch gerecht werden, daß sie den Unterrichtsgang in verschiedene »Stufen« einteilte und auf die »Darbietung« der Geschichte deren »Verknüpfung« und »Anwendung« oder eine »Bewertung«, eine »gewissensmäßige Vertiefung«, einen »Aufruf zur Tat« oder ähnliches folgen ließ. Heute werden diese Stufen meist

1. Dieser Aufsatz erschien zu Rudolf Bultmanns 70. Geburtstag in der ZThK 51. Jg. (1954), S. 216ff., und wollte an seinem Teil Dank und Verehrung bezeugen, die auch der »praktische« Theologe seiner Arbeit schuldet.

aufgegeben, nicht nur wegen ihres methodischen Formalismus, sondern vor allem, weil unter Vergegenwärtigung etwas anderes verstanden wird. Die vergangenen Ereignisse bestimmen unsere Gegenwart nicht dadurch, daß wir aus ihnen eine allgemeine Wahrheit ableiten oder unser sittliches Urteil an ihnen bilden und unser Gewissen wecken lassen. Dabei würde die Geschichte selbst allmählich entbehrlich, während wir sie gerade zur Geltung bringen wollen.

Gerade wo das Ziel nicht die Weckung einer allgemeinen Religiosität ist, legt man alles Gewicht auf die Geschichte selbst. Darum fordert Martin Rang ein »immanentes Verstehen« der Geschichte, das in diese hineinführt und ihren »Gehalt, gebunden an die konkrete Form, in der er uns geboten ist, zu erfassen sucht«. Die »Glaubensfrage« wirkt »ungleich tiefer, wenn sie in immer neuem Kleide vor uns tritt, farbig und lebensvoll in den großen biblischen Geschichten«. So ergibt sich die Aufgabe, diese Glaubensfrage »sichtbar zu machen«.

Wenn das, was die biblische Geschichte für die Gegenwart bedeutet, nur mit ihr selbst zur Geltung kommen kann, so muß das berichtete Geschehen vergegenwärtigt werden. Der oberste Grundsatz hierfür ist der der Anschaulichkeit ...

II.

Es ist nicht möglich, hier nebenbei den Begriff von Anschaulichkeit zu untersuchen, der aus der herkömmlichen allgemeinen Unterrichtslehre bei solchen didaktischen Überlegungen übernommen worden ist. Nur an das Notwendigste darf kurz erinnert werden. Anschaulichkeit zeichnet diejenige Wirklichkeit aus, die sich unmittelbar erschließt. Im Grunde hat nur das einen Anspruch auf Anerkennung als Wirklichkeit, was sich anschaulich machen läßt, so daß ich es mir vorstellen kann. Das Anschauliche hat den größten Grad der Gewißheit. Was sich mir in seinem sinnvollen Zusammenhang mit unmittelbarer Gewißheit darbietet, das gilt als gegenwärtig, und als Zugang zu ihm gilt die Anschauung ...

Der didaktische Grundsatz der anschaulich vorstellenden Vergegenwärtigung vergangenen Geschehens will den historischen Abstand dadurch überwinden, daß sich das Ich in das vergangene Geschehen hineinversetzt, so daß die Begebenheiten sich ihm mit derselben unmittelbaren Gewißheit darbieten wie eigene Erlebnisse. Die Gemeinsamkeit menschlicher Möglichkeiten ist so groß, und das Ich kann in einem solchen Maße über sich selbst und seine Möglichkeiten verfügen, daß es frühere Ereignisse mit Hilfe anschaulichen Vorstellens vor sich bringen und im Nacherleben ihres Sinnes sich vergewissern kann. Im Gegensatz zu dieser Meinung wäre auch ein Geschehen denkbar, das sich nicht mit unmittelbarer Gewißheit erfassen ließe, sondern gedeutet werden müßte. Deutungsbedürftig wäre ein Geschehen nicht schon deswegen, weil sein Sinn so versteckt und verborgen in ihm enthalten wäre, daß nur ein ausdrücklicher Hinweis ihn aufschließen könnte. Im eigentlichen Sinne wäre von Deutungsbedürftigkeit da zu reden, wo es sich um ein Geschehen handelt, in das sich das Ich nicht auf Grund einer voraussetzbaren Gemeinsamkeit hineinversetzen kann, das sich vielmehr erst durch die Deutung dem Ich zueignet und so eine Gemeinsamkeit stiftet. Aber so geartet ist offenbar die Wirklichkeit nicht, die einem »anschaulichen Verständnis« sich erschließt.

In der Anwendung des Grundsatzes der Anschaulichkeit auf den biblischen Unterricht ist also stillschweigend vorausgesetzt, daß die biblische Geschichte anschaulich vorstellbare und nacherlebbare Ereignisse vergegenwärtigen will und daß Anschaubarkeit und Vorstellbarkeit sachgemäße Kriterien der in der biblischen Geschichte gemeinten Wirklichkeit sind ...

In der Tat hat ja gerade die formgeschichtliche Forschung auf volkstümlich veranschaulichende Stilelemente in der biblischen Erzählung hingewiesen. Als Beispiel sei nur daran erinnert, daß Bultmann in seiner »Geschichte der synoptischen Tradition« die Technik der Erzählung u.a. durch eine Tendenz zur Differenzierung und Indiviualisierung der handelnden Personen oder durch eine novellistische Tendenz, die der spezialisierenden Anschaulichkeit diene, bestimmt sein läßt. Sollte es im Unterricht nicht erlaubt sein, in dieser Richtung ein wenig weiterzugehen? Dem soll hier natürlich nicht widersprochen werden. Unsere Frage gilt der mit der Veranschaulichungsmethode verbundenen Meinung, als kämen wir mit zunehmender Anschaulichkeit dem Verständnis dessen näher, was jene Erzählungen meinen, als wäre die Anschaulichkeit die Brücke zwischen dem vergangenen Geschehen und der Gegenwart, als handle es sich um ein Geschehen, das sich der Anschauung unmittelbar in seinem Sinn erschlösse ...

Wir wählen als Beispiel die Geschichte von der Auferweckung des Töchterleins des Jairus aus dem Markusevangelium (Kap. 5). Wir brauchen all die Vorzüge dieser Erzählung, die sie zu einem Muster der gerade bei Markus immer wieder beobachtbaren volkstümlich anschaulichen Darstellungsweise machen, nicht aufzuzählen. Eine Nacherzählung wird zwar die besondere Stellung verdeutlichen, die ein Synagogenvorsteher einnahm, und wird die Trauersitten der damaligen Zeit erläutern, wird aber sonst mit Leichtigkeit dem Grundsatz der Anschaulichkeit Genüge tun können. Nur ein Satz läßt sich in einer Nacherzählung nicht unterbringen: »Und er verbot ihnen hart, daß es niemand wissen sollte.« Dieser Satz ergibt im Zusammenhang des berichteten Ereignisses keinen Sinn ...

VIII.

Was bedeutet das Schweigegebot im Munde Jesu für das Verständnis der Jairusperikope? Die Erzählung ist besonders breit angelegt. Der Synagogenvorsteher kommt zu Jesus mit der Bitte um Hilfe für sein krankes Kind. Jesus macht sich alsbald auf, aber er wird durch die kranke Frau aufgehalten. Dann kommt die Nachricht vom Tode des Kindes. Was Jesus verhüten sollte, ist eingetreten. Das Zuspät betont die erschreckende Unerbittlichkeit des Todes. Jesus aber gibt sein Vorhaben nicht auf. Es folgt der Zusammenstoß mit den klagenden Leuten, der uns verwundert aufhorchen läßt. Und dann erst erreicht die Erzählung ihr Ziel: in der Erweckung des Kindes löst sich die durch die verschiedenen Momente gesteigerte Spannung. Den Abschluß der Geschichte unterbricht nun auf so merkwürdige Weise Jesu Verbot, von dem Geschehenen zu erzählen. Zwischen die Bestätigung des Wunders durch das Staunen der Augenzeugen und Jesu Befehl, dem Mädchen zu essen zu geben, ist es eingeschoben, wie um durch die auffällige Stellung seine Unbegreiflichkeit noch zu unterstreichen ...

Ohne das Verbot würde uns die überlieferte Geschichte Jesus als den mit Wunderkräften ausgestatteten göttlichen Helfer zeigen und uns in staunende Verehrung ihm gegenüber versetzen. In der Richtung wäre die Erzählung unmittelbar zugänglich. Das Verbot soll verhindern, sie so zu verstehen, wie sie unmittelbar verstanden werden müßte. Was den Evangelisten also das Verbot einfügen ließ, war die Meinung, daß staunende Verwunderung über eine Totenerweckung nicht wahrnimmt, was hier vernommen werden soll. Was sich in der Erzählung unmittelbar anschaulich aufdrängte, wäre gar nicht die Herrschaft des Sohnes Gottes, wäre nicht seine »Herrlichkeit«, wie sie der Evangelist bezeugen will. Oder er will sie nicht so verstanden wissen, wie sie sich dort präsentieren würde. Jesus gehört nicht darin zu Gott, daß er mit Wunderkräften ausgestattet ist. Sein Messiastum ist von anderer Art, als daß es sich durch übernatürliche Möglichkeiten anschaulich ausweisen könnte. Im Gegenteil, der Evangelist fürchtet, seine wahre Herrlichkeit könnte auf diese Weise ver-

Biblischer Unterricht im Zeichen von Entmythologisierung   171

leugnet werden. In seiner Anschaulichkeit gibt das berichtete Geschehen das nicht her, worin sich die Herrschaft des Sohnes Gottes ereignet.

Was Markus unter Jesu Messianität versteht, darüber lassen sich nun an unserem Text auch einige positive Beobachtungen anstellen:

1. Durch das Schweigegebot wird Jesu Tat den nächsten Beteiligten vorbehalten. Was hier die Furcht überwand, soll ausschließlich Eigentum der unmittelbar Betroffenen sein. Einer Übereignung an die Allgemeinheit wird gewehrt. Jesus verträgt so, wie er sich in der Totenerweckung erwiesen hat, keine Verallgemeinerung, so also gehört er auch nicht den Lesern. Wer Jesus ist, nimmt der nicht wahr, der ihn und sein Tun beobachtet, als wäre er für sich etwas und als wäre sein Messiastum aus seinen von ihm selbst gelösten Leistungen betrachtend feststellbar. Jesus ist der, der sich der Bedrängten, der von der Übermacht von Krankheit und Tod Überwältigten annimmt, und zwar so annimmt, daß er es daneben auf nichts anderes abgesehen hat, auch nicht darauf, seine Messianität zu beweisen. Seine Einheit mit Gott geschieht zwischen ihm und Jairus bzw. dem kranken Weibe. Sie ereignet sich, indem er sich diesen Menschen bedingungslos zur Verfügung stellt. An der Bezeugung dieses Geschehens ist der Evangelist so sehr interessiert, daß es ihn offenbar nicht stört, daß sich Jesus von der Frau förmlich wie eine Sache benutzen läßt. Was diese Beobachtung bedeutet, wird erst klar, wenn wir im Evangelium weiterlesen und hören, wie sich der heidnische Hauptmann gerade angesichts des Kreuzes zur Gottes-Sohnschaft Jesu bekennt. Die Kreuzigung Jesu, seine Gottverlassenheit und sein einsames Preisgegebensein an die Menschen widerspricht nicht seiner Messianität, sondern in alledem ereignet sie sich.

2. Wenn das Schweigegebot Jesus und die bedrängten Menschen besonders eng aufeinander bezogen sein läßt, so wäre es doch verfehlt, aus unserer Erzählung eine reine Begegnungsgeschichte zu machen, bei der es auf das Wunder der Totenerweckung nicht ankäme. Der Evangelist streicht diese ja nicht aus, sie soll mitgelesen werden. Er klammert sie zwar ein, läßt sie aber in der Klammer stehen, wie denn außer den Nächstbeteiligten auch die engsten Jünger als Zeugen am Wundergeschehen teilnehmen dürfen. Das gerade bleibt der besondere Inhalt unseres Abschnittes, daß in Jesu Dasein für die verlorenen Menschen alles verschlungen ist, was diese von Gott trennt, auch und gerade der Tod. Nur soll offenbar die Wegnahme des Todes, die Beseitigung des Übels nicht als das Leben gezeigt werden, das in Jesu Hingabe an die Menschen ihnen zuteil wird. Die Totenerweckung ist nicht das Modell für die Freiheit von der Furcht, wie sie die Herrschaft des Sohnes Gottes gewährt. Jedoch, was uns nach einer

Rückgängigmachung des Todes verlangen läßt, das eben wird von Jesus überwunden.

Auch diese Beobachtung weist über sich hinaus: das, was uns von Gott trennt, ist weder die Krankheit noch der vorzeitige Tod unserer Kinder noch das kreatürliche Ereignis des Sterbens überhaupt. Dies alles wäre ja auch nicht damit beseitigt, daß Jesus einem Kinde für einige oder viele Jahre das Leben zurückgibt. Was diese oder ähnliche Ereignisse zu einer uns von Gott trennenden Macht werden läßt, sind wir selbst, ist unsere Furcht. In ihr unterwerfen wir uns der Herrschaft des Todes, in ihr verzweifeln wir, weil wir meinen, an uns selbst festhalten zu müssen. Diese Verstrickung wird nicht zerrissen, indem das Leiden von uns genommen wird. Nur der Glaube, in dem wir von uns selbst loskommen, löscht die Furcht aus. Dieser Glaube, wie ihn Jesus von Jairus fordert und wie er ihn der kranken Frau zuspricht, lebt von dem, auf den er sich verläßt. Wie es zu solchem Sichverlassen gekommen ist, sagt die Geschichte nicht. Soviel jedoch läßt die Einklammerung des Wunders durch das Schweigegebot erkennen, daß der Evangelist seinen Leser nicht im Vergleich mit Jairus in einer glücklicheren Lage sieht, als ob er meinte, der Leser könnte sich durch die Totenerweckung zum Glauben bewegen lassen, während Jairus noch nicht wissen konnte, was Jesus nachher tat. Gerade was bei Markus Glaube heißt, ist weit davon entfernt, als eine durch unausweichlich anzuerkennende Fakten veranlaßte Bewegung des Denkens verstanden werden zu können. Gerade bei ihm sind die Elemente des Glaubensbegriffes am stärksten wirksam, die den Glauben an die Person binden, auf die er sich verläßt. So begründet der Evangelist Jesu Glaubensforderung seinem Leser gegenüber nicht damit, daß er ihn auf ein vergangenes Geschehen zurückblicken läßt. In seiner Faktizität will er das Wunder gar nicht zur Geltung gebracht wissen.

3. Das Verbot Jesu, von seinem Wunder zu erzählen, verlagert das Schwergewicht der Perikope auf sein Wort: »Fürchte dich nicht, glaube nur!« Indem dem Leser der Zutritt zu der Lösung verwehrt wird, wird er gewissermaßen in die Spannung zurückverwiesen, die in dem genannten Worte Jesu ihren Höhepunkt erreicht. Er wird aus der Zuschauerhaltung aufgeschreckt und sieht sich einer Aufforderung gegenüber, die sich an ihn selbst richtet, die in dem Maße als Frage auf ihn eindringt, in dem er sich durch den bisherigen Verlauf der Geschichte als einen entdeckt sieht, der zu den Sichfürchtenden gehört. In diesem Worte Jesu versammelt sich alle Aktualität der Geschichte.

Was aber soll der Leser mit dieser Aufforderung anfangen? Es ist ja nicht so, als ob das Sichfürchten etwas wäre, was man so einfach abstreifen könnte. Die Furcht sind wir selbst. Die Aufforderung geht also dahin, uns selbst aufzugeben, uns zu vergessen und zu verlassen. Zur Begründung wird nicht eine allgemeine Verläßlichkeit der Welt und ihrer Ordnung behauptet, dann wäre unsere Furcht nur Torheit. Aber auch, wenn besondere Tatsachen angeführt würden, wie etwa Jesu Wunder, so würden wir nur erneut an das gebunden, was wir selbst erfahren oder erleben, an unsere eigene Geschichte, wir würden nicht von uns selbst frei. Es würde an unsere Freiheit zur Entscheidung appelliert, deren Nichtvorhandensein gerade durch die Furcht nachdrücklichst erwiesen wird. Der Evangelist stellt überhaupt keine Begründung neben die Glaubensforderung, und doch ist sie auf eine höchst einfache Weise durchaus begründet. Sie hat ihren Grund in der Person dessen, der sie ausspricht. Denn das ist das Zeugnis des Evangelisten, daß in der Zuwendung zu den Bedrängten Gott sich *uns* zuwendet. Für dieses Geschehen tritt er als Zeuge auf ohne jede weitere Legitimation als eben die seines Zeugnisses. In die Bezeugung dieses Geschehens hat er die Erzählung hineingenommen. Nicht, als ob sie sein Zeugnis beglaubigen könnte, in ihr entfaltet sich nur der Inhalt seiner Aussage. Diese selbst ist nicht rückwärts gewandt, sie ist ganz auf den Leser gerichtet, um ihm zuzusagen, daß Gott *ihn* in Jesu Wort und Tat meine. Sein Evangelium ist die Verkündigung dieser Zusage. Darin gehört Jesus zu Gott, darin besteht sein Messiastum, daß diese Zusage geschieht ... Die Glaubensforderung des »Fürchte dich nicht, glaube nur!« zielt auf nichts anderes als darauf, daß wir uns dieser Selbstzusage Gottes überlassen ...

X.

Unsere Erörterungen sollten weder in die Debatte um die hermeneutische Problematik eingreifen noch die »Entmythologisierung« von ihren etwaigen Ergebnissen her auf Verwendbarkeit im Unterricht prüfen. Vielmehr sollte versucht werden, den gegenwärtigen Stand der Diskussion gewissermaßen auf dem Felde der eigenen Problematik des biblischen Unterrichts nachzuzeichnen. Was nunmehr als Aufgabe der Besinnung über den biblischen Unterricht vor uns steht, läßt sich schon in einigen Punkten aufzeigen:

1. Daß die biblische Geschichte Unterrichtsgegenstand wurde, verdankt sie sowohl dem Pietismus, der in ihr einen Weg von der Lehre zum »gott-

seligen Leben« zeigen zu können glaubte, wie dem Rationalismus, der ihr die »anschauende Erkenntnis« zur »Zubereitung der allgemeinen Religionsbegriffe« entnehmen wollte. Beide Motive sind von Anfang an nicht sehr verschieden, sie sind jedenfalls 1854 nicht mehr auseinanderzuhalten, als die Preußischen Regulative die Pflege der biblischen Geschichte in einer Weise begründen, die, wie nicht anders zu erwarten, gewiß nicht besonders fortschrittlich, aber eben auch nicht besonders konservativ oder gar reaktionär war: sie soll zu einer »anschaulichen und unmittelbaren Erkenntnis der Grundbegriffe und Grundwahrheiten des göttlichen Wortes« führen, denn sie enthält eine »Darlegung der Entwicklung des menschlichen Herzens und der göttlichen Gnade«. Darum soll »ein Christenkind die biblische Geschichte an und in sich erleben«, denn »was man erlebt hat, das weiß man und versteht man«. Der Unterschied zur heutigen Auffassung des biblischen Unterrichts besteht darin, daß man heute Geschichte nicht mehr als »Versinnlichung« von Lehre und entsprechend biblische Geschichte nicht mehr als »anschauliche Darbietung der Heilslehre« und überhaupt biblischen Unterricht nicht mehr als Vorstufe eines zusammenfassenden lehrmäßigen Unterrichts betrachtet, sondern in der biblischen Geschichte die große Heilstat Gottes »anschauen« lassen will, ohne daß es einer lehrmäßigen Vermittlung bedürfte. Gerade darum hat man in neuerer Zeit für den biblischen Unterricht den Anspruch erhoben, daß er »Verkündigung« sei. Dabei wird dieser Begriff gegenüber dem neutestamentlichen Sprachgebrauch in irreführender Weise verändert, er soll zum Ausdruck bringen, daß es sich um den Grund des Glaubens handelt, der in der biblischen Geschichte in unmittelbarer Anschaulichkeit dargeboten wird.

2. Wenn sich nun die Heilsbedeutung der Geschichte Jesu nicht aus ihrer Vergegenwärtigung unmittelbar erschließt, so scheint das nicht mehr und nicht weniger zu fordern als einen völligen Bruch mit der bisherigen Auffassung des biblischen Unterrichts. Die entscheidende Frage für ihn ist dann nicht nur eine unterrichtsmethodische. Sie kann heute nicht allein heißen: »Wie erzähle ich Kindern biblische Geschichten?« ...

Die einzige sachgemäße Weise der Vergegenwärtigung der biblischen Geschichte ist ihre Verkündigung in der Predigt. Predigt ist nicht Wiederholung des urchristlichen Kerygmas und auch nicht seine Interpretation, sondern Proklamation der Versöhnung im Heute und Hier (2. Kor. 5,18-6,2). Biblischer Unterricht kann nicht die Predigt ersetzen oder ergänzen wollen, wohl aber bleibt er insofern auf sie angewiesen, als er nur unter der Voraussetzung, daß dies geschieht, auf sie hin oder von ihr her sinnvoll ist.

3. Biblischer Unterricht setzt die kirchliche Lehre voraus. Was die Lehre der Kirche ist, darf jedoch nicht im Sinne von Theorie wie im Rationalismus, auch nicht wie die doctrina der Orthodoxie verstanden werden. Das kann hier nicht entwickelt, sondern nur dadurch erläutert werden, daß auf den Unterschied zwischen Luthers Kleinem Katechismus und den exponierten Katechismen der Orthodoxie hingewiesen wird. Wo die letzteren systematisch argumentieren, definieren und fragend diskutieren, da betet und bekennt Luthers Hausvater mit seinen Kindern die Antwort des Glaubens auf die vernommene Anrede des Wortes Gottes. Solches Bekenntnis des einfältigen Glaubens eignet sich die biblischen Geschichten zum Trost und zur Stärkung an. Luthers Kleiner Katechismus kann freilich nicht ohne weiteres uns heute das sein, was als kirchliche Lehre den biblischen Unterricht bestimmen müßte. Was hier als Aufgabe für die Gegenwart gemeint ist, ist in Angriff genommen in einem »Lehrplan für die Christenlehre«, der den einzelnen Unterrichtsjahren einen katechismusartigen »Richtsatz« voranstellt. Diese Sätze sind nicht aus dem unterrichtlichen Interesse am Stoff und auch nicht aus psychologischer Berechnung der Einwirkung auf das Kind erwachsen, sie stammen vielmehr aus einer umfassenderen Besinnung auf die christliche Verantwortung gegenüber den Kindern unserer Zeit. Der Lehrplan selbst gewinnt auf diese Weise seine Unabhängigkeit vom Zwang des Stoffes, der historische oder systematische Lückenlosigkeit verlangt, wie auch von der Vorherrschaft der psychologischen Gesichtspunkte, die ihn an der Entwicklung der kindlichen Vorstellungswelt orientiert sein lassen möchten.

4. Wird die Behandlung der biblischen Geschichte frei von der Meinung, sie müsse den Kindern das Heil Gottes vergegenwärtigen, so wird sie damit frei für den Dienst an der Überlieferung. Sie wird frei für die im eigentlichen Sinne unterrichtende Behandlung der Tradition, wie sie sich die Schule zur Aufgabe setzen kann. Einerseits ist das Christentum im Unterschied zum christlichen Glauben eine historische Größe, zu der wir in weltgeschichtlicher Kontinuität stehen, die unter dem »Hauch der Gegenwart« (Heimpel), d.h. von der Frage nach unseren gegenwärtigen geschichtlichen Möglichkeiten aus bedeutsam wird. Zum anderen ist diese historische Größe nur auf ihren Ursprung hin und von diesem her zu verstehen und fordert schon deshalb, selbst abgesehen von dem, was in der Verkündigung der Kirche sich ereignet, eine Interpretation der Bibel. Biblischer Unterricht rückt damit freilich aus der Nähe des Geschichtsunterrichts weg in die methodische Nachbarschaft des Deutschunterrichts. Er liest nicht nur historische Urkunden, sondern interpretiert kerygmatische Texte. Gerade so kann jenes

seltsame »Zugleich« mitgelesen werden. Der Lehrer muß das Schweigegebot Jesu in der Jairusgeschichte mit interpretieren, anstatt es zu eliminieren, wie er es tun müßte, wenn er es auf Vergegenwärtigung des berichteten Geschehens abgesehen hat. Die Aufgabe der Interpretation erwächst nicht nur aus der Tatsache des zeitlichen Abstandes, sondern vor allem aus dem Wandel des geschichtlichen Denkens, aus der Selbstverständlichkeit, mit der wir aller Geschichte in historischer Distanzierung und Differenzierung zu begegnen uns gewöhnt haben. Diesen Unterricht durch den Begriff der Interpretation zu kennzeichnen, liegt nahe, nicht, als ob eine strenge Rationalität des Verfahrens zu fordern wäre, sondern weil er der Art des Überliefens angemessen ist, wie sie solchen Unterricht beherrscht. Für interpretierenden Unterricht braucht weder eine künstliche Wärme durch die »Persönlichkeit« des Lehrers oder eine besondere Unterrichtsstimmung gefordert noch eine neutrale unbeteiligte Kälte befürchtet zu werden. Die Mittel der Interpretation können sehr verschiedenartig sein, natürlich hat hier auch die Bemühung um Anschaulichkeit ihr gutes Recht ...

2. Der Religionsunterricht und die religiöse Frage des Menschen – Schule und Christentum

Wenn die Schule das Fach, in dem die christliche Tradition ausgelegt wird, als Religionsunterricht bezeichnet, so ist dagegen nichts einzuwenden. Das Christentum nämlich, mit dem es die Schule zu tun hat, ist mit dem Namen »Religion« richtig benannt. Wie wir freilich das Christentum vom christlichen Glauben unterschieden haben, so müssen wir auch zwischen Religion und Glauben unterscheiden. Der Glaube lebt von der Gabe des Evangeliums, er lebt von dem Worte, das ihn umfängt. Als Religion dagegen bezeichnen wir ein Verhalten, das sich zwar auf verschiedene Art und Weise äußern kann, dem aber immer zugrunde liegt das Wissen um ein Gefordertsein des Menschen, um ein Angewiesensein auf jenes andere, dessen er nicht mächtig ist. Religion wird überliefert, denn das religiöse Fragen bewegt sich in der von den Alten überlieferten Sprache. Darum ist unsere Religion durch die christliche Tradition geprägt, und wo diese ausgelegt wird, vernehmen wir die fordernde Frage des Ewigen. Nicht als ob uns dabei erst das Ewige erschlossen werden müßte, aber sein Anspruch wird uns erst verständlich in der Interpretation der überlieferten Religion. Solcher Unterricht bringt weder das Ewige zum Sprechen, noch lehrt er uns dessen Sprache; aber wenn wir hören und verstehen lernen, wie sich die Früheren vom Ewigen gerufen und gesegnet wußten, fangen wir an, auf seine Sprache zu horchen und auf seine Spuren zu achten. Wir fragen dann nach dem eigentlich Sinnvollen, nach dem eigentlich Verbindlichen und nach dem eigentlich Heilsamen. Wir mühen uns, dem Ewigen die Wege in unsere Wirklichkeit zu ebnen oder wenigstens ihm den Weg nicht zu verlegen. Alles Überlieferte gewinnt in der Auslegung einen fordernden Sinn. Auch das Christentum wendet sich auf diese Weise fordernd an den Menschen, und das heißt, sofern es uns nach dem Ewigen fragen läßt, daß es religiöse Bedeutung hat. Als Religion unterscheidet sich das Christentum vom christlichen Glauben. Was dieser als das Wunder des Lebens im göttlichen Worte empfängt, das ist im Christentum und auch in dem Unterricht, der sich um sein Verständnis bemüht, nicht beschlossen und aus ihm nicht zu entnehmen.

Die religiöse Überlieferung hat für das Leben des Kindes und des Jugendlichen große Bedeutung. Wir mögen zwar nicht mehr von der religiösen Anlage des Kindes sprechen, die im Unterricht zur Entfaltung gebracht werden müsse. Jede Psychologisierung des Religiösen, die die Religion im Gefühls- oder Stimmungsmäßigen beheimaten will, leugnet die Wirklichkeit des Ewigen, als hätte die Religion kein Gegenüber, sondern wäre nur eine innerseelische Regung. Solche Voreingenommenheit nimmt der Beschäftigung mit der Religion des jungen Menschen jede Ernsthaftigkeit. Aber sie stellt nicht die einzige Möglichkeit dar, nach der Religion im Verhältnis zu den Altersstufen zu fragen. Wenn die religiöse Frage auf den Ursprung des eigentlich Menschlichen gerichtet ist, so drängt sie sich unvermeidbar der menschlichen Existenz auf. Sie stellt sich in verschiedener Weise, je nachdem, wie die Gefährdung des eigentlich Menschlichen erfahren wird. Das ist beim Kinde anders als beim Jugendlichen. Die religiöse Frage wird infolgedessen für beide im Religionsunterricht auf verschiedene Weise aktuell. In religiöser Beziehung gibt es ein Wachsen und Reifen. Es ist daher verständlich, daß die Schule auch im Religionsunterricht mit den Möglichkeiten des inneren Wachstums der Schüler Schritt zu halten sucht. Darin ist die Voraussetzung für einen altersstufenmäßigen Aufbau dieses Unterrichts gegeben, eines Aufbaus, der seine Einfügung in die uns geläufige Anlage des Schulwesens möglich macht.

Kurt Frör / Gert Otto

Religionsunterricht als Teil des kirchlichen Gesamtkatechumenats?
Das Verhältnis zur Gemeinde als Problem

I. Thesen von Professor Dr. Kurt Frör, Erlangen

Weltlicher oder kirchlicher Religionsunterricht?
1. Die Frage »weltlicher oder kirchlicher Religionsunterricht« ist begründet in der Entstehung der modernen säkularen Schule und ihrer Entwicklung von der Aufklärung bis zur Gegenwart. Dadurch ist die Aufgabe des Religionsunterrichts in dem Zwischenfeld zwischen Schule und Kirche bis heute problematisch geworden.
2. Das Ergebnis der Anpassung an die autonome Schule im alten Liberalismus war ein »wissenschaftlicher Religionsunterricht«, der sich auf Historie, Kultur, Psychologie und Moral zurückzog. Heute wird auf der Grundlage der personalistischen Existenzdialektik eine Konzeption entworfen, die den Religionsunterricht ausschließlich aus dem Selbstverständnis der modernen Schule ableitet.
3. Es ist unmöglich, hermeneutisch zwischen einem Auslegungsauftrag der Schule und einem Verkündigungsauftrag der Kirche zu trennen. Es kann kein Nebeneinander der hermeneutischen und der kerygmatischen Aufgabe bestehen, auch nicht als Zweistufigkeit.
4. Die Textinterpretation im Religionsunterricht ist der gottesdienstlichen Predigt darin analog, daß sie bis zur existentiellen Anrede an den Hörer vorstößt, die Lehrer und Schüler gemeinsam betrifft.
5. Die biblischen Texte können in der Schule nicht anders ausgelegt werden als in der christlichen Gemeinde, in der sie entstanden und für die sie bestimmt sind.
6. Der Schüler soll im Religionsunterricht nicht nur überlieferten Texten begegnen, sondern der gelebten Wirklichkeit der christlichen Gemeinde.
7. Der Religionslehrer an den öffentlichen Schulen übt ein kirchliches Amt aus und ist darin rite vocatus (rechtmäßig berufen). Er hat in diesem Amt Anteil an dem brüderlichen Besuchsdienst der Gemeinde.
8. Es kann nur eine Unterweisung im Evangelium geben, die in Schule

und Kirche dieselbe ist. Die Schule kann nicht auf eine grundsätzlich andere Weise mit dem biblischen Wort umgehen als die Kirche. Insofern ist die Taufe der Kinder für die Begründung des Religionsunterrichtes wesentlich.
9. Der Religionsunterricht wird nur fruchtbar innerhalb der Einlagerung in das gemeinsame Leben der christlichen Gemeinde und ihre Lebensformen. Seine Isolierung von der Gemeinde als Lebensgemeinschaft und Bruderschaft in der volkskirchlichen Situation ist heute seine größte Bedrohung.
10. Die Kirche kann sich heute nicht aus dem Schulkatechumenat zurückziehen und damit die weltliche Schule aus der notwendigen Kooperation und Partnerschaft mit der Kirche entlassen.
11. Der Religionsunterricht ist als ein Teil des kirchlichen Gesamtkatechumenats zu verstehen, in dem Lehr-Unterweisung, Erziehung zum Mitleben in der Gemeinde und persönliche Lebenshilfe zusammen einen ganzheitlichen Erziehungs- und Bildungsauftrag darstellen.
12. Innerhalb dieses Katechumenats bedarf es einer neuen Kooperation aller einzelnen Arbeitsformen und einer lebendigen Integration in das Leben der Erwachsenengemeinde.

II. Thesen von Prof. Gert Otto, Mainz

1. Die von Kurt Frör proklamierte Alternative »Weltlicher oder kirchlicher Religionsunterricht« vertritt in dieser Form niemand in der gegenwärtigen religionspädagogischen Diskussion. Diese Alternative bezeichnet vielmehr ein historisches Modell. Bezieht man die Formel auf die gegenwärtige Situation, so verwirrt sie mehr als sie klärt. (Zu Thesen I, 1/2.)
2. Die Frage nach dem Verhältnis zwischen Schule und Kirche, zwischen schulischem und kirchlichem Unterricht setzt Klarheit über das Verhältnis von Kirche und Welt voraus. Was Welt als gottgegebener Herrschafts- und Verantwortungsbereich des Menschen ist, kann die Kirche nur dann begreifen, wenn sie jeweils in concreto – also z.B. gegenüber der Schule – auf die Haltung der überlegenen Autorität verzichtet. Das muß auch im Ton des Dialogs mit der Welt und ihren Institutionen hörbar werden. (Zu These I,10.)
3. Die Schule ist auf Grund ihres geistigen Auftrages, der in einer geschichtlichen Situation wurzelt, zur Auslegung der Bibel genötigt. In dieser Tatsache hat schulischer Religionsunterricht seinen Grund und

sein Recht. Weiterer Begründungen, Stützungen, Rechtfertigungen und Inanspruchnahmen von außerhalb der Schule her bedarf es nicht. Das ist keine Anbetung der »autonomen Schule«. Was heißt überhaupt heute autonome Schule? Der Begriff ist an ein Modell des Verhältnisses von Kirche und Welt gebunden, das theologisch und insgesamt geistesgeschichtlich überholt ist. (Vgl. meine These 1.) (Zu Thesen I,1/2.)
4. Zwischen schulischem und kirchlichem Religionsunterricht zu unterscheiden ist sinnvoll, weil jeder Unterricht – trotz z.T. gleicher Inhalte, trotz z.T. gleicher Methoden – in je verschiedenem didaktischem Zusammenhang stattfindet. Der didaktische Ort Kirche ist ein anderer als der didaktische Ort Schule. Solche Differenzierungen soll man nicht überspringen, sondern achten. Differenzieren heißt *unterscheiden*, nicht *trennen* und schon gar nicht *werten*. Aus der Unterscheidung gewinnen kirchlicher und schulischer Unterricht ihr eigenes Profil und ihre eigene Aufgabe – trotz vielfacher Überschneidungen und Beziehungen, die niemand bestreitet. (Zu Thesen 5,3/5/8.)
5. Die Gemeinschaft aller verschiedenartigen Weisen des Umgangs mit der Bibel an verschiedenem Ort (über den Unterricht hinaus) liegt darin, daß der Text mit dem, was er zu sagen hat, zu Worte kommen will. Aber dieses Zu-Worte-kommen – einschließlich des Weges, der dahin führt – realisiert sich in situationsgebundener Verschiedenartigkeit. Wenn man nur die letzte Gemeinsamkeit sieht, mag man Predigt und Unterricht auch einmal auf einer Ebene sehen. In der Regel aber verwirrt solche Feststellung mehr als sie zu klären vermag. Denn wem ist damit in seiner Aufgabe konkret geholfen? Wer sich über seine spezifische Aufgabe Rechenschaft ablegen will, muß hinter generelle, undifferenzierte Aussagen zurückfragen. (Zu Thesen I,3/4/5/8.)
6. In redlicher Auslegung geht es immer darum, sich als Ausleger vor einen Anspruch gestellt zu sehen. Das ist der Anspruch der »Sache«, die der Text zum Zuge bringen will. Sprache ist anspruchsvoll. In diese Lage sieht sich der Lehrer versetzt, der biblischen Unterricht erteilt. Daß er sich diesem Anspruch ehrlich stellt, wird man von ihm fordern müssen. Damit steht er in einer Reihe mit jedem, der sich um das Verständnis der Bibel bemüht. Aus dieser Situation ein »kirchliches Amt« machen zu wollen, ist Ausdruck eines anfechtbaren Sicherungsbedürfnisses der Kirche. (Zu These I,7.)

7. Auch der Schüler begegnet im Umgang mit biblischen Texten dem eben erwähnten (These 6) Anspruch. Ist das wenig? Mehr gibt es gar nicht! (Zu These I,6.)
8. Wie *schulischer* Religionsunterricht »Teil des *kirchlichen* Gesamtkatechumenats« sein soll, ist mir sachlich und logisch schlechterdings unbegreiflich, da die Schule keine Kirchenschule ist. (Zu These I,11.)
9. Die geforderte »Einlagerung« des schulischen Religionsunterrichts in die Kirche operiert mit der Kirche als etwas eigentümlich Vorgegebenem, das einfach besteht. Luther verstand die Kirche anders! Außerdem wird bei dem vielfältig wiederholten Hinweis auf die »gelebte Wirklichkeit der Gemeinde« (u.ä.) und ihre Bedeutung für den Schulunterricht verkannt, wie *unwirklich* das Gemeindeleben in der Gegenwart häufig ist. Fruchtbare Bezugsmöglichkeiten auf vorhandenes Leben der Gemeinde sind doch viel spärlicher, als hier vorausgesetzt ist! Auch deswegen ist die geforderte »Kirchlichkeit« schulischen Religionsunterrichts eine Utopie. Wo ist das kirchliche Leben, in dessen bergendem Schoß der Unterricht der Schule aufgehoben sein könnte? (Zu Thesen I,6/9/11/12.)

Hans Bernhard Kaufmann

Muß die Bibel im Mittelpunkt des Religionsunterrichts stehen?

Auf dem Weg zum Religionsunterricht im Lebenskontext und Dialog

These 1

Die traditionelle Mittelpunktstellung der Bibel *als Gegenstand und Stoff des Religionsunterrichts* ist ein Selbstmißverständnis und weder theologisch noch didaktisch gerechtfertigt. Die konstitutive *Bedeutung* der Bibel für die Kirche und den Glauben soll damit keineswegs in Frage gestellt, sondern im Gegenteil neu hervorgehoben werden.

Erläuterung: Dieses Mißverständnis hat wahrscheinlich zwei Ursachen: *einmal* ein materialer Bildungsbegriff, der einem einseitigen theologischen Verständnis des »Wortes Gottes« entspricht (und besonders im Protestantismus ausgebildet worden ist), nach dem das Wort Gottes mit der Bibel als »Schrift« und demzufolge die Aufgabe des Religionsunterrichts mit der Auslegung biblischer Texte identifiziert wird;
zum anderen die traditionsgeleitete Orientierung theologischen und kirchlichen Denkens, das sich seine Fragestellung einseitig durch die Überlieferung vorgeben läßt und die Maßstäbe zur Entscheidung der Gegenwartsprobleme allein aus der Tradition ableitet, die normativen Charakter erhält, anstatt sie als geschichtliche Herkunft und als Material *möglicher* Selbst- und Weltauslegung angesichts der zu verantwortenden Zukunft zu verstehen.

So ist ein politischer Konservativismus theologisch sanktioniert und gleichzeitig ein Bildungsverständnis und eine religionspädagogische Theorie und Praxis gefördert worden, die heute angesichts des allgemeinen Traditionsabbruches und einer zukunftsbezogenen Neuorientierung des Lebensgefühls als unglaubwürdig empfunden werden, nicht zuletzt deshalb, weil jene Auffassung ein kritisches Denken und ein schöpferisches Handeln hemmt oder gar verhindert. Die gegenwärtige Krise des Religionsunterrichts, wie sie u.a. in den epidemischen Abmeldungen in manchen Gegenden zum Ausdruck kommt, ist m.E. auch darin begründet, daß ein Religionsunterricht, der sich fast ausschließlich im Medium der biblischen Bücher und der traditionellen christlichen Stoffe bewegt, als ob es nur um ihre Auslegung und Tradierung, um ihre Übernahme und Aneignung gehe, von Schülern, die diese Texte kritisch anfechten und die von ganz anderen Themen und Fragen bewegt werden, als Fremdkörper und Getto empfunden wird.

Es ist an der Zeit, Ort und Auftrag des Religionsunterrichts an unseren Schulen pädagogisch, theologisch und gesellschaftspolitisch neu zu konzipieren und dabei zu beachten, was an Einsichten an derer Stelle in der Diskussion um eine zeitgemäße Theorie der Schule vorgelegt worden ist.

These 2

Die Frage nach Gott und das Zeugnis des Neuen Testaments vom Heil in Jesus, dem Gekreuzigten und Auferstandenen, sowie die paulinische Rechtfertigungslehre gehen auf das Ganze der Wirklichkeit und des Menschseins. Sie kommen deshalb in ihrer Bedeutung nur dann recht in den Blick, wenn es gelingt, sie im Kontext der geschichtlichen Welt und der menschlichen Lebenswirklichkeit sowie im Dialog mit dem Welt- und Selbstverständnis der heute lebenden Menschen zur Sprache zu bringen. Damit ist weit mehr gemeint als das herkömmliche Verfahren außerbiblischer Anschlußstoffe, von Beispiel- und Anwendungsgeschichten oder auch der Vergegenwärtigung und Veranschaulichung biblischer Aussagen in die konkrete Lebenswirklichkeit hinein.

Erläuterung: Das Neue Testament versteht die Offenbarung Gottes in Jesus so, daß darin der Mensch auf seine ursprüngliche Zugehörigkeit zu Gott hin angesprochen und in seiner Beziehung zu Gott erneuert wird. Sowohl die paulinische als auch die lutherische Rechtfertigungslehre können m.E. so verstanden werden, daß sich mit dem Gottesverhältnis des Menschen auch sein Weltverhältnis, seine Stellung zum anderen Menschen und zu sich selbst verändert. Daraus ist aber die Konsequenz zu ziehen, daß von Gott nicht an sich, sondern nur in seiner Zuwendung zur Welt und zum Menschen gesprochen werden kann. Ebenso wird jedoch auch vom Menschen und von der Welt im ganzen anders gesprochen werden müssen, wenn Gottes Handeln auf ihre Veränderung und Erneuerung ausgeht, wenn man die Welt im Lichte der Auferstehung Christi sieht und der Mensch erfährt, daß die zugesprochene und verheißene Zukunft seine eigene schöpferische Inanspruchnahme einschließt und freisetzt.

Die ursprüngliche Zugehörigkeit der Welt und des Menschen zu Gott liegt jedoch nicht auf der Hand, sondern ist umstritten. Nach reformatorischem Verständnis ist sie erst im Licht des Evangeliums offenbar. Religionsphänomenologisch und anthropologisch aufweisbar ist nur die Tatsache, daß menschliches Dasein sich immer auch im »Horizont des Glaubens« (Th. Wilhelm) – im religionsphänomenologisch-anthropologischen Sinne – versteht, indem es sich im Lebenvollzug auf eine umgreifende Wahrheit bezieht. »Das Vorauswissen des Todes, das unaufhörliche Fragen nach dem Woher und Wohin des Menschen verändert des Menschen Bezug zur Welt und zu sich selbst grundsätzlich ... Kein Mensch, auch nicht der einfachste Mensch, kann ohne Weltdeutung, sei sie noch so primitiv und pauschal, geistig leben ... Wer nicht christlich glaubt, der lebt aus einem philosophischen oder weltanschaulichen Glauben«.

Der transzendente Sinngrund der eigenen Existenz ist kein Gegenstand des rational-diskursiven Denkens. Dennoch können wir uns seiner nur vergewissern, indem wir dem, was unser Vertrauen ermöglicht, und dem, was uns unbedingt angeht, zu entsprechen versuchen und einander Rechenschaft davon geben.

Evangelischer Religionsunterricht hat die Aufgabe, Erfahrung und Wirklichkeit im Horizont des christlichen Glaubens auszulegen und zu eröffnen. Der Unterricht ist so zu gestalten, daß die Freiheit zum Widerspruch nicht nur zugestanden wird, sondern als Bedingung des Verstehens gilt, da es eine zwingende Beweisführung zugunsten des einen oder anderen Glaubens ebensowenig gibt wie einen Glauben, der darauf verzichten kann, sich denkend in einen »Streit um die Wirklichkeit« (G. Ebeling) einzulassen.

These 3

Die Frage nach Gott und die Begegnung und die Auseinandersetzung mit der christlichen Botschaft sind auch in der Lebensgeschichte jedes Menschen eingebettet in bestimmte kirchensoziologische, sozial-kulturelle und individuell-biographische Bedingungen. Diese Voraussetzungen sind deshalb »didaktisch in Ansatz zu bringen« (Stallmann), wenn die Behandlung geeigneter Themen fruchtbar werden soll. Von hier aus ist die Frage nach dem »Anknüpfungspunkt« und die Bedeutung des »Vorverständnisses« nicht nur als hermeneutisches, sondern als didaktisches Problem zu beachten.

Erläuterung: Die biblischen Disziplinen haben die erstaunliche Fruchtbarkeit der formgeschichtlich-soziologischen, der religionsgeschichtlichen, der literarkritischen und redaktionsgeschichtlichen Fragestellung immer wieder erfahren. Ein theologisches Verstehen gelingt nur im Medium und im Ernstnehmen der Geschichtlichkeit der Offenbarung Gottes. Das »Wort Gottes« muß vermittelt werden; es ist nur *in* seinen Vermittlungen gegenwärtig. Jede Art der Vermittlung aber ist an Voraussetzungen und Bedingungen gebunden, die beschrieben, erforscht und in ihrer Funktion innerhalb eines komplexen Feldes erfaßt werden können.

Auch und gerade die Didaktik ist eine Reflexion auf die Voraussetzungen und Bedingungen des Unterrichts als eines Vermittlungsprozesses. Jedem Unterricht muß an einer selbständigen Beteiligung und kritischen geistigen Auseinandersetzung des Schülers gelegen sein. Ein solcher Unterricht bedarf der Motivation. Er verlangt vom Lehrer die Überlegung: Wo gibt es schon eine latente oder vorgängige Beziehung des jungen Menschen zum Gegenstand oder zum Thema, das behandelt werden soll, oder wo läßt sie sich stiften? Mit anderen Worten: Wo reicht die Sache, die im Unterricht zur Sprache kommen soll, in den Erlebnis- und Interessenhorizont des Schülers hinein? Wenn der Schüler nicht angesprochen ist, wird er sich nicht beteiligen. Didaktisches Denken im Religionsunterricht fragt nicht danach, wie christliche »Stoffe« vermittelt werden können, sondern woraufhin ein Gegenstand ausgelegt werden muß, damit junge Menschen seinen Anspruch vernehmen können, und zugleich woraufhin junge Menschen angesprochen werden müssen, damit die Frage nach Gott *ihre eigene* Frage und Erfahrung werden kann.

Es wäre zu zeigen, daß ein solcher Unterricht nur konzipiert werden kann, wenn es gelingt, Daten und Phänomene empirischer Art in einem theologischen Bezugsrahmen zu interpretieren. Didaktisch ist die je gegebene Ausgangslage konstitutiv. Aber da der Unterricht den Schüler auf das hin anspricht und in Anspruch nimmt, was noch nicht empirisch konstatiert werden kann, bedarf es immer auch einer Deutung des heranwachsenden Menschen auf seine verborgenen Möglichkeiten, auf seine noch offene Zukunft hin, die er selbst entdecken und ergreifen können soll. Hier ist der Religionspädagoge auf eine theologische Anthropologie angewiesen, die bestimmte Aussagen über den Menschen formuliert, in deren Licht empirische Feststellungen und Beobachtungen so umformuliert werden können, daß sie ein konkretes pädagogisches Verhalten herausfordern und möglich machen. Auf diese Weise kann ich z.B. die phänomenologisch und individuell vorgegebene relative religiöse Ansprechbarkeit interpretieren im Horizont der *theologischen* Hypothese, daß jeder Mensch als Mensch nach Gott fragt und daß im Glauben an den Gott, der sich uns in Jesus von Nazareth zuwendet, zugleich der transzendente

Grund der eigenen Daseinsverwirklichung eröffnet ist. Diese Vermittlung von empirisch-pädagogischen Daten mit einer hermeneutisch-anthropologischen Auslegung der Grundphänomene menschlicher Existenz ist dringende Aufgabe einer didaktischen Theorie im allgemeinen wie des Religionsunterrichts im besonderen.

These 4

Auch Einsichten, Grunderfahrungen und Verhaltensweisen, die der Religionsunterricht vermitteln will, können – unbeschadet der theologisch zu formulierenden Bedingungen des Glaubens und Verstehens – durch Lehren und Lernen aufgenommen und verwirklicht werden.

Erläuterung: Das Werden des Menschen und der Aufbau der Person werden von vielen Autoren gedeutet als eine Vielfalt von komplizierten Lernprozessen. Moderne Theorien versuchen heute, ein Modell zu entwickeln, nach dem Lernen als ein Prozeß zu begreifen ist, der endogene und exogene, bewußte und unbewußte, verfügbare (und damit methodisch zu variierende) und unverfügbare Elemente und Faktoren miteinander verknüpft. Kontinuität und Diskontinuität sind nicht länger einander ausschließende Kategorien, sondern Aspekte einer umfassenden Deutung des Lernprozesses. Damit wird es möglich, auch den Glauben pädagogisch und anthropologisch unter dem Gesichtspunkt des Lernens zu interpretieren und Einsichten der Lernpsychologie religionspädagogisch fruchtbar zu machen, ohne die theologisch relevanten Kriterien zu vernachlässigen.

So ist im Begriff des exemplarischen Lehrens die Einsicht formuliert worden, daß sich ein fruchtbares Lernen an elementaren Inhalten und Aufgaben vollzieht, die einerseits komplexe Sachverhalte und Ansprüche vergegenwärtigen und zugänglich machen, andererseits aber die je gegebene Ausgangslage des Kindes und des Jugendlichen so berücksichtigen, daß die Schüler in der Begegnung und Beschäftigung mit dem Unterrichtsgegenstand in den »Sog der Sache« geraten und zu einer eigenen selbständigen Auseinandersetzung und Aneignung motiviert werden. Diese Erkenntnis hat sowohl methodische Konsequenzen als auch solche für die Auswahl und Anordnung der Gegenstände und Themen im Unterricht.

Mit dem Begriff des »genetischen Lehrens« (Wagenschein) wird einerseits der Prozeßcharakter der »doppelseitigen Erschließung« (Klafki) unterstrichen, der es notwendig macht, die Stoffe einer »genetischen Metamorphose« (Wagenschein) zu unterziehen, um ein didaktisches Material

Muß die Bibel im Mittelpunkt des Religionsunterrichts stehen?

zu gewinnen, das den Prozeß optimal auslöst, verstärkt und fördert. Andererseits ist damit die Fragestellung der Anthropogenese, wie sie die Pädagogische Anthropologie entwickelt hat (Langeveld, Groothoff, A. Flitner, Bollnow, Schaller, Roth u.a.) ins Didaktische gewendet. Unter welchen anthropologischen und sozial-kulturellen Voraussetzungen und in welchen Situationen entdecken und ergreifen Kinder oder Jugendliche aus einem zubereiteten (oder zufällig gegebenen) Angebot neue Möglichkeiten der Verwirklichung menschlichen Lebens?

Auch für den Glauben eines heranwachsenden Menschen spielen anthropologische und sozial-kulturelle Voraussetzungen eine Rolle; auch hier werden Erfahrungen und Einsichten durch ein entsprechendes Angebot ausgelöst und vermittelt oder verhindert – unbeschadet der theologischen Interpretation: Gott allein wirke den Glauben eines Menschen.

These 5

Es ist die Aufgabe der Religionspädagogik, im Miteinander von theologischer und didaktischer Theorie, von Erfahrung und Reflexion, von empirischen Untersuchungen und unterrichtspraktischen Versuchen zu erforschen, welche Fragestellungen und Erfahrungen, welche Medien und Verfahren an welchen Themen, Texten, Gegenständen und Aufgaben eine optimale Aufgeschlossenheit für den christlichen Glauben, für seine Quellen und für seine Geschichte, für seinen Anspruch und seine weltweiten Perspektiven zu erwecken in der Lage sind.

Erläuterung: Das Unterrichtsgeschehen ist ein relativ isolierbarer komplexer Wirkungszusammenhang, der bestimmte identische Strukturen und Elemente enthält und deshalb beeinflußbar ist.

Unterrichtsplanung ist der Versuch, auf Grund gleichbleibender Strukturen und Elemente des Unterrichtsgeschehens mögliche Lernprozesse und ihre Vermittlung vorauszusehen. Der tatsächliche Verlauf ist jedoch ein Ineinandergreifen unverfügbarer, kontingenter und voraussehbarer, beeinflußbarer Momente und Ereignisse in der konkreten Situation. Deshalb kann ein Unterrichtsentwurf prinzipiell keine perfekte, technologisch konstruierte Vorwegnahme des Unterrichtsgeschehens sein, sondern er kann nur mögliche Ereignisse, Prozesse und Entscheidungen in der Form eines offenen Modells abbilden. Die jeweils adäquate didaktische Einsicht und Entscheidung erfolgt in der konkreten Unterichtssituation.

Jeder Unterricht hat experimentellen Charakter, indem stets von neuem der tatsächliche Verlauf immer auch eine Verifikation oder Falsifikation der in den Entwurf eingegangenen Hypothesen ist. Die kontinuierliche Beobachtung und Analyse der Unterrichtswirklichkeit, ein reichhaltiges und adäquates Problembewußtsein und eine von pädagogischer Verantwortung geleitete didaktische Phantasie tragen dazu bei, daß neue fruchtbare Hypothesen und Modelle entstehen, die dann in Unterrichtsversuchen erprobt werden können (kontinuierliche Theorie-Praxis-Vermittlung).

Die Kriterien, durch welche curricularen Elemente und Lernstrategien die Ziele des Religionsunterrichts unter gegebenen Bedingungen annähernd erreicht werden, können danach nur geklärt werden, wenn theologisch-hermeneutische und erfahrungswissenschaftliche Methoden zusammenwirken. Zugleich wird damit vorausgesetzt, daß auch für den Religionsunterricht Lernziele formuliert werden können und müssen, deren empirische Aspekte überprüfbar sind.

These 6

Die Funktion und Relevanz des Glaubens (von Religion) im menschlichen Dasein und in unserer Welt im evangelischen Verständnis erkennen und erfahren (lassen), ist nur möglich, wenn das Bekenntnis zu Jesus Christus als Grund und Ursprung des Glaubens festgehalten wird.

Erläuterung: Damit erhalten die Berufung auf die biblische Überlieferung und die kritische Aneignung und Auseinandersetzung mit ihrer Wirkungsgeschichte eine konstitutive Funktion für den Religionsunterricht. Die kritische Einführung in die Bibel und die Fähigkeit, biblische Texte methodisch zu interpretieren, bleiben notwendige Teilziele des Religionsunterrichts, erhalten jedoch didaktisch eine neue Funktion.

Gert Otto / Hans Rauschenberger

Emanzipatorischer und bikonfessioneller Religionsunterricht in der Grundschule als Teil der integrierten Gesamtschule

1. Ausgangspunkte

1.1. Zur Situation: Kinder, die in einer Grundschulklasse mehr oder weniger zufällig zusammengebracht werden, bilden keine homogene soziale Einheit, sondern sie sind von sehr unterschiedlichen Bedingungen geprägt. Die Familien, aus denen sie kommen, leben in je anderen sozioökonomischen Verhältnissen; infolgedessen sind die sozio-kulturellen Voraussetzungen der Kinder verschieden. Will die Schule den Menschen in die Welt einführen, wie sie ist, ohne ihn zugleich dieser Welt zu unterwerfen, dann hat die Grundschule die besondere Aufgabe, annähernd gleiche Ausgangsbedingungen für das Lernen und das soziale Verhalten zu schaffen. Sie muß also verhindern, die Ungleichheit der Voraussetzungen noch zu verschärfen. Deshalb muß sie bei der Analyse der Ausgangslage einsetzen, um von da aus zu Maßnahmen zu kommen, die allen Kindern zu möglichst günstiger Entwicklung ihrer Begabungen verhelfen. Möglichkeiten hierzu bestehen darin, daß die Schule zur vorsprachlichen und sprachlichen Rationalisierung eben der Situationen beiträgt, in denen die Kinder sich befinden. Daraus sind Kriterien für die Diagnose und die Therapie zu entwickeln.

1.2. Religionsunterricht als Stundenpotential: Auf dem Hintergrund von 1.1. ist davon auszugehen, daß als »Religionsunterricht« eine bestimmte Stundenzahl zur Verfügung steht, die nach heutiger didaktischer Einsicht und Erfahrung keinesfalls optimal, ja zumeist in einer didaktisch nicht länger vertretbaren Weise genutzt wird. Im Rahmen eines Gesamtkonzepts der Grundschule – und von ihm her – ist daher zu fragen, wie RU sinnvollerweise verstanden werden kann. Der Ausgangspunkt der Thesen ist insofern pragmatisch, als zunächst von der bloßen Stundenzahl ausgegangen wird, um so von hier aus zu fragen, wie diese nun einmal zur Verfügung stehenden Stunden so genützt werden können, daß sie in eine neuorientierte Grundschule als integrierender Bestandteil eingehen und zugleich religionspädagogisch und didaktisch begründet sind.

2. Zu Aufgabe und Verständnis der Grundschule

2.1. Schulorganisatorisch: Im Gegensatz zur Vorstellung von der Ablösung der Grundschule von den übrigen Schulstufen ist dem Einbau der Grundschule in eine integrierte Gesamtschule der Vorzug zu geben. Inhalte und Formen des Grundschulunterrichts und die darin gegebenen Lehr- und Lernsituationen sollen sich von vornherein auf das beziehen lassen, was die späteren Stufen der Gesamtschule anbieten. Die im Versuchsstadium befindliche integrierte Gesamtschule kann die Möglichkeit bieten, durch äußere und innere Differenzierung des Unterrichts und durch ein System von Fachlehrern optimale individuelle und soziale Betreuung der Kinder zu verwirklichen – sofern auch die hier für einen veränderten Religionsunterricht maßgeblichen Erfordernisse ausreichend in ihr verwirklicht werden.

2.2. Zweifache Aufgabenstellung:
2.2.1. In der Grundschule insgesamt geht es um freisetzende Erziehung, die sich in einem spannungsreichen Prozeß von Integration und Emanzipation der Kinder vollzieht.
2.2.2. In der Grundschule insgesamt geht es um ausgleichend-kompensatorische Erziehung, die sich an dem Anspruch auf Bildung aller Kinder und der Bedürftigkeit je einzelner orientiert.

2.3. Religionsunterricht (Vorklärung):
2.3.1. Ungeachtet weiterer Klärungen gehört der RU, will er sich an den in 2.2.1. und 2.2.2. genannten Aufgaben beteiligen – unter Voraussetzung des Systems der integrierten Gesamtschule mit ihren Möglichkeiten der Differenzierung –, in den Zusammenhang des Kernunterrichts (also des Klassenunterrichts) der Grundschule. Kernunterricht (als Klassenunterricht) ist dann durch zusätzliche Förderungsmaßnahmen, die in einzelnen Gruppen stattfinden, zu ergänzen. Gerade durch die Einrichtung von Fördergruppen erwächst jedoch dem Kernunterricht eine neue wichtige Aufgabe. Es wird nämlich nicht zu vermeiden sein, daß sich die soziale Unterprivilegierung einzelner Kinder in der Zuordnung zu den Fördergruppen ausdrückt. Infolgedessen muß der Kernunterricht eine besondere sozialintegrative Aufgabe wahrnehmen, und zwar derart, daß er nicht das der Mittelschicht entsprechende Begabungsverhalten zum Maßstab macht, sondern daß er den durch ihre Herkunft benachteiligten Kindern ebensowohl die Möglichkeit zur Solidarität untereinander wie zur Kom-

munikation und Kooperation mit den andern verschafft. Eine derartige Aufgabe hat in besonderer Weise der veränderte RU der Grundschule wahrzunehmen.
2.3.2. RU als Kernunterrricht bedeutet freilich, daß der Klassenverband auf keine Weise geteilt werde. Hier ergeben sich zweifellos Widersprüche für alle, die an einem konfessionellen RU festhalten. Da vorläufig eine Änderung der schulpolitischen Einstellung der Kirchen zu dieser Frage nicht zu erwarten ist, wird es vermutlich bei der äußeren Trennung des RU nach Konfessionen bleiben, so sinnlos diese Regelung auch ist. Solange sich keine andere Lösung abzeichnet, muß im Sinne der hier dargestellten Aufgaben des RU wenigstens dafür gesorgt werden, daß die nach Konfessionen auseinander dividierten Religionsstunden nicht durch Zusammenlegung von je zwei oder mehr Restklassen (zB die evangelischen Schüler zweier Parallelklassen) vollends unwirksam werden. Eine solche Regelung widerspräche den pädagogischen Erfahrungen eklatant.
2.3.3. Die Aufgabe des Grundschul-RU ist eigenständig. Er leistet nicht im direkten Sinne Vorarbeit für die spezifischen Arbeitsgänge des RU späterer Schulstufen, insofern er kein spezifisches Fachwissen zu vermitteln sucht und damit keinen sachspezifischen Leistungsanforderungen unterliegt. Die Aufgabe der Grundschule *insgesamt* (2.2.1. und 2.) kann der RU so *speziell* wahrnehmen.

3. Sozialisation

Die bisherigen Hinweise lassen sich weitgehend unter dem Stichwort *Sozialisation* subsumieren. Dabei ist die spezifische Stellung gerade der Grundschule nicht zuletzt dadurch charakterisiert, daß der Sozialisationsprozeß *vor* der Schule beginnt und in der Schule mit dem Ziel der ausgleichenden Korrektur fortgesetzt werden muß. Im Sozialisationsprozeß geht es immer um beides: um Übernahme sozio-kultureller Muster, Werte, Normen *und* um die Entwicklung der Fähigkeit zur kritischen Distanzierung davon, um Anpassung *und* um Emanzipation.

4. Zu Bedeutung und Funktion der Sprache

4.1. Schule als Sprachschule: Da sich Rationalisierung und Artikulierung von Situationen und Sachverhalten, einschließlich der Reflexion des eigenen Ortes, gegenseitig bedingen, ist die Schule weitgehend Sprachschule, jedenfalls in den hier zu verhandelnden Gegenstandsbereichen. Es kommt aber darauf an, auf welche Weise sie das ist, dh ob es ihr gelingt, auch diejenigen zur Erweiterung und Intensivierung ihrer Sprachfähigkeit zu bringen, die diesen Lernprozeß unter schwierigeren Bedingungen zu beginnen haben.

4.2. Sprache und Schicht: Sprachfähigkeit und Wortschatz einerseits und sozio-kultureller Status andererseits bedingen einander (BERNSTEIN). Damit taucht das – natürlich auch von andern Gesichtspunkten her relevante – Problem der Chancenungleichheit auf. Es wird noch dadurch verschärft, daß, bedingt durch Bildungstradition und Herkunft der Lehrerschaft, Schule und Sprache sowie Sprache in der Schule bei uns spezifisch mittelschichtorientiert sind. Diese Chancenungleichheit wird dann überwunden, wenn das Interesse vorherrscht, Kindern aller Gesellschaftsschichten zu je gleichen Ausgangsbedingungen zu verhelfen. Nur so ist Identitätsfindung möglich.

4.3. Sprache und Identitätsfindung: Hilfe zur Identitätsfindung ist generelle Aufgabe der Schule. Voraussetzung und Medium dafür ist die Befähigung des Kindes zum Aussprechen seiner selbst und seiner Situation. Auf dem Wege zur Identität bedeutet das konkret: Artikulation bisheriger Zwänge in vorsprachlicher und in sprachlicher Form und damit Ansatz zur Befreiung von ihnen. So könnten unter den gegenwärtigen Bedingungen den Schülern wenigstens ihre verinnerlichten Freiheitsvorstellungen als Vorspann für ihre faktische Befreiung dargestellt werden. Unterricht hat dabei, anspruchsvoll formuliert, *diagnostisch-therapeutische* und *kompensatorische* Funktion.

5. Medien emanzipatorischen Religionsunterrichts

5.1. Im *emanzipatorischen Unterricht* der Grundschule können folgende Materialien und Verfahren, die hier nur genannt, aber nicht expliziert werden können, eine Rolle spielen:
– *Rollenspiele,* in denen Kinder durch Übernahme verschiedener Rollen eigenes und fremdes Verhalten *als* Rolle erfahren und so zugleich distanzieren lernen;
– *Sprachvergleiche und Sprachspiele,* die am Beispiel verschiedener Artikulationsmöglichkeiten derselben Situation zeigen, daß und wie Sprache Interessen dokumentiert;

- *prägnante Situationen,* die, dem Klassenleben entnommen, unter verschiedenen Aspekten verbalisiert werden;
- *moderne Texte* für Kinder, auch entsprechende Bilderbücher;
- *Märchen,* wobei aufklärerische Märchen (zB »Von einem, der auszog, das Fürchten zu lernen«) solchen numinosen Inhalts (zB »Hänsel und Gretel«) vorzuziehen sind;
- *paradigmatische historische Texte,* unter anderen auch biblische Texte (s.u.).

5.2. Zweck aller dieser Verfahren ist es, die Schüler in ihren eigenen *konkreten Situationen* mit der »Sinnfrage« zu konfrontieren. Dazu müssen den Kindern ihre eigenen Ängste und Zwänge, denen sie unterworfen sind, erst einmal gezeigt werden, damit sie sich aus ihnen zu befreien vermögen. Nach den bisherigen Erfahrungen auch innerhalb der Gesamtschulversuche hat sich gezeigt, daß die Schule selbst durch ihren Leistungsdruck und durch ihre Disziplinierungsmaßnahmen verschiedene Angst- und Zwangsneurosen aufbauen kann. Daher muß gerade der in die Schule integrierte RU die grundsätzlich anderen Möglichkeiten des Lehrens und Lernens wahrnehmen. Dieser Unterricht muß also frei von Leistungs- und Zensurzwang vorgehen; er muß von der Erkenntnis geleitet sein, daß Konflikte immer schon vorhanden sind; er darf sie also nicht verschleiern, sondern er muß anhand der Inhalte, die er anbietet, Möglichkeiten zu ihrer Erkennung und zu ihrer Überwindung freisetzen.

5.3. Von hier aus stellen die genannten *Medien, Materialien und Verfahren* nicht einen sukzessiven Abbau des Christlichen oder des Religiösen in diesem Unterricht dar, sondern gerade umgekehrt geht es um die Erkenntnis, daß nichts abstrakter wäre als religiöse Lehrinhalte, solange sie sich nicht in konkreten Situationen der Lernenden selbst und der Menschen, mit denen sie zu tun haben, andeuten.

6. Zur Verwendung biblischer Texte

Die bisherige Situation des Unterstufen-RU legt es nahe, aus dem unter 5.1. genannten Katalog von Möglichkeiten emanzipatorischen Unterrichts die Verwendung *biblischer Texte* eingehender zu klären.

6.1. Die bisherige Praxis: Die bisherige Praxis des Umgangs mit biblischen Texten ist dadurch gekennzeichnet, daß die Frage, *warum* biblische Texte den Kern des Unterrichts zu bilden hätten, kaum oder gar nicht gestellt worden ist, vielmehr vorwiegend oder ausschließlich reflektiert wird, *wie* biblische Texte der Situation des Kindes nahegebracht werden können. Damit ist Indoktrination und Affirmation Tür und Tor geöffnet. Diese Praxis ist dadurch zu korrigieren, daß theologische und pädagogische Überlegungen, ausgehend von der Situation des Kindes, derart aufeinander zu beziehen sind, daß sie sich gegenseitig bedingen und befragen müssen.

6.2. Der Ansatz:
6.2.1. Unterricht, der die Situation der Schüler reflektiert und rationalisiert, ist auf paradigmatische Verfahrensweisen und Inhalte angewiesen, an denen dieser Rationalisierungsvorgang erhellt werden kann. Mit diesem Ansatz ist prinzipiell festgestellt, daß der »Stoff« keinen Eigenwert hat, vielmehr ist für einen Unterricht, der von der vom Kinde eingebrachten und von der für das Kind womöglich durch Unterricht zu erschließenden und zu klärenden Situation ausgeht, stets nach dem *Funktionswert* des Stoffes in *diesem* Zusammenhang zu fragen.
6.2.2. Schon bei der Analyse der Situation des Kindes, erst recht aber bei der Wahl paradigmatischer Stoffe kann der Lehrer nicht davon absehen, daß Unterricht ebenso wie Welt- und Selbstverständnis geschichtlich sind. Daher haben historische Texte neben andern nicht nur ein Recht im Unterricht, sondern sie sind auch notwendig.
6.2.3. Daraus folgt, daß biblische Texte nicht prinzipiell aus dem Unterricht ausgeschlossen werden müssen. Die Frage hat dann darauf zu zielen, *welche* biblischen Texte in *welchen* Situationen die unter 6.2.1. beschriebene Funktion erfüllen können. Denn auch die biblische Tradition hat keinen Eigenwert. Texte aus der biblischen Tradition stehen also gleichberechtigt neben literarischen Texten anderer Herkunft als Material für den Unterricht zur Verfügung, wenn und wo sie sich eignen.

6.3. Hauptgesichtspunkte bei der Einbeziehung biblischer Texte:
Ohne daß hier alle wesentlichen Aspekte auch nur angedeutet werden können, ist auf folgendes hinzuweisen:
6.3.1. Wie beim Umgang mit Tradition überhaupt, so gilt auch bei biblischen Texten, daß es nicht um indoktrinierende Reproduktion unter dem Anspruch überzeitlicher Gültigkeit gehen kann, sondern um *kritische* Verwendung. Unreflektierte Übernahme ist zu verhindern.
6.3.2. Dies bedeutet, daß Tradition, also auch biblische, in ihrem hand-

lungsgeschichtlichen Kontext gesehen werden muß, damit man ihre Ambivalenz bemerkt.

6.3.3. Der Ausgangspunkt bei der Situation des Kindes und deren Einbeziehung in den Unterricht macht es notwendig, bei biblischen Texten wie bei allen historischen Texten, die verwendet werden, die Bereiche, in denen diese Texte spielen, und die Verhältnisse und Bezüge, die in ihnen eine Rolle spielen, (meist vorweg) sprachlich zu durchdringen und damit zur Situation des Kindes in Beziehung zu setzen; das kann formal-literarisch wie inhaltlich geschehen.

6.3.4. Bei der Auswahl biblischer Texte ist zu beachten, daß es sowohl Texte gibt, die für den Unterricht geeignet sind, weil ihnen die Kraft zum Aufsprengen verfestigter Situationen innewohnt, wie auch solche, deren Eignung, Kindern zu emanzipatorischem Verhalten zu verhelfen, unter dem Gesichtspunkt der Verfremdung und »Umfunktionierung« steht.

6.4. Korrektiv: Angesichts der bisherigen Geschichte biblischen Geschichtsunterrichts in der Grundschule ist es nötig, innerhalb des hier vorgeschlagenen Konzepts im Falle der Einbeziehung biblischer Texte sich stets die Rückfrage zu stellen: Ist der Umweg über den biblischen Text *nötig* zur Erhellung der Situation des Kindes – oder sprengt er die Möglichkeiten des Grundschulunterrichts?

7. Zur Leistungsproblematik

Die Verwirklichung emanzipatorischen Unterrichts setzt eine grundlegende Korrektur des weitgehend an der Reproduktion und Rezeption von Fakten orientierten bisherigen Leistungsbegriffs der Schule voraus. Dabei geht es nicht um den Trugschluß, auf Leistung überhaupt verzichten zu wollen, sondern um eine Neuorientierung von Leistung an *sozial* relevanten (und damit immer auch individuell bedeutsamen) Fähigkeiten. In der Richtung solcher Überlegungen lassen sich zB MITSCHERLICHS Bemerkungen über »das soziale und das persönliche Ich« verstehen.

8. Zur Zielproblematik

8.1. In heuristischer Absicht läßt sich das Ziel *emanzipatorischen Unterrichts* folgendermaßen formulieren: Veränderung/Verbesserung der Lebenssituation und Lebensmöglichkeit.

8.2. Zusammenhang mit Religion: Bezieht man diese Zielformel auf die Fragerichtung Religion, so lassen sich zB folgende Aufgabenstellungen andeutungsweise konkretisieren: bereits verinnerlichte religiöse Werte und Trivialvorstellungen müssen aufgedeckt werden; entsprechende Fragehaltungen gegenüber den eigenen Vorstellungen müssen eingeübt und mögliche Konflikte müssen verstehen gelehrt werden; dabei zeigt sich hier bereits anfangsweise die gesellschaftliche Funktion von Religion; darum muß schon im Ansatz des RU eine Art Religionskritik enthalten sein, die Gesellschaftskritik impliziert.

Evangelische Kirche in Deutschland 1971

Religionsunterricht – Grundrechte – Grundsätze nach evangelischem Verständnis

I. Verfassungsrechtliche Grundlage

1. Bei einer rechtlichen Betrachtung der Normierung des Religionsunterrichts im Grundgesetz im Hinblick auf die pädagogischen Reformpläne ist der Umfang der Gestaltungsmöglichkeiten abzustecken, den Artikel 4 und 7 GG gewähren und die einer Veränderung bestimmte Grenzen setzen.

Es wird dabei von der Annahme ausgegangen, daß derzeit nicht damit gerechnet werden kann, daß die entscheidenden Vorschriften der Artikel 4 und 7 GG geändert werden.

2. Die rechtliche Untersuchung wird unter diesen Umständen ihre Aufgabe darin sehen müssen, die Verfassungsgrundlage im Lichte der fortschreitenden Entwicklung darauf zu prüfen, in welchem Maße sie Elemente der Beweglichkeit und der Fortbildung aufweist, um den Religionsunterricht in den Grenzen ihrer Bestimmungen in ein neues Grundkonzept des Bildungswesens einfügen zu können.

3. Die Auslegung der Grundrechte des Grundgesetzes hat ganz allgemein zu dem Ergebnis geführt, daß der Text der Verfassung in einem Sinne interpretiert wird, der den Kern der normativen Absichten klar und umfassend realisiert, aber zugleich vermeidet, an einer zu stark wortgebundenen oder zu sehr an den Vorstellungen der Entstehungszeit haftenden Sinngebung festzuhalten.

4. Dieses Ziel zu erreichen, ist die Aufgabe einer interpretativen Fortentwicklung der Verfassung, die die rechtlichen Gedanken des Artikels 7 Abs. 3 GG im Kern bestehen läßt, aber sie auf eine veränderte Situation anwendbar macht.

II. Verhältnis von Artikel 4 und 7 GG

1. Eine Auslegung des Artikel 7 GG muß das Verhältnis dieses Artikels zu Artikel 4 GG im Auge behalten. Die Interpretation der Grundrechte folgt allgemein dem Prinzip, daß sie in ihrem systematischen Gesamtzusam-

menhang zu verstehen sind. Daher ist Artikel 7 GG in verschränkender Verbindung zu Artikel 4 GG zu verstehen. Das bedeutet keine Vorordnung des Artikels 4 GG, aber es schließt auch eine den Artikel 7 als spezielle Regelung isolierende Betrachtungsweise aus.

2. Artikel 4 GG faßt einen modernen pluralistischen Staat ins Auge, der dem einzelnen wie auch den weltanschaulichen Gruppen eine freie Entfaltung ihrer Anschauungen wie auch eine ungehinderte Betätigung ihrer glaubens- oder weltanschauungsmäßigen Überzeugungen eröffnet. Er stellt klar, daß der Staat sich mit keiner glaubensmäßigen oder weltanschaulichen Auffassung verbindet, daß er ihnen gegenüber vielmehr eine offene und tolerante Stellung einnimmt (Neutralität). Diese Haltung des Staates bedeutet nicht Wertindifferenz oder negative Gleichgültigkeit gegenüber den in seiner Bevölkerung lebenden Anschauungen. Sie kann vielmehr eine positive Würdigung der Bedeutung der weltanschaulichen und religiösen Gemeinschaften und eine Kooperation mit ihnen einschließen. Man wird sogar entsprechend der Rolle der sozialen Gruppen und Verbände in der modernen Gesellschaft vom Staate erwarten dürfen, daß er auch im Bereiche der weltanschaulichen Fragen eine Mitwirkung der dort bestehenden Gruppen und Gemeinschaften bei der Bewältigung gesellschaftlicher Aufgaben eröffnet und diesen Kräften einen angemessenen Raum im öffentlichen Leben gewährt. Dazu gehört auch der Bereich des öffentlichen Bildungswesens.

3. Rückt man die Bestimmungen des Grundgesetzes in diesen durch Artikel 4 GG vorgezeichneten Rahmen, so wird deutlich, daß die institutionelle Sicherung des Religionsunterrichts in Artikel 7 Abs. 3 nicht einen Restbestand oder einen Fremdkörper im Verhältnis von Staat und Religionsgemeinschaften darstellt. Auch vom Verständnis des Artikel 4 GG her kann die Sicherung des Religionsunterrichts als ein begrenztes und begründetes Maß an Kooperation zwischen dem Staat und den in der Bevölkerung lebendigen Anschauungen angesehen werden. Das bedeutet, daß die Regelung des Artikel 7 Abs. 3 GG nicht im Sinne eines Privilegs der Kirchen aufgefaßt wird. Sie eröffnet den weltanschaulichen Gemeinschaften die Möglichkeit, an der Planung und Ausrichtung des Religionsunterrichts kooperativ beteiligt zu sein. Planung und Ausrichtung werden hier im Sinne der modernen Lehrplantheorie (Curriculum) verstanden.

4. Eine solche Berücksichtigung der weltanschaulichen Gemeinschaften dient daher der Sicherung der Grundrechtsausübung durch den einzelnen. Sie nimmt in institutioneller Form das Anliegen des elterlichen Erziehungsrechts in seiner weltanschaulichen Ausprägung auf, das sich

angesichts eines wachsenden staatlichen Einflusses auf die Jugenderziehung (Ganztagsschule, staatliche Formung der vorschulischen Erziehung) sonst nicht ausreichend entfalten kann. Die Wahrnehmung und Achtung der Grundrechte ist das erklärte Ziel der Bildung nach Auffassung des Strukturplanes des Bildungsrates (Deutscher Bildungsrat, Strukturplan für das Bildungswesen 1970, S. 29f. und 265f.).

III. Religionsunterricht als »ordentliches Lehrfach«

1. Prüft man im Lichte dieser methodischen Ansätze den Gehalt der normativen Aussagen des Artikels 7 GG, so ergeben sich folgende Hauptpunkte, in denen der Verfassungsgeber eine bindende und verbindliche Regel aufstellen wollte:

Religionsunterricht ist »ordentliches Lehrfach«.
Religionsunterricht wird in Übereinstimmung mit den Grundsätzen der Religionsgemeinschaften erteilt.
Beim Religionsunterricht muß für Schüler bzw. Erziehungsberechtigte und Lehrer vorgesehen sein, daß sie über die Beteiligung selbst bestimmen können.

2. Der ursprüngliche Sinn des »ordentlichen Lehrfachs« hängt mit der Gestaltung des Unterrichts zusammen, wie er bisher erteilt wurde. Der Schüler wird in bestimmten Fächern mit bestimmter Stundenzahl unterrichtet. In diesem Rahmen bedeutet »ordentliches Lehrfach« ein Pflichtfach mit einer angemessenen Stundenzahl und angemessener Lage im Unterrichtsganzen.

3. Normativ bezeichnet jedoch »ordentliches Lehrfach« die Präsenz bestimmter Inhalte und Aufgaben des Religionsunterrichts im Gesamtlehrangebot der Schule (Curriculum) mit grundsätzlicher Teilnahmeverpflichtung (vgl. dazu Abs. 7 und Abschnitt VI). Die Weiterentwicklung der Unterrichtsgestaltung über den Fächerunterricht hinaus muß beim Religionsunterricht den gleichen Prinzipien folgen, die auch für andere Inhalte und Fächer gelten. Diesem Erfordernis wird es nicht gerecht, wenn die Aufgabe des Religionsunterrichts im Gesamtlehrangebot nur als Unterrichtsprinzip erscheint oder einzelne Elemente des Religionsunterrichts nur als funktionelle Bestandteile anderer Unterrichtsgegenstände auftreten. Jedoch ist es unbedenklich, wenn der Religionsunterricht nicht in allen Klassenstufen angeboten wird, soweit dies auch für andere vergleichbare Fächer gilt.

4. Die Präsenz der Inhalte und Aufgaben des Religionsunterrichts muß entsprechend der differenzierten didaktischen und organisatorischen Ausgestaltung der einzelnen Schulstufen verwirklicht werden.

Wo im Primarbereich (Grundschule) die Integration von Aufgaben und Inhalten in vorfachliche Einheiten und Lernbereiche erfolgt, können Teile des Religionsunterrichts angemessen integriert werden.

In der Sekundarstufe II wird dem Anspruch des »ordentlichen Lehrfachs« genügt, wenn der Religionsunterricht in den Pflichtbereich einbezogen wird. Wenn hierbei der Religionsunterricht mit seinem Curriculum einem Aufgabenfeld zugeordnet wird, ist für eine angemessene Stundenzahl dieses Aufgabenfeldes Sorge zu tragen.

Eine solche Gestaltung würde einem fortentwickelten Begriff »ordentliches Lehrfach« entsprechen.

5. Die Aufnahme des Religionsunterrichts als ein eigenes zusätzliches Aufgabenfeld (gegebenenfalls mit Philosophie und Religionskunde) in das Lehrangebot ist zwar verfassungsrechtlich möglich. Wegen der Gefahr der Isolierung bestehen gegen diese Lösung jedoch Bedenken.

6. Zum Charakter des »ordentlichen Lehrfaches« gehört grundsätzlich die Benotung. Bedenken gegen eine Benotung im Unterricht gelten in verstärktem Maße für den Religionsunterricht. Zur Verwirklichung seiner Aufgaben bedarf es eines angemessenen Freiheitsraumes. Dennoch sind auch hier Kenntnisse und Leistungen erforderlich.

7. Das Bestimmungsrecht über die Teilnahme am Religionsunterricht ist Ausfluß des grundgesetzlichen Prinzips, daß in religiösen oder weltanschaulichen Fragen keinerlei Zwang ausgeübt werden darf (Artikel 4 GG, 140 GG mit Artikel 136 WRV). Die Befreiungsmöglichkeit hebt den Charakter des »ordentlichen Lehrfaches« nicht auf.

*IV. »Grundsätze der Religionsgemeinschaften«
nach evangelischem Verständnis*

Artikel 7 Abs. 3 GG fordert, daß der Religionsunterricht in Übereinstimmung mit »den Grundsätzen der Religionsgemeinschaften« erteilt werde. Dieser aus der Weimarer Reichsverfassung (Artikel 149) übernommene Begriff muß näher interpretiert werden:

1. Unter den »Grundsätzen der Religionsgemeinschaften« wurden im Sinne der Weimarer Reichsverfassung ursprünglich »positive Lehrsätze und Dogmen« verstanden. Diese Auffassung entsprach schon zum damaligen Zeitpunkt nicht dem Stande der evangelisch-theologischen Wissenschaft.

Sie bleibt durch den Verfassungstext gedeckt. Der Begriff »Grundsätze der Religionsgemeinschaften« bedarf jedoch angesichts der gegenwärtigen theologischen und pädagogischen Erkenntnis und Praxis der Interpretation.

2. In der heutigen theologischen und kirchlichen Sicht ist das Verständnis des christlichen Glaubens durch folgende Grundsätze gekennzeichnet:

a) Die Vermittlung des christlichen Glaubens ist grundlegend bestimmt durch das biblische Zeugnis von Jesus Christus unter Beachtung seiner Wirkungsgeschichte.

b) Glaubensaussagen und Bekenntnisse sind in ihrem geschichtlichen Zusammenhang zu verstehen und in jeder Gegenwart einer erneuten Auslegung bedürftig.

c) Die Vermittlung des christlichen Glaubens muß den Zusammenhang mit dem Zeugnis und Dienst der Kirche wahren.

3. Die Bindung an das biblische Zeugnis von Jesus Christus schließt nach evangelischem Verständnis ein, daß der Lehrer die Auslegung und Vermittlung der Glaubensinhalte auf wissenschaftlicher Grundlage und in Freiheit des Gewissens vornimmt.

4. Die »Grundsätze der Religionsgemeinschaften« schließen in der gegenwärtigen Situation die Forderung ein, sich mit den verschiedenen geschichtlichen Formen des christlichen Glaubens (Kirchen, Denominationen, Bekenntnisse) zu befassen, um den eigenen Standpunkt und die eigene Auffassung zu überprüfen, um Andersdenkende zu verstehen und um zu größerer Gemeinsamkeit zu gelangen. Entsprechendes gilt für die Auseinandersetzung mit nichtchristlichen Religionen und nichtreligiösen Überzeugungen.

5. Das theologische Verständnis der »Grundsätze der Religionsgemeinschaften« korrespondiert mit einer pädagogischen Gestaltung des Unterrichts, der zugleich die Fähigkeit zur Interpretation vermittelt und den Dialog und die Zusammenarbeit einübt.

B. Die Entwicklung in der DDR

Walter Zimmermann

Christenlehre im atheistischen Staat – von der Volkskirche zur Freiwilligkeitskirche?

In einer Schrift, die sich mit Fragen der christlichen Erziehung in den östlichen Gliedkirchen befaßt, kann das Verhältnis dieser Arbeit zum staatlichen Schulwesen nicht unerwähnt bleiben, denn für jeden Katecheten und für jedes einzelne Kind, das an der Christenlehre teilnimmt, ist die staatliche Schule, die von allen Kindern besucht werden muß, das ständige Gegenüber.

Die Situation wird vielleicht am prägnantesten gekennzeichnet durch die Feststellungen, die auf der letzten Synode der Evangelischen Kirche in Deutschland, die als außerordentliche Synode im Jahre 1956 in Berlin-Spandau stattfand, gemacht wurden.

»In wachsendem Maße wird der Unterricht in den öffentlichen Schulen der Deutschen Demokratischen Republik einseitig auf den Lehren eines atheistisch verstandenen dialektischen und historischen Materialismus aufgebaut, ohne daß die christlichen Eltern die Möglichkeit haben, ihre Kinder vor den sich hieraus ergebenden inneren Nöten zu schützen. Unter Duldung, Förderung, ja sogar Mitwirkung staatlicher Organe wird in der Schule und in den staatlichen Bildungsanstalten der christliche Glaube weithin verächtlich gemacht. Vielfach werden hochbegabte Kinder christlicher Eltern, insbesondere kirchlicher Mitarbeiter, von dem Besuch der Oberschule und der Universität ausgeschlossen, weil sie sich nicht zur Weltanschauung des Marxismus bekennen können. Die Heranbildung des theologischen Nachwuchses wird erschwert, nicht zuletzt dadurch, daß eine Reihe von Lehrstühlen der theologischen Fakultäten seit Jahren nicht mehr besetzt sind und die zur Zurüstung für den kirchlichen Dienst unentbehrlichen kirchlichen Proseminare behindert, ja sogar geschlossen werden. Junge Christen werden unter Androhung von Nachteilen für ihr Fortkommen veranlaßt, sich der Jugendweihe zu unterziehen und ein Bekenntnis abzulegen, das ihrem Glauben widerspricht. Selbst von den künftigen Geistlichen und Mitarbeitern der Kirche wird ein Bekenntnis zu dieser Weltanschauung erwartet. Dies alles ist mit dem Artikel 41 der Verfassung, der volle Glaubens- und Gewissensfreiheit garantiert, nicht in Einklang zu bringen. Ebenso verstößt es gegen Artikel 44 der Verfassung, der der Kirche das Recht auf Erteilung von Religionsunterricht (Christenlehre) in den Räumen der öffentlichen Schule gewährleistet, wenn vielfach in Grundschulen die Christenlehre behindert oder durch Maßnahmen der staatlichen Schulverwaltung praktisch unmöglich gemacht und in Oberschulen untersagt wird.«

Hinter diesen Feststellungen stehen zwei Tatsachen: die verwaltungsmäßige Behinderung der Kirchlichen Unterweisung und der grundsätzliche weltanschauliche Angriff auf den christlichen Glauben.

Die Erschwerung oder völlige Verhinderung der Christenlehre durch verwaltungsmäßige oder organisatorische Maßnahmen von schulischen und anderen staatlichen Organen wird immer wieder versucht. Vielfach werden für die Christenlehre nur noch wenige Stunden am Nachmittag freigehalten, und auch hier haben oft genug plötzlich angesetzte Veranstaltungen der politischen Jugendorganisationen den Vorrang ...

Wenn man nach den Gründen fragt, weshalb in dieser Situation die Christenlehre von Millionen von Kindern besucht wird, dann kann man nicht einfach von einem Beharren bei einer althergebrachten oder liebgewordenen Tradition sprechen. Traditionen werden im allgemeinen schnell aufgegeben, sobald das Festhalten an ihnen Gefahren in sich schließt oder erhebliche Nachteile zu bringen droht. Es ist in diesen Jahren des Kampfes um den christlichen Glauben, wie wir ihn erleben mußten, deutlich geworden, daß es in unseren Gemeinden mehr »christliche Substanz« gibt, als auch die Theologen manchmal wahrhaben wollen. Auch bei denen, die nicht als lebendige Gemeinde oder auch nur als treue Kirchgänger angesprochen werden können, reichen die Wurzeln des christlichen Glaubens oft überraschend tief und aus ihnen steigt eine echte geistliche Kraft empor. Als ein neues Moment aber kommt hinzu, daß die Menschen in der DDR, seien sie nun überzeugte Christen oder voller Kritik an der Kirche, in diesen Jahren der Entscheidung immer wieder erlebt haben, daß Pfarrer, Katecheten und andere kirchliche Mitarbeiter bereit sind, um geringen Lohn und unter manchen gesellschaftlichen Nachteilen für sich und ihre Familie ihre beschwerliche und manchmal nicht ungefährliche Arbeit zu tun, und daß sie – und mit ihnen viele überzeugte Christen – bereit sind zu leiden für ihren Glauben, wenn es denn sein muß. Weiter aber ist in diesen Jahren deutlich geworden, daß die Kirchen, die als Stätten des Doktrinarismus und der Unduldsamkeit verschrieen waren, Stätten einer innerlichen Gelöstheit und Freiheit sind, wie man sie sonst nicht findet. Daß eine durch das Hilfswerk erneuerte Diakonie den Menschen ohne Ansehen der Person dienen will und in diesen Jahren in einem ungeahnt großen Umfang wirklich gedient hat, kommt noch hinzu. Dort also sind Bruderliebe und Vertrauen zu Hause, dort darf man sich »bei guten Mächten wunderbar geborgen« wissen, dort kann man atmen, dort kann man sich geben wie man ist. Das aber sind Wirkungen, die nicht von fehlsamen Menschen ausgehen, sondern von Christus selbst. Damit wird deutlich, daß die Auseinandersetzungen um die Existenz der Kirche in der DDR (und um nichts anderes geht es letztlich bei den Auseinandersetzungen um die christliche Unterweisung der Jugend) nicht entschieden werden durch bloße Macht, durch planvolle Aktionen, durch klug erdachte Doktrinen oder durch eine systematische Schulung. Sie werden entschieden an der Stelle, wo das materialistische Menschenbild, das sich in allen Schulen und Fabriken, in allen Gesetzen und im Umgang von Mensch zu Mensch ausprägt, dem christlichen Menschenbild begegnet, das nach dem Bilde des »Menschensohnes« gestaltet ist. Wir reden hier absichtlich von »Begegnung« und nicht mehr von »Auseinandersetzung«, einer Begegnung, die ein heilender und lebendig machender Vorgang sein soll. Es ist nicht leicht für den Katecheten, in seiner Anfechtung und wenn das zermürbende Gefühl des Ausgeliefertseins ihn überfällt, in einer positiven Einstellung an diese Aufgabe heranzugehen. Aber es ist möglich. Die Zukunft der katechetischen Arbeit hängt mehr als von allem anderen davon ab, ob es denen, die sie treiben, gegeben wird, sich geistliche Gesinnung, Geduld und missionarischen Willen zu bewahren ...

Daß die Frage nach der Erhaltung der Volkskirche gerade bei der Christenlehre aufbricht, ist nicht zu verwundern. Die eben umschriebenen Aufgaben, die hier auf die Kirche warten, stellen die Kirche vor die Frage, ob sie nicht das scheinbar Unlösbare dadurch lösen sollte, daß sie auf dem Gebiet der Christenlehre entschiedener und schneller von der Volkskirche weg zur Freiwilligkeitskirche geht. Stimmen aus der Jungen Gemeinde, deren Prinzip ja diese Freiwilligkeit ist, weisen jedenfalls seit langem in diese Richtung. Es bietet sich hier in der Tat eine Lösung an. Der Unterricht, der im Empfinden der Öffentlichkeit weithin noch als Pflichtunterricht angesehen wird, würde zu einer völlig freiwilligen Angelegenheit werden. Die Zahl der Teilnehmer würde wesentlich kleiner und damit würde die Zahl der Katecheten ausreichen. Es würde fast gar keiner Zuchtmittel bedürfen, in einem Unterricht, an dem sich überwiegend Interessierte freiwillig beteiligen. Das Aufreibende des Dienstes für den Katecheten würde wegfallen. Die Atmosphäre würde so bereinigt, daß ein wirklich geistliches Gespräch zwischen Katecheten und Jugendlichen vor sich gehen könnte. Das alles sind nicht nur Vorteile, sondern wirkliche Segnungen, die sich hier ankündigen. Wer jemals solchen Unterricht erteilen durfte – und dem Verfasser dieses Berichtes war das fast anderthalb Jahrzehnte lang beschieden –, der wird sich an ihn als an das Schönste in seinem Amtsleben dankbar erinnern. Es gibt vielleicht keinen besseren und größeren geistlichen Dienst als den, jungen Menschen, die wirklich bereit sind zu hören und zu fragen, in gegenseitigem Austausch die christliche Botschaft zu erschließen.

Dennoch bleiben Fragen übrig. Sie werden gerade von solchen gestellt, die in einer Freiwilligkeitskirche leben. Einer dieser Männer sagte zu uns: »Es ist das Große an eurer Arbeit, daß ihr euch auch für die Rabauken verantwortlich wißt und sie noch erreicht!« Es gehört eben zu den Wesenszügen des Evangeliums, den Verlorenen nachzugehen, und der Weg zu ihnen führt durch das Dornengestrüpp. Ob es der evangelischen Christenheit in Deutschland erlaubt ist auszuwandern aus der Volkskirche, bleibt eine schwere Frage. Eine selbstgewählte Auswanderung könnte Flucht sein. Ob sie zu diesem Zeitpunkt, an dem die Kirche in einer lebhaften Auseinandersetzung mit dem materialistischen Atheismus steht, überhaupt verantwortet werden kann, ist eine weitere Frage. Umdisponierungen von einem solchen Umfang können in dieser Stunde jedenfalls nicht vorgenommen werden. Das darf aber nicht hindern, daß die Kirche ständig im einzelnen neue Versuche unternimmt, die christliche Unterweisung ihrer Jugend vom Evangelium her neu zu gestalten ...

Mit der katechetischen Arbeit hat die christliche Unterweisung heimgefunden zur Kirche, zur Gesamtkirche ebenso wie zur Einzelgemeinde. Sie sind fortan – und nicht mehr der Staat – Träger des christlichen Unterrichts. Wie könnte es in dieser Lage anders sein! Die eigentliche Bewährungsprobe für diese Arbeit wird jene Stunde sein, wo die Kirche wieder die Möglichkeit haben wird, zu wählen zwischen dem staatlich angestellten Religionslehrer und dem kirchlichen Katecheten. Möge die Kirche dann nicht der Versuchung unterliegen, die katechetische Arbeit wieder aufzugeben.

Dieter Reiher

1. Unterweisungsmodelle zwischen der Hinführung zur Gemeinde und offener Lebens- und Glaubenshilfe

Zwei Richtungen sind es, die in unserer kirchlichen Unterweisung eine Rolle spielen: eine Unterweisung, die von der Gemeinde ausgeht, und eine Unterweisung, die vom Heranwachsenden ausgeht. Erstere versteht sich vom altkirchlichen Katechumenat her, letztere versteht sich als Lebenshilfe. Folgende Modelle sind entwickelt worden:

a) Die Sakramentsunterweisung mit der Gliederung von Tauf-, Abendmahls- und Beichtunterweisung, wie sie W. Baltin vertritt. Sie sei hier als konsequentes Katechumenatsdenken gekennzeichnet.
b) Der Bibelunterricht mit der Stufenfolge von schulähnlicher Christenlehre, Konfirmandenunterricht und offener Jugendunterweisung, wie sie O. Güldenberg vertritt. Er sei hier als Katechumenatsdenken im Sinne von G. v. Zezschwitz gekennzeichnet.
c) Die Glaubensunterweisung, die sich nach den Grundbefindlichkeiten des Kindes und Jugendlichen gliedert, wie sie O. Ziegner vertritt. Sie sei hier als dialogisches Katechumenatsdenken gekennzeichnet (freie kirchliche Jugendarbeit ist bei O. Ziegner nicht vorgesehen).
d) Die lebenskundliche Unterweisung mit ihrer Gliederung in zwei größere Altersgruppen, wie sie der katechetische Arbeitskreis der Goßner-Mission vertritt. Sie sei hier gekennzeichnet als christliche Lebenshilfe.

Wir fragen: Auf welchem Situationshintergrund sind diese Modelle zu verstehen? In welchem Zusammenhang erweisen sie sich als tragfähig für die unterweisende und einübende Einführung der jungen Generation in die christliche Glaubensüberlieferung?

Christliche Unterweisung im Sinne des konsequenten Katechumenatsdenkens (W. Baltin) stützt sich auf eine in sich gefestigte Gemeinde, deren junge Generation verantwortlichen Zugang zu den Gaben der Gemeinde erhalten soll. Liegt hier das Bild von Gemeinde vor, wie es durch die Zeit der Bekennenden Kirche gekennzeichnet wurde?

Christliche Unterweisung im Sinne des Katechumenatsdenkens von G. v. Zezschwitz (O. Güldenberg) steht auf dem Fundament einer Volkskirche, deren Nöte mit dem stufenweise geordneten Zugang zur Gemeinde überwunden werden sollen. Steht hier das Bild der latenten Gemeinde mit »Religion ohne Entscheidung« dahinter?

Christliche Unterweisung im Sinne des dialogischen Katechumenatsdenkens (O. Ziegner) stützt sich gleicherweise auf die lebendige Gemeinde wie auf die Vertrauenserfahrungen des Heranwachsenden, der Glied dieser mündigen Gemeinde werden soll. Wirken hier die Hoffnungen einer intakten Gemeinde in das Gemeindebild hinein?

Christliche Unterweisung im Sinne christlicher Lebenshilfe setzt in der Missionssituation ohne Kontakt mit der Gemeinde oder christlichen Familien an. Sie will zu solcher Verhaltenssteuerung anleiten, wie sie aus der biblischen Überlieferung für die Weltwirklichkeit abgeleitet werden kann. Steht hier die absolute Missionssituation einer möglichen Zukunft dahinter?

Mit diesen kurzen Bestimmungen soll die Meinung begründet werden, daß für die Überlegungen über die Einheit der kirchlichen Unterweisung viel an der Einschätzung der kirchlichen Situation hängt. Damit hängt auch die Erkenntnis der Tendenzen zusammen, in welcher Richtung der Weg der Gemeinden gehen wird. In Anlehnung an F. Winter und andere sei von den evangelischen Landeskirchen in der Deutschen Demokratischen Republik als von einer Volkskirche in zunehmender Diasporasituation mit Minoritätstendenzen gesprochen. Für die kirchliche Unterweisung hieße das: Weder überhöhende Erwartungen oder Vorstellungen von der Rolle der Gemeinde noch zu großer Pessimismus über das mögliche Erfahrungsfeld christlicher Äußerungen in Worten, Handlungen oder Lebensgestaltung sind gegeben. Das hieße aber auch: In einer Gemeinde mit vorherrschend volkskirchlichem Charakter ist weniger Bereitschaft und Wille der jungen Generation vorhanden, den Zugang zur christlichen Gemeinschaft zu gewinnen. Der Zugangswille muß selber mit der Sammlung der Heranwachsenden geschaffen werden. Deshalb wird man heute nur noch von einem offenen, dialogischen Katechumenatsdenken sprechen können. Nicht mehr bloß um das Hinzutreten zur mündigen Gemeinde geht es, sondern elementarer um die Begegnung mit dem Glauben überhaupt. Das Erfahrungsfeld der Heranwachsenden und ihre Probleme sowie die Beziehungen zur konkreten Gemeinde werden hierbei allerdings wichtig sein; die biblische Überlieferung wird aber im Zentrum stehen. Die Kooperation aller Verantwortlichen und die Koordination der unterweisenden Aktivitäten sind dann erste Schritte, jene Aufgabe gemeinsam und einheitlich auszuführen.

2. Kirchliche Unterweisung als Geleit – Freiheit gegenüber dem Angebot – Texte und Themen

In den »Arbeitshilfen« 1959 wird ein klar umrissenes Ziel der kirchlich-pädagogischen Einwirkung formuliert. Im Rückgriff auf den Katechumenat ist das Ziel das mündige Gemeindeglied und im einzelnen: Verstehen der Gabe der Taufe, Heranreifen zur Teilhabe am Abendmahl und zur vollen tätigen Kirchengliedschaft.

Wir fragen, ob nicht solche Zielstellungen zu groß gehalten sind und ob nicht Ziele wie Mündigkeit, Reife, vielleicht gar auch Verstehen in bezug auf Gemeinde und Evangelium in der kirchlichen Unterweisung eher hemmend als fördernd wirken, weil sie Idealbilder der Gemeinde zum Maßstab nehmen und den Heranwachsenden existentiell überfordern. Wann versteht man seine Taufe? Wann ist man das mündige Gemeindeglied, welche Eigenschaften soll es haben? Oder geht es etwa nur um die Bedingungen zum Eintritt in eine Gruppe mit bestimmten religiösen Normen? Ist etwa kirchliche Unterweisung Vorbereitung für diese Gruppe?

Hier soll der Meinung Ausdruck verliehen werden, daß von solchen Qualitätszielen her die Einheit der kirchlichen Unterweisung nicht mehr begründet werden kann. So müssen auch die Leistungsstufen auf dem Wege zu solchen genannten Zielen abgetan werden. Die Einheit kann nicht mehr bei den Zielstellungen gefunden werden, sondern bei dem Unterweisenden. Weil es um die Begegnung mit dem Glauben überhaupt geht, gibt es wohl einen Auftrag des Unterweisenden, aber kein formuliertes Ziel. Für die Begegnung muß gerade der Raum frei gehalten werden, in dem es das Warten, die Indifferenz, die Ablehnung, die positive Antwort, das volle Engagement und vor allem die Freiheit zur Selbstfindung unter dem Evangelium gibt. Der katechetische Modellplan 1969 beschreibt die Aufgabe der kirchlichen Unterweisung als eine Unternehmung der Gemeinde, »in der das Angebot des Evangeliums das Kind und den Jugendlichen in den Phasen seiner Entwicklung begleitet«. Dieser Begriff des Geleites ist geeignet, die qualitative Begleitung des Heranwachsenden durch den Unterweisenden und zugleich die Freiheit gegenüber dem Angebot auszudrücken. Der Geleitende ist nicht bloß Mitläufer, aber auch nicht autoritärer Leiter. Geleit bedeutet auch, daß die Begegnung mit der Sache beim Heranwachsenden über die Person des Vermittlers geschieht. Wenn auch solches Geleit verschiedene Formen haben wird, so stehen sie doch unter diesem einheitlichen Auftrag ...

Die Säkularität, die das öffentliche Leben und weitgehend auch das Familienleben bestimmt, macht den Dialog mit dem tatsächlichen Erfahrungsfeld der jungen Menschen und deren Vorstellungen notwendig. Es genügt nicht, sich auf die Fähigkeiten der geistigen Aneignung oder auf die Grundbefindlichkeiten der jeweiligen Altersstufe zu besinnen. Mit Recht kann der Verdacht des Realitätsverlustes hier nicht ganz abgewiesen werden. Der Stoffbegriff in der kirchlichen Unterweisung erhält deshalb eine Erweiterung. Inhalt ist nicht mehr allein die biblische Perikope, sondern zum Stoff gehören auch Hinweise auf das Umfeld des Heranwachsenden oder auf Themen, die die möglichen Lebensauswirkungen festhalten, und schließlich Aktionen und Fertigkeiten, die mit der biblischen Anrede im Zusammenhang stehen. Mit dieser Auskunft über den Stoff in der kirchlichen Unterweisung ist die Brücke zu einem missionarischen Unterricht ohne Vorgaben geschlagen.

Jürgen Henkys

1. Katechumenat und Diakonat

Vom Katechumenat zu reden ist nur sinnvoll, wo ein Werk der Kirche gemeint ist. Darin herrscht Einigkeit. Die Kirche ist ein weltweiter, in ihrer Geschichte außerordentlich wirksam gewesener und auch heute noch nennenswerter religiöser Sozialverband. So kann es auch ein Nichtchrist sagen, und ein Christ sollte diese Betrachtung von außen her nicht für unangemessen halten. Dennoch, die Kirche verdankt sich nicht einem religionsgeschichtlichen Zufall und nicht dem produktiven Bedürfnis einer bestimmten Menschheitsepoche, sondern ihrem Herrn und seinem Auftrag. So bekennen wir es. Mit der dritten These der Barmer Erklärung gesprochen: »Die christliche Kirche ist die Gemeinde von Brüdern, in der Jesus Christus in Wort und Sakrament durch den Heiligen Geist als der Herr gegenwärtig handelt. Sie hat mit ihrem Glauben wie mit ihrem Gehorsam, mit ihrer Botschaft wie mit ihrer Ordnung mitten in der Welt der Sünde als die Kirche der begnadigten Sünder zu bezeugen, daß sie allein sein Eigentum ist, allein von seinem Trost und von seiner Weisung in Erwartung seiner Erscheinung lebt und leben möchte.« Der Auftrag der Kirche besagt, daß sie mitten in der geschaffenen Welt für ihren Herrn so dazusein hat, daß daran deutlich wird, wie er für alle Menschen da ist. Sie kommt diesem Auftrag nach mit dem Wort und mit der Tat. Mit dem *Wort:* Sie bezeugt allen, die sie erreicht und die sich darauf einlassen, ihr zuzuhören, daß wahres Heil zu ihnen hin unterwegs ist, nämlich in Christus, dem sich im heutigen Botenwort selbst bezeugenden auferstandenen Gekreuzigten. Zugleich feiert sie dieses Heil in den Sakramenten, zur Vergewisserung aller, die in sie eingegliedert werden und unter dem Auftrag Christi leben. Mit der *Tat:* Auf ihren Herrn hoffend, hilft die Kirche allen, denen sie in geschichtlicher Begegnung durch deren Bedürfnis einerseits, durch ihr jeweils zuwachsende Gaben andererseits dienstverpflichtet wird, zu einem menschlicheren Leben. Zugleich stimmt sie aktiv zu, wenn sie das menschliche Leben auch außerhalb ihres Einflusses gefördert sieht, durch Verhältnisse, Bestrebungen und Aktionen also, die keinen oder nicht mehr eindeutig kirchlichen Charakter tragen.

Die indikativische Ausdrucksweise der letzten Sätze darf nicht mißverstanden werden. Es handelt sich nicht um eine Beschreibung, sondern um eine Bestimmung der Kirche. Dabei ist »die« Kirche nicht als in sich geschlossene Größe gemeint, die der »Welt der Sünde« einfach gegenüberstände. Sondern die Menschen, an denen sie handelt, sind auch und zunächst die, aus denen sie selbst besteht. Und die Menschen, deren Gemeinschaft sie darstellt, sind auch und zugleich zerstreut in den Räumen ihrer Sendung.

Bei der *worthaften* Bezeugung des Heils durch Predigt, Taufe und Abendmahl beruft sich die Kirche auf Jesus Christus, durch den das Heil verbürgt ist, in dem es kommt und von dem es hier und jetzt angeboten wird. Indem sie sich auf ihn beruft, bekennt sie sich zu ihm und lädt die Hörenden ein, in dieses Bekenntnis einzustimmen. Das Bekenntnis setzt Erkenntnis voraus, und zur Erkenntnis kommt es nicht ohne Kenntnis. Unter Pontius Pilatus starb Jesus am Kreuz, und als Israelit ist er zum Christus erhöht worden. Es kommen also eine bestimmte Zeit, ein bestimmter Raum, eine bestimmte Geschichte in Blick. Die alte biblische Literatur, auf die wir dabei verwiesen sind, fordert zu dauernder Verstehensbemühung heraus. Die Bedeutung ihrer Aussagen für eine Predigt, die ausschließlich heutige Menschen und Situationen meint, ist der vernünftigen Nachfrage aller aufgegeben. Damit ist aber gesagt, daß die Kirche, die das Heilswort weitergibt, auch lehren muß. Als Sprecherin des Heilswortes ist sie unvertretbar, sofern ja ihr Kirche-Sein überhaupt erst durch ihr Beauftragt-Sein Wahrheit ist. Ist sie aber als Sprecherin des Heilswortes unvertretbar, so auch als Trägerin desjenigen Unterrichts, der im Dienst dieses Heilswortes steht, der dazu hilft, daß es von Zeitgenossen als sinnhafte Rede vernommen und als eigenes Zeugnis übernommen werden kann. Der Katechumenat ist mit dem Apostolat nicht identisch, hat aber teil an dessen Eigenart, in die unvertretbare Zuständigkeit der Kirche zu fallen.

Das *Tatzeugnis* der Kirche hat eine Berufung auf Jesus Christus nicht notwendig in sich. Hilfe geschieht um ihrer selbst willen und leuchtet als solche ein. Daß das Helfen der Kirche über sich selbst hinausweist und wohin es weist, wird, wenn überhaupt, aus dem Wortzeugnis erkannt, das zum Tatzeugnis im Verhältnis eines unaufdringlichen Kontextes steht. Ein Unterricht wie der eben erwähnte ist aus dem diakonischen Auftrag also nicht ableitbar. Wohl aber zeigen die geschichtliche Erfahrung und der dadurch geschärfte Blick in die Gegenwart, daß unter den Diensten, mit denen die Kirche für ein menschlicheres Leben der Geschöpfe Gottes einzutreten hat, die pädagogischen nicht fehlen können[1]. Eine Kirche, die

---

1. O. Hammelsbeck: Evangelische Lehre von der Erziehung, München 1958, 2. Aufl., S. 314: »Erziehung gehört, kirchlich gesprochen, zur Diakonie.«

von der Sorge um das Wohl der Welt bewegt ist, wird sich auch um Erziehung sorgen.

Die Geschichte der Kirche verzeichnet viele Pioniertaten der Erziehung. Noch im 19. und 20. Jahrhundert gibt es Beispiele dafür. Erinnert sei an Leistungen in der Vorschulerziehung (J.F. Oberlin), der Heim- und Fürsorgeerziehung (J.H. Wichern), der Jugendarbeit (J. Burckhardt). Aber die Kirche war auf diesen Gebieten nicht in dem Sinne unvertretbar, daß sie sich hätte weigern dürfen, ihren Platz mit anderen zu teilen oder schließlich gar zu räumen, sobald die fortschreitend sich entwickelnde Verfassung der Gesamtgesellschaft eine solche Zuständigkeitsverschiebung dringend nahelegte. Hier wie in anderen Bereichen gesellschaftlich relevanter Diakonie geht es also nicht um eine prinzipielle Unvertretbarkeit der Kirche, sondern um den Sachverstand und das Ethos, mit dem umgekehrt sie selbst die Gesamtgesellschaft vertritt, um im gegebenen Fall von ihrem Mandat auch wieder zurückzutreten.

Es ist also zwischen einer *originären* und einer *subsidiären* pädagogischen Verantwortung der Kirche zu unterscheiden[2]. Das ist nicht die Differenz von eigentlichem und uneigentlichem Werk. Um das opus proprium der Kirche geht es in beiden Fällen[3]. Die Differenz liegt innerhalb des einen Auftrags der Kirche. Wie verhalten sich die beiden Verantwortungsbereiche zueinander?

Im Blick auf den ersten haben wir nur von Unterricht gesprochen. Aber es ist selbstverständlich, daß auch die Momente nichtunterrichtlicher Erziehung dazugehören. Das Heilswort, das verstanden werden soll, impliziert ja den Auftrag, der die Gemeinde konstituiert. Und von der Gemeinde aus erreicht es die Welt. Die Gemeinde aber, die durch das Heilswort immer neu geschaffen wird, ist zugleich ein innergeschichtlicher Lebenszusammenhang: Man muß in ihn eingeführt werden, und er prägt die ihm Eingegliederten. – Im Blick auf den zweiten Verantwortungsbereich haben wir vorausgesetzt, daß er wahrgenommen werden kann, ohne daß das Christusbekenntnis in unmittelbarer Verbindung damit ausgesprochen oder gar entfaltet werden müßte. Aber gerade bei pädagogisch

---

2. Zur pädagogischen Diakonie und ihrem subsidiären Charakter vgl. A. Flitner, Die Kirche vor den Aufgaben der Erziehung (Pädagogische Forschungen. Veröffentlichungen des Comenius-Instituts, H. 9), 1959, 2. Aufl.; K. Schaller, Studien zur systematischen Pädagogik, Heidelberg 1966, S. 102ff.
3. Vgl. G. Picht, Kirche – Gesellschaft und Bewußtseinsbildung. In: Evangelische Kommentare, 1969, S. 9.

erheblichen Verhältnissen und Einrichtungen wird das Wortzeugnis mit seinen zum Lehren und Lernen herausfordernden Implikationen vom Ort des Tatzeugnisses nicht fern bleiben. Und die Gesellschaft, die der Kirche einen solchen Arbeitszweig zubilligt, wird das akzeptieren, solange die Freiheit der Bürger, irreligiös zu sein, dadurch nicht verletzt wird. Man denke an evangelische Kindertagesstätten, Mütterkreise und Familienberatungen.

Sosehr aber die originäre und die subsidiäre pädagogische Verantwortung der Kirche zusammengehören – konstitutiv für den Katechumenat ist allein die erstere! Sie hängt am Wortzeugnis, in dem die Kirche unvertretbar ist. *In ihrem Katechumenat ordnet die Gemeinde diejenigen erzieherischen und unterrichtlichen Vorgänge, die sich notwendigerweise mit der Wahrnehmung ihres Auftrags verbinden, das Heilswort Gottes in Christus verständlich und verbindlich weiterzugeben – und das nach dem jeweiligen Maß ihrer Einsicht, Beweglichkeit und Gestaltungskraft.* Dieses Maß hängt aber weitgehend davon ab, ob die Gemeinde sich auch der zweiten Seite ihres Auftrags stellt; ob sie bereit ist, in Aktionen der Solidarität, der Hilfe, der Befriedung für das Wohl der Menschen einzutreten und (falls erforderlich) die Gesamtgesellschaft bis zur Bereitstellung entsprechender Organe zu vertreten. Der Katechumenat und der Diakonat fallen nicht ineinander, auch dort nicht, wo das Tatzeugnis der Kirche als Erziehungswerk Gestalt gewinnt. Aber sie wirken aufeinander. Dabei wird man sagen müssen: Heute hat der Einfluß des Diakonats auf den Katechumenat die größere Bedeutung.

2. Weltoffenheit des christlichen Unterrichts in der sozialistischen Gesellschaft

Die geforderte Einwirkung des Diakonats auf den Katechumenat betrifft den *Träger,* die *Empfänger* und die *Sache* des kirchlichen Unterrichts.

Träger des Unterrichts sind die örtlichen Gemeinden bzw. ihr Zusammenschluß als Kirchenkreis und Landeskirche. Das vieldiskutierte Problem der Anschaulichkeit der Katechese[1] läßt sich nicht ohne die Einsicht weiterverfolgen, daß die entscheidende Veranschaulichung der den Unterricht bestimmenden Inhalte in der ecclesia visibilis selbst zu suchen ist.

---

1. Vgl. W. Grundmann (Hg.): Anschaulichkeit als katechetisches Problem. Karl Brinkel in memoriam, Berlin 1966.

Das aber heißt: Es muß sich nicht nur der Unterricht seiner Bindung an die Gemeinde, sondern auch die Gemeinde ihrer Funktion für den Unterricht bewußt sein. Diese Funktion geht weit über das Organisatorische hinaus. Eine selbstgenügsame, den gesamtgesellschaftlichen Aufgaben im Sozialismus verständnislos gegenüberstehende und von den Menschheitsproblemen lediglich erschreckte Gemeinde widerruft durch ihr Erscheinungsbild, was sie eben dadurch veranschaulichen sollte[2].

Adressaten des kirchlichen Unterrichts sind Christen oder Menschen, die Christ werden wollen. Sie dürfen erwarten bzw. müssen darauf gefaßt sein, daß ihnen von der Gemeinde ein qualifiziertes Lehrangebot gemacht wird. Im Blick sind außerdem auch solche Menschen, die sich an diesem Lehrangebot interessiert zeigen, ohne daß sie bereits getauft sind und (schon jetzt) beabsichtigen, sich taufen zu lassen. Es ist eine allgemeine pädagogische Forderung, die auch für den Katechumenat gilt: In jedem Unterricht muß der gegenwärtige und künftige Lebenskreis der Empfänger berücksichtigt werden. Nun ist der Katechumenat aber seinem Wesen und seiner Geschichte nach mehr kirchbezogen als »client-centered«. Die Mission und der regelmäßige Wechsel der Generationen machen Akte der Eingliederung in die Gemeinde erforderlich. Die Tradition und der beschleunigte Wechsel der Situationen machen Maßnahmen der Heranbildung durch die Gemeinde erforderlich. In beiden Hinsichten erbaut die Gemeinde sich immer auch selbst. Daraus ergibt sich die Tendenz, jene pädagogische Forderung einzuschränken. Die »parochiale Mentalität« begnügt sich mit einem schmalen Sektor des gegenwärtigen und zukünftigen Lebenskreises der Unterrichteten und faßt lediglich das »ortsgemeindliche Pensum« ins Auge[3].

Gegen diese Beschränkung muß pädagogisch-diakonisches Bewußtsein aufgeboten werden. Biblisches Zeugnis, kirchliche Lehre, gemeindliche Lebensformen können den Unterrichteten nicht zureichend erschlossen werden, wenn wir dabei die Probleme des heutigen Zusammenlebens im familiären, staatlichen und Welthorizont abblenden oder nur in apologetischer Absicht aufgreifen. Wohl bleibt der Katechumenat kirchbezogen. Aber wir haben seine Kirchlichkeit auch darin zu bewähren, daß wir unbeirrt durch vordergründige gemeindliche Interessen danach fragen, was denn den Teilnehmern jetzt und einst wirklich nötig

---

2. Diese Sicht der Dinge ist mit vollem Recht von H. Fritzsche, a.a.O. S. 140ff., geltend gemacht worden.
3. W. Jetter: Was wird aus der Kirche?, Stuttgart 1968.

ist, was ihnen nicht nur zur kirchlichen, sondern zur zeitgenössisch-menschlichen Existenz überhaupt helfen kann. Der durch diakonische Einrede gegen seine eigene Verengung wachsam gewordene Katechumenat unterstützt die außerhalb seiner Kompetenz liegenden Bildungsanstrengungen der Gesellschaft und verschließt sich keinem innerhalb seiner erweckten Bildungsbedürfnis.

Die katechetische *Sache* ist, formal betrachtet, die Bibel. Denken wir vom Katechumenat her, so werden wir ergänzen: die Bibel als das Buch der Kirche. Der katechumenatskritische Impuls, der von der diakonischen Verantwortung ausgeht, nötigt dann aber sogleich zu einer weiteren Ergänzung: Die katechetische Sache ist die Bibel als das Buch der Kirche in der Welt! Für eine Gemeinde, die ihren Weltauftrag wahrzunehmen versucht, rückt die im Katechumenat zu vermittelnde Sache unter den Blickwinkel ihrer gesellschaftlichen Relevanz. Eine solche Sicht hat Folgen für Stoffwahl und Zielbestimmung, also für den Lehrplan. Die Forderung, neben dem Perikopen- und Katechismusunterricht einen gleichberechtigten thematischen Unterricht anzuerkennen[4], darf nicht generell als Flucht aus der Theologie verdächtigt werden. Sie ist zunächst didaktisch motiviert, hat ihr theologisches Fundament aber in dem Bekenntnis zu Jesus Christus, der »Gottes kräftiger Anspruch auf unser ganzes Leben« ist und durch den uns »frohe Befreiung aus den gottlosen Bindungen dieser Welt zu freiem, dankbarem Dienst an seinen Geschöpfen« widerfährt[5]. Der Lehrplanentwurf der Katechetischen Arbeitsgemeinschaft der Goßner-Mission in der DDR ist nicht zu Unrecht scharf kritisiert worden. Aber damit, daß er so unbekümmert nichtbiblischen Stoffkomplexen Raum gibt und die Weltbeziehung des Unterrichts nicht allein von der jeweils zu aktualisierenden Einzelperikope erwartet, stellt er für die kirchenoffizielle Lehrplanarbeit[6] eine notwendige Herausforderung dar.

---

4. Vgl. vor allem K.E. Nipkow: Christlicher Glaubensunterricht in der Säkularität. Die zwei Grundtypen des evangelischen Religionsunterrichts, EvErz 1968, S. 169; ders., Welche »Themen« und »Stoffe« sollen außer der Hl. Schrift in der Katechese verwendet werden? Concilium, 1970, S. 166. Über die Plantendenzen im Konfirmandenunterricht informiert J. Henkys, Lehrplanfragen des Konfirmandenunterrichts, ChL 1968, S. 3.
5. Zweite Barmer These.
6. Der Zug zum thematischen Unterricht ist jetzt auch erkennbar in dem »Modell eines katechetischen Perikopen- und Themenplanes«, ChL 1969, S. 113. (Zusatz des Hg.: in diesem Bd. III.14.)

3. Die Katechumenatsidee als Verpflichtung der Gemeinde auf Formen zeitgenössischen Christseins in einer nachchristlichen Welt

Eine kritische Rezeption der Katechumenatsidee für die Gegenwart (Henkys 1971) bedarf umfassenderer Überlegungen, als sie im Rahmen eines historischen Überblicks angestellt werden können. Aber die geschichtliche Betrachtung läßt einige Folgerungen zu, die in solche Überlegungen eingebracht werden müssen. Sie seien abschließend angedeutet.

1. Die Übertragung der Katechumenatsvorstellung von der alten auf die neuzeitliche Kirche, von missionskirchlichen auf volkskirchliche Verhältnisse geschah im vorigen Jahrhundert um eines Mangels willen. Bis heute hat die Rede vom Katechumenat etwas Postulatives an sich. Nach wie vor ist es schwierig, die Katechumenatsidee, wie sie im Gespräch mit der alten Kirche ausgearbeitet worden ist, in den neuzeitlichen Verhältnissen von Kirche und Gesellschaft zu realisieren. Wir sollten uns darum klarmachen, daß die Geschichte sich nicht wiederholt und daß vergangene Zustände unwiederbringlich sind. Beherzter als bisher sind die gegenwärtigen Realitäten als Schauplatz und Ansatzpunkt des Wirkens Gottes anzusehen. Der Katechumenat der Kirche, ohne den sie in der Tat zu keiner Zeit sein kann, hat zu jeder Zeit seine eigene Gestalt.

2. Die Katechumenatsidee wurde ausgearbeitet, als es zu zeigen galt: Der christliche Unterricht muß in eine entsprechende Erziehung eingebettet und diese Erziehung vom gemeindlichen Leben getragen sein. Diese Forderung ist nicht schon darum hinfällig, weil Erweckungsbewegung und Neuluthertum die Säkularisierung, die im Zeitalter der Aufklärung erstmals für alle unübersehbar in die Erscheinung getreten war, nicht haben aufhalten können. Es ist aber die Frage, ob das, was als kirchliches Leben zu gelten hat, nicht mit einer anderen Optik, als meist noch üblich, aufgesucht werden müßte. Das kirchliche Leben mußte sich in den ersten Jahrhunderten aus dem gesellschaftlichen weitgehend ausgliedern. Im Mittelalter und noch weit bis in die nachreformatorische Zeit hinein konnte es im Sinne der »parochialen Symbiose« (Lange 1965, S. 35) mit ihm zusammenfallen.

Die heutige Diastase zwischen Kirche und Welt scheint erneut die Ausgliederung zu verlangen. Aber die nachchristliche Welt ist eine andere als die vorchristliche, und ebenso ist das christliche Bewußtsein angesichts der Säkularisierung ein anderes als angesichts des spätantiken und barbarischen Heidentums. So geht es um eine neue Gestalt des kirchlichen Lebens. In einer »Kirche für andere« stellt es sich anders dar als in einer religiösen Exklusivgruppe. Gerade diese neue Gestalt wäre für die kirchliche Erziehung wirksam zu machen und also, wo es sie noch nicht gibt, zu suchen. Jedenfalls ist die Katechumenatsidee mißverstanden, wenn aus ihr die Verpflichtung der Katechumenen auf ein rückständiges Gemeindeleben und nicht umgekehrt die Verpflichtung der Gemeinde auf Formen zeitgenössischen Christseins abgeleitet wird.

3. Anders als die Katechetiker des 19. Jahrhunderts sind wir an dem, was nach der Konfirmation zu passieren hätte, brennender interessiert als an dem, was ihr voraufgeht. Die kritische Zone des Katechumenats ist sein in der Theorie immer wieder postulierter, durch die Praxis aber immer wieder problematisierter Abschluß. Für uns Heutige, die wir nicht nur auf die Bemühungen der katechetischen Klassiker, sondern auch auf eine damals gerade erst beginnende reiche Geschichte neuartiger kirchlicher Arbeit mit konfirmierten Jugendlichen und Erwachsenen zurücksehen, käme es mehr darauf an, nach der Katechumenatswirklichkeit als nach der Katechumenatsordnung zu fragen. Bevor der Katechumenat der Kirche sich als Institution zeigen kann, ist er als Funktion da, und sein funktionelles Verständnis hat heute Vorrang vor dem institutionellen.

IV. RELIGIONSPÄDAGOGIK IM GETEILTEN DEUTSCHLAND VON DEN 70ER JAHREN BIS ZUM STAATLICHEN UND KIRCHLICHEN EINIGUNGSPROZESS EIN AUSBLICK

Die vorgelegten Quellenbände dokumentieren die geschichtliche Entwicklung bis zur Schwelle der 70er Jahre. Der anschließende Zeitraum soll in einem Ausblick beleuchtet werden; er ist nicht auf Vollständigkeit bedacht. Für Übersichten detaillierter Art darf auf Literatur- und Forschungsberichte sowie bibliographische Sammelbände verwiesen werden.

Man vergleiche die Literaturberichte in einschlägigen Periodika (Verkündigung und Forschung, Theologische Literaturzeitung, Theologische Rundschau; zum Zeitraum von 1975 bis 1985 bes. Rickers 1986, zuvor Kasch 1976). Seit 1985 stehen die jährlichen Bibliographien im Jahrbuch der Religionspädagogik zur Verfügung, seit 1986 ferner die »Religionspädagogische Jahresbibliographie« des Comenius-Instituts, hg. v. G. Adam et al. Die ungewöhnliche Dynamik der Diskussion seit der zweiten Hälfte der 60er Jahre hat sich außerdem sehr schnell in verschiedenen, die Diskussion bündelnden Sammelbänden niedergeschlagen (Gloy 1969a; Wegenast 1971; Esser 1970, 1971a, 1972). Eine Zwischenbilanz zieht das von evangelischen und katholischen Religionspädagogen gemeinsam getragene dreibändige »Handbuch der Religionspädagogik« (Feifel et al. I: 1973, II: 1974, III: 1975).

1. Die Siebziger Jahre

Historisch-systematische Einschätzungen der Merkmale, die eine Zeitperiode kennzeichnen, werden um so schwieriger, je geringer der geschichtliche Abstand ist. Im Rückblick scheint sich einerseits in den 70er Jahren die *Entwicklung fortzusetzen,* die mit der neueren Religionspädagogik in den 60er Jahren angebahnt worden war. Die turbulenten Jahre von 1967-1972 hatten zusätzlich zum hermeneutischen Ansatz in rascher Folge weitere Konzeptionen und entsprechende Etiketten erzeugt, mit denen man den Religionsunterricht versah. Er sollte thematisch-problemorientiert, therapeutisch, schülerorientiert, ideologiekritisch und lernzielorientiert sein. Die zugrundeliegenden Motive sind für einen sachgerechten und zeitgemäßen Religionsunterricht bis heute wichtig geblieben. Die Zeit drängte schon damals auf eine entschlossene pädagogische Transformation der Glaubensüberlieferung unter den Erfahrungsvoraussetzungen der Gegenwart. In diesem Sinne kann die Verschränkung einer Textthermeneutik mit einer Erfahrungshermeneutik als die in der Folgezeit weiter ausgebaute religionsdidaktische Grundspur angesehen werden.

Der Übergang in die 70er Jahre lenkt den Blick andererseits auch auf *Abbrüche*. Man spricht heute erstens von einer gescheiterten oder zumindest mißratenen Bildungsreform. Zweitens werden die Gedanken der »emanzipatorischen Pädagogik« seit etwa 1973/74 durch eine neokonservative Pädagogik der »Tendenzwende« zurückgewiesen; ordnungspädagogische Gesichtspunkte zur Bekräftigung der gegebenen gesellschaftlichen Verhältnisse werden gegen gesellschaftsverändernde Impulse gestellt. Drittens setzt sich der Prozeß der Ausdifferenzierung der Pädagogik als Disziplin fort; es verselbständigen sich immer mehr die einzelnen Teildisziplinen und Forschungsfelder; sie schwächen den Gesamtzusammenhang pädagogischer Reflexion; die »Allgemeine Pädagogik« gerät in die Krise. Methodologisch gesehen verwandelt sich die »Pädagogik« zu einer sozialwissenschaftlich orientierten »Erziehungswissenschaft«. In Verbindung mit der Institutionenkritik der späten 60er Jahre, der auch die Kirchen ausgesetzt sind, zerreißen hierbei viertens die letzten verbliebenen Gesprächsfäden der Pädagogik zur Religionspädagogik und Theologie.

Eine Nebenwirkung ist, daß sich in der unübersichtlicher werdenden Lage die Religionspädagogik ihres Gegenstandes, ihrer Methoden und in allem ihres Disziplincharakters neu und selbständig vergewissern muß. Fortan geht es zudem nicht mehr nur vorwiegend um den schulischen Religionsunterricht. In der Bundesrepublik werden *angrenzende Handlungsfelder neu vermessen* (1); in *integrierenden Entwürfen* werden falsche Alternativen überwunden (2), und nicht zuletzt wird versucht, den Charakter der *Religionspädagogik* als einer *wissenschaftlichen Disziplin* zu klären (3). In der DDR wird der eigene Weg in Richtung auf die *Verantwortung der »Kirche im Sozialismus«* fortgesetzt (4).

1. Es bleibt nicht nur beim Reformdruck auf den Religionsunterricht. In den Jahren der sozial-liberalen Koalition (Brandt/Scheel) und der Gutachten des Deutschen Bildungsrates (Roth 1968; Deutscher Bildungsrat 1970) wird das ganze Bildungssystem in der Bundesrepublik vom Elementarbereich bis zu den Universitäten vor neue Aufgaben gestellt. Überall geht es um größere Bildungschancen für alle und eine vielseitigere Förderung der Kinder von früh auf.

Die im *Elementarbereich* beteiligten Kirchen antworten durch eine konstruktive Mitarbeit, wobei das Comenius-Institut zusammen mit einzelnen Experten zu Grundsatzfragen beitragen (Comenius-Institut 1974a/b) und in zahlreichen praxisnahen Publikationen ein »Religionspädagogisches Förderprogramm« (1975-1982) vorlegen sollte. Der Leitgedanke ist die *Vertiefung des »Situationsansatzes«* des Deutschen Jugendinstituts durch die Aufmerksamkeit auf die religiöse Dimension im Leben der Kinder (Comenius-Institut 1976); Bibel und Leben sollen sich verbinden. Besonders eingehend werden elementare Themen wie Angst, Gewissen und Tod im Leben der Kinder beachtet (vgl. hierzu auch die Reihe »Religionspädagogische Studieneinheiten«).

Für die Ortsgemeinde tritt mit dem eigenen Kindergarten nahezu zwangsläufig auch der *Kindergottesdienst* ins Blickfeld. Er wird empirisch (Griese), nach Zielen, Inhalten und Methoden und hinsichtlich seines Ortes in der Gemeinde bedacht (Comenius-Institut 1972-1977; zum älteren Stand Wiese). Nimmt man die für den *Konfirmandenunterricht* angebahnten Reformen hinzu (zur Lehrplanentwicklung Schmitthenner, vgl. auch Studienband 71 von Bäumler/Luther in dieser Reihe), wird verständlich, warum gegen Mitte der 70er Jahre der Begriff der *»Gemeindepädagogik«* aufkommt, um eine integrierte Gemeindebildungsarbeit zu unterstreichen (Rosenboom 1974; Adam 1978). Noch ist zu diesem Zeitpunkt vieles konzeptionell offen. Außerdem stehen die »Religionspädagogik«, die in einer Theorie des schulischen Religionsunterrichts aufzugehen scheint (Bochinger/Paul), und die »Gemeindepädagogik« unverbunden nebeneinander. Gleichwohl ist ein neuer bedeutsamer Schritt getan: Die Reformimpulse wirken sich in den innergemeindlichen Raum hinein aus.

Anders als in der DDR ist bei der Entwicklung der Gemeindepädagogik das Bewußtsein eines älteren *katechetischen Erbes* schwach ausgebildet gewesen. Zwar erscheinen relativ früh eine historische Untersuchung über die Katechismustradition (Fraas 1971) und ein Entwurf zu einer »katechetischen Theologie« (Bizer 1972). Die zur Zeit der Evangelischen Unterweisung unternommenen Versuche zur Erneuerung des Katechismusunterrichts (Jetter) werden jedoch, von Ausnahmen abgesehen (Württembergische Landessynode 1973), nicht fortgesetzt. Statt des Zusammenhangs von Glaube und Lehre betont die neue Gemeindepädagogik stärker den Zusammenhang von *Glaube und Leben,* und zwar im Sinne eines ganzheitlichen Lernens (vgl. etwas später EKD 1982).

Die 70er Jahre sind überhaupt hauptsächlich gegenwartsbezogen und wenig an der historischen Religionspädagogik interessiert gewesen (s. jedoch zur Problemgeschichte knapp Bockwoldt). Statt der älteren Katechetik des 19. Jahrhunderts, die wenig ergiebig erschien, und der liberalen Religionspädagogik, die wegen ihrer Verurteilung durch die Vertreter der Evangelischen Unterweisung auch bei den jüngeren Religionspädagogen verdrängt worden war, sah sich die westdeutsche Religionspädagogik vorwiegend mit der *zeitgenössischen Pädagogik und Didaktik* konfrontiert. Besonders mit der bildungstheoretischen Didaktik innerhalb der Geisteswissenschaftlichen Pädagogik (Klafki 1963) wird wegen der Affinitäten zum hermeneutischen Charakter der neueren Theologie das Gespräch über das »Elementare«, »Fundamentale« und »Kategoriale« in der religiösen Bildung aufgenommen (Preul 1973; zuvor Wegenast 1965a, 1967, u.a.). In diesen Umkreis fällt auch der Beginn der Reflexion über eine »Elementarisierung theologischer Inhalte und Methoden« (Stock 1975/77; Baldermann/Nipkow/Stock).

Unabhängig voneinander erhält neben der Gemeindepädagogik auch die *evangelische Erwachsenenbildung* neue Anstöße. Neben Werner Simpfendörfer spiegeln die herausragenden Beiträge Ernst Langes (gesammelt 1980, s. bes. 1974) eindrücklich, wie in mehrfacher Hinsicht die gesellschaftlichen Herausforderungen der Kirche ernstgenommen werden. Für Lange gehören hierzu die »Freizeitgesellschaft«, die Strukturen gesellschaftlicher »Unterdrückung« (Einfluß Paolo Freires), die »Ambivalenz bürgerlicher Religion«, trotz dieser Zweideutigkeit die Begleitung des einzelnen in der Volkskirche in der Spannung von »Stabilisierung« und »Emanzipationshilfe« und nicht zuletzt das »Bildungsdilemma der Kirche«, wie es die erste große EKD-Mitgliedschaftsuntersuchung aufgedeckt hatte (Hild 1974; dazu Matthes 1975). Wegen ihres vorherrschenden Bezuges zum Religionsunterricht ist die damalige Religionspädagogik in ihrer herkömmlichen Fassung auch hier auf die Frage nicht vorbereitet gewesen, wie sie sich zur evangelischen Erwachsenenbildung in ein Verhältnis setzen sollte (und umgekehrt).

Bleibende wichtige Erweiterungen zeigen sich auch in ersten Schritten zu einer *Vergleichenden Religionspädagogik* (Schultze/Kirchhoff 1975ff.) sowie im betonten Anschluß an die *ökumenische Bewegung* (Nipkow 1975, Bd. 1 u. 2). Es kommt zu wechselseitigen Anregungen bis in die 80er Jahre. Gleichzeitig erlebt die *evangelisch-katholische Zusammenarbeit* (ansatzweise konfessionell-kooperativer Religionsunterricht an Grundschulen und in der Sekundarstufe II) Anfang der 70er Jahre eine kurze Blüte. Die katholische Religionspädagogik kommt hierbei auch theoretisch auf ihre Weise evangelischen Vorstellungen nahe, besonders durch die Auf-

nahme eines konvergenztheoretischen pädagogisch-theologischen Denkmusters (Deutsche Bischofskonferenz, 6,21).
Die Horizonte öffnen sich. Näher besehen behält jedoch verständlicherweise der *Religionsunterricht* sein Schwergewicht, wobei das Jahrzehnt durch die genaue Beachtung der unterschiedlichen Unterrichtsbedingungen an den verschiedenen *Schularten* zu charakterisieren ist. Besonders auffällig ist das Interesse am Verhältnis von Religionspädagogik und Sonderpädagogik (Comenius-Institut 1978a). Ferner entwickelt sich eine lebhafte Diskussion zum Religionsunterricht auf der Primarstufe (Grundschule) (Steinwede; Grosch; Hiller-Ketterer; Esser 1972; Wibbing 1972; Konukiewitz; Reents 1974/1975) und an der Berufsschule (Gloy 1969b; Aschenbrenner; Lott 1972). Spezielle Arbeiten zur Hauptschule, Realschule und zum Gymnasium sind selten (G.R. Schmidt 1969; vgl. im übrigen Esser 1971 a).

Das sich erweiternde Engagement kann auch an der intensiven Behandlung ausgewählter *Einzelaufgaben* abgelesen werden, so an der Frage der Gebetserziehung (Bargheer/Röbbelen; Bargheer 1973), der Behandlung der Kirchengeschichte (Biehl 1973) und von Fragen des Verhältnisses des Religionsunterrichts zur politischen Bildung (Rickers 1973). Auf die Unterrichtsinhalte beziehen sich auch die Studien zur Lehrplanentwicklung (Schultze 1970a/b) und zur Revision der Religionsbücher (Meinekke; Brockmann). Daneben wird versucht, das Schülerinteresse zu erheben (Gloy 1969b; Bargheer 1972; Havers; Berg 1977). Sachbezug und Schülerbezug verbinden sich in der »didaktischen Analyse« (Berg/Doedens 1976). Im Umgang mit den Inhalten hinterläßt die Curriculumdiskussion Spuren (Wegenast 1972a), im Blick auf die Kinder und Jugendlichen die Sozialisationsforschung (Fraas 1973). Der Sog durch die im Lichte der Sozialwissenschaften zu analysierenden Voraussetzungsfragen und durch die erziehungswissenschaftlichen Antworten ist stark. Gleichzeitig verfolgen andere Religionspädagogen unbeirrt ihr Interesse am vorwiegend theologisch bestimmten biblischen Unterricht weiter und suchen in einer Zwei-Fronten-Auseinandersetzung einen Weg »zwischen Curriculum und Biblizismus« (Baldermann/Kittel, vgl. auch Baldermann 1969, 1980).

2. Spannungen und Konflikte entstanden in jenen Jahren erstens besonders hier, an der *Bruchlinie zwischen biblischer Tradition und gegenwärtiger Situation*. Die schärfsten Kritiker holen weit aus, sie richteten sich gegen die Grundgedanken der Bildungsreform überhaupt. »Die großen Leitbegriffe der gegenwärtigen Pädagogik: ›Selbstverwirklichung‹, ›Selbstbestimmung‹, ›Emanzipation‹« werden als »Leerformeln einer Pädagogik und Didaktik« verurteilt, die »inhaltslos, ohne den Mut zu einer Aussage« sei

(G. Kittel 1975, 66). Im Gefälle dieser Pädagogik befangen sieht man auch den thematisch-problemorientierten und religionskritischen Religionsunterricht mit seiner »Verflüchtigung jedes Sachanspruches und eigengewichtigen Inhalts« (61). Gemeint ist der Anspruch, der den Menschen als Sünder trifft. Die theologische Kritik gipfelt im Vorwurf der Selbstverkrümmung der neuen Religionspädagogik vor Gott, des »incurvatus in seipsum« (ebd.; zur Erwiderung Kaufmann 1974).

Es war offensichtlich nicht leicht, zu verdeutlichen, daß bei der Behandlung anthropologischer, ethischer, politischer und natürlich auch religiöser und kirchlicher Themen nach wie vor biblische Inhalte und theologische Urteile eine konstitutive Perspektive behalten sollten. Der *biblische* und der *thematisch-problemorientierte* Unterricht waren aus theologischen Gründen ausdrücklich als zwei ineinander verschränkte didaktische Grundtypen verstanden worden, »gemäß der Struktur des Glaubens selbst, dessen Grund das verkündigte Wort, dessen Ort die Welt hier und heute ist« (Nipkow [1968] 1971, 263; Kaufmann 1966, s.o. 183f.; 1973). Außerdem sollte der problemorientierte Religionsunterricht als Unterricht »nach dem Kontexttypus« ebenfalls in sich noch einmal Text und Kontext verbinden, wie der Name besagte (Nipkow 1970/71). Dieser »Glaubensunterricht in der Säkularität« setzte und setzt freilich voraus, daß die Lehrenden auch für sich selbst die Bedeutung der Glaubensbotschaft in ihrem Leben erfahren und zu dem gemeinten Zusammenhang persönlichen Zugang haben. Dies aber hängt bis heute von der individuellen Lebens- und Glaubensgeschichte ab und ist theologisch nicht verfügbar. Klärungsbedürftig – und auch klärungs- und verbesserungsfähig – war dagegen die didaktisch planbare Rolle der Bibel im thematischen Unterricht (Wegenast 1972b; Buß).

Aus dem »Elend der Alternativen« (Horn 1974) führten mehrere Fortschritte heraus. Zum einen gingen Bibeldidaktiker wie Ingo Baldermann ihrerseits weiter. Er sah in der Bibel »elementare« menschliche Sachverhalte thematisiert, die auch gesellschaftlich relevant waren, wie »Gerechtigkeit« (Gottes) und »Herrschaft« (Gottes). Diese Kategorien haben »gemeinsam, daß in ihnen zugleich theologisch wie anthropologisch Grundlegendes erschlossen wird. Die elementaren Kategorien der Theologie sind zugleich solche der Anthropologie« (1979, 21). Wenige Jahre später sollte Baldermann noch deutlicher politisch brisante Themen wie Frieden, Krieg, Macht biblisch thematisieren (1983). Während Bibeldidaktiker von der einen Seite eine Brücke schlugen, wandten sich Vertreter der anderen Seite der biblischen Auslegungsaufgabe zu (H.K. Berg schon 1972; inzwischen besonders Berg/Berg 1986ff.; Berg 1991, 1993). Es bildete sich eine *gemeinsame ›erfahrungshermeneutische‹ Grundlage,* die im folgenden Jahrzehnt besonders durch die »Symboldidaktik« und die Fortführung des Gedankens der »Elementarisierung« (s.u.) ausdifferenziert und gefestigt worden ist.

Dem Ausgleich dienten zum zweiten »*mehrperspektivische Verbund- und Vermittlungsmodelle«,* wie sie zusammenfassend genannt worden sind (Sturm 1984, 53ff.), vor allem das korrelationsdidaktische Modell von Georg Baudler auf katholischer und die Vermittlungsmodelle von Karl Ernst Nipkow (1975, Bd. 1 und 2), Heinz Schmidt (1977) und Ursula Früchtel (1977) auf evangelischer Seite.

Während Früchtel drei Ansätze miteinander verband, die biblische Wirklichkeit, ihre Wirkungsgeschichte und die moderne Wirklichkeit, und Schmidt vier Perspektiven aufeinander bezog (Natur und Geschichte; politisch-gesellschaftlich-kulturelle Lebenswelt; Suche nach Identität; die in Religionen und Weltanschauungen gedeutete Lebenswelt), arbeitete Nipkow vier »pädagogische Grundaufgaben der Kirche« aus. Statt einer Fortführung des ›Konzeptionskarussells‹ ging man jetzt zu einer übergreifenden religionsdidaktischen Theoriebildung über.

Drittens schließlich setzte sich das beabsichtigte Modell einer Verschränkung von »Themen« und »Texten« in der *Lehrplanentwicklung* und in der Gestaltung der neuen Generation der *Arbeitsbücher* für den Religionsunterricht durch. Eine Ende der 70er Jahre veröffentlichte bilanzierende Lehrplanuntersuchung (Larsson) kann feststellen, daß »keiner der radikaleren Lösungsvorschläge aus der Zeit um 1970« lehrplandominant geworden ist (176), während das Kontextmodell, demgemäß »die christliche Tradition und aktuelle Lebensfragen ... in ein dialogisches Verhältnis zueinander gestellt« werden, den »größten Anschluß gefunden hat« (ebd.).

3. Die gegenüber der soeben berührten religionsdidaktischen Grundfrage noch gewichtigere betraf in den 70er Jahren das *Selbstverständnis der evangelischen Religionspädagogik als Disziplin* im ganzen. Wie es umstritten war, ob der Religionsunterricht noch konfessionell oder bikonfessionell bzw. religionswissenschaftlich geprägt sein sollte (vgl. die Beiträge in Wegenast 1971), wurde darüber hinaus der Zusammenhang von Religionspädagogik, Theologie und Kirche überhaupt zur Diskussion gestellt. Katholische Religionspädagogen (Esser 1971b; Halbfas 1973; Feifel 1973) und evangelische (Vierzig 1970; Otto 1974) schlagen in verschiedenen Variationen eine *religionstheoretische* Grundlegung der Religionspädagogik in einem *allgemeinen Religionsbegriff* vor.

Ein berechtigtes Hauptmotiv ist das Interesse an einer möglichst breiten Kommunikabilität von Religion in Theorie und Praxis. Der Religionsbegriff soll als universale Verständigungskategorie dienen. Es sollte sich in den folgenden Jahren bestätigen, daß schon um »neue religiöse Bewegungen« angemessen zu beschreiben ein weiter Ansatz erforderlich ist (vgl. u.). Für katholische Religionspädagogen lag es außerdem nahe, Religion als ein »fundamental-anthropologische(s) Phänomen« zu verstehen (»Religion als Gefragtsein und Frage auf Antwort hin«, Esser 1971b, 50). Auf diese Weise sollte eine gemeinsame »Religion in den Religionen« (42) sichtbar werden.

In Auseinandersetzung mit den verschiedenen Fassungen dieses Ansatzes wird ein interdisziplinär offenes *theologisches* Modell von »*Religionspädagogik in theologischer und gesellschaftspolitisch-pädagogischer Verantwortung*« entwickelt, das zwar einem weiten Religionsbegriff zustimmt (er ist für funktionale Analysen unverzichtbar), aber ihn für die gegebene geschichtliche Lage konkretisiert. Den Ausgangspunkt bilden Analysen zum »historisch bestimmte(n) Raum von Gesellschaft, Erziehung, Christentum und Kirche« und nicht fundamentalanthropologische, ontologische oder transzendentaltheologische Bestimmungen (Nipkow 1975, Bd. 1, 129ff., 168ff.; vgl. auch Schrödter, später Ritter 1982).

Ausschlaggebend für dies Modell ist erstens der Gedanke der Existenz geschichtlich geprägter Religionen und die Notwendigkeit, ihre Identität transparent zu halten. Eine zweite Hypothese ist die Annahme eines Zusammenhangs zwischen der »Christentumsgeschichte« und der »neuzeitlichen Freiheitsgeschichte«, woraus zweierlei gefolgert wird: sachliche Zusammenhänge zwischen protestantischer Theologie und neuzeitlicher Pädagogik und gleichzeitig tiefgreifende Unterschiede und Gegensätze. In diesem Sinne versteht sich diese Fassung der Religionspädagogik »*dialektisch-konvergenztheoretisch*«, als »der *Frage* nach konvergierenden *und* divergierenden Elementen« verpflichtet (177). Methodologisch wird drittens eine Verbindung von Hermeneutik, Empirie und Ideologiekritik angestrebt (177ff.). Viertens gründet sich die theologische Interpretation des Gesamtentwurfs in den kritisch geprüften Lehren der Reformation und der Dialektischen Theologie (200ff., 212f.).

Wenn geschichtlich gedacht wird, bleibt innerhalb des christlichen und religiösen Spektrums, das sich im Prozeß der Moderne ausdifferenziert hat, mit dem kirchlichen Christentum – neben dem gesellschaftlichen und persönlichen – die Kirche im Blick. Dies hat weitreichende pädagogische Folgen. Eine evangelische Religionspädagogik kann nicht nur eine Theorie des schulischen Religionsunterrichts sein, sondern sie ist in Form einer unmittelbaren kirchlichen pädagogischen Verantwortung und einer mittelbaren pädagogischen Mitverantwortung in der Gesellschaft (vgl. bei

Henkys die Gegenüberstellung von »originär« und »subsidiär« bzw. von »Katechumenat« und »Diakonat«, s.o.) auf »das *pädagogische Handeln der Kirche*« zu beziehen (Nipkow 1975, Bd. 2).

In diesem Sinne sind die umrissenen vier »pädagogischen Grundaufgaben der Kirche« jeweils kirchentheoretisch interpretiert worden: Die erste Grundaufgabe im Zeichen »lebensbegleitender, erfahrungsnaher Identitätshilfe« bezieht sich auf Kirche als »Volkskirche«. Die zweite, »gesellschaftsdiakonisch«, politisch-ethisch orientierte Grundaufgabe gründet in der Kirche als »Kirche für andere«. Die als »Wagnis kritischer Religiosität« anstehende Auslegung der eigenen biblisch-christlichen und theologischen Tradition unterstellt die Kirche selbstkritisch der »Rechtfertigungsverkündigung«, unterscheidet damit die vorhandene Kirche von der Kirche des Glaubens. Die vierte Grundaufgabe der Befähigung zu einem »ökumenischen Weg« versteht Kirche als »das ganze Volk Gottes«.

Eine in Grundsätzen und Grundaufgaben wurzelnde Religionspädagogik könnte in der Lage sein, gegenüber wechselnden gesellschafts- und bildungspolitischen Voraussetzungen eine größere Unabhängigkeit zu gewinnen.

4. Das *katechetische Denken in der DDR* hat in den 70er Jahren ebenfalls zu *integrativen religionsdidaktischen Erweiterungen* und zu einer *umfassenderen Theoriebildung* gefunden. Die didaktische Öffnung der biblischen Unterweisung in der »Christenlehre« zu Themen und Problemen wie generell zur Situation der Kinder und Jugendlichen vollzog sich ansatzweise schon vor 1970, in größerer Breite im »*Rahmenplan* für kirchliche Arbeit mit Kindern und Jugendlichen (Konfirmanden)« aus dem Jahre 1976 (1977/1978). Anders gefaßt: Man hat auch in dieser Region Deutschlands die »Gesichtspunkte des Auftragsgemäßen und Situationsgemäßen« miteinander verbunden (Reiher 1978): »Der ›Rahmenplan‹ 1976 vertritt ein Integrationsmodell von thematisch-problemorientierter, biblischer und sozial-diakonischer (therapeutischer) Unterweisung, die jeweils entsprechend der Situation der Gruppe und der Gemeinde akzentuiert werden kann« (74; vgl. auch die Diskussion zwischen Degen und Kaufmann in Schwerin 1978).

Über die religionsdidaktischen Aufgaben hinaus richten sich zum einen die Integrationsbemühungen auf die *Kirche* als ganze, zum anderen auf die Gesellschaft. Ab 1976 werden die Aufgaben im Zusammenhang von Konfirmation und Konfirmandenunterricht mit der Formel des »konfirmierenden Handelns« der Kirche nicht nur zeitlich breiter angesetzt, sondern auch deutlicher in die Verantwortung der »Gesamtgemeinde« gelegt (Schwerin 1973; vgl. Aldebert 148ff.). Schon zuvor war auf der

Synode des Bundes 1974 in Potsdam-Hermannswerder die Formel von der »Kirche als Lerngemeinschaft« geprägt worden, um die gemeinsamen Lernaufgaben zu betonen. 1978 zeichnet J. Henkys die »pädagogischen Dienste der Kirche« in den »Gesamtauftrag der Kirche« ein und weist sie als Teil der Praktischen Theologie aus (Henkys/Kehnscherper 1978).

Er diskutiert hierbei drei Ansätze, um die eigene Teildisziplin als Katechetik zu charakterisieren und abzugrenzen, den »katechumenatstheologischen«, den »religionspädagogischen« und einen »fundamentaltheologischen« Ansatz. Für den religionspädagogischen steht die Religionspädagogik in der Bundesrepublik vor Augen. Die seit dem Anfang des 20. Jahrhunderts explizit gewordene Ablösung der Katechetik durch die Religionspädagogik muß sich auswirken, wenn für Henkys auch im letzten Drittel des Jahrhunderts an einer »Katechetik« festgehalten werden soll. Daher wird die Religionspädagogik zumindest einbezogen: »Die Religionspädagogik ist die anthropologische Seite der Katechetik, die Katechetik der theologische Ort der Religionspädagogik« (1978, 32). Die Religionspädagogik kann aber »keine selbständige Disziplin neben und keine Teildisziplin innerhalb der Katechetik« sein (ebd.); es fehlen »in unserer gesellschaftlichen Lage ... religiöse Erscheinungen und religionspädagogische Fragestellungen«, die eine Religionspädagogik »konstituieren« könnten (zur Diskussion Nipkow 1992).

Das Verhältnis zur Kirche und damit auch zur Praktischen Theologie mußte in der westdeutschen Religionspädagogik erst schrittweise wiedergewonnen werden; in der DDR blieb dieser Bezug stets im Blick. Besonders nach der Verselbständigung des »Bundes der Evangelischen Kirchen in der DDR« (1969) – in Loslösung von der »Evangelischen Kirche in Deutschland« (West) – waren die ostdeutschen Kirchen noch nachdrücklicher als bisher auf einen eigenen Weg verwiesen, auf dem sie die Kirche als »Zeugnis- und Dienstgemeinschaft« (Albrecht Schönherr) verstanden (zur Entwicklung von 1970 bis 1980 Schwerin 1989; zur Christenlehre Aldebert). Zeugnis und Dienst sollen auch der *sozialistischen Gesellschaft* gelten, in der man lebte. Im gleichen Zeitraum kommt daher die Formel von der »Kirche im Sozialismus« auf (vgl. das Gespräch mit Spitzenvertretern des Staates am 6.3.1978). Auch die »Katechetik« soll nicht nur innerkirchlich buchstabiert, sondern sich in einer öffentlichen Bildungsmitverantwortung der Kirchen ausdrücken (z.B. in Fragen der Friedenserziehung).

5. In der Einführung zur evangelischen Religionspädagogik im 20. Jahrhundert ist oben (ebenso wie schon in Bd. 1) stets von mehreren Ebenen ausgegangen worden. Neben der religionsdidaktischen Ebene gehört zur Religionspädagogik auch die der evangelischen *Schul- und Bildungspolitik*

und, noch allgemeiner, die des evangelischen *Erziehungs- und Bildungsdenkens* überhaupt. Das Recht dieser erweiterten Theoriebildung ist soeben auch unter den Bedingungen der DDR sichtbar geworden. In der Bundesrepublik sind die 70er Jahre ebenfalls in diesen Hinsichten bedeutsam.

Jene Jahre bilden bis jetzt das einzige Jahrzehnt, in dem zwei Bildungssynoden der EKD stattgefunden haben (Frankfurt 1971; Bethel 1978; vgl. EKD 1972 und 1979). In zahlreichen offiziellen kirchlichen Stellungnahmen ist es den westdeutschen Kirchen im Unterschied zu den ostdeutschen möglich gewesen, zu versuchen, zur öffentlichen Meinungsbildung in allgemeinen und speziellen Bildungsfragen beizutragen (vgl. zusammenfassend EKD 1987). Der Zeitpunkt der EKD-Synode in Bethel fällt in das Jahr der Thesen des Bonner Forums »Mut zur Erziehung«, die in prägnanter Weise die *neokonservative Tendenzwende* ausdrücken (Abdruck und Diskussion in Benner). Den Vertretern der »Wende« war daran gelegen, anstelle von Kritikfähigkeit die Tugenden der Leistungsbereitschaft, des Fleißes und der Anerkennung des »Vorgegebenen« schulisch zu vermitteln. Das Thema der Synode in Bethel lautet: »Leben und Erziehen – wozu?« Die Kirche gab damit zu erkennen, daß sie die Frage nach einer Grundlagenkrise der Erziehung (aber eben damit auch des allgemeinen gesellschaftlichen Selbstverständnisses) ernst nahm. Sie beantwortete jene Frage aber nicht restaurativ (vgl. EKD 1979, zur Vorbereitung der Synode Kratzert). Man war sich bewußt, daß die neuen Herausforderungen, z.B. im ökologischen und ökumenischen Bereich, nicht durch eine zu kurz greifende »Moralerziehung« oder »Werteerziehung« zu bewältigen sein würden (kritisch zu diesen Konzepten auch Nipkow 1981).

Im Rückblick auf Bethel ist von einem *»Perspektivenwechsel«* gesprochen worden. Damit war der Wechsel des Blicks von den Kindern und Jugendlichen zu den Erwachsenen gemeint, weil sie für die gesellschaftlichen Verhältnisse und die möglicherweise verhängnisvoll fehlende Zukunftsfähigkeit der Gesellschaft haftbar zu machen sind; Sinnkrisen werden nicht durch Kinder und Jugendliche verursacht. Der Perspektivenwechsel bedeutete für das folgende Jahrzehnt, unter anderem die evangelische Religionspädagogik und die evangelische Erwachsenenbildung aufeinander zuzuführen.

2. Die Achtziger Jahre

Schon zu Beginn der 80er Jahre gehören die großen Umstrukturierungsprozesse in der Religionspädagogik zur Vergangenheit. Die Bildungsreformen der 60er und 70er Jahre werden nicht fortgesetzt. Tendenzwende und eine gewisse Reformmüdigkeit sind an ihre Stelle getreten. Die Entwicklung der Religionspädagogik in diesem Jahrzehnt kann als kontinuierlicher Prozeß beschrieben werden, doch sind auch »bleibende Spannungen« (G.R. Schmidt 1990) und ein »Verlust von Emanzipation als ... Leitidee« (Rickers 1986) konstatiert worden. Die Ansätze einer Verknüpfung von biblischer oder kirchlicher Tradition und heutiger Situation werden fortgesetzt und mit Hilfe weiterer Modelle von Erfahrungsorientierung und Korrelation (Biehl/Baudler; Baudler; Ritter 1989) weiter entfaltet. Die Konzentration auf den Religionsunterricht wird, zumindest von manchen, zunehmend überwunden zugunsten übergreifender Perspektiven auf Schule, Gemeinde und Gesellschaft. Die Aufnahme human- und sozialwissenschaftlicher Erkenntnisse steht, trotz vereinzelter Bedenken im Blick auf eine genuin theologische Rückbindung der Religionspädagogik (Sauter, dazu kritisch Otto 1987), als solche nicht mehr in Frage. Daneben wird die historische Dimension wieder eigens beachtet (Wegenast 1979b; Stoodt 1985; Luther; Lämmermann 1985; Reents; Bizer; Schweitzer 1992a; Ohlemacher 1993; zum Comenius-Jubiläum Goßmann/Scheilke), zuletzt mit der Forderung, die Religionspädagogik als Disziplin im Horizont der Moderne – als »*Projekt der Moderne*« (Schweitzer 1992 b, vgl. auch die Einleitung Bd. 1) – zu verstehen.

Neue Akzente erwachsen in den 80er Jahren zunächst aus dem gesellschaftlichen Wandel und aus den sozialen Bewegungen, die für das *Bildungsverständnis* die Fragen von Ökologie, Frieden und Zukunft aufwerfen (1). In der Religionspädagogik kommen dazu als neue, sich zum Teil überschneidende Ansätze *Symboldidaktik* und *Elementarisierung* sowie die Aufnahme *lebensgeschichtlicher und entwicklungspsychologischer Perspektiven* und der sozialwissenschaftlichen *Jugendforschung* (2). Es ist bezeichnend für das religionspädagogische Denken in dieser Zeit, daß diese Ansätze nicht mehr auf den schulischen Religionsunterricht begrenzt sind, sondern auch das pädagogische Handeln in Gemeinde und Gesellschaft betreffen. Der weitere Ausbau der *Gemeindepädagogik* als zunehmend eigenem Diskussions- und Handlungszusammenhang sowie, teilweise damit verbunden, aber über die Gemeinde hinausgehend, der evangelischen *Erwachsenenbildung* entspricht diesem breiten religionspädagogischen Interesse (3). Die gemeindepädagogische Diskussion wird dabei auch in der *DDR* in eigenständiger, zum Teil für den Westen impulsgebender Weise vorangetrieben (4).

1. Die Diskussion um das *Bildungsverständnis* besitzt in den 80er Jahren zwei Dimensionen: Zum einen geht es um den Bildungsbegriff als solchen, zum anderen um dessen inhaltliche Bestimmung. Nachdem der Bildungsbegriff seit den 60er Jahren weithin durch Begriffe wie Sozialisation, Lernen, Identität usw. verdrängt worden war (Hansmann/Marotzki), wird er nun, nicht zuletzt aufgrund seiner kritischen Bedeutung gegenüber einem einseitig im Sinne von Anpassung verstandenen Erziehungsbegriff, erneut aufgegriffen, und zwar in der allgemeinen Pädagogik ebenso wie in Religionspädagogik und Theologie (Klafki; Nipkow 1990; Preul u.a.). Die auf ein kritisches Reflexionsvermögen zielende Dimension von Pädagogik wird damit zur Geltung gebracht. Dies gelingt in dem Maße, in dem Bildungsinhalte nicht mehr einfach einem vorgegebenen Bildungskanon entnommen oder mit Tradition gleichgesetzt werden. In bezeichnender Weise wird Bildung jetzt anhand von »Schlüsselthemen« oder »Schlüsselproblemen« bestimmt, die deshalb zur Allgemeinbildung gehören, weil von ihrer Wahrnehmung Zukunft und Überleben abhängig sind (Klafki, Comenius-Institut).

Im Zentrum des Bildungsverständnisses stehen damit Fragen des Lebens in der *einen* Welt, des Lebens in Frieden, in der Demokratie und im Wandel der Werte (Comenius-Institut). Damit ist zugleich eine Brücke zum Konziliaren Prozeß (»Frieden, Gerechtigkeit und Bewahrung der Schöpfung«) geschlagen, aber auch zu den vielfältigen sog. neuen sozialen Bewegungen (Brand u.a.; Roth/Rucht), die als Alternativbewegung, Friedensbewegung, Öko-Bewegung usw. Gestalt gewinnen. Und weiterhin entspricht ein solches Bildungsverständnis dem Wertewandel, der nun im Anschluß an Ronald Inglehart (dazu empirisch Sinus-Institut, bilanzierend Hillmann) zum Thema auch der Religionspädagogik wird (Mokrosch).

Das neubestimmte Bildungsverständnis gab auch Impulse für die evangelischen Schulen, die sich zunehmend um eine eigene Profilierung bemühen. Als »gute Schulen« (Potthast) wollen sie durch »spirituellen Spürsinn« (Berg/Gerth/Potthast) und bewußte Wahrnehmung der »religiösen Dimension« (Bohne) ihren Eigencharakter hervorheben und zugleich anregend auf das staatliche Schulwesen zurückwirken.

Die Thematisierung Evangelischer Schulen überschreitet den Umkreis religionspädagogischer Theoriebildung und führt weiter zur Frage der evangelischen Erziehungs- und Bildungsverantwortung. Die Erneuerung des Bildungsdenkens folgt dem Interesse an einer übergreifenden theologischen und pädagogischen Betrachtung der Erziehungs- und Bildungsprozesse in Religionsunterricht und Gemeinde, Schule und Gesellschaft (Nipkow 1990).

2. Für die Religionspädagogik gewinnt in den 80er Jahren eine Reihe von Ansätzen an Gewicht, die sich einerseits zum Teil pointiert als neue Entwürfe verstehen, die sich aber andererseits auch als Fortsetzung der mit dem hermeneutischen und dem problemorientierten Religionsunterricht begonnenen Bemühung um eine wechselseitige Erschließung von Tradition und Situation bzw. um die Berücksichtigung der Kinder und Jugendlichen mit ihren Fragen und Interessen verstehen lassen.

Schon seit Mitte der 70er Jahre zieht der Begriff der *Elementarisierung* neu Aufmerksamkeit auf sich (s.o.). Einige Jahre später werden dann verschiedene ausgearbeitete Elementarisierungskonzepte vorgelegt (Stock 1981 u. 1987; Baldermann 1980, 1986 u. 1991; Nipkow 1982 u. 1984), in deren unterschiedlichen Schwerpunkten sich die Auffassungen der Autoren spiegeln. Von Anfang an ist Elementarisierung kein einheitliches Konzept. Den Konzepten gemeinsam ist jedoch der Versuch, die christliche Tradition in heute verständlicher, erfahrungsbezogener und lebensbedeutsamer Weise zur Sprache kommen zu lassen.

Stock und Baldermann verstehen die Elementarisierungsaufgabe in erster Linie im Horizont einer biblischen Didaktik (dazu kritisch Rohrbach). Nipkow hingegen setzt stärker allgemeindidaktische Akzente. Er versteht Elementarisierung als »Kern der didaktischen Analyse« (Nipkow 1986) und strebt eine wechselseitige Verschränkung traditions- und situations- bzw. schülerbezogener Aspekte an. Später hebt Lämmermann (1990) die Lebenswelt heutiger Jugendlicher als notwendigen Ausgangspunkt pädagogisch legitimer Elementarisierung weiter hervor. Vor einem statischen Verständnis des Elementaren wird zu Recht immer wieder gewarnt (zuletzt Zilleßen 1993).

Bei Nipkow gehört mit den von ihm sog. »elementaren Anfängen« auch die *entwicklungspsychologische Dimension* zur Elementarisierung. Schon seit der Aufnahme der sozialwissenschaftlichen Sozialisationstheorien in den 70er Jahren (s.o.) zählt die psychoanalytische Entwicklungspsychologie zu den breit rezipierten Bezugstheorien der Religionspädagogik. Besonders die Grundbegriffe des von Erik H. Erikson beschriebenen Lebenszyklus – »Grundvertrauen« und »Identität« (kritisch Schweitzer 1985) – gehen in die Religionspädagogik ein (Fraas; Werbick). Seit den 80er Jahren liegt mit den Stufentheorien von James W. Fowler und Fritz Oser/ Paul Gmünder ein weiteres, aus der kognitiven Psychologie Jean Piagets und der Moralpsychologie Lawrence Kohlbergs erwachsendes Theorieangebot vor, das stark auf die Religionspädagogik gewirkt hat. Anhand der nun den gesamten Lebenslauf umgreifenden Theorien der religiösen Entwicklung kann die religionspädagogische Aufgabe der Lebensbegleitung weiter ausgearbeitet (Nipkow 1982; Englert; Schweitzer 1987, für den Religionsunterricht H. Schmidt 1982 u. 1984) und zugleich die Berücksichtigung des Kindes *als Kind* – mit den ihm eigenen Weltzugängen und Deutungsweisen – unterstützt werden.

Die zum Teil kontrovers geführte, auch durch die Option für bestimmte psychologische Schulen bestimmte Diskussion (Fraas/Heimbrock; vgl. Heimbrock), hat zu einer genaueren Einschätzung der begrenzten, nichtsdestoweniger gewichtigen Bedeutung entwicklungspsychologischer Theorien für die Religionspädagogik geführt (Nipkow/Schweitzer/Fowler). Dazuhin hat die weitere Forschung eine Vielfalt von Aspekten aufgenommen, die erst teilweise von der Religionspädagogik berücksichtigt worden sind, vor allem zum Gleichnisverständnis (Bucher; Hermans), zum Denken in Komplementarität (Reich) und zum Verständnis der Theodizeefrage (van der Ven), aber auch zur Berücksichtigung der religiösen Entwicklung bei der Gestaltung von Religionsunterricht (Oser; Faust-Siehl/Schweitzer/Nipkow). Von eigenem Gewicht ist daneben die moralpädagogische Aufnahme der Kohlbergschen Psychologie des moralischen Urteils für Religions- und Ethikunterricht (H. Schmidt 1983 u. 1984; Nipkow 1981).

Als der Horizont, in dem die Frage nach der religiösen Entwicklung aufbricht und von dem her sie ihre weiterreichende Bedeutung gewinnt, erweist sich mehr und mehr der Zusammenhang von Religion und *Biographie* bzw. der *Lebensgeschichte* (Grözinger/Luther; Schweitzer 1987; Nipkow 1987a; allg. Sparn; päd. Baacke/Schulze). Die biographisch erfahrene Religion des einzelnen kann neben der kirchlichen Religion und der Zivilreligion als eine der drei Hauptformen des sich in der Neuzeit ausdifferenzierenden Christentums verstanden werden (Nipkow 1987b im Anschluß an Dietrich Rössler).

Auf das Auseinandertreten persönlicher und kirchlicher Religion verweist auch die sozialwissenschaftliche *Jugendforschung*, die in den 80er Jahren geradezu einen Boom erlebt und die in der Religionspädagogik zunehmend Beachtung findet.

In den Ergebnissen der Jugendstudien (Jugendwerk der Deutschen Shell; Sinus-Institut; Allerbeck/Hoag) spiegelt sich zunächst die gesellschaftlichen Krisenerfahrungen mit den darauf bezogenen sozialen Bewegungen (s.o.). Im Blick auf die religiöse Sozialisation belegen sie ein bleibendes Interesse Jugendlicher an Fragen von Sinn und Lebensorientierung, nicht aber an den als realitäts- und lebensfern wahrgenommenen Lehren der Kirche oder an dieser als Institution (Feige; Lukatis/Lukatis; vgl. auch die Kirchentagsuntersuchungen Schmieder/Schuhmacher; Feige/Lukatis/Lukatis). Religiosität und Kirchlichkeit treten weiter auseinander. Religiöse Sondergruppen, die traditionell mit dem Sektenbegriff oder fälschlich als »Jugendreligionen« bezeichnet werden, gewinnen in dieser Situation an Gewicht, erreichen aber nur einen sehr kleinen Teil der Jugendlichen (Schmidtchen 1987). Als Aufgabe religionspädagogischer Arbeit mit Jugendlichen wird der Bezug auf die lebensweltlich geprägte Religiosität Jugendlicher angesehen (Hanusch/Lämmermann; Affolderbach/Hanusch). Berichte zur »Lage der jungen Generation« (Schmieder; Holzapfel) sollen auch im kirchlichen Raum zum Ausgangspunkt besonders für die Jugendarbeit werden (Affolderbach/Kirchhoff).

Als eigenes, aber sowohl mit der Elementarisierung (Biehl 1985a) als auch mit der Entwicklungspsychologie (Bucher) verbundenes Thema ist die *Symboldidaktik* anzusehen. In parallelen, jedoch unterschiedlich akzentuierten Entwürfen ist sie auf katholischer und evangelischer Seite vorangetrieben worden (Halbfas; Biehl 1985b, 1989a, 1993). Im Anschluß an die kulturtheoretische und psychoanalytische Würdigung des Symbolischen (Scharfenberg/Kaempfer in Anknüpfung an Alfred Lorenzer u.a.) wird das Symbol als religionspädagogisch zu begehende »Brücke des Verstehens« (Oelkers/Wegenast) aufgefaßt.

Für Halbfas steht dabei die Öffnung eines »dritten Auges« im Vordergrund. Seine Argumentation ist religionspsychologisch und religionswissenschaftlich. Er betont die anthropologisch-archetypische Verwurzelung des Symbolischen in seiner entscheidenden Bedeutung für alle Religion, das durch eine verfehlte Problemorientierung des Religionsunterrichts verschüttet worden sei. Biehl (1989a) hingegen entwirft seine Symboldidaktik im Horizont der neueren theologischen Hinwendung zu Metapher und metaphorischer Sprache (Paul Ricoeur, Eberhard Jüngel). Seine Bezugspunkte sind eine nicht-reduktionistische Sprachtheorie und eine theologisch offene Ästhetik (Biehl 1989b). Besonders in der Aufnahme der Ästhetik als religionspädagogischer Bezugstheorie kann ein neues Moment der Religionspädagogik in den 80er Jahren gesehen werden, das sie zugleich von der bevorzugt sozialwissenschaftlichen Orientierung der 60er und 70er Jahren unterscheidet und sie mit der neueren Diskussion in der Praktischen Theologie (Grözinger; Volp zur Liturgik) wie auch der Allgemeinen Pädagogik (Mollenhauer; von Hentig) verbindet. Die Symboldidaktik kann nicht auf die umstrittene Postmoderne mit ihrem Hang zu Ästhetisierung und Stilisierung reduziert werden, jedoch auch nicht ohne Bezug auf diese gewürdigt werden.

3. Schon die »Empfehlungen zur Gemeindepädagogik« (EKD 1982) zeigen an, daß das Interesse an einer über den Religionsunterricht hinausreichenden Religionspädagogik weiterwirkt und der in den 70er Jahren neu entstandene Begriff der *Gemeindepädagogik* weiter vertieft werden soll. Spielten bei der Entstehung des Begriffs, wie neuerdings hervorgehoben wird (Foitzik), Fragen der Ausbildung und der Professionalisierung eine nicht unerhebliche Rolle, so wird nun ein umfassendes, von der frühen Kindheit bis ins hohe Alter reichendes Gesamtkonzept vorgelegt.

»Gemeindepädagogik« wird als »Auftrag« verstanden, der »auf die Gemeinde als ganze bezogen werden muß«. Betont werden der »Zusammenhang der spezialisierten Dienste« und der »Zusammenhang von Leben, Glauben und Lernen als eine gegenseitige Durchdringung der Alltags- und Lebenswirklichkeit und der Glaubenswirklichkeit im Sinne eines Lernprozesses« (EKD 1982, 11 Vorwort).

Dazu kommen Veröffentlichungen zu einzelnen gemeindepädagogischen Arbeitsfeldern, für die exemplarisch das »Handbuch für die Konfirmandenarbeit« (Comenius-Institut/Verein KU-Praxis) genannt sei.

Dem weiten Interesse an den kirchlichen Handlungsfeldern und der »pädagogische(n) Dimension allen kirchlichen Handelns« folgt auch das »Gemeindepädagogische Kompendium« (Adam/Lachmann 1987, 9) mit seinen Beiträgen, die von der Familienerziehung bis zur Altenarbeit reichen. Deutlicher als bei den EKD-Empfehlungen wird Gemeindepädagogik dabei als »Gesamtentwurf der Katechetik« (Goßmann 1988, 148) aufgefaßt: Gemeindepädagogik und »Religionspädagogik im engeren Sinne« sollen als zwei Abteilungen einer »Allgemeinen Religionspädagogik« verstanden werden (Adam/Lachmann 1987, 17).

Obwohl erste Bilanzierungsversuche und (kritische) Würdigungen bereits vorliegen (Foitzik; Barth; Degen/Failing/Foitzik), ist die Gemeindepädagogik für eine abschließende Einschätzung noch zu »unfertig« (Schröer 1992), zu sehr in Entwicklung begriffen. Deutlich ist aber, daß die Konzentration auf die Gemeinde nicht im Sinne eines sektoralen Aufteilungsdenkens zu einer Abschottung gegenüber anderen Handlungsfeldern führen darf und daß eine Entgegensetzung von Religionspädagogik und Gemeindepädagogik zugunsten übergreifender Gesamtperspektiven vermieden bzw. überwunden werden muß.

Nicht auf die Gemeindepädagogik begrenzt, aber bislang doch primär mit dieser verbunden (Goßmann 1988, 140ff.) ist der Ansatz des »*ökumenischen Lernens*«, mit dem nun auch in Deutschland Impulse aus der Ökumene zum Tragen gebracht werden. Die pädagogische Arbeit des

Ökumenischen Rates sowie die frühen Anstöße Ernst Langes schon in den 60er Jahren (rückblickend Becker; Nipkow 1991) bilden den Hintergrund. In der Arbeitshilfe der EKD (EKD 1985, 11) wird das dabei wirksame Ökumeneverständnis so beschrieben: »›Ökumene‹ zielt aber auf die Zusammenführung, auf die Einheit und das Zusammenleben *aller* getrennten Kirchen und Christen. Darüber hinaus kommt das Zusammenleben aller Menschen auf dieser Erde ins Blickfeld.« Besonders der zweite Satz macht deutlich, daß »ökumenisches Lernen« eng mit der oben beschriebenen Erneuerung des Bildungsdenkens im Horizont des konziliaren Prozesses verbunden ist. Es geht um ein Lernen im Horizont des ganzen »bewohnten Erdkreises« (Dauber/Simpfendörfer; Orth 1991) »für eine bewohnbare Erde« (Johannsen/Noormann).

Zunehmend tritt ins Bewußtsein, daß über das christlich-ökumenische Lernen hinaus ein *interreligiöses Lernen* in der Begegnung der Religionen erforderlich ist. Für den Religionsunterricht der Schule, aber auch für die Arbeit in Gemeinde und Gesellschaft gewinnt die Auseinandersetzung mit anderen Religionen an Gewicht (Lähnemann 1986; Tworuschka). Die Erfahrung einer sog. »multikulturellen« Gesellschaft auf der einen und der vielbeachtete Dialog zwischen den Religionen auf der anderen Seite fordern die Religionspädagogik zur Ausbildung interkultureller und interreligiöser Zielsetzungen und Konzepte heraus (Lott 1991; Nipkow 1991).

Evangelische *Erwachsenenbildung* kann im Rahmen der Gemeindepädagogik betrieben werden. Zugleich reicht sie notwendig über die Gemeinde hinaus und stellt ein auf die *Gesellschaft* bezogenes Bildungsangebot dar. Nach wichtigen Impulsen (mit besonderer Wirkung Lange 1975/1980) und programmatischen Stellungnahmen (DEAE 1978) in den 70er Jahren wird der gesamte Bereich der Erwachsenenbildung in den 80er Jahren verstärkt wahrgenommen. Abzulesen ist dies nicht zuletzt an der ersten umfangreichen Äußerung der EKD zu diesem Bereich (EKD 1983), in der die Erwachsenenbildung als »eigenständiger kirchlicher Handlungsbereich« bestätigt wird. Dem entspricht der weitere Ausbau der konzeptionellen Diskussion (Meier 1979; Buttler u.a. 1980; Strunk u.a. 1983; Lott 1984; Weymann; Orth 1990), aber auch die Bearbeitung didaktischer und methodischer Fragen unter spezifisch erwachsenenbildnerischem Aspekt (Überblick Wegenast 1987). Als neue Herausforderung der Erwachsenenbildung kommt dabei zunehmend die *Altenbildung* in den Blick (Failing; Hennig).

4. Welches Bild läßt sich von der religionspädagogischen und katechetischen Entwicklung in der *DDR der 80er* Jahre zeichnen? In den Veröf-

fentlichungen treten vor allem zwei übergreifende Tendenzen hervor: Zum einen ist es auch hier der *konziliare Prozeß,* von dem sich die Kirchen die Themen für ihre Bildungsarbeit geben lassen; zum anderen geht es auf weiten Strecken um die *Verwirklichung, Weiterentwicklung und Korrektur* der Konzeptionen, die – wie die »Kirche als Lerngemeinschaft«, das »konfirmierende Handeln« der Gemeinde und das »Miteinander der Generationen« – bereits in den 70er Jahren ausgebildet wurden.

Die hervorgehobene Bedeutung des konziliaren Prozesses für die kirchliche Bildungsarbeit in den 80er Jahren wird besonders deutlich, wenn man die beiden Dokumentationsbände zur Arbeit des Bundes der Evangelischen Kirchen in der DDR zu den 70er und 80er Jahren (Kirche als Lerngemeinschaft 1981, Gemeinsam unterwegs 1989) miteinander vergleicht: Insbesondere die Friedensthematik stellt sich hier als Leitthema kirchlicher Arbeit in den 80er Jahren dar.

Umgekehrt ergibt sich die fortwirkende Bedeutung der Konzeptionen der 70er Jahre schon daraus, daß die »Leitsätze zum konfirmierenden Handeln der Gemeinde« von 1975 und der »Rahmenplan für die kirchliche Arbeit mit Kindern und Jugendlichen« von 1977 die »bisher letzten Gesamtkonzeptionen« (Hoenen 1990, 281) geblieben sind.

Im Rahmen der Gesamtkonzeptionen war die Diskussion besonders durch die Schwierigkeiten bestimmt, die sich bei deren Umsetzung sowohl von den Gemeinden als auch von den Kindern und Jugendlichen her ergaben. Offenbar haben sich die Gemeinden nicht ohne weiteres zu den an sie gerichteten Erwartungen einer umfassenden Beteiligung an der kirchlichpädagogischen Arbeit verstehen können (Hoenen 1990 u. 1991; vgl. Aldebert bes. 164ff.). Dazuhin veränderten sich die vom Elternhaus abhängigen Voraussetzungen christlicher Erziehung bei den Kindern in einer Weise, die das Gesamtgefüge von Taufe, Christenlehre, Konfirmation und Abendmahl bzw. Abendmahlszulassung erheblich in Bewegung bringen mußte. Besonders durch die zunehmende Zahl nicht-getaufter Kinder war die Frage nach der Stellung des Kindes in der Gemeinde sowie die nach den Bedingungen, an die die Zulassung zum Abendmahl geknüpft werden soll, mit neuer Dringlichkeit gestellt.

Die Situation der Kinder in der Gemeinde war Thema der 4. Kommission für Kirchliche Arbeit mit Kindern und Konfirmanden 1986-1990 (vgl. rückblickend Doyé 1991, bes. 178ff.). Zugrunde lagen dem u.a. Umfrageergebnisse, die auf die Schwierigkeit der »Arbeit mit ungetauften Kindern«, die »Hilflosigkeit den Bedürfnissen der Kinder gegenüber« sowie die »deutliche Minderheitensituation christlicher Kinder«

aufmerksam machen (Doyé 1986/1992, 187). – In diesen Zusammenhang gehört weiterhin die Diskussion über die »Teilnahme von Kindern am heiligen Abendmahl« (Gemeinsam unterwegs 100ff.). Auch die Frage nach dem »Verhältnis von Taufe und Abendmahl« (Zeddies) wurde im Blick auf die Beteiligung Nicht-Getaufter aufgenommen.

Die Diskussion über die Kinder und Jugendlichen ist zugleich eine Diskussion über die Mitarbeiter und Mitarbeiterinnen, die unter der Minderheitensituation und den immer wieder genannten kleinen Zahlen erheblich leiden. Die »Stabilisierung von Mitarbeitern in der kirchlichen Arbeit mit Kindern« (Empfehlungen 1983) wird deshalb zu einem eigenen Thema.

Ausbildungs- und Fortbildungsfragen verweisen zugleich auf die Weiterentwicklung der Gemeindepädagogik (s. Dokumentation bei Reiher 1992, 201ff.; vgl. Foitzik), einschließlich der Einrichtung und Ausgestaltung der gemeindepädagogischen Ausbildung (Schicketanz, Lehmann). Dazu gehören aber auch Grundsatzfragen der Gemeindepädagogik (Degen 1991 u. 1992), die auch im Blick auf die gesamtkirchliche und gesellschaftliche Situation reflektiert werden. In den »Leitlinien für das pädagogische Handeln der Kirche« von 1983 (abgedr. bei Reiher 1992, 156ff.) wird festgehalten, »daß Gemeinde und Kirche ihr pädagogisches Handeln selbst verantworten und eigenständig vollziehen«; ausdrücklich wird aber auch die Gesellschaft als »Faktor pädagogischen Handelns« thematisiert. In Anknüpfung an frühere Arbeiten (s.o.) fordert Henkys (1980/1992, 175), daß die Gemeindepädagogik auch religions- und kirchensoziologisch über ihre »soziale Funktion« nachdenken müsse.

Besonders hervorzuheben ist im Bereich der gemeindepädagogischen Weiterarbeit das 1989 erschienene Handbuch »Konfirmanden begleiten«. Auch wenn dieses Handbuch »nicht die gesamte Konfirmandenarbeit in der DDR« repräsentiert (Hoenen 1990, 282), führt es doch exemplarisch den differenzierten Diskussionsstand besonders zum Lernverständnis und zur Sicht der Jugendlichen vor Augen (Auszug Degen in Reiher 1992, 272ff.). Bemerkenswert erscheint u.a. ferner das zunehmende Bewußtsein, daß die Konfirmation auch in der DDR die Rolle eines Passageritus (Schwerin 1986/1992, 263f.; Hoenen 1990, 286) besaß und also nicht allein aus dem Zusammenhang von Taufe und bewußter Teilhabe an Kirche und Gemeinde verstanden werden kann.

Die religionspädagogische Situation der 80er Jahre in der DDR kann nicht zureichend gewürdigt werden, wenn nicht auch die politisch-gesellschaftliche Beteiligung der Kirche an der friedlichen Revolution, der »Kerzenrevolution« von 1989, in den Blick kommt. Denn zumindest für einige Zeit hat wohl die bedeutsame Rolle der Kirche bei diesem Prozeß die Einstellungen zu Kirche und Christentum sowie das Bild von Kirche nachhaltiger geprägt als alle intentionale Unterweisung.

3. Die Neunziger Jahre

Noch viel mehr als für das bisher Ausgeführte gilt für diesen letzten Abschnitt, daß wir noch keine Distanz zu den beschriebenen Entwicklungen haben und also eine wie auch immer objektive Betrachtung von vornherein unmöglich ist. Und doch sind die Veränderungen zu Beginn dieses letzten Jahrzehnts des 20. Jahrhunderts so bedeutsam, daß sie keinesfalls übergangen werden können. Drei Zusammenhänge, deren Folgen sich in der Religionspädagogik zum Teil überschneiden oder wechselseitig verstärken, seien etwas genauer skizziert. Das ist zuerst die neue Situation der 1990 vollzogenen *Deutschen Einheit* (1), sodann die mit dem Jahr 1992 wiederum um einen wichtigen Schritt vorangetriebene Einigung *Europas* (2) sowie, auf einer anderen Ebene angesiedelt, eine neue Grundsatzdebatte über Recht und Gestalt des schulischen *Religionsunterrichts* (3).

1. Die im Jahre 1990 durch den Beitritt der neuen Bundesländer erreichte Deutsche Einheit hat nicht nur für Staat und Gesellschaft, sondern insbesondere auch für den gesamten Bereich von Bildung und Erziehung einen grundlegenden Wandel mit sich gebracht. Dieser Wandel ist nicht auf die östlichen Bundesländer begrenzt, macht sich dort aber naturgemäß in unvergleichlich höherem Maße bemerkbar. Die sozialistische Weltanschauungsschule und mit ihr die als ideologisch hoch belastet angesehene Erziehungswissenschaft werden derzeit institutionell, rechtlich, personell und inhaltlich neu aufgebaut.

Auf die damit verbundenen Fragen nach Recht und Unrecht von Wahrnehmungen und Beurteilungen kann hier nur verwiesen werden. Außer Zweifel steht jedenfalls, daß die Traditionen von Schule in der früheren DDR einen radikalen Umbruch erfahren und im Blick auf ihre rechtliche und inhaltliche Gestaltung auch erfahren müssen (zur erziehungswiss. Diskussion zuletzt Dudek/Tenorth).

Mit der neuen Situation war, als integraler Bestandteil des Grundgesetzes, der für den Religionsunterricht wie für die Möglichkeit Freier, u.a. christlicher Schulen entscheidende Art. 7GG auch für die neuen Bundesländer gültig (was allerdings von manchen unter Hinweis auf Art. 141GG in Frage gestellt wurde). Während die Gründung erster evangelischer Schulen ohne große öffentliche Aufmerksamkeit vollzogen wurde, bewegte und bewegt die Einführung eines konfessionellen Religionsunterrichts noch immer die Gemüter in Kirche und Öffentlichkeit. Vor allem drei Einwände werden gegen einen solchen Unterricht erhoben (vgl.»»Religionsunterricht in den Neuen Bundesländern« sowie die Dokumentationen bei Reiher 313ff.; Lott 1992, 139ff.; Goßmann/Pithan/Schreiner 31ff.):

Erstens wird auf die in den neuen Bundesländern geringe Zahl (20-30%) der konfessionell gebundenen Schüler und Schülerinnen hingewiesen. Ein nicht kirchlich gebundener, allgemeiner Religionsunterricht (wie ihn schon Diesterweg gefordert hatte, s. Bd. 2/1), der als Fach »Religionskunde« oder als religionskundlicher Anteil in allen Fächern gestaltet sein kann, werde weit mehr Kinder erreichen.

Zweitens bestehe bei einem schulisch-religionsunterrichtlichen Engagement der Kirche die Gefahr, daß dies als Indoktrination wahrgenommen werde, so als sei nun die Kirche in Ablösung des sozialistischen Staates zum Ideologieträger geworden.

Drittens wird nach dem Schicksal der Christenlehre sowie nach dem der Katecheten und Katechetinnen gefragt. Ist dies nicht die »Bewährungsprobe«, von der schon 1957 die Rede gewesen und vor der als »Versuchung« (s.o. 205) gewarnt worden war?

Gegen diese Einwände kann auf die grundsätzlich nicht indoktrinierende Aufgabe von Religionsunterricht verwiesen werden, deren Erfüllung durch einen in seiner Herkunft kenntlichen und insofern nicht (scheinbar) neutralen Religionsunterricht gewährleistet wird, sowie auf das komplementäre Profil schulischen Religionsunterrichts und gemeindlicher Christenlehre (s. Christenlehre in veränderter Situation, hg. Comenius-Institut). Die Frage nach der religiösen und ethischen Bildung und Erziehung der kirchlich nicht gebundenen und – folgt man den bislang freilich noch sehr vorläufigen Untersuchungen (Eiben; Barz 1993) – religiös jedenfalls im herkömmlichen Sinne kaum interessierten Mehrheit der Kinder und Jugendlichen ist damit allerdings noch nicht beantwortet. Die Bedeutung eines staatlich getragenen Ethikunterrichts wird in den neuen Bundesländern schon rein quantitativ größer sein als in den alten.

Als Schulversuch wurde in Brandenburg ein neuer Lernbereich bzw. ein Fach »Lebensgestaltung-Ethik-Religion« (LER) eingerichtet (Ministerium 1991/1993). Bei diesem Modell soll eine an Konfessions- und Religionsangehörigkeit orientierte Aufteilung der Schüler zugunsten eines gemeinsamen Unterrichts vermieden werden.

Der von einem gesellschaftlichen Beirat unterstützte Staat wird zum alleinigen Träger des Unterrichts. Eine Abmeldung ist nicht möglich. Erfahrungen mit diesem Modell, das mit dem Schuljahr 1992/93 angelaufen ist, liegen in auswertbarer Form noch nicht vor.

2. Neue Integrationsaufgaben, aber auch Spannungen erwachsen für die Religionspädagogik weiterhin aus der europäischen Vereinigung. Auch wenn die Gestalt des Bildungswesens bislang nicht unmittelbar Gegenstand europäischer Entscheidungen ist, sondern den einzelnen Staaten und Ländern vorbehalten bleibt, ist doch mit einem politisch erzeugten Anpassungsdruck zu rechnen. Der internationalen Zusammenarbeit sowie der Wahrnehmung europäischer Perspektiven kommt deshalb auch in der Religionspädagogik zunehmend Bedeutung zu (Schreiner; Ohlemacher 1991).

Inhaltlich entspricht dem die Betonung von Kulturbegegnung und interkulturellem Lernen als Aufgabe von Schule, Unterricht und Gemeinde. Die Situation von Multikulturalität erfordert die Fähigkeit, den anderen wahrzunehmen, den Fremden und das Fremde zu tolerieren und zu akzeptieren. Ökumenisches und interreligiöses Lernen werden dadurch erneut akzentuiert (Lähnemann 1992).

Ob der konfessionelle Religionsunterricht durch die europäische Einigung – wie vielfach angenommen wird – weiter in Frage gestellt wird, ist nicht eindeutig zu beantworten. Befürworter eines solchen Unterrichts verweisen darauf, daß ein solcher Unterricht zu Unrecht als deutscher Sonderweg bezeichnet worden ist (Ilgner). Doch stehen solche Beurteilungen zumeist selbst als Parteinahmen im Spannungsfeld konfessioneller, derzeit vor allem von Rom vertretener Einheitsperspektiven, die als Wunsch angesichts europäischer Einheit neu erwachen.

3. Nicht unmittelbar durch die geschichtlichen Veränderungen von deutscher und europäischer Vereinigung ausgelöst, aber doch in mancher Hinsicht mit beidem verbunden ist die neue *Debatte über Recht und Gestalt des Religionsunterrichts*. In Stellungnahmen vor allem norddeutscher Lehrervereinigungen (Dokumentation: Religionsunterricht und Konfessionalität sowie Goßmann/Pithan/Schreiner; Lott 1992) wird ein konfessionell nicht gebundener, allgemeiner Religionsunterricht gefordert. In Ablösung oder Neuinterpretation von Art. 7GG soll dieser Religionsunterricht in seinen Inhalten nicht mehr von den Kirchen bzw. Religionsgemeinschaften verantwortet werden, sondern soll christlich-ökumenisch oder religionsübergreifend sein und ganz von den Kindern und Jugendlichen her konzipiert werden.

Begründet wird diese Forderung vor allem mit (schul)pädagogischen und jugendtheoretischen Argumenten: Angesichts der Integrationsprobleme einer multikulturellen Gesellschaft sei die Aufteilung der Kinder und Jugendlichen nach Konfessionen und Religionen kontraproduktiv geworden. Zudem bringe nurmehr ein äußerst geringer Teil der Kinder und Jugendlichen eine wie auch immer ausgeprägte kirchlich-konfessionelle Prägung oder Bindung mit, so daß ein, wie er nun genannt wird, »monokonfessioneller« Religionsunterricht zu einem Anachronismus geworden sei. Angesichts der Veränderungen in der religiösen Sozialisation heutiger Kinder und Jugendlicher wird zudem die Brauchbarkeit auch der am weitesten fortgeschrittenen religionspädagogischen Konzepte noch einmal problematisiert: Ob Korrelationsdidaktik und Problem- bzw. Themenorientierung in der Praxis noch greifen, wird neu in Frage gestellt (Hilger/Reilly).

Die Diskussion ist derzeit offen (Schröer 1993; Schweitzer 1993). Eine Verständigung ist trotz Einigkeit über die (religions)pädagogischen Integrationsaufgaben angesichts wachsender kultureller und nationaler Spannungen nicht in Sicht.

Kann in dieser Situation, wie es oben (Einleitung Bd. 2/1) angedeutet wurde, die Geschichte von Religionspädagogik und von evangelischer Erziehungs- und Bildungsverantwortung weiterführende Perspektiven bieten? Enthält die historische Vergewisserung die Chance für ein für Ost und West gemeinsames Geschichtsbild mit orientierender Kraft? Oder ist umgekehrt auch in der Religionspädagogik denen zu folgen, die wie Jürgen Habermas heute vor der Beschwörung solcher Geschichtsbilder als den neuen Mythen großdeutscher Einheit und den darin enthaltenen Gefahren deutscher Sonderwegsträume auf Kosten eines demokratischen Europas eindringlich warnen?

Gewiß kann Geschichte mißbraucht werden zur Befestigung exklusiver Identitäten, und gewiß kann sie mißverstanden werden, *historistisch* mit der Relativierung aller Optionen, *traditionalistisch* im Sinne der Festschreibung überkommener Positionen. Solcher Umgang mit Geschichte kann auch der Religionspädagogik nur abträglich sein. Doch steht dem ein Begreifen gegenüber, das sich der eigenen Situation im weiteren Zusammenhang der mit der Reformation eröffneten kirchlichen und kulturellen Horizonte und deren neuzeitlicher Transformation durch mehrere Modernisierungsschübe hindurch zu vergewissern vermag. Einem solchen Begreifen und sich Orientieren sowie der daraus erwachsenden Handlungsfähigkeit in Kirche und Gesellschaft will die hier nun in abgeschlossener Form vorliegende Dokumentation dienen.

LITERATURVERZEICHNIS[1]

1. *Allgemeines*

Affolderbach, Martin: Grundsatztexte zur evangelischen Jugendarbeit. Materialien zur Diskussion in Praxis, Lehre und Forschung, 2. überarb. u. erw. Aufl. Stuttgart/Gelnhausen 1982.

Ballauff, Theodor/Schaller, Klaus: Pädagogik. Eine Geschichte der Bildung und Erziehung. Bd. III: 19. und 20. Jahrhundert. (Orbis Academicus I/13. Problemgeschichten der Wissenschaft in Dokumenten und Darstellungen), Freiburg/München 1973.

Berg, Carsten: Gottesdienst mit Kindern. Von der Sonntagsschule zum Kindergottesdienst, Gütersloh 1987.

Berg, Christa u.a. (Hg.): Handbuch der deutschen Bildungsgeschichte, München 1987ff.

Bizer, Christoph: Art.: Katechetik. In: TRE XVII, Berlin/New York 1988, 686-710. (a)

Ders.: Katechetische Memorabilien. Vorüberlegungen vor einer Rezeption der evangelischen Katechetik. In: JRP 4 (1988), 77-97. (b)

Blankertz, Herwig: Die Geschichte der Pädagogik. Von der Aufklärung bis zur Gegenwart, Wetzlar 1982.

Bloth, Peter C.: Religion in den Schulen Preußens. Der Gegenstand des evangelischen Religionsunterrichtes von der Reaktionszeit bis zum Nationalsozialismus. (PF 37), Heidelberg 1968.

Bockwoldt, Gerd: Religionspädagogik. Eine Problemgeschichte, Stuttgart u.a. 1977.

Böhme, Wolfgang: Geschichte der evangelischen Erwachsenenbildung. In: Franz Pöggeler (Hg.): Geschichte der Erwachsenenbildung. Handbuch der Erwachsenenbildung Bd. 4, Stuttgart u.a. 1975, 328-336.

Deresch, Wolfgang: Kirchliche Jugendarbeit. Wege zur personalen, sozialen und religiösen Identität, München 1984.

Ders.: Handbuch für kirchliche Erwachsenenbildung, Hamburg 1973.

Exeler, Adolf: Wesen und Aufgaben der Katechese. Eine pastoralgeschichtliche Untersuchung, Freiburg u.a. 1966.

Fraas, Hans-Jürgen: Katechismustradition. Luthers kleiner Katechismus in Kirche und Schule. (APTh 7), Göttingen 1971.

Fraund, Hans Martin: Die Geschichte des Religionsunterrichts zwischen 1848 und 1933 am Beispiel ausgewählter Krisen- und Knotenpunkte und die Frage nach Freiheit, Konfessionalität und Wissenschaftlichkeit, Diss. Mainz 1980.

---

1. Um Mehrfachnennungen zu vermeiden, sind Titel in der Regel in dem ihrem Erscheinungsjahr entsprechenden Literaturblock aufgeführt oder in dem Zeitabschnitt, auf den sie sich beziehen.

Froese, Leonhard (Hg.): Deutsche Schulgesetzgebung (1763-1952). (Kl. päd. Texte 19), Weinheim/Berlin o.J. (1953).
Giese, Gerhardt: Quellen zur deutschen Schulgeschichte seit 1800. (Quellensammlung zur Kulturgeschichte Bd. 15), Göttingen u.a. 1961.
Graf, Friedrich Wilhelm: Protestantische Theologie und die Formierung der bürgerlichen Gesellschaft. In: ders. (Hg.): Profile des neuzeitlichen Protestantismus. Bd. 1: Aufklärung, Idealismus, Vormärz, Gütersloh 1990, 11-54.
Ders.: Protestantische Theologie in der Gesellschaft des Kaiserreichs. In: ders. (Hg.): Profile des neuzeitlichen Protestantismus. Bd. 2: Kaiserreich. Teil 1, Gütersloh 1992, 12-117.
Grünberg, Wolfgang: Art.: Katechismus I/2. Gegenwart. In: TRE XVII, Berlin/New York 1988, 723-728.
Helmreich, Ernst Christian: Religionsunterricht in Deutschland. Von den Klosterschulen bis heute. Mit e. Vorb. v. Gert Otto, Hamburg/Düsseldorf 1966.
Herrlitz, Hans-Georg/Hopf, Wulf/Titze, Hartmut: Deutsche Schulgeschichte von 1800 bis zur Gegenwart. Eine Einführung, Königstein/Ts. ²1982.
Hoffmann, Erika: Vorschulerziehung in Deutschland. Historische Entwicklung im Abriß. (Handbücherei für die Kinderpflege 7), Witten 1971.
Jürgensen, Johannes: Vom Jünglingsverein zur Aktionsgruppe. Eine Geschichte der evangelischen Jugendarbeit, Gütersloh 1980.
Krafeld, Franz Josef: Geschichte der Jugendarbeit. Von den Anfängen bis zur Gegenwart, Weinheim/Basel 1984.
Leschinsky, Achim/Roeder, Peter-Martin: Schule im historischen Prozeß. Zum Wechselverhältnis von institutioneller Erziehung und gesellschaftlicher Entwicklung. (Veröff. d. Max-Planck-Instituts für Bildungsforschung), Stuttgart 1976.
Lott, Jürgen: Erfahrung – Religion – Glaube. Probleme, Konzepte und Perspektiven religionspädagogischen Handelns in Schule und Gemeinde. Ein Handbuch. (Forum zur Pädagogik und Didaktik der Religion 3), Weinheim 1991.
März, Fritz: Klassiker christlicher Erziehung, München 1988.
Mitterauer, Michael: Sozialgeschichte der Jugend. (Neue Historische Bibliothek), Frankfurt/M. 1986.
Nipkow, Karl Ernst: Art.: Erziehung. In: TRE X, Berlin/New York 1982, 232-254.
Ders.: Art.: Religionspädagogik. In: EKL Bd. 3, Göttingen 1992, 1567-1573.
Nipperdey, Thomas: Religion im Umbruch. Deutschland 1870-1918, München 1988.
Oelkers, Jürgen: Die große Aspiration. Zur Herausbildung der Erziehungswissenschaft im 19. Jahrhundert, Darmstadt 1989.
Rössler, Dietrich: Grundriß der Praktischen Theologie. (GLB), Berlin/New York 1986.
Scheuerl, Hans (Hg.): Klassiker der Pädagogik. Bd. 1: Von Erasmus von Rotterdam bis Herbert Spencer; Bd. 2: Von Karl Marx bis Jean Piaget, München 1979.
Schilling, Hans: Grundlagen der Religionspädagogik. Zum Verhältnis von Theologie und Erziehungswissenschaft, Düsseldorf 1970.

Schröer, Henning/Zilleßen, Dietrich (Hg.): Klassiker der Religionspädagogik, Frankfurt/M. 1989.
Schweitzer, Friedrich: Art.: Pädagogik. In: TRE (im Druck).
Ders.: Die Religion des Kindes. Zur Problemgeschichte einer religionspädagogischen Grundfrage, Gütersloh 1992. (a)
Ders.: Religionspädagogik als Projekt von Theologie nach der Aufklärung – Eine Skizze. In: Pastoraltheologische Informationen 12 (1992), 211-222. (b)
Stoodt, Dieter: Arbeitsbuch zur Geschichte des evangelischen Religionsunterrichts in Deutschland (Redaktion Herbert Schultze), Münster 1985.
Wegenast, Klaus (Hg.): Religionspädagogik. Bd. 1: Der evangelische Weg. (WdF 209), Darmstadt 1981; Bd. 2: Der katholische Weg. (WdF 603), Darmstadt 1983.

2. Religionspädagogische Zeitschriften

Katechetische Blätter – kirchliche Jugendarbeit. Zeitschrift für Religionspädagogik und Jugendarbeit. München (1876ff.).
Zeitschrift für praktische Theologie (1879-1900).
Zeitschrift für den evangelischen Religionsunterricht an höheren Schulen (1890-1933).
Katechetische Zeitschrift (1898-1907).
Religious Education. The Journal of the Religious Education Association and the Association of Professors and Researchers in Religious Education (1906ff.) (USA).
Monatsblätter für den evangelischen Religionsunterricht (1908-1932).
Pastoraltheologie. Monatsschrift für Wissenschaft und Praxis in Kirche und Gesellschaft. Göttingen 1911ff.
Schule und Evangelium (1926/27-1938/39; ab 1939/40-1940/41: Unterweisung und Glaube).
Evangelische Unterweisung. Mitteilungsblatt für kirchliche pädagogische Arbeitsgemeinschaften (1945-1970) (ab 1970: Zeitschrift für Religions-Pädagogik. Grundfragen – Praxis – Informationen).
Die Christenlehre. Zeitschrift für den katechetischen Dienst. Berlin (1947ff.).
Der Evangelische Erzieher. Zeitschrift für Pädagogik und Theologie. Frankfurt/M. (1948ff.).
Religionsunterricht an höheren Schulen. Düsseldorf (1958ff.).
Korrespondenzblatt Evangelischer Schulen und Heime. Bielefeld (1960ff.).
Die Spur. Vierteljahresschrift für evangelische Lehrer in Deutschland (1961-1977).
Theologia Practica. Zeitschrift für Praktische Theologie und Religionspädagogik. München (1966ff., ab 1984: Themen der Praktischen Theologie – Theologia Practica).
religion heute – informationen. Zeitschrift für Religions-Unterricht (1970-1981).
Zeitschrift für Religions-Pädagogik (1970-1981) (vgl. Evangelische Unterweisung).
ru – Ökumenische Zeitschrift für die Praxis des Religionsunterrichts. München (1971ff.).

Was und wie. Arbeitshilfen zur religiösen Erziehung der 3- bis 7jährigen. Gütersloh (1972ff.).
Religionspädagogische Beiträge. Zeitschrift der Arbeitsgemeinschaft katholischer Katechetik-Dozenten (1973ff.).
British Journal of Religious Education (1979ff.) (U.K.).
Religion heute – Zeitschrift für Religionspädagogik. Hannover (1982ff.).
Jahrbuch der Religionspädagogik. Neukirchen-Vluyn (1985ff.).
Glaube und Lernen. Zeitschrift für theologische Urteilsbildung. Göttingen (1986ff.).
Journal of Empirical Theology (1988ff.) (Niederlande).
Panorama. International Journal of Comparative Religious Education and Values. Braunschweig (1989ff.).

3. 19. Jahrhundert

Anhorn, Roland: Sozialstruktur und Disziplinarindividuum. Johann Hinrich Wicherns Fürsorge- und Erziehungskonzeption des Rauhen Hauses. (Deutsche Hochschulschriften 409), Egelsbach u.a. 1992.

Anselm, Helmut: Religionspädagogik im System Spekulativer Theologie. Untersuchungen zum Werk Christian Palmers als Beitrag zur religionspädagogischen Theoriebildung der Gegenwart. (Münchener Universitäts-Schriften/Münchener Monographien zur historischen und systematischen Theologie 8), München 1982.

Antony, Zoltan A.: Die Lehre vom Katechumenat bei Gerhard von Zezschwitz, Diss. Erlangen-Nürnberg 1959.

Bassermann, Heinrich: Ein Herbartianer über Religionsunterricht. In: ZPrTh 5 (1883), 319-342.

Benner, Dietrich: Die Pädagogik Herbarts. Eine problemgeschichtliche Einführung in die Systematik neuzeitlicher Pädagogik, Weinheim/München 1986.

Bloth [geschr. Bluth], Hugo Gotthard: Diesterwegs religiöse Stellung in seinem Kampf um den Religionsunterricht. In: EU 10 (1955), 17-21. 33-46. 57-66.

Ders.: Adolf Diesterweg. Sein Leben und Wirken für Pädagogik und Schule, Heidelberg 1966.

Ders.: Adolf Diesterweg (1790-1866). In: Scheuerl 1979, Bd. 1, 283-298.

Bolle, Rainer: Religionspädagogik und Ethik in Preußen. Eine problemgeschichtliche Analyse der Religionspädagogik in Volksschule und Lehrerausbildung in Preußen von der Preußischen Reform bis zu den Stiehlschen Regulativen, Münster/New York 1988.

Buchholz, Karl: Die evangelisch-theologischen Pädagogen des XIX. Jahrhunderts (Baur, Palmer, Zezschwitz) in ihrem Verhältnis zu Schleiermacher, Freienwalde a.O. 1919.

Dienst, Karl: Friedrich Adolph Wilhelm Diesterweg (1790-1866). In: Schröer/Zillessen 1989, 135-148.

Diesterweg, Friedrich Adolph Wilhelm: Sämtliche Werke. Hg. v. Heinrich Deiters u.a., Berlin 1956ff.

Doerne, Martin: Neubau der Konfirmation. Grundzüge einer Erneuerung kirchlichen Jugendkatechumenats, Gütersloh 1936.
Dörpfeld, Friedrich Wilhelm: Gesammelte Schriften, 12 Bde., Gütersloh 1894ff.
Ders.: Die freie Schulgemeinde und ihre Anstalten auf dem Boden der freien Kirche im freien Staate. Beiträge zur Theorie des Schulwesens, Gütersloh 1863.
Fichtner, Bernd/Menck, Peter (Hg.): Pädagogik der modernen Schule. Adolph Diesterwegs Pädagogik im Zusammenhang von Gesellschaft und Schule, Weinheim/ München 1992.
Fischer, Rudolf: Religionspädagogik unter den Bedingungen der Aufklärung. Studien zum Verhältnisproblem von Theologie und Pädagogik bei Schleiermacher, Palmer und Diesterweg. (PF 54), Heidelberg 1973.
Franzen, Herbert: Palmer als Theoretiker der Erziehung, Diss. Bonn 1937 (Druck Düsseldorf 1937).
Fröbel, Friedrich: Die Menschenerziehung, die Erziehungs-, Unterrichts- und Lehrkunst, angestrebt in der allgemeinen deutschen Erziehungsanstalt zu Keilhau. Erster Band: Bis zum begonnenen Knabenalter (1826). In: ders.: Ausgewählte Schriften. Bd. 2. Hg. v. Erika Hoffmann, Berlin 1951.
Henkys, Jürgen: Zur Katechumenatsidee vor C.A.G. von Zezschwitz (1971). In: Bloth, Peter C. (Hg.): Christenlehre und Katechumenat in der DDR. Grundlagen – Versuche – Modelle, Gütersloh 1975, 43-58.
Herbart, Johann Friedrich: Über die ästhetische Darstellung der Welt als das Hauptgeschäft der Erziehung (1804). In: ders.: Pädagogische Schriften. Erster Bd.: Kleinere pädagogische Schriften. Hg. v. Walter Asmus, Stuttgart ²1982, 105-120. (a)
Ders.: Allgemeine Pädagogik, aus dem Zweck der Erziehung abgeleitet (1806). In: ders.: Pädagogische Schriften. Zweiter Bd.: Pädagogische Grundschriften. Hg. v. Walter Asmus, Stuttgart ²1982, 9-158. (b)
Ders.: Umriß pädagogischer Vorlesungen (1835). In: Ders.: Sämtl. Werke, hg. v. K. Kehrbach u.a.; Langensalza 1887-1912, Bd. X, 65-135.
Heymel, Michael: Das Humane lernen. Glaube und Erziehung bei Sören Kierkegaard. (FKDG 40), Göttingen 1988.
Hohendorf, Gerd/Rupp, Horst F. (Hg.): Diesterweg: Pädagogik – Lehrerbildung – Bildungspolitik, Weinheim 1990.
Humboldt, Wilhelm von: Werke in fünf Bänden. Hg. v. Andreas Flitner/Klaus Giel, Darmstadt 1960ff.
Hummerich, Alfred: Der Gesinnungsunterricht bei Tuiskon Ziller. Ein problemgeschichtlicher Beitrag zur Methode sittlicher Bildung und Erziehung, Diss. Bonn 1968.
Jacobs, Friedhelm: Die religionspädagogische Wende im Herbartianismus. (PF 44), Heidelberg 1969.
Koziol, Klaus: Katechumenat heute. Der Katechumenat bei C.A.G. von Zezschwitz und in der Gegenwart. (ThA 27), Berlin 1968.
Kremers, Helmut: Christian Palmer (1811-1876 [sic]). In: Schröer/Zilleßen 1989, 149-160.

Maier, Hermine: Die Geschichte des Vereins für Wissenschaftliche Pädagogik. Erziehungsgeschichtliche Untersuchungen. (Studien zur Problemgeschichte der Pädagogik 7), Leipzig 1940.
Marheineke, Philipp: Entwurf der practischen Theologie, Berlin 1837.
Meyer, Adolf: Wilhelm von Humboldt (1776-1835). In: Scheuerl 1979, Bd. 1, 198-216.
Milkner, Albert: Diesterwegs Anschauungen über Religion und Religionsunterricht. (F. Mann's Pädagogisches Magazin 703), Langensalza 1919.
Nipkow, Karl Ernst: Bildung und Entfremdung. Überlegungen zur Rekonstruktion der Bildungstheorie. In: Zeitschrift für Pädagogik Beiheft 14 (1977), 205-230.
Nohl, Herman: Der lebendige Herbart. In: Die Sammlung 3 (1948), 201-208.
Pfister, Gerhard: Vergessene Väter der modernen Religionspädagogik. E. Thrändorf, A. Reukauf, R. Staude. (Arbeiten zur Religionspädagogik 5), Göttingen 1989.
Potthoff, Willy: Die Idee der Schulgemeinde. Vorstellungen zur genossenschaftlichen Selbstverwaltung im 19. Jahrhundert. (PF 49), Heidelberg 1971.
Preul, Reiner: Aspekte eines kulturprotestantischen Bildungsbegriffs. In: ders. u.a. (Hg.): Bildung – Glaube – Aufklärung. Zur Wiedergewinnung des Bildungsbegriffs in Pädagogik und Theologie, Gütersloh 1989, 101-115.
Rosenkranz, Karl: Die Pädagogik als System, Königsberg 1848.
Rössler, Dietrich: Prolegomena zur Praktischen Theologie: Das Vermächtnis Christian Palmers. In: ZThK 64 (1967), 357-371.
Rupp, Horst F.: Religion und ihre Didaktik bei Fr.A.W. Diesterweg. Ein Kapitel einer Geschichte der Religionsdidaktik im 19. Jahrhundert, Weinheim/Basel 1987.
Ders.: Fr.A.W. Diesterweg. Pädagogik und Politik. (Persönlichkeit und Geschichte 135/136), Göttingen/Zürich 1989.
Ders.: Fr.A.W. Diesterweg und die Lehrerbewegung. In: Die Deutsche Schule 82 (1990), 132-148.
Ders.: Zur religiösen Position Fr.A.W. Diesterwegs. Pädagogik, Politik und Religion im 19. Jahrhundert. In: ZRGG 43 (1991), 150-182.
Schaal, Helmut: Erziehung bei Kierkegaard. Das »Aufmerksammachen auf das Religiöse« als pädagogische Kategorie, Heidelberg 1958.
Schmidt, Gustav Lebrecht: Der evangelische Religionsunterricht in höheren Lehranstalten. In: ZPrTh 2 (1880), 201-228. 329-357.
Schwenk, Bernhard: Das Herbartverständnis der Herbartianer. (Göttinger Studien zur Pädagogik N.F. 12), Weinheim 1963.
Sütterlin, Kurt: Rettung als pädagogische Kategorie. Dargestellt am Rettungsbegriff Johann Hinrich Wicherns, Diss. Tübingen 1976.
Thaulow, Gustav Ferdinand: Hegel's Ansichten über Erziehung und Unterricht in drei Theilen. Als Fermente für wissenschaftliche Pädagogik sowie zur Belehrung und Anregung für gebildete Eltern und Lehrer aller Art, aus Hegel's sämmtlichen Schriften gesammelt und systematisch geordnet. Erster Theil: Zum Begriff der

Erziehung, zur anthropologisch-psychologischen und ethisch-politischen Basis sowie zur Methodik der Erziehungslehre Gehöriges, Kiel 1853; Zweiter Theil: Zur Geschichte der Erziehung. Erste Abtheilung, Kiel 1854; Zweite Abtheilung, Kiel 1854; Dritter Theil: Zur Gymnasialpädagogik und zur Universität Gehöriges, Kiel 1854. (Nachdruck in vier Teilbänden; eingel. v. Heinz-Joachim Heydorn, Glashütten/Ts. 1974)

Thom, Martin: Palmers Stellung zu Religion und Religionsunterricht, Diss. Erlangen 1923.

Thrändorf, Ernst: Die Stellung des Religionsunterrichtes in der Erziehungsschule und die Reform seiner Methodik, Diss. Leipzig 1879.

Wichern, Johann Hinrich: Pädagogik für das Rauhe Haus. Eine Vorlesungsreihe (1841-1845). In: ders.: Sämtliche Werke. Hg. v. Peter Meinhold. Bd. VII: Die Schriften zur Pädagogik, Hamburg 1975, 17-217.

Ders.: Rettungsanstalten als Erziehungshäuser in Deutschland (1868). In: ders.: Sämtliche Werke. Hg. v. Peter Meinhold. Bd. VII: Die Schriften zur Pädagogik, Hamburg 1975, 374-534.

Ders.: Sämtliche Werke. Hg. v. Peter Meinhold. Bd. IV/Teile 1 u. 2: Schriften zur Sozialpädagogik (Rauhes Haus Johannesstift), Berlin 1958/59.

Wittenborn, Erich: Johann Hinrich Wichern als Sozialpädagoge dargestellt an seiner Rettungshauserziehung, Wuppertal 1982.

Wunderlich, Reinhard: Johann Peter Hebels »Biblische Geschichten«. Eine Bibeldichtung zwischen Spätaufklärung und Biedermeier. (Arbeiten zur Religionspädagogik 7), Göttingen 1990.

Zezschwitz, Carl Adolph Gerhard von: Lehrbuch der Pädagogik, Leipzig 1882.

Ders.: System der Praktischen Theologie. Paragraphen für Academische Vorlesungen. Bd. 1: Principienlehre, Leipzig 1876; Bd. 2: Die Lehre von der Mission, von der Kirchlichen Erziehung und vom Communionscultus, Leipzig 1876.

4. Die religionspädagogische Reformbewegung bis zum Ersten Weltkrieg

Barth, C.: Der Himmel in der Gedankenwelt 10- und 11jähriger Kinder. In: MevRU 4 (1911), 336-338.

Bassi, Hasko von: Otto Baumgarten. Ein »moderner Theologe« im Kaiserreich und in der Weimarer Republik. (EHS. T 345), Frankfurt/M. u.a. 1988.

Baumgarten, Otto: Wider die Reformwünsche für den Religions-Unterricht auf dem Obergymnasium. Thesen für Eisenach 1. In: ChW 14 (1900), Sp. 858f.

Ders.: Neue Bahnen. Der Unterricht in der christlichen Religion im Geist der modernen Theologie, Tübingen/Leipzig 1903.

Ders.: Die religiöse Erziehung in Deutschland. Thesen seines Vortrags auf dem Berliner Weltkongreß. In: MevRU 3 (1910), 344ff.

Ders.: Die Behandlung der biblischen Wundergeschichten. In: MevRU 7 (1914), 73-79.

Beiswänger, Gustav: Der Streit der Gegenwart um den religiösen Unterricht, Stuttgart/Berlin 1911.

Beyhl, Jakob: Die kindliche Erfahrung als Grundlage des Religionsunterrichts in der Volksschule. In: ChW 14 (1900), Sp. 906.

Bloth, Peter C.: Die Bremer im Streit um den Religionsunterricht. Eine Studie zu Theologie und Methodik des Religionsunterrichts in der Volksschule des frühen 20. Jahrhunderts, Dortmund 1961.

Ders.: Baumgartens Weg zu den »Neuen Bahnen« als religionsdidaktisches Emanzipationsprogramm. In: Steck 1986, 121-128.

Bockwoldt, Gerd: Religionspädagogik. Eine Problemgeschichte, Stuttgart u.a. 1977.

Ders.: Richard Kabisch. Religionspädagogik zwischen Revolution und Restauration. (Radikale Mitte, Bd. 8; Schriftenfolge für christliche Erziehung und Kultur), Berlin u. Schleswig/Holstein 1976, Aachen ²1982 (Religionspädagogik heute Bd. 10).

Ders.: Interpretation und Editionsgeschichte von Kabischs »Wie lehren wir Religion?« im Rahmen der Reformpädagogischen Bewegung. In: Kabisch 1988, IX-XXI.

Bonus, Arthur: Zu den »Bildungsproblemen«. In: ChW 14 (1900), 755-759.

Ders.: Vom Kulturwert der deutschen Schule, Jena/Leipzig 1904.

Bornemann, Wilhelm: Der Konfirmandenunterricht und der Religionsunterricht in der Schule in ihrem gegenseitigen Verhältnis, Gießen 1907.

Dietrich, Theo (Hg.): Die pädagogische Bewegung »Vom Kinde aus«. (Klinkhardts Pädagogische Quellentexte), Bad Heilbrunn/Obb. 1963, ⁴1982.

Düsseldorfer Thesen der »Positiven«. In: MevRU 3 (1910), 55f.

Ebell, S.: Der Himmel in der Gedankenwelt 10- und 11jähriger Kinder. In: MevRU 4 (1911), 252-254.

Eberhard, Otto: Die Gleichnisfrage. Eine theologische Untersuchung mit pädagogischer Spitze, Wismar 1907.

Ders.: Die wichtigsten Reformbestrebungen der Gegenwart auf dem Gebiete des Religionsunterrichts in der Volksschule, Leipzig 1908.

Ders.: Der Katechismus als pädagogisches Problem. (Bibl. Zeit- und Streitfragen), Berlin-Lichterfelde 1912.

Ders.: Frömmigkeitspflege und Kriegserlebnis. Auch eine Gegenwartsbetrachtung zur religiösen Erziehung. In: Aus Erziehung u. Unterricht. H. 1, Elberfeld o.J. (1916).

Eckert, Alfred: Der erziehende Religionsunterricht in Schule und Kirche. Ein Beitrag zur Pädagogik und Katechetik, Berlin 1899.

Eger, Karl: Evangelische Jugendlehre, Gießen 1907.

Ders.: Zur Auseinandersetzung zwischen Religionsunterricht der Schule und Konfirmandenunterricht. In: MevRU 3 (1910), 129-135. 161-168.

Eibach, R.: Der »Allgemeine« Religionsunterricht. In: ZevRU XX (1908/1909), 298-308.

Eilers, Konrad: Zur Methodik des Religionsunterrichtes auf der Oberstufe höherer Lehranstalten: die Berücksichtigung des religiösen Standpunktes der Schüler. In: ZevRU XIX (1907/1908), 52-61.

Emlein, Rudolf: Der Religionsunterricht bei Proletarierkindern, Göttingen 1912.

Fauth, Franz: Die Lehrpläne und Lehraufgaben für höhere Schulen und die Anhänger der Verbalinspiration. In: ZevRU VIII (1896/1897), 45-49.

Ders.: Bericht über die Versammlung evang. Religionslehrer aus Rheinland, Westfalen, Hessen-Nassau, Großherzogtum Hessen, Hannover und Sachsen. In: ZevRU IX (1897/1898), 221-228.

Flitner, Wilhelm/Kudritzki, Gerhard (Hg.): Die deutsche Reformpädagogik. Bd. 1: Die Pioniere der Pädagogischen Bewegung. (Päd. Texte), Stuttgart ^{4}1984; Bd. 2: Ausbau und Selbstkritik. (Päd. Texte), Stuttgart ^{2}1982.

Fraund, Hans Martin: Die Geschichte des Religionsunterrichts zwischen 1848 und 1933 am Beispiel ausgewählter Krisen- und Knotenpunkte und die Frage nach Freiheit, Konfessionalität und Wissenschaftlichkeit, Diss. Mainz 1980.

Gansberg, Fritz (Hg.): Religionsunterricht? 80 Gutachten. Ergebnis einer von der Vereinigung für Schulreform in Bremen veranstalteten allgemeinen deutschen Umfrage, Leipzig 1906.

Gerdes, Hayo: Richard Kabischs religionspädagogischer Ansatz. In: Die Spur 7 (1967), 189-196.

Gläss, Theodor (Hg.): »Pädagogik vom Kinde aus«. Aufsätze Hamburger Lehrer, Weinheim o.J.

Harnack, Adolf: Das Wesen des Christentums, Leipzig 1900, Gütersloh 1977.

Heinzelmann, W.: Hat es sich für den Unterricht in der Prima bewährt, die Glaubenslehre an die Augustana anzuschließen? In: ZevRU X (1898/1899), 317-331.

Herrmann, Wilhelm: Der Verkehr des Christen mit Gott, Stuttgart 1886, ^{7}1921.

James, William: Die Vielfalt religiöser Erfahrung. Eine Studie über die menschliche Natur (1902), hg. v. E. Herms, Olten/Freiburg 1979.

Kabisch, Richard: Die Ergebnisse theologischer Forschung in der Volksschule. In: ZThK 6 (1896), 324-356.

Ders.: Über die Lehrbarkeit der Religion. In: ZThK 12 (1902), 316-344.

Ders.: Systematischer Religionsunterricht. In: MevRU 1 (1908), 208-214. (a)

Ders.: Nochmals vom systematischen und vom geschichtlichen Religionsunterricht. In: MevRU 1 (1908), 216-223. (b)

Ders.: Die Lehre von der Heiligen Schrift in der Volksschule. In: MevRU 1 (1908), 19-30. (c)

Ders.: Wie lehren wir Religion? Versuch einer Methodik des evangelischen Religionsunterrichts für alle Schulen auf psychologischer Grundlage, Göttingen 1910, ^{3}1913.

Ders.: Wie lehren wir Religion? Kommentar und pragmatische Bibliographie von G. Bockwoldt. (Documenta Paedagogica. Quellen zur Geschichte der Erziehung und des Unterrichts Bd. 6), Hildesheim u.a. 1988.

Ders.: Das neue Geschlecht. Ein Erziehungsbuch, Göttingen 1913.

Kalthoff, Albert: Schule und Kulturstaat, Leipzig 1905.
Kerschensteiner, Georg: Begriff der Arbeitsschule, Leipzig/Berlin 1912, ³1917.
Key, Ellen: Das Jahrhundert des Kindes (1900). Übers. v. F. Maro, Berlin 1902, ¹³1905 (Nachdruck d. dt. Erstausgabe Königstein/Ts. 1978).
Dies.: Der Lebensglaube. Betrachtungen über Gott, Welt und Seele, Berlin 1906.
Kling-de Lazzer, Marie-Luise: Thematisch-problemorientierter Religionsunterricht. Eine historisch-systematische Untersuchung zur Religionsdidaktik, Gütersloh 1982.
Koerrenz, Ralf/Collmar, Norbert (Hg.): Die Religion der Reformpädagogen. Ein Arbeitsbuch, Weinheim 1994.
Krohn, August E.: »Religionskunde«. Neuer Religionsunterricht in der Arbeitsschule. In: MevRU 6 (1913), 83-86. 114-118. 173-176. 214-218.
Lehmensick, Fritz: Anschaulicher Katechismusunterricht, Leipzig 1914.
Luther, Henning: Religion, Subjekt, Erziehung. Grundbegriffe der Erwachsenenbildung am Beispiel der Praktischen Theologie Friedrich Niebergalls, München 1984.
Matthes, Heinrich: Der evangelische Religionsunterricht im Dienst der Erziehung innerhalb der religiösen Gemeinschaft, Göttingen 1910, ²1923 (u.a.T.: Der evangelische Religionsunterricht im Lichte der pädagogischen Bestrebungen der Gegenwart).
Meltzer, Hermann: Geschichtlicher Religionsunterricht. In: MevRU 1 (1908), 10-19. (a)
Ders.: Nochmals vom systematischen und vom geschichtlichen Religionsunterricht. In: MevRU 1 (1908), 216-223. (b)
Meyer, Erich: Religionspsychologie und religiöse Erziehung. In: MevRU 3 (1910), 206-218.
Natorp, Paul: Die Religion innerhalb der Grenzen der Humanität, Freiburg/Leipzig 1894, ²Tübingen 1908.
Neubert, W.: Das Erlebnis in der Pädagogik, Göttingen 1925, ²1930.
Niebergall, Friedrich: Wie predigen wir dem modernen Menschen? Erster bis Dritter Teil, Tübingen 1902ff.
Ders.: Die moderne Predigt. In: ZThK 15 (1905), 203-271.
Ders.: Die Lehrbarkeit der Religion und die Kritik im Religionsunterricht. In: MevRU 1 (1908), 238-243. 321-335. 353-359.
Ders.: Die Entwicklung der Katechetik zur Religionspädagogik. In: MevRU 4 (1911), 1-10. 33-43.
Ders.: Der Schulreligions- und der Konfirmandenunterricht, Leipzig 1912.
Ders.: Jesus im Unterricht auf gefühls-psychologischer Grundlage, Leipzig 1913.
Nohl, Herman: Die pädagogische Bewegung in Deutschland. In: Herman Nohl/Ludwig Pallat (Hg.): Handbuch der Pädagogik. 1. Bd., Langensalza u.a. 1933, 302-374.
Ders.: Die pädagogische Bewegung in Deutschland und ihre Theorie (1933/1935), Frankfurt ⁷1970.
Ders.: Die Einheit der Pädagogischen Bewegung (1926). In: Ders.: Pädagogik aus dreißig Jahren, Frankfurt/M. 1949, 21-27.
Oelkers, Jürgen: Reformpädagogik. Eine kritische Dogmengeschichte. (Grundlagentexte Pädagogik), Weinheim/München 1989.

Pfennigsdorf, Oskar: Wieweit ist eine Reform des evangelischen Religionsunterrichts in der Gegenwart möglich und notwendig? Auf Grund einer psychologischen Analyse des evangelischen Bewußtseins dargestellt, Dessau 1906.

Pfister, Oskar: Religionspädagogisches Neuland. Eine Untersuchung über das Erlebnis- und Arbeitsprinzip im Religionsunterricht, Zürich 1909.

Pöhlmann, Hans: Vom Kinderglauben zum Männerglauben. In: MevRU 2 (1909), 33-42. 65-76. 129-146.

Ders.: Wir und die Jugend. In: MevRU 3 (1910), 108-112.

Ders.: Zur Psychologie und pädagogischen Behandlung erwachsener Schüler. In: MevRU 5 (1912), 201-209. 256-263.

Preul, Reiner: Richard Kabisch. Die These von der Lehrbarkeit der christlichen Religion. In: Eilert Herms/Joachim Ringleben (Hg.): Vergessene Theologen des 19. und frühen 20. Jahrhunderts. Studien zur Theologiegeschichte, Göttingen 1984, 167-180.

Ders.: Aspekte eines kulturprotestantischen Bildungsbegriffs. In: Ders. u.a. (Hg.): Bildung – Glaube – Aufklärung. Zur Wiedergewinnung des Bildungsbegriffs in Pädagogik und Theologie, Gütersloh 1989, 101-115.

Rein, Wilhelm (Hg.): Stimmen zur Reform des Religionsunterrichts. H. I-VI (F. Mann's Päd. Magazin H. 237, 335, 374, 401, 419), Langensalza 1904-1910.

Religionsunterricht: Religionsunterricht oder nicht? Denkschrift der bremischen Lehrerschaft. In: ZevRU XVII (1905/1906), 284-296, auch in: Gansberg, 182-202.

Reukauf, August: Evangelische Jugendlehre, Teil 1-3, Leipzig 1912-1919.

Ders./Heyn, E. (Hg.): Evangelischer Religionsunterricht. Grundlegung und Präparationen, 10 Bde., Leipzig 1900ff.

Richert, Hans (Hg.): Handbuch für den evangelischen Religionsunterricht erwachsener Schüler. In Verbindung mit G. Rothstein, F. Niebergall u. A. Köster, Leipzig 1911.

Ritter, Werner H.: Richard Kabisch (1868-1914). In: Schröer/Zilleßen, 181-196.

Röhrs, Hermann: Die Reformpädagogik. Ursprung und Verlauf in Europa, Hannover 1980, ²1983.

Rumpe, P.: Wie weit ist die soziale Frage bei dem Unterricht und der Erziehung in der Schule zu berücksichtigen? In: ZevRU VIII (1896/1897), 110-121.

Sandberger, Jörg V.: Pädagogische Theologie. Friedrich Niebergalls Praktische Theologie als Erziehungslehre. (APTh 10), Göttingen 1972.

Sauer, Hans Peter: Die Anfänge des Religionsunterrichts in der Berufsschule bis zum Ersten Weltkrieg, Theol. Diss. Mainz 1968.

Scharrelmann, Heinrich: Erlebte Pädagogik. Gesammelte Aufsätze und Unterrichtsproben, Hamburg/Berlin 1912.

Scheibe, Wolfgang: Die Reformpädagogische Bewegung 1900-1932 (1969), Weinheim/Basel ⁹1984.

Schiele, Friedrich Michael: Religion und Schule. Aufsätze und Reden, Tübingen 1906.

Schlemmer, H.: Die moderne Jugend und die Religion. In: MevRU 4 (1911), 193-204.

Schreiber, H.: Die religiöse Erziehung des Menschen im Lichte seiner religiösen Entwicklung, Leipzig 1908.

Ders.: Die religiöse Gedankenwelt älterer Volksschülerinnen. Eine religionspsychologische Untersuchung. In: MevRU 3 (1910), 10-14. 71-77.

Schuster, Hermann: Religionsunterricht in der Schule oder nicht?, Leipzig u. Frankfurt/M. 1906.

Ders.: Abschaffung oder Reform des Religionsunterrichts? In: ZevRU XIX (1907/1908), 149-156. 202-207.

Ders.: Der moralpädagogische Kongreß – der deutsche Bund für weltliche Schule und Moralunterricht. In: ZevRU XX (1908/1909), 156-160.

Schwartzkopff, P.: Die soziale Frage und der Religionsunterricht auf höheren Schulen. In: ZevRU VII (1895/1896), 118-130. 179-214.

Soden, Hermann v.: Läßt sich Religion lehren? In: KatZs 4 (1901), 129-141.

Spanuth, Heinrich: Chronik. Bremen und Hamburg – Radikalismus und Liberalismus – Deutscher Bund für weltliche Schule – Osnabrücker Vorgänge. In: MevRU 1 (1908), 30-36.

Ders.: Religionslehre und Religionslehrer auf der preußischen Generalsynode. In: MevRU 3 (1910), 22-25.

Ders.: Staat und Kirche im Religionsunterricht der Schule. In: MevRU 5 (1912), 33-43. 74-78.

Starbuck, Edwin D.: Religions-Psychologie. Empirische Entwicklungsstudie religiösen Bewußtseins. 2 Bde., Leipzig o.J. (1909).

Steck, Wolfgang (Hg.): Otto Baumgarten. Studien zu Leben und Werk. Hg. v. Verein für Schleswig-Holsteinische Kirchengeschichte. (SVSHKG. B 41), Neumünster 1986.

Steude, G.E.: Die modernen Weltanschauungen im Religionsunterricht der höheren Schulen. In: ZevRU XVIII (1906/1907), 293-300.

Troeltsch, Ernst: Die Trennung von Staat und Kirche. Der staatliche Religionsunterricht und die theologischen Fakultäten, Tübingen 1907.

Ders.: Der Religionsunterricht und die Trennung von Staat und Kirche. In: F. Thimme/E. Rolffs (Hg.): Revolution und Kirche. Zur Neuordnung des Kirchenwesens im deutschen Volksstaat, Berlin 1919.

Ullrich, Heiner: Die Reformpädagogik. Modernisierung der Erziehung oder Weg aus der Moderne? In: ZfPäd 36 (1990), 893-918.

Weichelt, Hans: Der Kampf um den Religionsunterricht im Königreich Sachsen. In: ChW 26 (1912), Sp. 669-674. 691-696. 710-715. 739-743. 767-770.

Weigl, F.: Kind und Religion, Paderborn 1914.

Wiater, Werner: Religionspädagogische Reformversuche als Teil der reformpädagogischen Bewegung. In: Wiater 1984, 1-13.

Ders.: Religionspädagogische Reformbewegung 1900-1933. Ausgewählte Reformdokumente zur evangelischen und katholischen Religionspädagogik. Bes. u. komm. v. W. Wiater, Hildesheim u.a. (Documenta Paedagogica Bd. 2), 1984.

Winkler, G.: Die Reform des Religionsunterrichts auf der XV. Hauptversammlung des Sächsischen Lehrervereins. In: MevRU 1 (1908), 346-348.
Wundt, Wilhelm: Grundriß der Psychologie (1896), 8. verb. Aufl. Leipzig 1907.
Zange, Friedrich: Wie wir im Religionsunterricht die Schüler mit der Staats- und Gesellschafts-Ordnung und mit den sozialen Fragen der Gegenwart bekannt machen. In: ZevRU 6 (1894/1895), 179-195. 254-267.
Zilleßen, Dietrich: Friedrich Niebergall (1866-1932). In: Schröer/Zilleßen, 161-180.
Zurhellen-Pfleiderer, Else/Zurhellen, Otto: Wie erzählen wir den Kindern die biblischen Geschichten? Eltern und Lehrern zur Hilfe, Tübingen ²1910.
Zwickauer: Die – Thesen, Material zur Beurteilung des Streites um den Religionsunterricht in der Volksschule, hg. v. Leipziger Lehrerverein, Leipzig o.J. (auch in: ChW 23 [1909], Sp. 371f.).

5. Evangelische Schulpolitik und Religionspädagogik in der Weimarer Republik

Anz, Wilhelm: Zur pädagogischen Aussprache im evangelischen Lager. Fr. Schulze, Religion und Bildung. Erziehung und Bildung. In: SchuEv 1933/34, 221-227, 243-248, 272-277, 293-299.
Arb. gemeinschaft d. allgem. Meininger Landeslehrervereins: Deutsch-christlicher R.-U.: Grundsätze – Stoffplan – Lehrbeispiele. Zusammengestellt auf Anregung der Regierung des Freistaats Meiningen u. des Thüringer Lehrerbundes von der »Arbeitsgemeinschaft des Allgem. Meininger Landeslehrervereins f. Neugestaltung des R.-U.«, Hildburghausen 1920.
Barth, Karl: Der Römerbrief, Zollikon-Zürich 1919, ²1921, ⁹1954.
Ders.: Kirchliche Dogmatik I, 1 (1932), Zürich ¹¹1985.
Baumgarten, Otto: Die religiöse Erziehung im Neuen Deutschland, Tübingen 1922.
Blankertz, Herwig: Theorien und Modelle der Didaktik, München 1969, ⁴1970.
Blochmann, Elisabeth: Herman Nohl in der pädagogischen Bewegung seiner Zeit. 1879-1960, Göttingen 1969.
Bloth, Peter C.: Die theologische Kategorie »Entscheidung« in ihrer Bedeutung für die Religionspädagogik. In: KuD IX (1963), 18-40.
Ders.: Religion in den Schulen Preußens. Der Gegenstand des evangelischen Religionsunterrichts von der Reaktionszeit bis zum Nationalsozialismus. (PF 37), Heidelberg 1968.
Bohne, Gerhard: Die religiöse Entwicklung der Jugend in der Reifezeit. Auf Grund autobiographischer Zeugnisse, Leipzig 1922.
Ders.: Die Bedeutung der Strukturpsychologie für den Religionsunterricht. In: O. Eberhard (Hg.): Schule, Religion und Leben, Stuttgart 1926, 110-143.
Ders.: Das Wort Gottes und der Unterricht. Zur Grundlegung einer evangelischen Pädagogik, Berlin 1929, ²1932, 3. Aufl. mit neuem Vorwort, Itzehoe 1965.

Ders.: Religionsunterricht und religiöse Entscheidung. In: ZevRU 41 (1930), 1-11, 49-58.

Buber, Martin: Ich und Du (1923). In: Ders.: Die Schriften über das dialogische Prinzip, Heidelberg 1954, 7-121.

Ders.: Rede über das Erzieherische (1925), Berlin 1926.

Burkert, Adolf: Evangelischer und katholischer Religionsunterricht im Lichte des Arbeitsschulgedankens, Berlin 1926.

Dehn, Günther: Die religiöse Gedankenwelt der Proletarierjugend. In Selbstzeugnissen dargestellt 1923, ³Berlin 1926.

Delekat, Friedrich: Von Sinn und Grenzen bewußter Erziehung. Ein Versuch zur Bestimmung des Verhältnisses von Christentum und Erziehung, Leipzig 1927 (Nachdruck Darmstadt 1967).

Dibelius, Otto: Die evangelische Erziehungsschule. Ideal und Praxis, Hamburg o.J. (1919).

Ders.: Das Jahrhundert der Kirche, 1926, ⁶1928.

Doerne, Martin: Bildungslehre evangelischer Theologie. (Sonderausgabe aus dem Handbuch der deutschen Lehrerbildung, Bd. I, B IV a, 1932), München /Berlin 1933.

Dross, Reinhard: Religionsunterricht und Verkündigung. Systematische Begründungen der katechetischen Praxis seit der Dialektischen Theologie, Hamburg 1964.

Eberhard, Otto: Brennende Fragen des Religionsunterrichts der Volksschule in der Gegenwart, Altenburg 1920.

Ders.: Arbeitsschule, Religionsunterricht und Gemeinschaftserziehung. Ein Beitrag zur Tat- und Lebenserziehung (1920), 2. verm. u. verb. Aufl. Berlin 1921, ³1924.

Ders.: Wie lassen sich die modernen pädagogischen Bestrebungen für die evangelische Erziehungsschule fruchtbar machen? Langensalza 1923.

Ders.: Neuzeitlicher Religionsunterricht. Handreichungen evangelischer Jugenderziehung, Mannheim , Berlin u. Leipzig 1924. (a)

Ders. (Hg.): Arbeitsschulmäßiger Religionsunterricht. Gesammelte Stundenbilder aus pädagogischer Werkstatt, Stuttgart 1924, ⁴1925. (b)

Ders. (Hg.): Lebendiger Religionsunterricht. Neue Folge des Arbeitsschulmäßigen Religionsunterrichts. In gesammelten Stundenbildern, Stuttgart 1925.

Ders.: Von der Arbeitsschule zur Lebensschule, Berlin 1925.

Ders. (Hg.): Schule, Religion und Leben. Religionspädagogische Studien, Stuttgart 1926.

Ders.: Kirche und Schule in ihrem Lebenszusammenhang, Gütersloh 1927.

Ders.: Evangelische Lebenskunde auf wertpädagogischer Grundlage, Stuttgart 1928.

Ders.: Die Pädagogik der Gegenwart und der Religionsunterricht, Leipzig 1930.

Ders.: Welterziehungsbewegung. Kräfte und Gegenkräfte in der Völkerpädagogik, Berlin o.J. (1930).

Ders.: Evangelischer Religionsunterricht an der Zeitenwende, Tübingen 1932.

Eichele, Erich: Die religiöse Entwicklung im Jugendalter, Gütersloh 1928.

Flitner, Wilhelm: Die drei Phasen der Pädagogischen Reformbewegung und die gegenwärtige Lage (1928). In: W. Flitner: Die Pädagogische Bewegung. (Gesammelte Schriften 4), Paderborn u.a. 1987, 232-242.

Ders.: Erinnerungen 1889-1945. (Gesammelte Schriften 11), Paderborn u.a. 1986.

Flitner, Wilhelm/Kudritzki, Gerhard (Hg.): Die deutsche Reformpädagogik, Bd. II: Ausbau und Selbstkritik. (Pädagogische Texte, hg. v. W. Flitner), Düsseldorf/München 1962, Stuttgart ²1982.

Franke, W.: Die Zukunft des Religionsunterrichts. Moralunterricht? Interkonfessioneller oder konfessioneller Religionsunterricht? Leipzig u. Berlin 1919.

Führ, Christoph: Zur Schulpolitik der Weimarer Republik. Die Zusammenarbeit von Reich und Ländern im Reichsschulausschuß (1919-1923) und im Ausschuß für das Unterrichtswesen (1924-1933). Darstellung und Quellen, Weinheim ²1972.

Gaudig, Hugo: Didaktische Ketzereien, Leipzig/Berlin 1904, ⁶1925.

Ders.: Didaktische Präludien, Leipzig/Berlin 1909, ³1923.

Ders.: Die Schule im Dienst der werdenden Persönlichkeit, 2 Bde., Leipzig 1917.

Gay, Peter: Hunger nach Ganzheit. In: Herrmann 1987, 35-45.

Gogarten, Friedrich: Politische Ethik. Versuch einer Grundlegung, Jena 1932.

Grisebach, Eberhard: Die Grenzen des Erziehers und seine Verantwortung, Halle 1924.

Heckel, Theodor: Zur Methodik des evangelischen Religionsunterrichtes, München 1928.

Heidegger, Martin: Sein und Zeit, Halle 1927, ²1929.

Heidemann, Rudolf: Religionspädagogik, Pädagogik und Entscheidung. Eine historisch-systematische Untersuchung zur Kategorie »Entscheidung« im Werk G. Bohnes. (Religionspädagogik heute 14), Aachen 1988.

Henningsen, Jürgen: Der Hohenrodter Bund. Zur Erwachsenenbildung in der Weimarer Zeit, Heidelberg 1958.

Ders.: Die Neue Richtung in der Weimarer Zeit, Stuttgart 1960.

Herkenrath, Liesel-Lotte: Politik, Theologie und Erziehung. Untersuchungen zu Magdalene von Tilings Pädagogik. (PF 50), Heidelberg 1972.

Herrmann, Ulrich (Hg.): »Neue Erziehung« – »Neue Menschen«. Erziehung und Bildung zwischen Kaiserreich und Diktatur, Weinheim/Basel 1987.

Jahnke, Eckhard: Kultur und Religion in der religiösen Erziehung. Gerhard Bohnes Auseinandersetzung mit der Religionspädagogik Richard Kabischs, Leer 1979.

Jaspers, Karl: Philosophie, Berlin u.a. 1932.

Jöde, Fritz (Hg.): Pädagogik Deines Wesens. Gedanken der Erneuerung aus dem Wendekreis. Erschienen im Freideutschen Jugendverlag von Adolf Saal, Hamburg 1919, ²1920.

Kabisch, Richard/Tögel, Hermann: Wie lehren wir Religion? Göttingen ⁷1931.

Karstädt, Otto (Hg.): Methodische Strömungen der Gegenwart (1920), Berlin/Leipzig ¹⁸1930.

Kesseler, Kurt: Brauchen wir Religionsunterricht und welchen? Leipzig 1919, ²Leipzig 1922 (unter d. Titel: Religionsunterricht im evangelischen Geiste).

Koepp, Wilhelm: Die Erziehung unter dem Evangelium. Eine Grundlegung, Tübingen 1932.
Krieck, Ernst: Philosophie der Erziehung, Jena 1922, ²1925.
Ders.: Menschenformung. Grundzüge der vergleichenden Erziehungswissenschaft, Leipzig 1925.
Ders.: Völkischer Gesamtstaat und nationale Erziehung, 3. Aufl. Heidelberg 1933.
Krotz, Fritz: Die religionspädagogische Neubesinnung. Zur Rezeption der Theologie Karl Barths in den Jahren 1924-1933. (GTA 23), Göttingen 1982.
Laack, Fritz: Das Zwischenspiel freier Erwachsenenbildung. Hohenrodter Bund und Deutsche Schule für Volksforschung und Erwachsenenbildung in der Weimarer Epoche, Bad Heilbrunn/Obb. 1984.
Landé, Walter (Hg.): Religionsunterricht, Sammlung der staatlichen Bestimmungen über Religionsunterricht an Volks-, mittleren u. höheren Schulen, religiöse Erziehung, Moralunterricht, Konfirmandenunterricht usw., Stand v. 1. Febr. 1929, Berlin 1929.
Litt, Theodor: Möglichkeiten und Grenzen der Pädagogik. Abhandlungen zur gegenwärtigen Lage von Erziehung und Erziehungstheorie, Leipzig/Berlin 1926.
Lörcher, Gustav Adolf: Otto Eberhard. Der Arbeits- und der Erlebnisgedanke in seiner Religionspädagogik, Theol. Diss. Tübingen 1966.
Lott, Jürgen: Religionsunterricht in der Berufsschule seit der Weimarer Republik, Theol. Diss. Mainz 1971, gek. u.d.T. Religion in der Berufsschule. Indoktrination u. Schulpolitik in der berufs- u. religionspädagogischen Theorie und Praxis, Hamburg 1972.
Luther, Henning: Religion, Subjekt, Erziehung. Grundbegriffe der Erwachsenenbildung am Beispiel der Praktischen Theologie Friedrich Niebergalls, München 1984.
Margies, Dieter: Das höhere Schulwesen zwischen Reform und Restauration. Die Biographie Hans Richerts als Beitrag zur Bildungspolitik in der Weimarer Republik, Rheinstetten 1972.
Moltmann, Jürgen (Hg.): Anfänge der dialektischen Theologie. 2 Bde. (Theologische Bücherei 17), München 1977.
Müller, Georg: Vom Sinn einer evangelischen Schule, München 1931.
Müller-Rolli, Sebastian F.: Evangelische Schulpolitik im demokratischen Deutschland. Von der Novemberrevolution 1918 bis zur Berliner Synode 1958. Bd. 1: Darstellung. Bd. 2: Quellen. Comenius-Institut (Ms.) (i. Vorb.).
Niebergall, Friedrich: Praktische Theologie. Lehre von der kirchlichen Gemeindeerziehung auf religionswissenschaftlicher Grundlage. Bd. 1, Tübingen 1918, Bd. 2, Tübingen 1919.
Ders.: Erziehlicher Religionsunterricht. In: Karstädt 1920/1930, 100-110.
Ders.: Zur Reform des Religionsunterrichts. (Handbücher für den Arbeitsunterricht), Langensalza 1921.
Ders.: Christliche Jugend- und Volkserziehung. Eine Religionspädagogik auf religionspsychologischer Grundlage, Göttingen 1924.

Ders.: Der neue Religionsunterricht. Bd. 1, Langensalza o.J. (1922), Bd. 3, Langensalza 1926, Bd. 4, Langensalza 1930.

Nipkow, Karl Ernst: Otto Eberhard (1875-1966). In: Schröer/Zilleßen, (Hg.): Klassiker der Religionspädagogik, Frankfurt/M. 1989, 210-222.

Oestreich, Paul (Hg.): Entschiedene Schulreform. Vorträge gehalten auf der Tagung entschiedener Schulreformer am 4./5.10.1919 im »Herrenhaus« zu Berlin, Berlin 1920.

Pfennigsdorf, Emil: Wie lehren wir Evangelium? Ein Methodenbuch auf psychologischer Grundlage für die Praxis des Religionsunterrichts in Schule und Kirche (1921), Leipzig/Erlangen ²1925.

Pius XI: Enzyklika Divini Illius Magistri, 31. Dezember 1929. In: AAS (1930), 49-86.

Preul, Reiner: Theologische Bildungskritik. Eine problemgeschichtliche Untersuchung. In: Ders.: Religion – Bildung – Sozialisation. Studien zur Grundlegung einer religionspädagogischen Bildungstheorie. (Eine Veröffentlichung des Comenius-Instituts), Gütersloh 1980, 16-95.

Richert, Hans (Hg.): Richtlinien für die Lehrpläne der höheren Schulen Preußens. Erster Teil: Grundsätzliches und Methodisches, Berlin 1925.

Richtlinien für die Lehrpläne in evangelischer Religion an den höheren Schulen in Preußen. Erlaß vom 7. Dez. 1926. In: Zentralblatt 1926, 408ff., wieder in: Landé 1929, 122-141.

Richtlinien zur Aufstellung von Lehrplänen für die oberen Jahrgänge der Volksschule. Erlaß vom 15. Okt. 1922. In: Zentralblatt 1923, 171ff., wieder in: Landé 1929, 87-90.

Rosenstock, Eugen: Angewandte Seelenkunde. Eine programmatische Übersetzung, Darmstadt 1924.

Rosenzweig, Franz: Der Stern der Erlösung (1921), Berlin 1930.

Sandberger, Jörg V.: Pädagogische Theologie. Friedrich Niebergalls Praktische Theologie als Erziehungslehre. (APTh 10), Göttingen 1972.

Saupe, Emil: Religionspädagogische Fragen der Gegenwart. In: Karstädt 1930, 110-139.

Schlemmer, Hans: Die religiöse Persönlichkeit in der Erziehung, eine religions-philosophisch-pädagogische Untersuchung (1920), Berlin-Charlottenburg ²1928.

Schreiner, Helmuth: Pädagogik aus Glauben, Schwerin 1930, ²1931.

Schulze, Fritz: Religion und Bildung. Gegenwartsphilosophische Grundlegung einer evangeliumsgemäßen Religionspädagogik. Langensalza 1930; Erziehung und Evangelium. Theorie der Bildungshilfe vom evangelischen Standort aus, Langensalza 1932.

Seyfert, Richard: Die staatliche Neuordnung und die Zukunft des R.-U. – Tatsachen und Kundgebungen. I. Vorgänge im Reich und in den »Ländern«. 1. Die Nationalversammlung und der Religionsunterricht. In: MevR 12 (1919), 179-185.

Steinen, Sigrid von den: Pädagogik und Theologie im Werk des Religionspädagogen Gerhard Bohne, Diss. Münster 1974.

Stupperich, Martin: Otto Dibelius und die Schulfrage. 1918-1965. In: J. Ohlemacher (Hg.): Religionspädagogik im Kontext kirchlicher Zeitgeschichte. (Arbeiten der Religionspädagogik 9), Göttingen 1993, 33-69.
Thurneysen, Eduard: Konfirmandenunterricht. Ein Kapitel aus der praktischen Theologie. In: Ders.: Das Wort Gottes und die Kirche, München 1927, 136-164 (Neudruck München 1971), Auszug in: Ch. Bäumler/H. Luther (Hg.): Konfirmandenunterricht und Konfirmation. Texte zu einer Praxistheorie im 20. Jahrhundert. (Theologische Bücherei 71), München 1982, 67-84.
Ders.: Die Lehre von der Seelsorge, Zürich 1946, ⁵1980.
Tiling, Magdalene von: Grundlagen pädagogischen Denkens, Stuttgart 1932.
Tögel, Hermann: Moralunterricht, Göttingen 1920.
Vrijdaghs, Bartholomeus: Gerhard Bohne (1895-1977). In: H. Schröer/D. Zilleßen (Hg.): Klassiker der Religionspädagogik, Frankfurt/M. 1989, 223-235.
Zeidler, Kurt: Die Wiederentdeckung der Grenze. Beiträge zur Formgebung der werdenden Schule. (Zeitwende. Schriften zum Aufbau neuer Erziehung), Jena 1926.

6. Evangelisches Erziehungsdenken in der Zeit des Nationalsozialismus

Adam, Gottfried: Oskar Hammelsbeck (1899-1975). In: Schröer/Zilleßen 1989, 236-249.
Albertz, Martin/Forck, Bernhard H.: Evangelische Christenlehre. (Ein Altersstufen-Lehrplan), Wuppertal-Barmen o.J. (1938).
Bloth, Peter C.: Kreuz oder Hakenkreuz? Zum Ertrag evangelischer Religionsdidaktik zwischen 1933 und 1945. In: Reinhard Dithmar (Hg.): Schule und Unterricht im Dritten Reich, Neuwied 1989, 87-99.
Bohne, Gerhard: Evangelische Religion. Gegenstand und Gestaltung, Leipzig 1934, 2., neu bearb. Aufl. 1936.
Ders.: Religionspädagogische Gegenwartsfragen. Tagesfragen und Grundfrage. In: Die Deutsche Schule 39 (1935), 1-8.
Ders.: Religion und Erziehung. In: Die Deutsche Schule 40 (1936), 145-154.
Bourbeck, Christine/Gaul, A.: Die kirchliche Unterweisung der Getauften. (Kirche und Erziehung. Pädagogische Schriftenreihe der Evangelischen Schulvereinigung 10), München 1938.
Conway, John S.: Die nationalsozialistische Kirchenpolitik 1933-1945. Ihre Ziele, Widersprüche und Fehlschläge. München 1969, 194-211 (»Der Kampf um die Erziehung«).
Cramer, Karl/Duken: Erziehung und Sitte in ihrer Bedeutung im neuen Staat. Grundsätzliche Erwägungen zu unserer Arbeit in der Erwachsenenbildung in Thüringen. In: SchuEv 8 (1933/34), 137-147.

Cramer, Karl: Das alttestamentliche Gesetz. In: SchuEv 10 (1935/36), 227-235.

Doerne, Martin: Christliche Erziehung im nationalsozialistischen Staat. In: Volkskirchliche Arbeitsgemeinschaft der Deutschen Evangelischen Kirche (Hg.): Volkserziehung und Verkündigung. Beiträge zum deutschen Erziehungsproblem. (Der Evangelische Religionsunterricht 1), Frankfurt/M. 1937.

Faber, Hermann: Probleme der religiösen Erziehung und Unterweisung. In: ThR 10 (1938), 359-373.

Fendt, Leonhardt: Katechetik. Einführung in die Grundfragen des kirchlichen Unterrichts der Gegenwart, Gießen 1935.

Freitag, K.: Kirche, Schule und Religionsunterricht im völkischen Staat, nebst Lehrplanentwürfen, Leipzig 1934.

Frör, Kurt: Was heißt evangelische Erziehung? Grundlegung einer evangelischen Lehre von der Erziehung. (Kirche und Erziehung 7), München 1933.

Ders.: Evangelische Erziehung im Dritten Reich. (Luthertum N.F. 1), 1934, 63-77.

Ders.: Recht und Auftrag christlicher Erziehung, München 1936.

Ders.: Erziehung, Kirche und Staat in ökumenischer Sicht. In: Haus und Schule 32 (1936), 34ff.

Hammelsbeck, Oskar: Leben unter dem Wort als Frage des kirchlichen Unterrichts (Laien-Mission). (ThEx heute 55), München 1938.

Ders.: Der kirchliche Unterricht. Aufgabe – Umfang – Einheit, München 1939, ²1947.

Ders.: Glaube und Bildung. (ThEx heute 74), München 1940, ²1941.

Ders.: Der heilige Ruf. Aufsätze und Vorträge über die christliche Verantwortung für Kirche und Welt, Gütersloh 1947.

Ders.: Ertrag des Kirchenkampfes für Unterweisung und Leben. In: B. Albers (Hg.): Religionspädagogik in Selbstdarstellungen II. (Religionspädagogik heute 7), Aachen 1981, 47-63.

Ders.: Pädagogische Autobiographie 1959. In: H. Horn (Hg.): Kirche, Schule und Staat im 20. Jahrhundert. Oskar Hammelsbecks Bilanz aus dem Nachlaß, Hagen o.J. (1979), 9-96.

Herkenrath, Liesel-Lotte: Politik, Theologie und Erziehung. Untersuchungen zu Magdalene von Tilings Pädagogik. (PF 50), Heidelberg 1972.

Herrmann, Ulrich/Oelkers, Jürgen (Hg.): Pädagogik und Nationalsozialismus. ZfPäd, Beiheft 22 (1988).

Horn, Hermann (Hg.): Kirche, Schule und Staat im 20. Jahrhundert. Oskar Hammelsbecks Bilanz aus dem Nachlaß, Hagen o.J. (1979).

Hunsche, Klara: Der Kampf um die christliche Schule und Erziehung 1933-1945. In: Kirchliches Jahrbuch 76 (1949), 455-519.

Jarausch, Konrad: Die germanische Religion als Gegenstand des Religionsunterrichts. In: SchuEv 9 (1934/35), 25-37.

Ders.: Rez. von K. Freitag: Kirche, Schule und Religionsunterricht im völkischen Staat. In: SchuEv 9 (1934/35), 93.

Kittel, Helmuth: Der christliche Erzieher im nationalsozialistischen Staat. In: Das

Evangelische Deutschland. Kirchliche Rundschau für das Gesamtgebiet der Deutschen Evangelischen Kirche 10 (1933), 289-290.
Ders.: Erziehung unter dem Evangelium. Ein Lagebericht. In: DTh 1 (1934), 319-334.
Ders.: Schule unter dem Evangelium. Richtlinien. In: DTh 2 (1935), 140-153.
Ders.: Die Überwindung des Liberalismus in der religiösen Erziehung. In: Neue Deutsche Schule 9 (1935), 453-461.
Ders.: Religion als Geschichtsmacht. Über das Evangelium in der deutschen Geschichte, Leipzig/Berlin 1938, ²1939.
Ders.: Glauben ohne Dogma. In: ZevRU 51 (1940), 128-132.
Krieck, Ernst: Nationalpolitische Erziehung, Leipzig 1933.
Ders.: Grundriß der Erziehungswissenschaft. Leipzig 1933.
Ders.: Nationalsozialistische Erziehung. Osterwieck im Harz 1933.
Mayer, Traugott: Kirche in der Schule. Evangelischer Religionsunterricht in Baden zwischen 1918 und 1945, Karlsruhe 1980.
Müller-Rolli, Sebastian F.: Evangelische Schulpolitik im demokratischen Deutschland. Von der Novemberrevolution 1918 bis zur Berliner Synode 1958. Bd. 1: Darstellung, Bd. 2: Quellen. Comenius-Institut (Ms.) (i. Vorb.).
Nipkow, Karl Ernst: Zum biblischen Unterricht bei Martin Rang. Aporien in der Zeit der »Evangelischen Unterweisung«. In: Rainer Lachmann (Hg.): Religionsunterricht als religionspädagogische Herausforderung. FS H. Angermeyer (Religionspädagogik heute 9), Aachen 1982, 67-79.
Pauls, Theodor: Der evangelische Religionsunterricht, Osterwieck im Harz 1934.
Rang, Martin: Biblischer Unterricht. Theoretische Grundlegung und praktische Handreichung für den Religionsunterricht in Schule, Kirche und Familie, Berlin 1936.
Ders.: Handbuch für den biblischen Unterricht. Theoretische Grundlegung und praktische Handreichung für die christliche Unterweisung der evangelischen Jugend. 2 Bde., Tübingen 1939, ³1948.
Reichskirchenausschuß: Kirche und öffentliche Schule. In: SchuEv 11 (1936/37), 219-224.
Reimold, Wilhelm: Zielsetzungen im evangelischen Religionsunterricht. In: SchuEv 9 (1934/35), 134-141.
Rickers, Folkert: Religionspädagogen zwischen Kreuz und Hakenkreuz. Ein historisches Kapitel zum gesellschaftlichen Bewußtsein und zur Wahrnehmung politischer Verantwortung in der Religionspädagogik. In: JRP 3 (1987), 36-68.
Ders.: »Zwischen den Stühlen«. Helmuth Kittels Beziehungen zum Nationalsozialismus. In: Klaus Ebert (Hg.): Alltagswelt und Ethik. Beiträge zu einem sozial-ethischen Problemfeld, Wuppertal 1988, 197-241.
Ders.: Militärisches Denken und die Erfahrung des Zweiten Weltkrieges bei dem Religionspädagogen Helmuth Kittel. In: Günther van Norden/Volkmar Wittmütz (Hg.): Evangelische Kirche im Zweiten Weltkrieg. (Schriftenreihe d. Vereins f. Rheinische Kirchengeschichte 104), Köln 1991, 141-165.

Rönck, Hugo (Hg.): Ein Reich – ein Gott! Vom Wesen deutschen Christentums. Handbuch für den Religions- und Konfirmandenunterricht, Weimar 1941.
Sander, Wolfgang: Politische Bildung im Religionsunterricht. Eine Untersuchung zur politischen Dimension der Religionspädagogik, Stuttgart 1980.
Schieder, Julius: Katechismus-Unterricht, München 1934, ⁶1951.
Schroth: Völkische Religiosität im christlichen Religionsunterricht. In: SchuEv 11 (1935/36), 156-160.
Schulze, F.: Volk und Gott. Ein Beitrag zur Frage deutsch-evangelischer Volkserziehung, Frankfurt/M. 1934.
Sonne, Hans-Joachim: Die politische Theologie der Deutschen Christen. Einheit und Vielfalt deutschchristlichen Denkens, dargestellt anhand des Bundes für Deutsche Kirche, der Thüringer Kirchenbewegung »Deutsche Christen« und der Christlich-Deutschen Bewegung. (GTA 21), Göttingen 1982.
Spalke, R.J.: Rez. von: Tiling/Jarausch: Grundfragen pädagogischen Handelns. In: SchuEv 8 (1933/34), 263-267.
Stock, Hans: Knabenerziehung. In: SchuEv 8 (1933/34), 3-12.
Stonner, A.: Nationale Erziehung und Religionsunterricht, Regensburg 1934.
Stupperich, Martin: Otto Dibelius und die Schulfrage. 1918-1965. In: Jörg Ohlemacher (Hg.): Religionspädagogik im Kontext kirchlicher Zeitgeschichte. (Arbeiten zur Religionspädagogik 9), Göttingen 1993, 33-69.
Thierfelder, Jörg: Die Auseinandersetzungen um Schulreform und Religionsunterricht im Dritten Reich zwischen Staat und evangelischer Kirche in Württemberg. In: M. Heinemann (Hg.): Erziehung und Schulung im Dritten Reich, I. Kindergarten, Schule, Jugend, Berufserziehung, Stuttgart 1980, 230-250.
Tiling, Magdalene von: Der Staat und die christliche Erziehung. In: SchuEv 7 (1932/33), 235-244, 266-271, 294-303.
Dies.: Mann und Frau in Volk und Staat. In: SchuEv 8 (1933/34), 12-18.
Dies.: Der nationalsozialistische Staat und die Mädchenerziehung. In: SchuEv 8 (1933/34), 113-115.
Dies.: Die Aufgabe des Religionsunterrichts in der Gegenwart. In: SchuEv 9 (1934/35), 248-254, SchuEv 10 (1935/36), 26-33.
Dies.: Zur Frage des Verhältnisses von nationalsozialistischer und kirchlicher Erziehung. Thesen der beratenden Kammer für Erziehungsarbeit. In: SchuEv 11 (1936/37), 225-234, 247-254.
Tiling, Magdalene von/Jarausch, Konrad (Hg.): Grundfragen pädagogischen Handelns. Beiträge zur neuen Erziehung, hg. i. Auftrag des Arbeitsbundes für wissenschaftliche Pädagogik auf reformatorischer Grundlage, Stuttgart 1934.
Tögel, Hermann (Hg.): Bekenntnis zum deutschen Glauben. Grundsätze für den evangelischen Religionsunterricht im deutsch-christlichen Geiste. Im Auftrag des Reichsbundes für Religionsunterricht und religiöse Erziehung (Hg.), Frankfurt 1933.
Ders.: Der Religionsunterricht im neuen Deutschland, Leipzig 1933.

Uhsadel, Walter: Die Kirche im Erziehungswerk. Die reformpädagogischen Schulversuche in ihrem Verhältnis zur Kirche, Kassel 1939.

Vierte Bekenntnissynode der Deutschen Evangelischen Kirche: Beschluß der Vierten Bekenntnissynode über die Schulfrage. In: W. Niemöller (Hg.): Die vierte Bekenntnissynode der Deutschen Evangelischen Kirche zu Bad Oeynhausen. Text – Dokumente – Berichte, Göttingen 1960, 115-119.

Vrijdaghs, Bartholomeus: Gerhard Bohne (1895-1977). In: Schröer/Zilleßen, 223-235.

Werdermann, Hermann: Luther als Erzieher und die Religionspädagogik der Gegenwart, Gütersloh 1933.

Windhorst, Christof: Beobachtungen zur Lutherrezeption Helmuth Kittels von 1930-1947. In: Jörg Ohlemacher (Hg.): Religionspädagogik im Kontext kirchlicher Zeitgeschichte. (Arbeiten zur Religionspädagogik 9), Göttingen 1993, 13-32.

Ziemer, Martin: Volk und Schule. I. »Volk im Werden«. Eine Besprechung. In: SchuEv 8 (1933/34), 165-168.

7. Evangelische Religionspädagogik von der Nachkriegszeit bis Anfang der 70er Jahre

A. Die Entwicklung in der Bundesrepublik

Angermeyer, Helmut: Die Evangelische Unterweisung an höheren Schulen. Grundlegung und Methode, München 1957.

Ders.: Didaktik und Methodik der Evangelischen Unterweisung, besonders an Volks- und Realschulen, München 1965.

Baldermann, Ingo: Biblische Didaktik – Die sprachliche Form als Leitfaden unterrichtlicher Texterschließung am Beispiel synoptischer Erzählungen, Hamburg 1963.

Ders.: Der biblische Unterricht. Ein Handbuch für den evangelischen Religionsunterricht, Braunschweig 1969.

Bastian, Hans-Dieter/Röbbelen, Ingeborg: Kind und Glaube. (PF 25), Heidelberg 1964.

Bastian, Hans-Dieter: Theologie der Frage. Ideen zur Grundlegung einer theologischen Didaktik und zur Kommunikation der Kirche in der Gegenwart, München 1969.

Becker, Ulrich/Stock, Hans/Wegenast, Klaus/Wibbing, Siegfried (Hg.): Handbücherei für den Religionsunterricht, Gütersloh 1965ff. (mehrere Hefte).

Bochinger, Erich: Anschaulicher Religionsunterricht, Stuttgart 1964, ²1967.

Ders.: Distanz und Nähe. Beiträge zur Didaktik des Religionsunterrichts, Stuttgart 1968.

Bohne, Gerhard: Grundlagen der Erziehung. Die Pädagogik in der Verantwortung vor Gott, Hamburg, Bd. 1: 1951, Bd. 2: 1953.

Ders.: Vom Gespräch zwischen Pädagogik und Theologie. In: ZfPäd 1 (1955), 229-247.

Campenhausen, Axel von: Erziehungsauftrag und staatliche Schulträgerschaft, Göttingen 1967.
Cillien, Ursula: Das Erziehungsverständnis in Pädagogik und evangelischer Theologie, Düsseldorf 1961.
Comenius-Institut: Stellungnahme zu Problemen des Religionsunterrichts. In: EKD – Kirchenkanzlei (Hg.): Evangelische Kirche und Religionsunterricht. Eine Dokumentation, Hannover o.J. (1969), 16-21.
Crimmann, Ralph P.: Erich Weniger und Oskar Hammelsbeck. Eine Untersuchung ihrer pädagogischen und theologischen Anschauungen unter besonderer Berücksichtigung des Normenproblems, Weinheim/Basel 1986.
Delekat, Friedrich: Das theologische Problem in der Pädagogik und das pädagogische Problem in der Theologie. In: Evangelische Erziehung 1 (1948), 9-26.
Ders.: Theologie und Pädagogik. (TEH 53), München 1956.
Dessecker, Klaus/Martin, Gerhard/Meyer zu Uptrup, Klaus: Religionspädagogische Projektforschung, Stuttgart/München 1970.
Deutscher Ausschuß für das Erziehungs- und Bildungswesen: Empfehlungen und Gutachten. 6. Folge: Zur religiösen Erziehung und Bildung in den Schulen, Stuttgart 1963.
Dignath, Walter: Weihnachtstexte im Unterricht, Göttingen 1965.
Dross, Reinhard: Zur Neukonzeption des Religionsunterrichts, Gütersloh 1970.
Ebeling, Gerhard: Wort und Glaube, Tübingen 1960, ²1962.
EKD-Kirchenkanzlei (Hg.): Die evangelische Kirche und die Bildungsplanung. Eine Dokumentation, Gütersloh/Heidelberg 1972.
Dies. (Hg.): Evangelische Beiträge zur Bildungspolitik, Gütersloh 1976.
EKD-Kirchenamt (Hg.): Bildung und Erziehung. (Die Denkschriften der EKD, 4/1), Gütersloh 1987.
EKD-Kommission I: Stellungnahme zu verfassungsrechtlichen Fragen des Religionsunterrichtes. In: EKD 1987, 56-63.
Esser, Wolfgang G. (Hg.): Zum Religionsunterricht morgen I, Perspektiven künftiger Religionspädagogik, München/Wuppertal 1970.
Flitner, Andreas: Die Kirche vor den Aufgaben der Erziehung. (PF 9), Heidelberg 1958, ²1959.
Ders.: Glaubensfragen im Jugendalter. (PF 18), Heidelberg 1961.
Flitner, Wilhelm: Erziehungswissenschaft und kirchliche Pädagogik. In: Die Sammlung 6 (1951), 631-645.
Frik, Helmut: Religionsunterricht im Dialog mit Theologie und Psychologie. Das Verständnis biblischer Texte und die Stufen des kindlichen Verstehens, Stuttgart 1968.
Frör, Kurt: Biblische Hermeneutik. Zur Schriftauslegung in Predigt und Unterricht, München 1961, ³1967.
Ders.: Religionsunterricht (Evangelische Unterweisung). Zur Problematik heute. In: ERB 12 (1964), 179-181. Wiederabdruck in: Gloy, H. (Hg.): Evangelischer Religionsunterricht in einer säkularisierten Gesellschaft, Göttingen 1969, 122f.

Ders.: Biblische Hermeneutik. Zur Schriftauslegung in Predigt und Unterricht, München ³1967.

Gloy, Horst (Hg.): Evangelischer Religionsunterricht in einer säkularisierten Gesellschaft. (Paedagogica 4), Göttingen 1969. (a)

Ders.: Die religiöse Ansprechbarkeit Jugendlicher als didaktisches Problem, dargestellt am Beispiel des Religionsunterrichts an der Berufsschule, Hamburg 1969. (b)

Gogarten, Friedrich: Verhängnis und Hoffnung der Neuzeit. Die Säkularisierung als theologisches Problem, Stuttgart 1953.

Gräßmann, Frithjof: Religionsunterricht zwischen Kirche und Schule – Kritik seiner Praxis, München 1961.

Hammelsbeck, Oskar: Evangelische Lehre von der Erziehung, München 1950, 2., neubearb. u. erw. Aufl. 1958. (a)

Ders.: Begegnung zwischen Schule und Kirche in der Evangelischen Unterweisung. In: EvErz 2 (1950/51), 8, 2-10. (b)

Ders.: Volksschule in evangelischer Verantwortung. (Kamps Päd. Taschenbücher 7), Bochum o.J. (1962).

Heeger, Helmut (Hg.): Glauben und Erziehen. Pädagogen und Theologen im Gespräch. Eine Festgabe für Gerhard Bohne zu seinem 65. Geburtstag, Neumünster 1960.

Hunger, Heinz: Evangelische Jugend und evangelische Kirche. Eine empirische Studie, Gütersloh 1960.

Janzen, Wolfram: Existentiale Theologie und Religionspädagogik. Das Beispiel Martin Stallmanns. (Religionspädagogik heute 20), Aachen 1990.

Kaufmann, Hans-Bernhard: Muß die Bibel im Mittelpunkt des Religionsunterrichts stehen? In: Loccumer Prot. 12/1966, 37-39. Erweitert und ergänzt in: Otto/Stock 1968, 79-83, Überarb. in: Kaufmann 1973, 23-27.

Ders. (Hg.): Streit um die Christlichkeit der Schule. Das Normproblem in der Schule für alle, Gütersloh 1970.

Kittel, Helmuth: Vom Religionsunterricht zur Evangelischen Unterweisung. (Pädagogische Bücherei. Hg. O. Haase, Bd. 3) Wolfenbüttel/Hannover 1947. (a) 3., durchges. Aufl. Berlin/Hannover/Darmstadt 1957.

Ders.: Evangelische Unterweisung und Reformpädagogik, Lüneburg 1947 (b) (auch in: Studien zu Religionspädagogik und Lehrerbildung I, Dortmund 1968, 41ff.).

Ders.: Schule unter dem Evangelium. Zum Problem der Konfessionalität im Schulwesen. (Päd. Studien 2), Braunschweig 1949.

Ders.: Der Erzieher als Christ. Göttingen 1951, ³1961.

Ders.: Evangelische Religionspädagogik, Berlin 1970. (a)

Ders.: Freiheit zur Sache. Eine Streitschrift zum Religionsunterricht, Göttingen 1970. (b)

Lähnemann, Johannes: Helmuth Kittel (1902-1984). In: Schröer/Zilleßen 1989, 250-266.

Langeveld, Martinus J.: Das Kind und der Glaube. Einige Vorfragen zu einer Religions-Pädagogik, Braunschweig 1959 (holl.: Kind en Religie, Utrecht 1956).

Lennert, Rudolf: Immer noch: der evangelische Religionsunterricht in der Schule. Eine Entgegnung. In: Die Sammlung 6 (1951), 249-254.

Ders.: »Verkündigung« oder »Auslegung«? In: Die Sammlung 7 (1952), 369-378.

Lennert, Rudolf/Kittel, Helmuth: Über den Lehrer im Religionsunterricht. Ein offener Brief. In: Die Sammlung 3 (1948), 695-704.

Leuenberger, Robert: Die biblische Botschaft in der Bildungskrise der heutigen Schule. In: Theodor Ellwein (Hg.): Die biblische Botschaft in der Bildungskrise der heutigen Schule. (Schriftenreihe der Pädagogischen Studienkommission der Studiengemeinschaft der Ev. Akademien 4), Frankfurt/M. 1956, 5-19.

Loch, Werner: Die Verleugnung des Kindes in der evangelischen Pädagogik. (Neue päd. Bemühungen 11), Essen 1964.

Martin, Gerhard: Ort und Aufgabe evangelischen Religionsunterrichts. In: EvErz 21 (1969), 1-9.

Metz, Johann Baptist: Zur Theologie der Welt, Mainz/München 1968.

Moltmann, Jürgen: Theologie der Hoffnung, München 1964, [7]1968.

Müller-Bardorff, Johannes: Verstehen und Unterweisen. Einführung in die Evangelien und ihre Weitergabe im Unterricht anhand des Markusevangeliums, München 1967.

Ders.: Paulus. Wege zu didaktischer Erschließung der paulinischen Briefe, Gütersloh 1970.

Niemeier, Gottfried/Uhsadel, Walter: Kirche und Schule, Heidelberg 1956.

Nipkow, Karl Ernst: Evangelische Unterweisung oder evangelischer Religionsunterricht? (Neue Päd. Bemühungen 4), Essen 1964, [3]1967.

Ders.: Grundfragen des Religionsunterrichts in der Gegenwart. (PF 35), Heidelberg 1967, [2]1969.

Ders.: Anmerkungen zu Stand und Aufgabe religionspädagogischer Forschung heute. In: ThPr 2 (1967), 31-57 (Wiederabdruck in Nipkow 1971, 127-160).

Ders.: Christlicher Glaubensunterricht in der Säkularität. Die zwei didaktischen Grundtypen des evangelischen Religionsunterrichts. In: EvErz 20 (1968), 5, 169-189. Wiederabdruck in: Nipkow 1971, 236-263; Wegenast, 1971, 109-134.

Ders.: Christliche Bildungstheorie und Schulpolitik. Deutsches Institut für Bildung und Wissen 1958-1968, Gütersloh 1969. (a)

Ders.: Curriculumforschung und Religionsunterricht. In: Die Dt. Schule 61 (1969), 756-774 (Wiederabdruck in: Esser 1970, 254-280; Nipkow 1971, 187-212). (b)

Ders.: Welche »Themen« und »Stoffe« sollen außer der Hl. Schrift in der Katechese verwendet werden? In: Concilium 6 (1970), 166-173.

Ders.: Schule und Religionsunterricht im Wandel. Ausgewählte Studien zur Pädagogik und Religionspädagogik, Heidelberg/Düsseldorf 1971.

Ders.: Braucht unsere Bildung Religion? Zur gesellschaftlichen Verwendung religiöser Erziehung und zur Gesellschaftsferne der Religionspädagogik. In: H. Horn (Hg.): Begegnung und Vermittlung. Gedenkschrift für Ingeborg Röbbelen, Dortmund 1972, 37-54.

Otto, Gert: Verkündigung und Erziehung. Über das Verhältnis von Theologie und Pädagogik, Göttingen 1957.
Ders.: Schule – Religionsunterricht – Kirche. Stellung und Aufgabe des Religionsunterrichts in Volksschule, Gymnasium und Berufsschule, Göttingen 1961, ³1968.
Ders.: Evangelischer Religionsunterricht als hermeneutische Aufgabe. In: ZThK 61 (1964), 236-249; Wiederabdruck in: Otto: Schule – Religionsunterricht – Kirche, Göttingen ³1968.
Ders.: Handbuch des Religionsunterrichts. Hamburg 1964.
Ders.: Religionsunterricht (Evangelische Unterweisung). Zur Problematik heute. In: ERB 12 (1964), 180f. Wiederabdruck in: Gloy 1969, 123f.
Ders./Dörger, Hans/Lott, Jürgen: Neues Handbuch des Religionsunterrichts, Hamburg 1972.
Otto, Gert/Rauschenberger, Hans: Mainzer Thesen zum RU in der Grundschule. In: EvKomm 3 (1970), 325ff. Wiederabdruck in: Otto 1972, 72-81.
Otto, Gert/Stock, Hans (Hg.): Schule und Kirche vor den Aufgaben der Erziehung. ThPr, Sonderheft für Martin Stallmann, Hamburg 1968.
Otto, Gert/Witt, Karl: Evangelischer Religionsunterricht an der Berufsschule. Fragen an Schule und Kirche, Göttingen 1958.
Rengsdorfer Thesen zum evangelischen Religionsunterricht (1950): In: H. Horn (Hg.): Kirche, Schule und Staat im 20. Jahrhundert, Hagen 1979, 128f.
Robinsohn, Saul B.: Bildungsreform als Revision des Curriculum, Neuwied-Berlin 1967.
Röbbelen, Ingeborg: Zum Problem des Elternrechts. Ein Beitrag aus evangelischer Sicht. (PF 30), Heidelberg 1966.
Schilling, Hans: Grundlagen der Religionspädagogik. Zum Verhältnis von Theologie und Erziehungswissenschaft, Düsseldorf 1970.
Schmidt, Günter R.: Die theologische Propädeutik auf der gymnasialen Oberstufe. (BPTh 8), Heidelberg 1969.
Ders.: Die Inhalte des Religionsunterrichts aus der Sicht der allgemeinen Curriculumtheorie. In: EvErz 22 (1970), 16-26.
Schmidt, Heinz: Conceptions of Religious Education and Reeducation Policy in the Formative Years of West-Germany. In: Panorama 4 (1992), 49-55.
Schmoeckel, Reinhard: Der Religionsunterricht. Die rechtliche Regelung nach Grundgesetz und Landesgesetzgebung, Berlin 1964.
Schreiber, Johannes: Theologische Erkenntnis und unterrichtlicher Vollzug. Dargestellt am Beispiel des Markus-Evangeliums, Hamburg 1966.
Schultze, Herbert: Ethische Fragen im Unterricht. Religionspädagogische Erwägungen und Beispiele, Hamburg 1966.
Stallmann, Martin: Christentum und Schule, Stuttgart 1958.
Ders.: Die biblische Geschichte im Unterricht. In: ZThK 51 (1954), 216-250, Wiederabdruck in: Stallmann 1963, 55-88.
Ders.: Die biblische Geschichte im Unterricht – Katechetische Beiträge, Göttingen 1963, ²1969.

Ders.: Evangelischer Religionsunterricht, Düsseldorf 1968.
Stock, Hans: Religionsunterricht in der Krise. In: Die Sammlung 7 (1952), 314-325.
Ders.: Verkündigung durch Auslegung! In: Die Sammlung 7 (1952), 441-447.
Ders.: Studien zur Auslegung der synoptischen Evangelien im Unterricht, Gütersloh 1959, ⁵1970.
Ders.: Religionsunterricht in der »Kritischen Schule«. Gütersloh 1968.
Ders.: Beiträge zur Religionspädagogik, Gütersloh 1969.
Stoodt, Dieter: Die gesellschaftliche Funktion des Religionsunterrichts. In: EvErz 21 (1969) 49-61.
Ders.: Die Praxis der Interaktion im Religionsunterricht. In: EvErz 22 (1970), 1-10.
Ders.: Information und Interaktion im Religionsunterricht. In: K. Wegenast (Hg.): Religionsunterricht – wohin? Gütersloh 1971, 293-310.
Surkau, Hans-Werner: Vom Text zum Unterrichtsentwurf, Gütersloh 1965.
Uhsadel, Walter: Art.: Religionspädagogik I. In: RGG³ Bd. V (1961), 1001-1005. (a)
Ders.: Evangelische Erziehungs- und Unterrichtslehre (1954), 2., veränd. u. erw. Aufl. Heidelberg 1961. (b)
Vierzig, Siegfried: Das Markus-Evangelium im Unterricht. Einführung in das historisch-kritische Bibelverständnis, Kassel 1967, ²1968.
Ders.: Lernziele des Religionsunterrichts. In: Informationen des Pädagogisch-Theologischen Instituts Kassel, 1 u. 2 (1970), 5-16.
Ders.: Religion und Emanzipation. In: Informationen zum religions-unterricht, 3 u. 4 (1970), 4-7.
Wegenast, Klaus: Der biblische Unterricht zwischen Theologie und Didaktik, Gütersloh 1965. (a)
Ders.: Jesus und die Evangelien, Gütersloh 1965, ⁵1972. (b)
Ders.: Überlegungen zum Verhältnis der Allgemeinen Didaktik zu einer Fachdidaktik des Religionsunterrichts. In: EvErz 19 (1967), 245-262.
Ders.: Die empirische Wendung in der Religionspädagogik. In: EvErz 20 (1968), 111-124. Wiederabdruck in: K. Wegenast: Religionspädagogik. 1. Bd., Der evangelische Weg. Darmstadt 1981, 241-264.
Ders.: Glaube – Schule – Wirklichkeit. Beiträge zur Theorie und Praxis des Religionsunterrichts, Gütersloh 1970.
Weniger, Erich: Glaube, Unglaube und Erziehung. In: EvErz 1 (1949), 15-28.
Ders.: Zum Gespräch zwischen evangelischer Theologie und Pädagogik. In: Die Sammlung 9 (1954), 126-137; 180-193.
Wiese, Walter (Hg.): Der Kindergottesdienst. Begründung und Gestaltung. Stuttgart 1961.
Witt, Karl: Der evangelische Religionsunterricht im Bildungsgefüge der öffentlichen Schule. In: Heeger 1960, 39-51.
Wölber, Hans-Otto: Religion ohne Entscheidung. Volkskirche am Beispiel der jungen Generation, Göttingen 1959, ²1960.

B. Die Entwicklung in der DDR

Aldebert, Heiner: Christenlehre in der DDR. Evangelische Arbeit mit Kindern in einer säkularisierten Gesellschaft. Eine Standortbestimmung nach zwanzig Jahren »Kirche im Sozialismus« und vierzig Jahren DDR. (Päd. Beitr. zur Kulturbegegnung 8 = Christliche Erziehung in Europa 7), Hamburg 1990.

Baltin, Walter: Zum gegenwärtigen Gespräch über den Katechumenat. In: Otto/Stock 1968, 40-45 (Wiederabdruck in Bloth 1975, 59-65).

Ders.: Das Fundamentale und Elementare des katechetischen Tuns. In: ChL 24 (1971), 260-264 (Wiederabdruck in Bloth 1975, 112-119).

Bloth, Peter C.: Christenlehre und Katechumenat in der DDR. Eine Skizze zur Einführung in Tendenzen und Konsequenzen heutiger kirchlicher Katechetik. In: Bloth 1975, 9-24.

Ders. (Hg.): Christenlehre und Katechumenat in der DDR. Grundlagen – Versuche – Modelle, Gütersloh 1975.

Fritzsche, Helmut: Weltoffener Katechismusunterricht. Die Bedeutung der materialen Basis für die Erneuerung des Katechismusunterrichts, Theol. Habil.schr., Jena 1968.

Frühauf, Klaus u.a.: Zur Fortsetzung des Gesprächs über eine katechetische Neuorientierung. In: ChL 23 (1970), 172-175 (Wiederabdruck in Bloth 1975, 305-310).

Hafa, Herwig: Besinnung auf Herkunft, Weg und Zukunft unserer katechetischen Arbeit. In: ChL 20 (1967), 139-149.

Ders.: Katechetische Neuorientierung? In: ChL 22 (1969), 227-240. (Wiederabdruck in Bloth 1975, 283-304).

Henkys, Jürgen: Katechumenat und Gesellschaft. In: G. Kulicke u.a. (Hg.): Bericht von der Theologie, Berlin (Ost) 1971, 282-301 (Wiederabdruck in Bloth 1975, 73-90).

Ders.: Zur Katechumenatsidee vor C.A.G. von Zezschwitz. In: Joachim Rogge/Gottfried Schille (Hg.): Theologische Versuche IV, Berlin (Ost) 1972, 179-193 (Wiederabdruck in Bloth 1975, 43-58).

Heßler, Eva: Das Katechumenatsverständnis der Reformation. In: ChL 21 (1968), 151-161.

Dies.: Eine Studie über den Kinderglauben. In: ChL 23 (1970), 45-53 (Wiederabdruck in Bloth 1975, 144-159).

Dies.: Geschichte und Aufgabe des Erwachsenenkatechumenats. In: ChL 22 (1969), 287-296.

Katechetische Arbeitsgemeinschaft der Gossner-Mission in der DDR: Versuch einer katechetischen Neuorientierung (1971), (Wiederabdruck in Bloth 1975, 252-282).

Krummacher, Friedrich-Wilhelm: Evangelische Unterweisung – ein unaufgebbarer kirchlicher Auftrag. In: Arthur Bach (Hg.): Dienst für Kirche und Schule. FS Edgar Boué, Dortmund 1968, 127-133.

Lehtiö, Pirkko: Religionsunterricht ohne Schule. Die Entwicklung der Lage und des Inhaltes der Evangelischen Christenlehre in der DDR von 1945-1959 (Helsinki 1979). Hg. v. Comenius-Institut, Münster 1983.

Modell eines katechetischen Perikopen- und Themenplans. In: ChL 22 (1969), U 113-U 127. (Wiederabdruck in Bloth 1975, 217-234).
Modell eines katechetischen Perikopen- und Themenplans. Kurs V. In: ChL 26 (1973), 358-369 (Wiederabdruck in Bloth 1975, 235-251).
Reiher, Dieter: Die Kirchlichkeit der evangelischen Unterweisung. In: ChL 24 (1971), 73-77 (Wiederabdruck in Bloth 1975, 91-96). (a)
Ders.: Die Einheit der kirchlichen Unterweisung. In: ChL 24 (1971), 7-11 (Wiederabdruck in Bloth 1975, 66-72). (b)
Ders.: Die Begründung des kirchlichen Unterrichts bei Schleiermacher und die heutige Christenlehre, Leipzig 1972.
Schmutzler, Siegfried: Thesen zur Frage eines thematisch-problemorientierten kirchlichen Unterrichts im Konfirmandenalter. In: ChL 28 (1975), 41-49.
Zeddies, Helmut: Zur Wirkungsgeschichte von Zwei-Reiche-Lehre und Lehre von der Königsherrschaft Christi in den evangelischen Kirchen in der DDR. In: Bund der Evangelischen Kirchen in der DDR (Hg.): Gemeinsam unterwegs. Dokumente aus der Arbeit des Bundes der Evangelischen Kirchen in der DDR 1980-1987, Berlin (Ost) 1989, 289-332.
Zimmermann, Walter/Hafa, Herwig: Zur Erneuerung der christlichen Unterweisung. (Luthertum 21), Berlin 1957.
Zimmermann, Walter: Der Aufbau der Christenlehre in den ostdeutschen Kirchen. In: Zimmermann/Hafa 1957, 7-45.

8. Zum Ausblick (vor allem zitierte Literatur)

Adam, Gottfried: Gemeindepädagogik. Erwägungen zu einem Defizit Praktischer Theologie. In: WPKG 67 (1978), 332-344.
Adam, Gottfried/Lachmann, Rainer (Hg.): Religionspädagogisches Kompendium, Göttingen 1984.
Dies. (Hg.): Gemeindepädagogisches Kompendium, Göttingen 1987.
Affolderbach, Martin/Hanusch, Rolf (Hg.): Was wird aus der Jugendarbeit? Zu den Perspektiven eines kirchlichen Arbeitsfeldes. (aej-Studienband 13), Stuttgart 1990.
Affolderbach Martin/Kirchhoff, Hans-Ulrich (Hg.): Miteinander leben lernen. Zum Gespräch der Generationen in der christlichen Gemeinde. Empfehlungen der Jugendkammer und Dokumente der Synode der Evangelischen Kirche in Deutschland, Gütersloh 1985.
Albers, Bernhard (Hg.): Seminar: Problem- oder bibelorientierter Religionsunterricht? Dokumentation und Auswahlbibliographie. (Religionspädagogik heute 8), Aachen 1981, 2. durchges. u. erw. Aufl. 1985.
Allerbeck, Klaus/Hoag, Wendy J.: Jugend ohne Zukunft? Einstellungen, Umwelt, Lebensperspektiven, München/Zürich 1985.

Angermeyer, Helmut: Der thematisch-problemorientierte Religionsunterricht, Gütersloh 1973.
Aschenbrenner, Dieter (Hg.): Religionsunterricht in der Berufsschule, Stuttgart/München 1972.
Baacke, Dieter/Schulze, Theodor (Hg.): Aus Geschichten lernen. Zur Einübung pädagogischen Verstehens, München 1979.
Baldermann, Ingo: Zum Verhältnis von Anthropologie und Theologie im Religionsunterricht. In: Baldermann/Nipkow/Stock 1979, 9-21.
Ders.: Die Bibel – Buch des Lernens. Grundzüge biblischer Didaktik, Göttingen 1980.
Ders.: Der Gott des Friedens und die Götter der Macht. Biblische Alternativen, Neukirchen-Vluyn 1983.
Ders.: Wer hört mein Weinen? Kinder entdecken sich selbst in den Psalmen. (Wege des Lernens 4), Neukirchen-Vluyn 1986.
Ders.: Gottes Reich – Hoffnung für Kinder. Entdeckungen mit Kindern in den Evangelien (Wege des Lernens 8), Neukirchen-Vluyn 1991.
Baldermann, Ingo/Kittel, Gisela: Die Sache des Religionsunterrichts. Zwischen Curriculum und Biblizismus, Göttingen 1975.
Baldermann, Ingo/Nipkow, Karl Ernst/Stock, Hans: Bibel und Elementarisierung. (Rph 1), Frankfurt/M. 1979.
Bargheer, Friedrich W.: Das Interesse des Jugendlichen und der Religionsunterricht. (Handbücherei für den RU 11), Gütersloh 1972.
Ders.: Gebet und beten lernen. Die theologisch-anthropologischen Grundlagen und die lebensgeschichtliche Verarbeitung ihrer Krise, Gütersloh 1973.
Bargheer, Friedrich W./Röbbelen, Ingeborg (Hg.): Gebet und Gebetserziehung. (PF 47), Heidelberg 1971.
Barth, Ferdinand (Hg.): Gemeindepädagogik im Widerstreit der Meinungen. Ringvorlesung der Evangelischen Fachhochschule Darmstadt im Sommersemester 1989. (Veröffentlichungen der Ev. Fachhochschule Darmstadt 2/1989), Darmstadt 1989.
Barz, Heiner: Religion ohne Institution? Eine Bilanz der sozialwissenschaftlichen Jugendforschung, Opladen 1992; Postmoderne Religion, am Beispiel der jungen Generation in den Alten Bundesländern, Opladen 1992; Postsozialistische Religion, am Beispiel der jungen Generation in den Neuen Bundesländern, Opladen 1993. (Teile 1-3 des Forschungsberichts »Jugend und Religion« im Auftrag der Arbeitsgemeinschaft der Evangelischen Jugend in der Bundesrepublik Deutschland)
Baudler, Georg: Korrelationsdidaktik: Leben durch Glauben erschließen. Theorie und Praxis der Korrelation von Glaubensüberlieferung und Lebenserfahrung auf der Grundlage von Symbolen und Sakramenten, Paderborn u.a. 1984. (UTB 1306)
Becker, Ulrich: Ökumenisches Lernen. Überlegungen zur Geschichte des Begriffs, seiner Vorstellungen und seiner Rezeption in der westdeutschen Religionspädagogik bis Vancouver 1983. In: Goßmann 1987, 247-259.
Benner, Dietrich et al.: Entgegnungen zum Bonner Forum »Mut zur Erziehung«, München/Wien/Baltimore 1978.

Berg, Hans-Christoph/Gerth, Günther/Potthast, Karl Heinz (Hg.): Unterrichtserneuerung mit Wagenschein und Comenius. Versuche Evangelischer Schulen 1985-1989, Münster 1990.
Berg, Horst Klaus: Plädoyer für den biblischen Unterricht. In: ru 1972, 6-13.
Ders.: Lernziel: Schülerinteresse. Zur Praxis der Motivation im Religionsunterricht, Stuttgart/München 1977.
Ders.: Biblische Texte verfremdet. Grundsätze – Methoden – Arbeitsmöglichkeiten. (Bibl. Texte verfremdet Bd. I), München/Stuttgart 1986.
Ders.: Ein Wort wie Feuer. Wege lebendiger Bibelauslegung. München/Stuttgart 1991.
Ders.: Grundriß der Bibeldidaktik. Konzepte – Modelle – Methoden, München/Stuttgart 1993.
Berg, Sigrid/Berg, Horst Klaus: Biblische Texte verfremdet. 12 Bde., München/Stuttgart 1986ff.
Berg, Horst Klaus/Doedens, Folkert (Hg.): Unterrichtsmodelle im Religionsunterricht. Frankfurt/M./München 1974.
Dies. (Hg.): Unterrichtsplanung als didaktische Analyse. Ein Arbeitsbuch für die Praxis des Religionsunterrichts. (Religionspädagogische Praxis 18), Stuttgart/München 1976.
Biehl, Peter: Theologie im Kontext von Lebensgeschichte und Zeitgeschehen. Religionspädagogische Anforderungen an eine Elementartheologie. In: ThPr 20 (1985), 155-170. (a)
Ders.: Symbol und Metapher. Auf dem Wege zu einer religionspädagogischen Theorie religiöser Sprache. In: JRP 1 (1985), 29-64. (b)
Ders.: unter Mitarbeit von Ute Hinze/Rudolf Tammeus: Symbole geben zu lernen. Einführung in die Symboldidaktik anhand der Symbole Hand, Haus und Weg. (Wege des Lernens 6), Neukirchen-Vluyn 1989. (a)
Ders.: Religionspädagogik und Ästhetik. In: JRP 5 (1989), 3-44. (b)
Ders.: unter Mitarbeit von Ute Hinze, Rudolf Tammeus u. Dirk Tiedemann: Symbole geben zu lernen II. Zum Beispiel: Brot, Wasser und Kreuz. Beiträge zur Symbol- und Sakramentendidaktik. (Wege des Lernens 9), Neukirchen-Vluyn 1993.
Biehl, Peter et al. (Hg.): Kirchengeschichte im Religionsunterricht. Konzeptionen und Entwürfe. (RPP 13), Stuttgart/München 1973.
Biehl, Peter/Baudler, Georg: Erfahrung – Symbol – Glaube. Grundfragen des Religionsunterrichts. (Religionspädagogik heute 2), Frankfurt a.M: 1980.
Biehl, Peter/Kaufmann, Hans Bernhard: Die Bedeutung der biblischen Überlieferung und ihrer Wirkungsgeschichte für den Religionsunterricht. In: EvTh 34 (1974), 330-40.
Bizer, Christoph: Unterricht und Predigt. Analysen und Skizzen zum Ansatz katechetischer Theologie, Gütersloh 1972.
Ders.: Art. Katechetik. In: TRE XVII, Berlin/New York 1988, 686-710.
Bloth, Peter C. (Hg.): Christenlehre und Katechumenat in der DDR. Grundlagen – Versuche – Modelle, Gütersloh 1975.

Bochinger, Erich/Paul, Eugen: Einführung in die Religionspädagogik, München/Mainz 1979.
Böcker, Werner/Heimbrock, Hans-Günter/Kerkhoff, Engelbert (Hg.): Handbuch religiöser Erziehung. Bd. 1: Lernbedingungen und Lerndimensionen, Düsseldorf 1987; Bd. 2: Handlungsfelder und Problemfelder, Düsseldorf 1987.
Bohne, Jürgen, in Verb. mit Gottfried Adam, Rüdiger Baron, Gerhard Kieffer (Hg.): Die religiöse Dimension wahrnehmen. Unterrichtsbeispiele und Reflexionen aus der Projektarbeit des Evangelischen Schulbundes in Bayern, Münster 1992.
Brand, Karl-Werner/Büsser, Detlef/Rucht, Dieter: Aufbruch in eine andere Gesellschaft. Neue soziale Bewegungen in der Bundesrepublik, Frankfurt/New York 1983.
Brockmann, Gerhard: Das Ende des traditionellen Religionsbuches? Analysen am Beispiel der Sekundarstufe II, Frankfurt/M./Berlin/München 1976.
Bucher, Anton Alois: Gleichnisse verstehen lernen. (Praktische Theologie im Dialog 5), Freiburg/Schweiz 1990.
Buß, Hinrich: Die Bedeutung und Funktion der biblischen Überlieferung. In: Berg/ Doedens 1974, 123-134.
Buttler, Gottfried u.a. (Hg.): Lernen und Handeln. Bausteine zu einer Konzeption Evangelischer Erwachsenenbildung, Gelnhausen/Berlin/Stein 1980.
Comenius-Institut (Hg.): Kindergottesdienst heute. 10 Bde., Münster 1972ff.
Dass. (Hg.): Bildungsplanung und Erziehungsauftrag im Elementarbereich. Der Beitrag der evangelischen Kirche, Münster 1974. (a)
Dass. (Hg.): Bildungspolitische Dokumentation zum Elementarbereich. Zum Stand der Arbeiten in evangelischen Landeskirchen, Münster 1974. (b)
Dass. (Hg.): Das religionspädagogische Förderprogramm für den Kindergarten. 10 Bde., Münster 1975ff.
Dass. (Hg.): Situationsansatz und Religionspädagogik. (Red. H. B. Kaufmann). (Förderprogramm für den Kindergarten 3), Münster 1976.
Dass. (Hg.): Evangelium und Behinderte. Beiträge aus Sonderpädagogik und Religionspädagogik (E. Begemann, A. Möckel, K.E. Nipkow, H. Schultze), Münster 1978. (a)
Dass. (Hg.): Rahmenplan für die kirchliche Arbeit mit Kindern und Konfirmanden in der Deutschen Demokratischen Republik als Beitrag zu einer ökumenischen Didaktik, Münster 1978. (b)
Comenius-Institut in Verb. m. d. Verein KU-Praxis (Hg.): Handbuch für die Konfirmandenarbeit, Gütersloh 1984.
Comenius-Institut (Klaus Goßmann) (Hg.): Reformziel Grundbildung. Ansätze zu einem neuen Bildungsverständnis der gymnasialen Oberstufe (2), Münster 1986.
Comenius-Institut (Hg.): Christenlehre in veränderter Situation. Arbeit mit Kindern in den Kirchen Ostdeutschlands, Berlin 1992.
Dauber, Heinrich/Simpfendörfer, Werner: Eigener Haushalt und bewohnter Erdkreis. Ökologisches und ökumenisches Lernen in der »Einen Welt«, Wuppertal 1981.

DEAE: Die Erwachsenenbildung als evangelische Aufgabe. Hg. v. der Studienstelle u. dem Generalsekretariat der Deutschen Evangelischen Arbeitsgemeinschaft für Erwachsenenbildung, Karlsruhe 1978.

Degen, Roland: Gemeinde als Lernbewegung: Überlegungen zu Gemeindeaufbau und Gemeindepädagogik. In: Schwerin 1991, 31-60.

Ders.: Gemeindeerneuerung als gemeindepädagogische Aufgabe. Entwicklungen in den evangelischen Kirchen Ostdeutschlands, Münster/Berlin 1992.

Degen, Roland/Failing, Wolf-Eckart/Foitzik, Karl (Hg.): Mitten in der Lebenswelt. Lehrstücke und Lernprozesse zur zweiten Phase der Gemeindepädagogik. Dokumentation des Ersten Gemeindepädagogischen Symposiums in Ludwigshafen/Rhein, Münster 1992.

Degen, Roland/Kaufmann, Hans Bernhard: »... verstehen und bestehen«. Zum Rahmenplan für die Arbeit mit Jugendlichen im Konfirmandenalter (Kurs V). Ein Gespräch. In: Schwerin 1978, 77-98.

Deutsche Bischofskonferenz – Sekretariat (Hg.): Der Religionsunterricht in der Schule. Ein Beschluß der Gemeinsamen Synode der Bistümer in der Bundesrepublik Deutschland. (Synodenbeschlüsse 4), Bonn o.J., (1974).

Deutscher Bildungsrat. Empfehlungen der Bildungskommission: Strukturplan für das Bildungswesen, Stuttgart 1970.

Dienst, Karl: Moderne Formen des Konfirmandenunterrichts, Gütersloh 1973.

Ders.: Die lehrbare Religion. Theologie u. Pädagogik: Eine Zwischenbilanz, Gütersloh 1976.

Doyé, Götz: Lernen im Miteinander der Generationen der Gemeinde. In: Schwerin 1991, 167-182.

Ders.: Gespräche zur Gesamtsituation (1986). In: Reiher 1992, 187-192.

Dudek, Peter/Tenorth, Heinz-Elmar (Hg.): Transformationen der deutschen Bildungslandschaft. Lernprozeß mit ungewissem Ausgang. (ZfPäd, Beiheft 30), Weinheim/Basel 1993.

Eiben, Jürgen: Kirche und Religion – Säkularisierung als sozialistisches Erbe? In: Jugendwerk der Deutschen Shell 1992, Bd. 2, 91-104.

EKD-Kirchenkanzlei (Hg.): Die evangelische Kirche und die Bildungsplanung. Eine Dokumentation, Gütersloh/Heidelberg 1972.

Dies. (Hg.): Evangelische Beiträge zur Bildungspolitik, Gütersloh 1976.

Dies. (Hg.): Leben und Erziehen – wozu? Eine Dokumentation über Entschließungen der Synode der Evangelischen Kirche in Deutschland vom 9. u. 10. November 1978, Gütersloh 1979.

Dies. (Hg.): Zusammenhang von Leben, Glauben und Lernen. Empfehlungen zur Gemeindepädagogik (1982). In: EKD 1987, 211-263.

EKD (Hg.): Ökumenisches Lernen. Grundlagen und Impulse. Eine Arbeitshilfe der Kammer der Evangelischen Kirche in Deutschland für Bildung und Erziehung, Gütersloh 1985.

Dies. (Hg.): Erwachsenenbildung als Aufgabe der Evangelischen Kirche. Grundsätze,

vorgelegt von der Kammer der Evangelischen Kirche in Deutschland für Bildung und Erziehung (1983). In: EKD 1987, 264-291.
Dies. (Hg.): Bildung und Erziehung. Die Denkschriften der Evangelischen Kirche in Deutschland. Bd. 4/1. Mit e. Einführung v. Gerhard Bromm, Gütersloh 1987.
Empfehlungen zur Stabilisierung von Mitarbeitern in der kirchlichen Arbeit mit Kindern (Katecheten) (1983). In: Reiher 1992, 208-211.
Englert, Rudolf: Glaubensgeschichte und Bildungsprozeß. Versuch einer religionspädagogischen Kairologie, München 1985.
Esser, Wolfgang G. (Hg.): Zum Religionsunterricht morgen I. Perspektiven künftiger Religionspädagogik, München/Wuppertal 1970.
Ders. (Hg.): Zum Religionsunterricht morgen II. Konzeptionen und Modelle zu künftiger Praxis in Haupt- und Realschule, Gymnasium und Gesamtschule, München/Wuppertal 1971. (a)
Ders. (Hg.): Zum Religionsunterricht morgen III. Konzeptionen und Modelle zu künftiger Praxis in der Grundschule, München/Wuppertal 1972.
Ders.: Bestimmungsversuch eines fundamentalen Religionsbegriffs und Entwurf einer anthropologischen Religionspädagogik. In: Stachel/Esser 1971, 32-63. (b)
Failing, Wolf-Eckart: Religionspädagogik und Alter. Einführung in den Forschungsstand. In: JRP 2 (1986), 116-143.
Faust-Siehl, Gabriele/Schweitzer, Friedrich/Nipkow, Karl Ernst: Die Berücksichtigung der religiösen Entwicklung in der Praxis des Religionsunterrichts. Bericht über eine Pilotstudie. In: JRP 6 (1990), 209-216.
Feifel, Erich: Grundlegung der Religionspädagogik im Religionsbegriff. In: Feifel et al., Bd. 1, 34-48.
Feifel, Erich/Leuenberger, Robert/Stachel, Günter/Wegenast, Klaus (Hg.): Handbuch der Religionspädagogik. Bd. 1: Religiöse Bildung und Erziehung: Theorie und Faktoren, Gütersloh/Zürich – Einsiedeln – Köln 1973, Bd. 2: Didaktik des Religionsunterrichts – Wissenschaftstheorie, 1974, Bd. 3: Religionspädagogische Handlungsfelder in kirchlicher Verantwortung, 1975.
Feige, Andreas: Erfahrungen mit Kirche. Daten und Analysen einer empirischen Untersuchung über Beziehungen und Einstellungen Junger Erwachsener zur Kirche, Hannover ²1982.
Feige, Andreas/Lukatis, Ingrid/Lukatis, Wolfgang: Kirchentag zwischen Kirche und Welt. Auf der Suche nach Antworten. Eine empirische Untersuchung auf dem 21. Deutschen Evangelischen Kirchentag Düsseldorf 1985, Berlin 1987.
Foitzik, Karl: Gemeindepädagogik. Problemgeschichte eines umstrittenen Begriffs, Gütersloh 1992.
Fowler, James W.: Glaubensentwicklung. Perspektiven für Seelsorge und kirchliche Bildungsarbeit, München 1989 (am.: Faith Development and Pastoral Care, Philadelphia 1986).
Ders.: Stufen des Glaubens. Die Psychologie der menschlichen Entwicklung und die Suche nach Sinn, Gütersloh 1991 (am.: Stages of Faith. New York 1981).

Fraas, Hans-Jürgen: Religiöse Erziehung und Sozialisation im Kindesalter, Göttingen 1973.
Ders.: Glaube und Identität. Grundlegung einer Didaktik religiöser Lernprozesse, Göttingen 1983.
Fraas, Hans-Jürgen/Heimbrock, Hans-Günter (Hg.): Religiöse Erziehung und Glaubensentwicklung. Zur Auseinandersetzung mit der kognitiven Psychologie. Erträge der 3. Internationalen Arbeitstagung »Religionspädagogik und Religionspsychologie«, Göttingen 1986.
Frör, Kurt: Grundriß der Religionspädagogik. Im Umfeld der modernen Erziehungswissenschaft, Konstanz 1975, 2., durchges. u. ergänzte Aufl., mit einem Vorwort von Dietrich Blaufuß, Konstanz 1983.
Früchtel, Ursula: Leitfaden Religionsunterricht, Zürich/Köln 1977.
Gemeinsam unterwegs. Dokumente aus der Arbeit des Bundes der Evangelischen Kirchen in der DDR 1980-1987, Berlin 1989.
Goßmann, Klaus: Evangelische Gemeindepädagogik. In: JRP 4 (1988), 137-154.
Ders. (Hg.): Glaube im Dialog. 30 Jahre religionspädagogische Reform. Hans Bernhard Kaufmann zum 60. Geburtstag, Gütersloh 1987.
Goßmann, Klaus/Pithan, Annebelle/Schreiner, Peter (Bearb.): Religionsunterricht in der Diskussion. Zur Situation in den jungen und alten Bundesländern. (Im Blickpunkt 11), Münster 1993.
Goßmann, Klaus/Scheilke, Christoph (Hg.): Jan Amos Comenius 1592-1992. Theologische und pädagogische Deutungen, Gütersloh 1992.
Griese, Erhard: Kindergottesdienst und Helferamt. Eine Studie aufgrund empirischer Erhebungen. (PF 53), Heidelberg 1973.
Grosch, Heinz: Religion in der Grundschule. Didaktische Reflexionen, Entwürfe und Modelle, Frankfurt a.M./Düsseldorf 1971.
Grözinger, Albrecht: Praktische Theologie und Ästhetik. Ein Beitrag zur Grundlegung der Praktischen Theologie, München 1987.
Grözinger, Albrecht/Luther, Henning (Hg.): Religion und Biographie. Perspektiven zur gelebten Religion, München 1987.
Halbfas, Hubertus: Religionsunterricht und Katechese. Zur wissenschaftstheoretischen Ortsbestimmung. In: EvErz 25 (1973), 3-9; Antwort an Karl Ernst Nipkow, ebd. 16-20.
Ders.: Das dritte Auge. Religionsdidaktische Anstöße (Schriften zur Religionspädagogik 1), Düsseldorf 1982.
Hansmann, Otto/Marotzki, Winfried (Hg.): Diskurs Bildungstheorie I: Systematische Markierungen. Rekonstruktion der Bildungstheorie unter Bedingungen der gegenwärtigen Gesellschaft, Weinheim 1988.
Hanusch, Rolf/Lämmermann, Godwin (Hg.): Jugend in der Kirche zur Sprache bringen. Anstöße zur Theorie und Praxis kirchlicher Jugendarbeit, München 1987.
Havers, Norbert: Der Religionsunterricht – Analyse eines unbeliebten Fachs. Eine empirische Untersuchung, München 1972.

Heimbrock, Hans-Günter (Hg.): Religionslehrer – Person und Beruf. Erfahrungen und Informationen, Modelle und Materialien, Göttingen 1982.
Ders.: Lern-Wege religiöser Erziehung. Historische, systematische und praktische Orientierung für eine Theorie religiösen Lernens, Göttingen 1984.
Henkys, Jürgen: Die pädagogischen Dienste der Kirche im Rahmen ihres Gesamtauftrages. In: Handbuch der Praktischen Theologie, 3. Bd., Berlin (Ost) 1978, 12-65.
Ders.: Was ist Gemeindepädagogik? (1980). In: Reiher 1992, 168-176.
Henkys, Jürgen/Kehnscherper, Günther: Die Unterweisung. In: Handbuch der Praktischen Theologie, 3. Bd., Berlin (Ost) 1978, 7-139.
Hennig, Peter: Altenarbeit. In: Adam/Lachmann 1987, 414-430.
Hentig, Hartmut von: Ergötzen, Belehren, Befreien. Schriften zur ästhetischen Erziehung, München/Wien 1985.
Hermans, Chris: Wie werdet ihr die Gleichnisse verstehen? Empirisch-theologische Forschung zur Gleichnisdidaktik. (Theologie & Empirie 12), Kampen/Weinheim 1990.
Hild, Helmut (Hg.): Wie stabil ist die Kirche? Bestand und Erneuerung. Ergebnisse einer Meinungsbefragung, Gelnhausen/Berlin 1974.
Hilger, Georg/Reilly, George (Hg.): Religionsunterricht im Abseits? Das Spannungsfeld Jugend – Schule – Religion, München 1993.
Hiller-Ketterer, Ingeborg: Kind – Gesellschaft – Evangelium. Theologisch-didaktische und soziopolitische Überlegungen zu Unterrichtsversuchen in der Grundschule, Stuttgart/München 1971.
Hillmann, Karl-Heinz: Wertwandel. Zur Frage soziokultureller Voraussetzungen alternativer Lebensformen, Darmstadt ²1989.
Hoenen, Raimund: Weiter »Konfirmierendes Handeln der Gemeinde«? In: Johannsen/Noormann 1990, 281-290.
Ders.: Das konfirmierende Handeln der Gemeinde. In: Schwerin 1991, 91-118.
Holzapfel, Ingo (Hg.): Auf weiten Raum gestellt. Bericht über die Lage der jungen Generation und die evangelische Jugendarbeit. (aej Studienband 14), Stuttgart 1990.
Horn, Hermann: Vom Elend der Alternativen im Religionsunterricht. Versuch einer Zwischenbilanz, Dortmund 1974.
Ilgner, Rainer: Zur Situation des Religionsunterrichts an den öffentlichen Schulen in Europa. In: Religionsunterricht an den öffentlichen Schulen in Europa. Dokumentation des Symposions vom 13. bis 15. April 1991 in Rom. Hg. v. Sekretariat der Deutschen Bischofskonferenz. (Arbeitshilfen 91), Bonn 1991, 15-40.
Janzen, Wolfram: Existentiale Theologie und Religionspädagogik. Das Beispiel Martin Stallmanns. (Religionspädagogik heute 20), Aachen 1990.
Jetter, Hartmut: Erneuerung des Katechismusunterrichts, Heidelberg 1965.
Johannsen Friedrich/Noormann, Harry (Hg.): Lernen für eine bewohnbare Erde. Bildung und Erneuerung im ökumenischen Horizont. Ulrich Becker zum 60. Geburtstag, Gütersloh 1990.
Jugendwerk der Deutschen Shell (Hg.): Jugend '81. Lebensentwürfe, Alltagskulturen, Zukunftsbilder. 3 Bde., Hamburg 1981.

Dass. (Hg.): Jugendliche und Erwachsene '85. Generationen im Vergleich. 5 Bde., Opladen 1985.
Dass. (Hg.): Jugend '92. Lebenslagen, Orientierungen und Entwicklungsperspektiven im vereinigten Deutschland. 4 Bde., Opladen 1992.
Kasch, Wilhelm F. (Hg.): Ökumenische Bibliographie. Religionsunterricht – Religionspädagogik – Christliche Erziehung, Paderborn 1976.
Kaufmann, Hans Bernhard (Hg.): Streit um den problemorientierten Unterricht in Schule und Kirche, Frankfurt/M./Berlin/München 1973.
Ders.: Plädoyer für ein faires Gespräch. In: EvErz 26 (1974), 147-154.
Kirche als Lerngemeinschaft. Dokumente aus der Arbeit des Bundes der Evangelischen Kirchen in der DDR, Berlin 1981.
Kittel, Gisela: Lernzielorientierter Religionsunterricht? In: EvTh 34 (1974), 357-366.
Dies.: »incurvatus in seipsum«. Überlegungen zu den Leitideen gegenwärtiger Religionspädagogik und Didaktik. In: Baldermann/Kittel 1975, 53-69.
Klafki, Wolfgang: Studien zur Bildungstheorie und Didaktik, Weinheim 1963ff.
Ders.: Neue Studien zur Bildungstheorie und Didaktik. Beiträge zur kritisch-konstruktiven Didaktik, Weinheim/Basel 1985, 2., erw. Aufl. 1991.
Konfirmanden begleiten. Orientierungen, Entwürfe aus der Praxis, Begriffe und Exkurse. Ein Handbuch. Hg. v. Bund der Ev. Kirchen in der DDR (Redaktion: Roland Degen u.a.), Berlin 1989.
Konukiewitz, Wolfgang: Curriculumentwickung für den Religionsunterricht in der Grundschule. (Neue Pädagogische Bemühungen 56), Essen 1973.
Kratzert, Hans (Red.): Leben und Erziehen durch Glauben. Perspektiven bildungspolitischer Mitverantwortung der evangelischen Kirche, Gütersloh 1978.
Lachmann, Rainer/Rupp, Horst F. (Hg.): Lebensweg und religiöse Erziehung. Religionspädagogik und Autobiographie. 2 Bde., Weinheim 1989.
Lähnemann, Johannes: Weltreligionen im Unterricht. Eine theologische Didaktik für Schule, Hochschule und Gemeinde. Teil I: Fernöstliche Religionen, Göttingen 1986; Teil II: Islam, Göttingen 1986.
Ders. (Hg.): Das Wiedererwachen der Religionen als pädagogische Herausforderung. Interreligiöse Erziehung im Spannungsfeld von Fundamentalismus und Säkularismus. (Pädagogische Beiträge zur Kulturbegegnung 10), Hamburg 1992.
Lämmermann, Godwin: Religion in der Schule als Beruf. Der Religionslehrer zwischen institutioneller Erziehung und Persönlichkeitsbildung. (Münchener Universitäts-Schriften/Münchener Monographien zur Historischen und Systematischen Theologie 10), München 1985.
Ders.: Stufen religionsdidaktischer Elementarisierung. Vorschläge zu einem Elementarisierungsprozeß als Unterrichtsvorbereitung. In: JRP 6 (1990), 79-91.
Ders.: Grundriß der Religionsdidaktik. (Prakt. Theologie heute 1), Stuttgart /Berlin/ Köln 1991.
Lange, Ernst: Konfliktorientierte Erwachsenenbildung als Funktion der Kirche (1975). In: Ders. 1980, 133-155.

Ders.: Sprachschule für die Freiheit. Bildung als Problem und Funktion der Kirche. Hg. u. eingel. v. Rüdiger Schloz. München/Gelnhausen 1980.
Larsson, Rune: Religion zwischen Kirche und Schule. Die Lehrpläne für den evangelischen Religionsunterricht in der Bundesrepublik Deutschland seit 1945, Lund/Göttingen/Zürich 1980.
Lehmann, Peter: Ausbildung für die Arbeit mit Kindern, Jugendlichen und Familien. In: Schwerin 1991, 223-243.
Lott, Jürgen: Religion in der Berufsschule. Indoktrination und Schulpolitik in der berufs- und religionspädagogischen Theorie und Praxis, Hamburg 1972.
Ders.: Handbuch Religion II: Erwachsenenbildung, Stuttgart u.a. 1984.
Ders.: Erfahrung – Religion – Glaube. Probleme, Konzepte und Perspektiven religionspädagogischen Handelns in Schule und Gemeinde. Ein Handbuch. (Forum zur Pädagogik und Didaktik der Religion 3), Weinheim 1991.
Ders. (Hg.): Religion – warum und wozu in der Schule? (Forum zur Pädagogik und Didaktik der Religion 4), Weinheim 1992.
Lukatis, Ingrid/Lukatis, Wolfgang: Jugend und Religion in der Bundesrepublik Deutschland. In: Nembach 1987, 107-144.
Luther, Henning: Religion, Subjekt, Erziehung. Grundbegriffe der Erwachsenenbildung am Beispiel der Praktischen Theologie Friedrich Niebergalls, München 1984.
Martin, Gerhard (Hg.): Religionsunterricht – Ernstfall kirchlicher Bildungspolitik. (Arbeiten zur Päd. 24), Stuttgart 1984.
Matthes, Joachim (Hg.): Erneuerung der Kirche. Stabilität als Chance? Konsequenzen aus einer Umfrage, Gelnhausen/Berlin 1975.
Meinecke, Ursula: Religionsunterricht im Spiegel seiner Lehrbücher, Hannover 1969.
Meyer zu Uptrup, Klaus: Die Bibel im Unterricht. Wege zur Vergegenwärtigung, Gütersloh 1977.
Meyer, Christoph: Kirchliche Erwachsenenbildung. Ein Beitrag zu ihrer Begründung, Stuttgart u.a. 1979.
Ministerium für Bildung, Jugend u. Sport: Gemeinsam leben lernen: Modellversuch des Landes Brandenburg zu einem neuen Lernbereich und Unterrichtsfach: »Lebensgestaltung – Ethik – Religion« – Grundsatzpapier (15. Oktober 1991). In: EvErz 45 (1993), 25-29.
Mokrosch, Reinhold (Hg.): Christliche Werterziehung angesichts des Wertwandels. Symposion des Fachgebietes Evangelische Theologie. (Schriftenreihe des Fachbereichs 3 Bd. 9), Osnabrück 1987.
Mollenhauer, Klaus: Vergessene Zusammenhänge. Über Kultur und Erziehung, München 1983.
Nembach, Ulrich (Hg.): Jugend und Religion in Europa. (Forschungen zur Praktischen Theologie 2), Bern 1987.
Nipkow, Karl Ernst: Problemorientierter Religionsunterricht nach dem »Kontexttypus«. In: Nipkow 1971, 264-279 (Wiederabdruck in Esser 1971, 38-52). Vorfas-

sung u.d.T.: Welche Themen und Stoffe sollen außer der Heiligen Schrift in der Katechese verwendet werden? In: Concilium 6 (1970), 3, 166-173.

Ders.: Grundfragen der Religionspädagogik. Bd. 1: Gesellschaftliche Herausforderungen und theoretische Ausgangspunkte, Bd. 2: Das pädagogische Handeln der Kirche, Gütersloh 1975.

Ders.: Elementarisierung biblischer Inhalte. Zum Zusammenspiel theologischer, anthropologischer und entwicklungspsychologischer Perspektiven in der Religionspädagogik. In: Baldermann/Nipkow/Stock 1979, 35-73.

Ders.: Religionsunterricht in der Leistungsschule. Gutachten – Dokumente, Gütersloh 1979.

Ders.: Moralerziehung: Pädagogische und theologische Antworten, Gütersloh 1981.

Ders.: Grundfragen der Religionspädagogik. Bd. 3: Gemeinsam leben und glauben lernen, Gütersloh 1982.

Ders.: Elia und die Gottesfrage im Religionsunterricht. Elementarisierung als religionsdidaktische Aufgabe. In: EvErz 36 (1984), 131-147.

Ders.: Elementarisierung als Kern der Lehrplanung und Unterrichtsvorbereitung am Beispiel der Elia-Überlieferung. In: Braunschweiger Beiträge 1986/3, 3-16.

Ders.: Erwachsenwerden ohne Gott? Gotteserfahrung im Lebenslauf, München 1987. (a)

Ders.: Lebensgeschichte und religiöse Lebenslinie. Zur Bedeutung der Dimension des Lebenslaufs in der Praktischen Theologie und Religionspädagogik. In: JRP 3 (1987), 3-35. (b)

Ders.: Bildung als Lebensbegleitung und Erneuerung. Kirchliche Bildungsverantwortung in Gemeinde, Schule und Gesellschaft, Gütersloh 1990.

Ders.: Ökumenisches Lernen – Interreligiöses Lernen – Glaubensdialog zwischen den Weltreligionen. Zum Wandel von Herausforderungen und Voraussetzungen. In: Orth 1991, 301-320.

Ders.: Grundsätze und Erfahrung. Zur Bildungsverantwortung der Kirche im staatlichen und kirchlichen Einigungsprozeß. In: Pastoraltheol. Informationen 12 (1992), 179-194.

Nipkow, Karl Ernst/Schweitzer, Friedrich/Fowler, James W. (Hg.): Glaubensentwickung und Erziehung, Gütersloh 1988.

Oelkers, Jürgen/Wegenast, Klaus (Hg.): Das Symbol – Brücke des Verstehens, Stuttgart u.a. 1991.

Ohlemacher, Jörg (Hg.): Religion und Bildung in Europa. Herausforderungen – Chancen – Erfahrungen, Göttingen 1991.

Ders. (Hg.): Religionspädagogik im Kontext kirchlicher Zeitgeschichte. (Arbeiten zur Religionspädagogik 9), Göttingen 1993.

Orth, Gottfried: Erwachsenenbildung zwischen Parteilichkeit und Verständigung. Zur Theorie theologischer Erwachsenenbildung. (Arbeiten zur Religionspädagogik 6), Göttingen 1990.

Ders. (Hg.): Dem bewohnten Erdkreis Schalom. Beiträge zu einer Zwischenbilanz ökumenischen Lernens, Münster 1991.

Oser, Fritz: Wieviel Religion braucht der Mensch? Erziehung und Entwicklung zur religiösen Autonomie, Gütersloh 1988.
Oser, Fritz/Gmünder, Paul: Der Mensch – Stufen seiner religiösen Entwicklung. Ein strukturgenetischer Ansatz, Zürich/Köln 1984, 2. Aufl. Gütersloh 1988.
Otto, Gert: Schule und Religion. Eine Zwischenbilanz in weiterführender Absicht, Hamburg 1972.
Ders.: Was heißt Religionspädagogik? In: ThPr 9 (1974), 156-170.
Ders.: Brauchen wir eine theologische Revision religionspädagogischer Theorien? Einige Thesen zu Gerhard Sauters Anmerkungen. In: EvTh 47 (1987), 350-360.
Otto, Gert, gem. m. Ursula Baltz: »Religion« contra »Ethik«? Religionspädagogische Perspektiven, Neukirchen-Vluyn 1986.
Potthast, Karl Heinz: Was ist eine gute Schule? Anmerkungen zur erziehungswissenschaftlichen Diskussion aus der Sicht Freier Schulen. In: Preul u.a. 1989, 352-362.
Preul, Reiner: Kategoriale Bildung im Religionsunterricht. (PF 52), Heidelberg 1973.
Ders.: Der problemorientierte oder thematische Religionsunterricht. Analyse und Kritik. In: Chr. Harder (Hg.): Religionsunterricht 1973. Orientierungshilfen und Kurskorrekturen. (Radikale Mitte 7), Berlin 1974, 43-71.
Preul, Reiner u.a. (Hg.): Bildung – Glaube – Aufklärung. Zur Wiedergewinnung des Bildungsbegriffs in Pädagogik und Theologie, Gütersloh 1989.
Rahmenplan für die kirchliche Arbeit mit Kindern und Jugendlichen (Konfirmanden). In: ChL 30 (1977), 5-93, Wiederabdruck: Comenius-Institut 1978. (b)
Reents, Christine: Kritisch-produktives Denken im Religionsunterricht. Modelle für die Klassen 3-6. (Handbücherei für den RU 18), Gütersloh 1974.
Dies.: Religion – Primarstufe, Stuttgart/München 1975.
Dies.: Die Bibel als Schul- und Hausbuch für Kinder. Werkanalyse und Wirkungsgeschichte einer frühen Schul- und Kinderbibel im evangelischen Raum: Johann Hübner, Zweymal zwey und funfftzig auserlesene Biblische Historien der Jugend zum Besten abgefasset. Leipzig 1714 bis Leipzig 1874 und Schwelm 1902. (Arbeiten zur Religionspädagogik 2), Göttingen 1984.
Reich, Helmut: Kann Denken in Komplementarität die religiöse Entwicklung im Erwachsenenalter fördern? Überlegungen am Beispiel der Lehrformel von Chalkedon und weiterer theologischer ›Paradoxe‹. In: Böhnke, Michael/Reich, K. Helmut/Ridez, Louis (Hg.): Erwachsen im Glauben. Beiträge zum Verhältnis von Entwicklungspsychologie und religiöser Erwachsenenbildung, Stuttgart u.a. 1992, 127-154.
Reiher, Dieter: Die Gesichtspunkte des Auftragsgemäßen und Situationsgemäßen. Überlegungen zum »Rahmenplan für kirchliche Arbeit mit Kindern und Jugendlichen (Konfirmanden)«. In: Schwerin 1978, 65-76.
Ders. (Hg.): Kirchlicher Unterricht in der DDR von 1949 bis 1990. Dokumentation eines Weges, Göttingen 1992.
Religionsunterricht in den neuen Bundesländern? Themenheft des EvErz. 1/91.
Religionsunterricht und Konfessionalität. Themenheft EvErz 1/1993.

Rickers, Folkert (Hg.): Religionsunterricht und politische Bildung. Unterrichtsentwürfe im Überschneidungsfeld. (Religionspädagogische Praxis 15), Stuttgart/ München 1973.

Ders.: Religionspädagogik zwischen 1975 und 1985. In: ThPr 21 (1986), 343-368.

Ritter, Werner H.: Religion in nachchristlicher Zeit. Eine elementare Untersuchung zum Ansatz der neueren Religionspädagogik im Religionsbegriff. Kritik und Konstruktion. (Europäische Hochschulschriften. Reihe XXXIII Religionspäd. 5). Frankfurt a.M./Bern 1982.

Ders.: Glaube und Erfahrung im religionspädagogischen Kontext. Die Bedeutung von Erfahrung für den christlichen Glauben im religionspädagogischen Verwendungszusammenhang. Eine grundlegende Studie. (Arbeiten zur Religionspädagogik 4), Göttingen 1989.

Rohrbach, Wilfrid: Das Problem der Elementarisierung in der neueren religionspädagogischen Diskussion. In: EvErz 35 (1983), 21-39.

Rosenboom, Enno: Gemeindepädagogik. In: EvErz 26 (1974), 25-40.

Roth, Heinrich (Hg.): Begabung und Lernen. Ergebnisse und Folgerungen neuer Forschungen. (Deutscher Bildungsrat. Gutachten und Studien der Bildungskommission, Bd. 4), Stuttgart 1968.

Roth, Roland/Rucht, Dieter (Hg.): Neue soziale Bewegungen in der Bundesrepublik Deutschland. (Studien zur Geschichte und Politik 252), Bonn 1987.

Sauter, Gerhard: Zur theologischen Revision religionspädagogischer Theorien, in: EvTh 46 (1986), 127-148.

Scharfenberg, Joachim/Kämpfer, Horst: Mit Symbolen leben. Soziologische, psychologische und religiöse Konfliktbearbeitung, Olten/Freiburg 1980.

Schicketanz, Peter: Gemeindepädagogische Ausbildung in Potsdam. Berichte – Probleme – Aussichten. In: Schwerin 1991, 183-222.

Schmidt, Günter R.: Die theologische Propädeutik auf der gymnasialen Oberstufe. Heidelberg 1969.

Ders.: Auf dem Weg zu mehr Konsens? Religionspädagogik am Ende der siebziger Jahre. In: ThR N.F. 47 (1982), 3, 219-278.

Ders.: Bleibende Spannungen: Religionspädagogik in den 80er Jahren. In: ThR 55 (1990), 424-472.

Schmidt, Heinz: Religionspädagogische Rekonstruktionen. Wie Jugendliche glauben können. (CThM), Stuttgart 1977.

Ders.: Religionsdidaktik. Ziele, Inhalte und Methoden religiöser Erziehung in Schule und Unterricht. Bd. 1: Grundlagen. (ThW 16/1), Stuttgart u.a. 1982; Bd. 2: Der Unterricht in Klasse 1-13. (ThW 16/2), Stuttgart u.a. 1984.

Ders.: Didaktik des Ethikunterrichts I: Grundlagen, Stuttgart u.a. 1983; II: Der Unterricht in Klasse 1-13, Stuttgart u.a. 1984.

Ders.: Leitfaden Religionspädagogik, Stuttgart/Berlin/Köln 1991.

Schmidtchen, Gerhard: Sekten und Psychokultur. Reichweite und Attraktivität von Jugendreligionen in der Bundesrepublik Deutschland, Freiburg u.a. 1987.

Schmieder, Tilman/Schuhmacher, Klaus (Hg.): Jugend auf dem Kirchentag. Eine empirische Analyse, Stuttgart 1984.
Schmieder, Tilman: Jungsein und evangelisch. Bericht über die Lage der jungen Generation und die evangelische Jugendarbeit. (aej-Studienband 8), Stuttgart 1984.
Schmutzler, Siegfried: Aspekte ganzheitlichen kirchlichen Arbeitens mit Jugendlichen im Konfirmandenalter. In: Schwerin 1978, 138-179.
Schreiner, Peter (Bearb.): Bildung in Europäischer Perspektive. (Im Blickpunkt 10), Münster 1992.
Schrödter, Hermann: Die Religion der Religionspädagogik. Untersuchung zu einem vielgebrauchten Begriff und seiner Rolle für die Praxis, Zürich/Einsiedeln/Köln 1975.
Schröer, Henning: Gemeindepädagogik – noch unfertig, aber notwendig. In: Degen u.a. 1992, 80-87.
Ders.: Meine Zielvorstellung: Dialogische Konfessionalität. In: EvErz 45 (1993), 106-110.
Schultze, Herbert: Religion im Unterricht. Analyse und Kritik der Pläne für den Religionsunterricht in der heutigen Schule, Weinheim/Berlin/Basel 1970. (a)
Ders.: Richtlinien für den evangelischen Religionsunterricht an Grundschulen, Hauptschulen, Realschulen und Gymnasien in der Bundesrepublik Deutschland. Vollständige tabellarische Übersicht. Stand: 1. August 1969, Weinheim/Berlin/Basel 1970. (b)
Schultze, Herbert/Kirchhoff, Hermann (Hg.): Christliche Erziehung in Europa. Bd. I England (Stuttgart/München 1975), Bd. II Niederlande (1975), Bd. III Schweden (1975), Bd. IV Frankreich (1977), Bd. V Polen (1977).
Schweitzer, Friedrich: Identität und Erziehung. Was kann der Identitätsbegriff für die Pädagogik leisten? Weinheim/Basel 1985.
Ders.: Lebensgeschichte und Religion. Religiöse Entwicklung und Erziehung im Kindes- und Jugendalter, München 1987.
Ders.: Die Religion des Kindes. Zur Problemgeschichte einer religionspädagogischen Grundfrage, Gütersloh 1992. (a)
Ders.: Religionspädagogik als Projekt von Theologie nach der Aufklärung – Eine Skizze. In: Pastoraltheologische Informationen 12 (1992), 211-222. (b)
Ders.: Problemhorizonte und Perspektiven religionspädagogischer Reform. In: EvErz 45 (1993), 100-105.
Schwerin, Eckart: Das konfirmierende Handeln der Gemeinde. In: ChL 26 (1973), 163-167. Wiederabdruck in: Bloth 1975, 317-323.
Ders. (Hg.): Christliche Unterweisung und Gemeinde. Aufsätze zur kirchlichen Arbeit mit Kindern und Konfirmanden, Berlin (Ost) 1978.
Ders.: Evangelische Kinder- und Konfirmandenarbeit. Eine problemgeschichtliche Untersuchung der Entwicklungen auf der Ebene des Bundes der Evangelischen Kirchen in der DDR von 1970-1980. (Studien z. Theol. 3), Würzburg 1989.
Ders.: Konfirmierendes Handeln in den evangelischen Kirchen der DDR (1986). In: Reiher 1992, 259-271.

Ders. (Hg.): Gemeindepädagogik. Lernwege der Kirche in einer sozialistischen Gesellschaft. Gemeindepädagogische Ansätze, Spuren, Erträge, Münster 1991.
Sinus-Institut: Die verunsicherte Generation. Jugend und Wertewandel. Ein Bericht des Sinus-Instituts im Auftrag des Bundesministers für Jugend, Familie und Gesundheit, Opladen 1983.
Sparn, Walter (Hg.): Wer schreibt meine Lebensgeschichte? Biographie, Autobiographie, Hagiographie und ihre Entstehungszusammenhänge, Gütersloh 1990.
Stachel, Günter/Esser, Wolfgang G. (Hg.): Was ist Religionspädagogik? Zürich/Einsiedeln/Köln 1971.
Steinwede, Dietrich: Lehrziele und Lehrplanentwurf für den Religionsunterricht der Primarstufe (Grundschule). In: Dietrich Zilleßen (Hg.): Religionsunterricht und Gesellschaft. Plädoyer für die Freiheit, Düsseldorf/Göttingen 1970, 127-181.
Stock, Hans: Elementarisierung theologischer Inhalte und Methoden. 2 Bde., Münster 1975 u. 1977.
Ders.: Evangelientexte in elementarer Auslegung, Göttingen 1981.
Ders.: Elementartheologie. In: Böcker u.a. 1987, Bd. 2, 452-466.
Stoodt, Dieter: Religionsunterricht als Interaktion. Grundsätze und Materialien zum evangelischen RU der Sekundarstufe I, Düsseldorf 1975.
Ders.: Einführung in das Studium der Evangelischen Religionspädagogik, Göttingen 1980.
Ders.: Arbeitsbuch zur Geschichte des evangelischen Religionsunterrichts in Deutschland (Redaktion: Herbert Schultze), Münster 1985.
Strunk, Gerhard: Evangelische Erwachsenenbildung. Ziele – Inhalte – Formen. In: Bloth, Peter C. u.a. (Hg.): Handbuch der Praktischen Theologie. Bd. 3, Gütersloh 1983, 393-411.
Sturm, Wilhelm: Religionsunterricht – gestern, heute, morgen. Der Erziehungsauftrag der Kirche und der Religionsunterricht an öffentlichen Schulen, Stuttgart 1971.
Ders.: Religionspädagogische Konzeptionen des 20. Jahrhunderts. In: Adam/Lachmann 1984, 30-65.
Tworuschka, Udo: Methodische Zugänge zu den Weltreligionen. Einführung für Unterricht und Studium, unter Mitarb. v. M. Tworuschka, Frankfurt/M./Berlin/München 1982.
Ven, Johannes A. van der: Entwurf einer empirischen Theologie. (Theologie & Empirie 10), Kampen/Weinheim 1990.
Vierzig, Siegfried: Zur Theorie der »religiösen Bildung«. In: H. Heinemann/G. Stachel/S. Vierzig: Lernziele und Religionsunterricht. Grundsätzliche Überlegungen und Modelle lernzielorientierten Unterrichts. (Unterweisen und Verkünden 11), Zürich/Einsiedeln/Köln 1970, 11-23.
Ders.: Ideologiekritik und Religionsunterricht. Zur Theorie und Praxis eines kritischen Religionsunterrichts, Zürich u.a. 1975.
Volp, Rainer: Liturgik. Die Kunst, Gott zu feiern. 2 Bde., Gütersloh 1992/1994.

Wegenast, Klaus (Hg.): Religionsunterricht – wohin? Neue Stimmen zum Religionsunterricht an öffentlichen Schulen, Gütersloh 1971.
Ders.: Curriculumtheorie und Religionsunterricht. (Handbücherei für den RU 12/13), Gütersloh 1972. (a)
Ders.: Das Problem der Probleme. In:EvErz 24 (1972), 102-126. (b)
Ders.: Die Bedeutung biblischer Texte für den Religionsunterricht. In: EvTheol 34 (1974), 317-330.
Ders.: Orientierungsrahmen Religion. Beiträge zur religiösen Erziehung in Schule und Kirche, Gütersloh 1979. (a)
Ders.: Geschichte der Religionspädagogik – Wozu eigentlich? In: EvErz 31 (1979), 33-48. (b)
Ders.: Religionsdidaktik Grundschule. Voraussetzungen, Grundlagen, Materialien. (Religionsunterricht in der Grundschule), Stuttgart/Berlin/Köln/Mainz 1983.
Ders.: Evangelische Erwachsenenbildung. In: Adam/Lachmann 1987, 379-413.
Werbick, Jürgen: Glaube im Kontext. Prolegomena. Skizzen zu einer elementaren Theologie. (Studien zur praktischen Theologie 26), Zürich 1983.
Weymann, Volker: Evangelische Erwachsenenbildung. Grundlagen theologischer Didaktik, Stuttgart u.a. 1983.
Wibbing, Siegfried (Hg.): Religionsunterricht Grundschule. Materialien, Texte, Modelle, Frankfurt/M. 1972.
Zeddies, Helmut: Ungetauft am Tisch des Herrn? – Fragen zum Verhältnis von Taufe und Abendmahl. In: Widersprechen und Widerstehen. Theologische Existenz heute. Festschrift f. Ernst Rüdiger Kiesow. Hg. v. Franz-Heinrich Beyer/Helmut Fritzsche/Jens Langer, Rostock 1991, 75-83.
Zilleßen, Dietrich: Elementarisierung theologischer Inhalte oder elementares religiöses Lernen? Ein religionspädagogischer Grundkonflikt. In: Hilger/Reilly 1993, 28-42.